सिंहभूम का इतिहास

प्राचीन से पूर्व-औपनिवेशिक काल तक

डॉ. रामदयाल मुंडा जनजातीय कल्याण शोध संस्थान, राँची

सिंहभूम का इतिहास

प्राचीन से पूर्व-औपनिवेशिक काल तक

ललिता सुंडी

सम्पादक
रणेन्द्र
मोनिका रानी टुटी
राकेश रंजन उराँव
अमृता प्रियंका एक्का

राजकमल प्रकाशन

ISBN : 978-93-6086-247-3

मूल्य : ₹795

पहला संस्करण : 2024

प्रकाशक : राजकमल प्रकाशन प्रा. लि.
1-बी, नेताजी सुभाष मार्ग, दरियागंज
नई दिल्ली-110 002

शाखाएँ : अशोक राजपथ, साइंस कॉलेज के सामने, पटना-800 006
पहली मंजिल, दरबारी बिल्डिंग, महात्मा गांधी मार्ग, प्रयागराज-211 001
1, अनमोल सोराबजी सन्तुक लेन, धोबी तलाव, मरीन लाइंस, मुम्बई-400 002

वेबसाइट : www.rajkamalprakashan.com
ई-मेल : info@rajkamalprakashan.com

मुद्रक : बी.के. ऑफसेट
नवीन शाहदरा, दिल्ली-110 032

SINGHBHUM KA ITIHAS
Pracheen Se Purv-Aupniveshik Kaal Tak
by Lalita Sundi
Edited by Ranendra, Monika Rani Tuti, Rakesh Ranjan Oraon,
Amrita Priyanka Ekka

प्राक्कथन

डॉ. रामदयाल मुंडा जनजातीय कल्याण शोध संस्थान की स्थापना 1953 में ट्राइबल रिसर्च इंस्टीट्यूट के नाम से हुई थी। संस्थान का उद्देश्य आदिवासी विषयों पर शोध, उनका मूल्यांकन और आदिवासी सांस्कृतिक-पारम्परिक तत्त्वों का संरक्षण है। इस संस्थान को डॉ. बी.एस. गुहा, डॉ. सच्चिदानन्द और डॉ. नर्मदेश्वर जैसे विद्वान और गुणी निदेशकों का नेतृत्व प्राप्त हुआ, जिसके कारण मानवशास्त्र, समाजशास्त्र और जनजातीय भाषा-विज्ञान के क्षेत्र में उल्लेखनीय कार्य सम्भव हो पाए।

हालाँकि यह सूचित करने में कोई अतिशयोक्ति नहीं होगी कि डॉ. वी.एस. गुहा (1956-1959) के कार्यकाल से ही इस संस्थान की शोध अध्ययन-मूल्यांकन क्षेत्र में उपलब्धियाँ अत्यन्त महत्त्वपूर्ण रही हैं। किन्तु यह भी सत्य है कि शोध अध्ययन, नृशास्त्रीय एवं समाजशास्त्रीय अध्ययन-प्रकाशन तक सीमित थे।

जनजातीय अध्ययन की यह सीमा इसलिए बन गई है क्योंकि औपनिवेशिक काल से ही जनजातीय समुदायों को एक अन्य, एलियन या असभ्य मानने की अवधारणा गढ़ी गई और स्थापित की गई। नृशास्त्रियों ने जनजातीय समुदायों को एक विशिष्ट सांस्कृतिक समूहों (Specific Cultural Entity) के रूप में चिह्नित, स्थापित, प्रचारित किया, जो अब तक बदस्तूर जारी है। अकादमिक जगत इस औपनिवेशिक छाया से निकल नहीं पा रहा या इस प्रकार की कोशिश ही नहीं की जा रही।

जनजातीय इतिहास पर शोध के उपरान्त पाया गया है कि ऐतिहासिक रूप से जनजातियों को देखने के दो नजरिये रहे हैं सबअल्टर्न परिप्रेक्ष्य (रणजीत गुहा, शाहिद अमीन, डेविड हार्डीमैन, ज्ञान पांडे इत्यादि) और राष्ट्रवादी परिप्रेक्ष्य (जदुनाथ सरकार, आर.सी. मजूमदार, बिपिन चन्द्र इत्यादि)। लेकिन ये दोनों परिप्रेक्ष्य केवल औपनिवेशिक काल के इतिहास पर केन्द्रित हैं। इसलिए जंगल महाल क्रान्ति (1767) से लेकर टाना भगत आन्दोलन (1914-16) तक की तमाम क्रान्तियों पर भारतीय अकादमिक जगत द्वारा काफी कुछ लिखा मिलता है, लेकिन जंगल महाल क्रान्ति के पहले हुए आन्दोलनों या विद्रोहों का जिक्र नहीं देखने को मिलता है।

यह सम्भवत: इसलिए है कि भारतीय अकादमिक जगत इस अवधारणा से ग्रसित था कि आदिवासी जंगलों में रहनेवाले, शिकार करनेवाले और फलों का संग्रहण करनेवाले पिछड़े लोग हैं।

इस अवधारणा में यह स्वीकारना उनके लिए कठिन था कि प्राचीन और मध्यकालीन समय में इनके गणराज्य थे, और देश के बड़े हिस्से में इन जनजातीय राजवंशों ने शासन किया था। जबकि चेरो, राजगोंड और अहोम जैसे बड़े राजवंशों के ऐतिहासिक प्रमाण इस अवधारणा को खारिज करते हैं। राजस्थान, मध्यप्रदेश, मणिपुर, असम आदि राज्यों में भी आदिवासियों के राजवंशों के प्रमाण मिलते हैं, जिनके बारे में उपर्युक्त दोनों परिप्रेक्ष्यों में न के बराबर लिखा गया है।

इधर के वर्षों में संस्थान जनजातीय अध्ययन (Tribal Studies) को नृशास्त्रीय और सबअल्टर्न नजरिये से भिन्न एक बहुआयामी स्वरूप प्रदान करने की कोशिश कर रहा है। संस्थान मध्यकालीन जनजातीय राजवंशों एवं ब्रिटिश पूर्व जनजातीय क्षेत्रों पर अध्ययन के साथ-साथ आर्थिक, सांस्कृतिक, मनोवैज्ञानिक, स्वरूप सम्बन्धी अध्ययन-शोधों पर भी बल दे रहा है। मानविकी (Humanities) के हर आयाम की दृष्टियाँ जनजातीय-अध्ययन (Tribal Studies) में सम्मिलित हों, यह संस्थान की कोशिश है। जनजातीय अध्ययन को बहुआयामी (Multi Dimensional) बनाने में इस शोध संस्थान की अनौपचारिक सलाहकार परिषद (Advisory Council) की बड़ी भूमिका रही है, जिसमें अकादमिक एवं प्रशासनिक जगत के वरिष्ठ सेवानिवृत्त विद्वतजन सम्मिलित हैं।

'सिंहभूम का इतिहास' पुस्तक की खासियत यह है कि इसके लेखक ने सिंहभूम पर लिखे गए अब तक के इतिहास से आगे बढ़ने का प्रयास किया है। इस विषय पर अब तक का लिखित इतिहास केवल औपनिवेशिक काल पर केन्द्रित रहा और सामाजिक इतिहास के नजरिये से देखा गया। लेकिन इस पुस्तक में सिंहभूम की ऐतिहासिक विवेचना का प्रयास किया गया है, जिसे राजनीति और अर्थशास्त्र के नजरिये से देखा गया है।

यह पुस्तक दो मुख्य बिन्दुओं पर बल देता है—

1. सिंह वंश का इतिहास—पोरहाट, सराइकेला और खरसावाँ
2. सिंहभूम क्षेत्र के प्रमुख आदिवासी समुदायों (भूइयाँ और हो) का महत्त्व और उनके परस्पर सम्बन्ध

यह पुस्तक इस क्षेत्र की भौगोलिक स्थितियाँ, प्राचीन इतिहास, राजवंशों के निर्माण और राजनीतिक परिदृश्य के साथ-साथ सामाजिक-सांस्कृतिक परम्पराओं, पारम्परिक शासकीय प्रणाली आदि को समाहित करता है। यह पुस्तक सिंहभूम के कई महत्त्वपूर्ण क्षेत्रों के नामकरण का इतिहास आदि भी बताता है, जो डॉ. ललिता सुंडी के शोधपरक कार्य को प्रमाणित करता है। इस अध्ययन में

सुश्री गुड़िया रानी कोड़ा, श्री अविनाश लागुरी, सुश्री मालती और अरुणा कुमारी ने उनका सहयोग किया।

इस प्रकार इस पुस्तक में लिखे 15 विस्तृत अध्याय आदिवासियों के प्रति उन रूढ़ नजरियों को खारिज करने का एक प्रयास है, जो आदिवासियों को सिर्फ जंगल और पिछड़ेपन से जोड़कर देखता है। यह पुस्तक आदिवासियों के समृद्ध इतिहास को प्रस्तुत करने का भी प्रयास है। आशा है कि यह पुस्तक सिंहभूम के इतिहास में नई जानकारियों को जोड़ने में सक्षम होगी और नई पीढ़ी के लिए मार्गदर्शन का काम करेगी।

रणेन्द्र कुमार (भा.प्र.से. सेवानि.)
निदेशक

मोनिका रानी टुटी (झा.प्र.से.)
उप निदेशक

राकेश रंजन (झा.प्र.से.)
सहायक निदेशक

अमृता प्रियंका एक्का (झा.प्र.से.)
सहायक निदेशक

क्रम

संक्षेपण

अभि.भ. पटना	अभिलेख भवन, पटना
अनु.	अनुच्छेद
सी.एन.	कलेक्शन नं.
डी.सी. ऑफिस	डिप्टी कमिश्नर (सिंहभूम) ऑफिस
एफ. एन.	फाइल नम्बर
जी.डी.	जनरल डिपार्टमेंट
जी.ओ.बी.	गवर्नमेंट ऑफ बंगाल
जि. अभि., चाईबासा	जिला अभिलेखागार, चाईबासा
जुड. डी.	जुडिसियल डिपार्टमेंट
जे.ए. आई.एस.	जर्नल ऑफ आदिवासी एंड इंडीजेनस स्टडीज
जे.ए.एस. बी.	जर्नल ऑफ एशियाटिक सोसायटी ऑफ बंगाल
जे. बी.आर.एस.	जर्नल ऑफ बिहार रिसर्च सोसायटी
प.बं.रा.अभि.,कोलकाता	पश्चिम बंगाल राज्य अभिलेखागार
प्रो.ए.एस.बी.	प्रोसिडिंग्स ऑफ एशियाटिक सोसायटी ऑफ बंगाल
आर.बी.	रेवेन्यु ब्रांच
आर.डी.	रेवेन्यु डिपार्टमेंट
आर.पी.	रेवेन्यु प्रोसिडिंग्स
एस. डब्ल्यू. एफ.पी.डी.आर.	साउथ वेस्ट फ्रंटियर पोलिटिकल डिस्पैच रजिस्टर

आभार

वर्तमान शोधकार्य 'सिंहभूम का इतिहास : प्राचीन काल से पूर्व औपनिवेशिक काल तक' 27 नवम्बर, 2019 के आदेश संख्या In-JH3572673405677R के आलोक में डॉ. राम दयाल मुंडा जनजातीय कल्याण शोध संस्थान, अनुसूचित जनजाति, अनुसूचित जाति, अल्प संख्यक एवं पिछड़ा वर्ग कल्याण विभाग, झारखंड सरकार द्वारा प्रदान की गई थी।

इस शोधकार्य को मूर्त रूप देने में श्री रणेन्द्र कुमार, भा.प्र.से., निदेशक, डॉ. राम दयाल मुंडा जनजातीय कल्याण शोध संस्थान, मोराबादी, राँची का तहे दिल से आभार प्रकट करती हूँ।

मैं इस संस्था के श्री डॉ. चिंटु दोराइबुरू, उप निदेशक, झा.प्र.से. और श्री राकेश रंजन उराँव, सहायक निदेशक, झा.प्र.से. को भी उनके सहयोग और उत्साहवर्धन के लिए बहुत-बहुत धन्यवाद व्यक्त करती हूँ।

श्री शिवकर पुरती, निदेशक, सोसायटी फॉर रिर्फामेशन एंड एडवांसमेंट ऑफ आदिवासीज (आसरा) को भी मैं हृदय से आभार व्यक्त करती हूँ कि उन्होंने मुझे अपने एन.जी.ओ. के माध्यम से इस शोधकार्य के लिए आवेदन देने की अनुमति प्रदान की।

मैं अपनी शोध मंडली जिसमें गुड़िया रानी कोड़ा, अविनाश लागुरी, मालती और अरुणा कुमारी को भी बहुत धन्यवाद देती हूँ जो अध्ययन के विभिन्न चरणों में मेरे साथ शामिल रहे हैं।

श्री डॉ. ए.के. सेन की मैं विशेष आभारी हूँ। हो इतिहास के विशेषज्ञ होने के कारण उनके महत्त्वपूर्ण सुझावों ने अध्ययन को सही दिशा देने और पूर्ण करने में मदद की।

यह शोध अध्ययन प्राक-औपनिवेशिक काल से सम्बन्धित होने के कारण ब्रिटिशकालीन दस्तावेजों से हमें बहुत कम जानकारी प्राप्त होती है। इस कारण यह मौखिक स्रोतों पर ही ज्यादा निर्भर है। फलत: मैंने विभिन्न लोगों से साक्षात्कार

के माध्यम से प्राथमिक स्रोतों का संकलन किया। चूँकि शोध के विषय के अन्तर्गत पोड़ाहाट, सरायकेला और खरसावाँ के इतिहास भी हैं इसलिए मैंने इन तीनों राजपरिवार के सदस्यों से उनके महल में जाकर मुलाकात की और उनका साक्षात्कार लिया। सरायकेला के राजा प्रताप आदित्य सिंहदेव की मैं विशेष आभारी हूँ। उन्होंने मुझे प्राचीन ताड़पत्र में लिखित सिंह वंश की पारिवारिक इतिकृति *वंशप्रभा लेखन* दिखाया और तसवीर लेने की भी अनुमति दी। उस परिवार के एक अन्य सदस्य जगभानु सिंहदेव जो राजा प्रताप आदित्य सिंहदेव के चाचा और एन.एन. सिंहदेव जिन्होंने *सिंहभूम, सरायकेला एंड खरसावाँ थ्रु द एजेस* नामक पुस्तक लिखी है, के सुपुत्र हैं। वे वर्तमान भुवनेश्वर में निवास करते हैं। मैंने फोन के माध्यम से उनका साक्षात्कार लिया तथा उन्होंने मुझे स्वलिखित अप्रकाशित पुस्तक *800 ईयर्स ऑफ सिंह डायनेस्टी* दिया। ये पुस्तक बहुत उपयोगी साबित हुई क्योंकि इनमें अनेक अनछुए इतिहास मिले जिनका मैंने इस शोध में इस्तेमाल किया है। खरसावाँ के सदस्यों में मैंने राजा प्रदीपचन्द्र सिंहदेव (अब स्वर्गीय), राजमाता विजया देवी, पुत्र गोपाल नारायण सिंहदेव से उनके महल में साक्षात्कार लेकर महत्त्वपूर्ण जानकारियाँ हासिल कीं। पोड़ाहाट राज्य के इतिहास को जानने के लिए मैं राजा अर्जुन सिंह के वंशज सुषमा देवी और पुत्र अशोक सिंहदेव से चक्रधरपुर स्थित उनके आवास पर मुलाकात की। इनके अलावा मैं राजपरिवार के अन्य शाखाओं से भी मिली। ईचा के विष्णुपद सिंहदेव, आनन्दपुर के ज्योतिन्द्र प्रताप सिंहदेव, पुत्र गोविन्द नारायण सिंहदेव, केरा के दीपक कुमार सिंहदेव से उनके आवास पर साक्षात्कार के माध्यम से महत्त्वपूर्ण तथ्यों का संकलन किया। इसके साथ ही मैंने तमाड़ के राजा कुमार महेन्द्रनाथ साहदेव और सत्येन्द्र नाथ साहदेव तथा धालभूमगढ़ के रंजन सिंहदेव और नन्दन सिंहदेव से उनके महल में साक्षात्कार लिया। चूँकि इन राजाओं के सिंह-राजपरिवारों के साथ पारिवारिक सम्बन्ध थे, इस कारण अनेक महत्त्वपूर्ण जानकारियाँ मिलीं।

अनेक विद्वतजनों ने भी इस शोध अध्ययन को पूर्ण करने में मेरी सहायता की। इनमें प्रधान बिरुवा (स्वतंत्र खोजकर्ता), चित्रसेन सिंकु (पूर्व सांसद), अतुल सरदार, असिस्टेंट प्रोफेसर, विभागाध्यक्ष, उड़िया विभाग, मॉडल महिला कॉलेज, खरसावाँ, दिलदार पुरती, असिस्टेंट प्रोफेसर, जनजातीय विभाग, श्यामा प्रसाद मुखर्जी विश्वविद्यालय, राँची, जवाहर बाँकिरा, शिक्षा सचिव, हो समाज महासभा, चाईबासा, चन्द्रमोहन देवगम, दिउरी, ग्राम—मटकमहातु, लागेश्वर सुंडी, दिउरी, ग्राम—कबरागुटु, दुर्गा केराई, कैरा केराई के वंशज, ग्राम—कुदरसाई, लाल सिंह सिंकु, रितुई गोंडाई के वंशज, ग्राम—कीताहातु, गोरखनाथ बॉडिंग, ग्राम—तिलोपदा, मानकी चातोम्बा, ग्राम—चितिरबिला, लुकना हेम्बरोम, ग्राम—सान

मृगलिंडी, मनोहर हेम्बरोम, ग्राम—कोकोरकोटा, राजू नायक और साधुचरण नायक, ग्राम—कंसगढ़ हैं। इन महानुभावों से मिली जानकारियों ने शोध को समृद्ध किया।

मैं पूनम विन्द, सहायक पुरातत्त्वविद, आर्कियोलॉजिकल सर्वे ऑफ इंडिया, राँची की भी बहुत आभारी हूँ। मैंने उनका साक्षात्कार फोन के माध्यम से लिया। वे कुछ समय के लिए सिंहभूम के एकमात्र पुरातात्त्विक स्थल बेनीसागर के उत्खनन कार्य के प्रभार में थीं। यहाँ के एक सुरक्षाकर्मी बरजो हेम्बरोम से उन्हें कोकोरकोटा के जंगलों में स्थित गुफा में शैल चित्रों की जानकारी मिली। उन्होंने इस स्थल का भ्रमण कर शैल चित्र का अध्ययन किया। इस गुफा से खोज के दौरान माइक्रोलिथ या पत्थर के सूक्ष्म औजार भी मिले। उन्होंने मुझे सारी जानकारियाँ दीं। मैंने भी बरजो हेम्बरोम की सहायता से उस स्थल का भ्रमण कर शैल चित्रों की तसवीरें अपने कैमरे में कैद की। बरजो हेम्बरोम का भी मैं बहुत आभार व्यक्त करती हूँ।

जुगल सरदार पूर्वी सिंहभूम के पारम्परिक स्वशासन ग्राम प्रधान समिति के अध्यक्ष हैं। उनके परदादा नन्दु सिंह सरदार ब्रिटिश काल में यहाँ के आठ राजाओं की संयुक्त सेना के राज सेनापति थे। इस कारण उनकी समस्त स्थानीय राजाओं से अच्छे सम्बन्ध हैं। उन्होंने मुझे तमाड़, धालभूमगढ़ और आनन्दपुर के राजाओं से मिलवाया। इसके लिए मैं उनकी बहुत शुक्रगुजार हूँ।

मेरे पी-एच.डी. शोध-प्रबन्ध का विषय था, 'सिंहभूम की मानकी-मुंडा व्यवस्था : एक ऐतिहासिक अध्ययन'। इस दौरान मैंने अनेक मुंडा-मानकी और समाज के गणमान्य व्यक्तियों का साक्षात्कार लिया था। मैंने उन लोगों से संकलित प्राथमिक स्त्रोतों का इस शोध अध्ययन में भी उपयोग किया है। वे हैं—मुंडा गणेश कुमार सिंक, मौजा—खैरपाल, इलाका—बढ़ पीड़, मुंडा प्रताप सिंह, मौजा—डाकुवा जंगल, इलाका—सत बन्तारिया पीड़, मानकी रजनीकान्त बिरुली, मौजा—असुरा, इलाका—गुमड़ा पीड़, मानकी अर्जुन सिंह बानरा, मौजा—बड़ा चीरु, इलाका—चीरु पीड, और मानकी शिवचरण पाड़ेया, मौजा—सिकुरसाई, इलाका—चढ़ई पीड़। इनके साथ ही डॉ. दास राम बारदा, तत्कालीन धर्म सचिव, हो समाज महासभा, चाईबासा के साक्षात्कार को भी शामिल किया है। अत: मैं सभी के प्रति आभार व्यक्त करती हूँ।

जिला अभिलेखागार, चाईबासा, सम्पूर्ण सिंहभूम के इतिहास को जानने का सबसे अच्छा स्त्रोत है। यहाँ मैंने और मेरे दो सहायक अन्वेषकों ने विभिन्न ब्रिटिश कालीन दस्तावेजों का अध्ययन किया विशेष कर क्राभन सेटलमेंट (1897-1898) और टकी सेटलमेंट (1913-1918) के समय के गाँव के दस्तावेज, जिन्हें *विलेज नोट* कहा जाता है। इनमें हमें लगभग हर हो गाँव के संस्थापक का नाम और गाँव की स्थापना से जुड़े घटना या इतिहास का पता चलता है। इन स्त्रोतों से

मुझे सिंहभूम के ब्रिटिश काल के पूर्व की इतिहास की पुनर्रचना में बहुत मदद मिली। इसके लिए मैं इस अभिलेखागार के सभी पदाधिकारियों और कर्मचारियों की आभारी हूँ।

कोविड 1 और कोविड 2 महामारी के कारण देश के विभिन्न अभिलेखागारों और पुस्तकालयों में जाने का अवसर नहीं मिल पाया पर अपने पी-एच.डी. शोधकार्य के समय मैंने राष्ट्रीय अभिलेखागार, नई दिल्ली, पश्चिम बंगाल राज्य अभिलेखागार, कोलकाता, बिहार अभिलेख भवन, पटना, एशियाटिक सोसायटी ऑफ बंगाल, कोलकाता, राष्ट्रीय पुस्तकालय, कोलकाता, सेक्रेटरियट लाइब्रेरी,राइटर्स बिल्डिंग, कोलकाता, डॉ. राम दयाल मुंडा आदिवासी शोध एवं कल्याण संस्थान, मोराबादी, राँची, आदिवासी शोध एवं प्रशिक्षण केन्द्र पड़ियरपी, चाईबासा, इन सब संस्थाओं में अध्ययन किया था। यहाँ से संकलित तथ्यों का भी मैंने इस शोध में उपयोग किया है। मैं इन समस्त संस्थाओं के अधिकारियों और कर्मचारियों के प्रति कृतज्ञ हूँ।

मैं अपने महिला कॉलेज, इतिहास विभाग के स्नातक तृतीय वर्ष, सेमेस्टर षष्ठ की छात्राओं को उनके पाठ्यक्रम में शामिल लघु शोध लेखन में अपने-अपने गाँव के इतिहास को लिखने का कार्य देती हूँ। इससे दो लाभ होते हैं, पहला, छात्राओं को अपने गाँव से स्वाभाविक तौर पर लगाव होने के कारण उन्हें इतिहास लिखने में रुचि पैदा होती है। वे अन्वेषण की विभिन्न विधियों, यथा बड़े-बुर्जुगों और जानकार व्यक्तियों से साक्षात्कार, तसवीरों का उपयोग आदि स्नातक स्तर में ही सीख जाती हैं। दूसरा, इससे मुझे असंख्य गाँवों के इतिहास का पता चलता है जिनका उल्लेख क्राभन सेटलमेंट और टकी सेटलमेंट में भी नहीं था। इसके साथ ही मैंने कोल्हान विश्वविद्यालय के जनजातीय विभाग के भी कुछ लघु शोधकार्यों की मदद ली है। मैंने इस शोध अध्ययन में इन सबका उपयोग कर हो समुदाय के इतिहास को समृद्ध किया है। अत: मैं समस्त छात्राओं का भी आभार व्यक्त करती हूँ।

मैं जयराम हेस्सा की भी अभारी हूँ उन्होंने मेरे शोध को कम्प्यूटर में अन्तिम रूप देने में मदद की।

सबसे अन्त में, मैं अपनी माँ श्रीमती मालती सुंडी और पिता स्व. शिवदयाल सुंडी के प्रति आभार प्रकट करती हूँ जिन्होंने जीवन में आगे बढ़ने के लिए हमेशा उत्साहवर्धन किया। मेरे पिताजी भारतीय नौसेना पोत विक्रान्त में पद-स्थापित थे। उन्होंने 1971 के भारत-पाकिस्तान युद्ध में भाग लिया था। जैसा कि हम सब जानते हैं इस युद्ध में भारत की जीत और पाकिस्तान की हार हुई थी। उसके बाद वे हिन्दुस्तान लिवर लिमिटेड कम्पनी, बम्बई तत्पश्चात सउदी अरब की राजधानी रियाद में नौकरी किए। वे हमेशा मेरे प्रेरणास्त्रोत बने रहेंगे। मैं अपनी तीन बहनों

और उनके परिवार, डॉ. अनिता सुंडी और डॉ. पंकज बोदरा, दीपलक्ष्मी सुंडी और क्षेत्रमोहन हेस्सा, पिंकी प्रियंका सुंडी और दीपक तामसोय को भी उनके सहयोग के लिए आभार व्यक्त करती हूँ। साथ ही मैं अपने पुत्र लविश बोयपाई और पति विमल किशोर बोयपाई के स्नेह और सहयोग की भी आभारी हूँ। उनके सहयोग से ही मैं इस शोधकार्य को पूर्ण कर पाई।

—डॉ. ललिता सुंडी
सहायक प्राध्यापक
इतिहास विभाग
महिला कॉलेज, चाईबासा

प्रस्तावना

देश और राज्य में प्राक-औपनिवेशकालीन इतिहास लेखन ने गति पकड़ी है, विशेषकर आदिवासी और क्षेत्रीय राजवंशों के इतिहास लेखन पर। वर्तमान में विद्वत समाज वैचारिक मतभेद के बावजूद इस बात पर सहमत है कि आदिवासियों से सम्बन्धित उपलब्ध ज्ञान असम्पूर्ण एवं पूर्वाग्रहों से ग्रसित है इसलिए उनके इतिहास को नये सिरे से लिखा जाना चाहिए। यह एक सार्वभौमिक सत्य है कि इतिहास लेखन का मुख्य केन्द्र हमेशा से शासन करनेवाले रहे हैं फलत: समाज के पिछड़े एवं दबे-कुचले लोगों को इतिहास के पन्नों में विशेष जगह नहीं मिली इसलिए यह अपेक्षा न्यायपूर्ण एवं तर्कसंगत है कि उन्हें उनकी सही जगह दी जाए।

यह पुस्तक मुख्यत: दो तथ्यों पर प्रकाश डालती है—प्रथमत: पोड़ाहाट, सरायकेला एवं खरसावाँ के सिंह राजवंश पर। प्राक-औपनिवेशकालीन सिंहभूम में पोड़ाहाट, सरायकेला एवं खरसावाँ स्थानीय राज्य थे। पोड़ाहाट मूल राज्य था तथा सरायकेला एवं खरसावाँ उसके वंशजों ने स्थापित किए थे। एल.एस.एस. ओ'मेली की *बंगाल डिस्ट्रिक्ट गजेटियर्स : सिंहभूम, सरायकेला एवं खरसावाँ* (कलकत्ता,1910) नामक पुस्तक में हमें इन तीनों क्षेत्रीय राज्यों के प्राक-औपनिवेशकालीन इतिहास की अल्प जानकारी प्राप्त होती है। एन.एन. सिंहदेव ने एक महत्त्वपूर्ण पुस्तक लिखी *सिंहभूम, सरायकेला एंड खरसावाँ थ्रु द एजेस* (कलकत्ता, 1954)। चूँकि वे सरायकेला राजपरिवार के सदस्य थे इसलिए उनके पास पारिवारिक इतिकृति वंशप्रभा लेखन उपलब्ध थी। वे इसके आधार पर सिंह राजवंश के प्रारम्भ से लेकर औपनिवेश काल तक के इतिहास पर प्रकाश डालते हैं। इसमें पोड़ाहाट, सरायकेला एवं खरसावाँ के प्राक-औपनिवेशकालीन राजनीतिक इतिहास पर विशेष जानकारी प्राप्त होती है लेकिन अन्य पहलुओं यथा सैन्य, कर व न्याय-प्रशासन और सामाजिक, आर्थिक तथा धार्मिक इतिहास पर वे मौन हैं। ए. एन. चटर्जी तथा टी.सी. दास द्वारा लिखित *द होस ऑफ सरायकेला* (कलकत्ता,1927) और टी.सी. दास द्वारा लिखित *भूमिज ऑफ सरायकेला* (कलकत्ता,1931) नामक पुस्तक है। इन दोनों पुस्तकों में मुख्यत:

सरायकेला के भूमिज और हो आदिवासियों के सामाजिक-सांस्कृतिक पहलुओं पर विशेष ध्यान दिया गया है। इसके पश्चात बी. सिंहदेव की पुस्तक द *लॉस्ट स्टेट ऑफ पोड़ाहाट*—सिंहभूम (कलकत्ता,1930) में भी औपनिवेशकालीन पोड़ाहाट के इतिहास को ही प्रधानता दी गई है। डॉ.सी.के. पति द्वारा लिखित *हिस्ट्री ऑफ सरायकेला एडं खरसावाँ इस्टेट्स* (1620-1956) (नई दिल्ली, 2002) नामक पुस्तक में पोड़ाहाट, सरायकेला एवं खरसावाँ में ब्रिटिशों के आने के पूर्व के इतिहास की अल्प जानकारी मिलती है। फ्रांसिसका कुजुर की *राजा अर्जुन सिंह ऑफ पोड़ाहाट* (नई दिल्ली, 2007) नामक पुस्तक का प्रमुख विषयवस्तु राजा अर्जुन सिंह का 1857 ई. में अंग्रेजों के विरुद्ध विद्रोह है इस कारण प्राक-औपनिवेशिक काल पर हमें कम जानकारी उपलब्ध हो पाती है।

द्वितीयत: यहाँ के मुख्य निवासी भुइयाँ, सरक और विशेषकर हो आदिवासियों के इतिहास पर। अब हम प्राक-औपनिवेश काल में सिंहभूम में निवास करनेवाले भुइयाँ, सरक और विशेषकर हो आदिवासियों पर प्रकाशित पुस्तकों पर नजर डालते हैं। प्रसिद्ध मानव विज्ञानी डी.एन. मजूमदार की दो बहुमूल्य पुस्तक *ए ट्राइब इन ट्रैनजिशन* (कलकत्ता,1937) एवं द *अफेयर्स ऑफ ए ट्राइब* (लखनऊ,1950) में मुख्यत: हो लोगों के सामाजिक, सांस्कृतिक और आर्थिक जीवन का विशद विवरण मिलता है। पर चूँकि यह पुस्तक हो समुदाय का मानवशास्त्रीय अध्ययन प्रस्तुत करती है इसमें ऐतिहासिक दृष्टिकोण का अभाव है। जे.सी. झा की महत्त्वपूर्ण पुस्तक द *कोल इंसरैक्शन ऑफ छोटानागपुर* (कलकत्ता,1964) में 1831-1832 ई. के कोल विद्रोह में छोटानागपुर के अन्य क्षेत्रों के साथ-साथ सिंहभूम के हो आदिवासियों की भूमिका की भी चर्चा की गई है। सी.पी. सिंह द्वारा लिखित द *हो ट्राइब ऑफ सिंहभूम* (नई दिल्ली, 1978) में 1837 ई. तक के राजनीतिक इतिहास की वर्णन मिलता है। इसी तरह मुरली साहु ने अपनी पुस्तक द *कोल्हान अंडर द ब्रिटिश रूल* (कलकत्ता,1985) में सिंहभूम के कोल्हान क्षेत्र का 1947 ई. तक का प्रामाणिक राजनीतिक इतिहास प्रस्तुत किया है। पुन: ए.के. सेन द्वारा सम्पादित *सिंहभूम सम हिस्टॉरिकल ग्लिनिंग्स* (चाईबासा,1986) नामक पुस्तक के लेखों में प्रारम्भिक काल से लेकर आजादी तक के सिंहभूम के इतिहास का संक्षिप्त विवरण उपलब्ध है। सी.के. पति के द्वारा सम्पादित पुस्तक *फॉरेस्ट गवर्नमेंट एंड ट्राइब* (नई दिल्ली, 2007) के लेखों झारखंड के आदिवासियों का जंगलों पर अपने अधिकार को लेकर किए गए संघर्षों का विवरण है। जिसमें सिंहभूम के हो लोगों के विरोध एवं आन्दोलन का भी वर्णन किया गया है। इसी तरह एस.के. सेन द्वारा लिखित पुस्तक *ट्राइबल स्ट्रगल फॉर फ्रीडम: सिंहभूम 1820-1858* (नई दिल्ली, 2008) में भी सिंहभूम के इस काल तक का ऐतिहासिक विवरण उपलब्ध है। आशा मिश्रा एवं सी.के. पति द्वारा सम्पादित *ट्राइबल मूवमेंट इन झारखंड 1857-2007*

(नई दिल्ली, 2010) नामक पुस्तक में झारखंड में समय-समय पर हुए आदिवासियों के विभिन्न आन्दोलनों का वर्णन है। इस पुस्तक में हो आदिवासियों के आन्दोलनों की भी चर्चा की गई है।

ए.के. सेन की अन्य पुस्तक *रिप्रेजेंटिग ट्राइब : द हो ऑफ सिंहभूम अंडर कॅलोनियल रूल* (नई दिल्ली, 2011) में हो आदिवासियों के इतिहास के विभिन्न पक्षों की विवेचना प्रस्तुत की गई है। संयुक्ता दासगुप्ता की कृति *आदिवासी एंड द राज: सोशियो इकॉनोमिक्स ट्रैनजिशन ऑफ द होज 1820-1932* (नई दिल्ली, 2011) में औपनिवेशिक काल में हो आदिवासियों के सामाजिक-आर्थिक जीवन में हुए परिवर्तनों का महत्त्वपूर्ण विवरण उपलब्ध है। ए.के. सेन की अन्य पुस्तक *फ्रॉम विलेज एल्डर टु ब्रिटिश जज कस्टम, कस्टमरी लॉ एंड ट्राइबल सोसायटी* (हैदराबाद, 2012) में मुख्यत: हो समुदाय के रूढ़िजन्य प्रथा और ब्रिटिश अधिकारियों द्वारा उनके दस्तावेजीकरण पर आधारित है। इस पुस्तक में हमें प्राक-औपनिवेशकालीन इतिहास की कुछ जानकारी प्राप्त होती है। उनकी अगली पुस्तक *इंडीजेनेटी, लैंडस्केप एंड हिस्ट्री आदिवासी सेल्फ-फैशनिंग इन इंडिया* (नई दिल्ली, 2018) प्राक-औपनिवेशकालीन इतिहास की दृष्टि से बेहद महत्त्वपूर्ण है इसमें हमें हो आदिवासियों के सिंहभूम में बसने के क्रम में भूमि के चयन की प्रक्रिया की जानकारी प्राप्त होती है। उन्होंने यहाँ के जल, जंगल और जमीन को अपने बसावट अर्थात गाँव का केन्द्र बनाया और उसी के इर्द-गिर्द अपने सामाजिक, सांस्कृतिक, राजनीतिक, आर्थिक और धार्मिक जीवन की संरचना की। उनकी एक और पुस्तक *द मेकिंग ऑफ ए विलेज द डायनामिक्स ऑफ आदिवासी रूरल लाइफ इन इंडिया* (नई दिल्ली, 2021) प्राक-औपनिवेशकालीन हो आदिवासियों के इतिहास को जानने का एक महत्त्वपूर्ण साधन है। इस पुस्तक में एक गाँव के जन्म यानी स्थापना काल से लेकर इसके विकसित होने तथा उससे पुन: एक नए गाँव का निर्माण होने का विश्लेषणात्मक अध्ययन प्रस्तुत किया है। वे किली पर आधारित राजनीतिक-सांस्कृतिक व्यवस्था की स्थापना कर एक स्वायत्त ग्रामीण समुदाय के रूप में विकसित होते हैं। लेकिन उनकी पुस्तकों—समस्त पुस्तकों का मुख्य विषय-वस्तु हो समुदाय है जिस कारण पोड़ाहाट, सरायकेला और खरसावाँ के इतिहास को हम नहीं पाते हैं।

हो आदिवासियों के गौरवशाली इतिहास ने विदेशी इतिहासकारों का भी ध्यान अपनी ओर खींचा है। नीदरलैंड के इतिहासकार पॉल स्ट्रीमर की *द लैंड ऑफ देयर ओवन* (नीदरलैंड, 2016) नामक पुस्तक में हमें सिंहभूम में ब्रिटिशों के आगमन के पूर्व का संक्षिप्त इतिहास मिलता है। पोड़ाहाट में सिंह राजवंश की स्थापना, सरायकेला और खरसावाँ राज्य की स्थापना के साथ-साथ सरक, भुइयाँ तथा हो लोगों के इतिहास का अल्प विवरण पाते हैं क्योंकि इसमें औपनिवेशकालीन इतिहास को ही प्रधानता दी गई है।

इसके अतिरिक्त सिंहभूम के आदिवासियों एवं इस क्षेत्र के कुछ विशेष पक्षों पर भी अनेक विद्वानों ने चर्चा की है जो किसी एक विशेष विषय-वस्तु तथा दृष्टिकोण पर आधारित है। ये विभिन्न जर्नल, मासिक पत्रिका और पुस्तकों में लेखों के रूप में प्रकाशित हुई हैं। के. के. दत्ता ने अपनी सम्पादित पुस्तक *अनरेस्ट अगेंस्ट ब्रिटिश रूल इन बिहार 1831-1859* (पटना,1957) में 'राजा अर्जुन सिंह ऑफ पोड़ाहाट—द पॉपुलर लीडर ऑफ सिंहभूम ड्यूरिंग द मूवमेंट ऑफ 1857-59' नामक एक लेख लिखा था। सुरजीत सिन्हा द्वारा लिखित 'स्टेट फॉरमेशन एंड राजपूत मिथ इन ट्राइबल सेंट्रल इंडिया; *मैन इन इंडिया,* खंड 42, नं. 1 (मार्च 1962) में सिंहभूम और समीपस्थ क्षेत्रों के आदिवासियों के राजपूतीकरण तथा हिन्दूकरण की प्रक्रिया का वर्णन मिलता है। इसी प्रकार एस.सी. सिन्हा, जे. सेन और एस. पंचाभाई के लेख 'द कॉन्सेप्ट ऑफ दिकु अमंग द ट्राइब्स ऑफ छोटानागपुर', मैन इन इंडिया, खंड 49, नं. 2 (अप्रैल-जून, 1969) में सिंहभूम सहित सम्पूर्ण छोटानागपुर के दिकु (गैर-आदिवासी समूह) के बारे में लिखा गया है। एस.सी. राय के लेख 'द ग्लिम्पस इन टु प्रिमिटिव लाइफ', जर्नल ऑफ बिहार एंड उड़ीसा रिसर्च सोसायटी, खंड ग्ट भाग I-II, मार्च-जून, 1929 में हो समुदाय के रुढ़िजन्य रीति-रिवाजों का विवरण मिलता है। के.के. बासु द्वारा लिखित लेखों यथा 'द हिस्ट्री ऑफ सिंहभूम : 1821-1836', *जर्नल ऑफ बिहार रिसर्च सोसायटी,* खंड 42 भाग-2, जून 1956 तथा 'अर्ली एडमिनिस्ट्रेशन ऑफ कोल पीट्स इन सिंहभूम एंड बामनघाटी', *जर्नल ऑफ बिहार रिसर्च सोसायटी,* खंड 42, भाग 3-4, जून 1956 में विभिन्न काल में सिंहभूम के इतिहास पर चर्चा की गई है। उसी प्रकार जे.सी. झा के दो लेखों यथा 'ब्रिटिश कांटैक्ट विथ सिंहभूम', जर्नल ऑफ बिहार रिसर्च सोसायटी, खंड-LXVIII, 1-4, 1961 तथा 'सिंहभूम अंडर द साउथ-वेस्ट फ्रंटियर एजेंसी 1837-54', *जर्नल ऑफ बिहार रिसर्च सोसायटी,* खंड LV, 1-4, 1969 में भी सिंहभूम के औपनिवेशिक कालीन राजनीतिक इतिहास का विवरण प्राप्त होता है। विद्वान लेखिका रेखा ओ' धान ने अपने लेख 'होस ऑफ सारंडा' *बुलेटिन ऑफ बिहार ट्राइबल रिसर्च इंस्टीच्यूट,* खंड 3, नं. 1,1961 में सिंहभूम के सारंडा वन क्षेत्र में निवास करनेवाले हो समुदाय के जीवन के विविध पहलुओं पर प्रकाश डालती हैं। इन जर्नल में प्रकाशित लेखों के अलावा मधु किश्वर ने *इकॉनोमिक्स एंड पॉलिटिकल वीकली,* खंड 22, नं. 3-5, 1987 में प्रकाशित 'टाइलिंग विदाउट राइटस : हो वुमन इन सिंहभूम' में हो समाज में महिलाओं की स्थिति का वर्णन तीन किस्तों में एक धारावाहिक लेख के रूप में प्रस्तुत किया है। ए.के. सेन के अपने लेख 'रिडिफाइंड आर्कियोलॉजी एंड रिकंसट्रक्शन ऑफ द एथनो-हिस्ट्री ऑफ प्री-कोलोनियल सिंहभूम' *जर्नल ऑफ एशियाटिक सोसायटी,* खंड LIV, नं. 1, 2012 में हो समुदाय के इतिहास को जानने के लिए पुरातत्त्व

के सैद्धान्तिक स्रोतों के बनिस्पत हो लोगों के देशाउली, सासनदीरी, गाँव के नाम आदि के प्रयोग का सुझाव देते हैं।

देश के इन जर्नलों के अलावा एक अन्तरराष्ट्रीय जर्नल में भी देश और विदेश के विद्वानों ने सिंहभूम और हो लोगों पर अपनी लेखनी को केन्द्रित किया है। सर्वप्रथम नीदरलैंड के इतिहासकार पॉल स्ट्रीमर का लेख 'ए सेवेंटींथ सेंचुरी आइडियोलॉजी : द सिंहभूम क्रोनिकल ऑन राजपूत एंड ट्राइबल्स' है। अगला लेख 'रिक्शंट्रक्टिंग आदिवासी विलेज हिस्ट्री प्रॉब्लम्स एंड पॉसिब्लिटिज' है। दोनों लेख *जर्नल ऑफ आदिवासी एंड इंडीजेनस स्टडीज,* भाग III, नं. 2, अगस्त, 2015 में प्रकाशित हुई है।

उपर्युक्त जर्नलों और मासिक पत्रिकाओं के अलावा अनेक विद्वानों के लेख भी समय-समय पर विभिन्न पुस्तकों में भी प्रकाशित हुए हैं जिसमें सिंहभूम के आदिवासी जन-जीवन के बारे में लिखा गया है। कुछ लेखकों ने हो लोगों के सांस्कृतिक पहचान की तलाश पर लेख लिखे हैं जैसे कि पी.सी. हेम्ब्रम ने 'रिटर्न टु द सेक्रेड ग्रोव' नामक लेख के.एस. सिंह द्वारा सम्पादित ट्राइबल मूवमेंट इन इंडिया, खंड 2 (नई दिल्ली, 1983) नामक पुस्तक में लिखा है। पुन: पी.के. दासगुप्ता का 'द आदि समाज मूवमेंट्स अमंग द हो' नामक शोधपरक लेख के.एस. सिंह के ही ऊपर वर्णित पुस्तक में प्रकाशित है। मैथ्यु अरीपरमपिल का लेख 'सोशियो-कल्चरल एंड रेलिजियस मूवमेंट अमंग द हो ट्राइबल्स ऑफ सिंहभूम डिस्ट्रिक्ट ऑफ बिहार' एम. मीरी द्वारा सम्पादित *कांटिन्यूटि एंड चेंज इन ट्राइबल सोसायटी,* इंडियन इंस्टीच्यूट ऑफ एडवांस स्टडी (शिमला,1993) में प्रकाशित हुई है। इसमें हो समुदाय के अनेक सामाजिक, सांस्कृतिक और धार्मिक आन्दोलनों का विस्तृत विवरण है।

अनेक लेखकों ने इस क्षेत्र से सम्बन्धित महत्त्वपूर्ण घटनाओं तथा व्यक्तियों को अपने लेख का आधार बनाया है इनमें प्रमुख हैं गौतम भद्र और संयुक्ता दास गुप्ता। गौतम भद्र ने अपने लेख 'फॉर रेबल्स ऑफ एटीन-फिफ्टी सेवन : सबअल्टर्न स्टडीज IV (दिल्ली 1990) जो रणजीत गुहा द्वारा सम्पादित *इन सबअल्टर्न स्टडीज IV: राइटिंग ऑन साउथ एशियन हिस्ट्री एंड सोसायटी* में 1857 ई. के सिपाही विद्रोह में गोनो पिंगुवा के सक्रिय भागीदारी का उल्लेख कर एक हो आदिवासी नायक को इतिहास की मुख्य धारा में स्थापित करने का महती कार्य किया है। संयुक्ता दास गुप्ता का 'रेबेलियन इन लिटल नोन डिस्ट्रिक्ट ऑफ द एम्पायर' नामक लेख जो सब्यसाची भट्टाचार्य द्वारा सम्पादित *रिथिंकिंग 1857* (नई दिल्ली, 2007) नामक पुस्तक में प्रकाशित हुआ है। इसमें उन्होंने 1857 ई. की क्रान्ति में हो समुदाय की महत्त्वपूर्ण भागीदारी को अपने लेख का आधार बनाया है। इसके अलावा कुछ अन्य पुस्तकें भी प्रकाशित हुई हैं जो इस क्षेत्र के विशेष विषय-वस्तु पर आधारित हैं। इनमें प्रमुख हैं ए.के. सेन द्वारा सम्पादित पुस्तक *विल्किंसंस रूल्स : कानटेक्स्ट, कानटेंट एंड रैमिफिकेशंस,* (टाटा कॉलेज, चाईबासा, 1990)। इस पुस्तक में विल्किंसन

दीवानी नियमों (विल्किंसन रूल्स) की ऐतिहासिकता और वर्तमान सन्दर्भ में उनकी उपयोगिता पर चर्चा की गई है।

उपर्युक्त लेखकों के अलावा, विदेशों से आनेवाले शोधार्थियों ने भी हो समुदाय के जन-जीवन के विभिन्न पहलुओं को अपने शोध-प्रबन्ध का विषय बनाया। एम.पी. योंक जो लन्दन के स्कूल ऑफ ओरियंटल एंड अफ्रीकन स्टडीज, यूनिवर्सिटी ऑफ लन्दन के शोधार्थी हैं, ने अक्टूबर, 1976 में पी-एच.डी. शोध प्रबन्ध लिखा था जो अप्रकाशित है। उनके शोध-प्रबन्ध का विषय है—'डिसिजंस एंड अनालॉजि : पॉलिटिकल स्ट्रक्चर एंड डिसकर्स अमंग द हो ट्राइबल्स ऑफ इंडिया'। योंक ने इसमें हो लोगों के ग्रामीण स्वशासन व्यवस्था के निर्णय लेने की प्रक्रिया का विवरण प्रस्तुत किया है। इसी तरह लन्दन स्कूल ऑफ इकॉनामिक्स एंड पोलिटिकल साइंस, यूनिवर्सिटी ऑफ लन्दन की शोधार्थी बारबरा वेरारडो ने 2003 में पी-एच.डी. शोध-प्रबन्ध लिखा था ये भी अप्रकाशित है। उनके शोध का विषय है 'रेबल्स एंड डेवोटीस ऑफ झारखंड : सोशियल रिलिजियस एंड पोलिटिकल ट्रांसफॉर्मेशंस अमंग द आदिवासीज ऑफ नॉर्दन इंडिया'। बारबरा ने इसमें सिंहभूम जिले के पोड़ाहाट क्षेत्र के हो और मुंडा आदिवासियों के सामाजिक, धार्मिक और राजनीतिक परिवर्तनों का उल्लेख किया है।

इस प्रकार हम पाते हैं कि यद्यपि उपर्युक्त वर्णित लेखकों की पुस्तकों और लेखों में सिंहभूम, सरायकेला, खरसावाँ और हो समुदाय के इतिहास की अनेक पुस्तकें लिखी गई हैं पर उनका आकर्षण औपनिवेशिक कालीन इतिहास है। इस कारण प्राक-औपनिवेशिक कालीन इतिहास उपेक्षित-सा है। यही कारण है कि मैंने इस विषय को चुना। अंग्रेजों के आगमन के पूर्व तक सिंहभूम, सरायकेला और खरसावाँ में राजशाही स्थापित हो चुकी थी। हो एक ताकतवर समुदाय के रूप में स्थापित हो चुके थे। उनके इतिहास को सामने लाना एक चुनौतीपूर्ण कार्य है।

क्षेत्रीय इतिहास से देश के इतिहास में भी समृद्धि होती है। सिंहभूम का देश और राज्य के इतिहास में महत्त्वपूर्ण स्थान है इसलिए इस जिले के इतिहास को राष्ट्रीय पटल पर लाना इस शोध का दूसरा उद्देश्य था। एक अन्य उद्देश्य, इस जिले की निवासी और हो समुदाय से होने के कारण मुझे अपनी मातृभूमि से लगाव है जिसने मुझे यह शोधकार्य करने के लिए प्रेरित किया।

प्राक-औपनिवेशिक काल में *कोल्हान गवर्नमेंट इस्टेट* का कोई अस्तित्व नहीं था। समस्त हो गाँव पोड़ाहाट, सरायकेला और खरसावाँ के अधीन थे। लेकिन इससे उनकी पहचान स्पष्ट नहीं हो पा रही थी इस कारण मैंने हो समुदाय के निवास स्थल को कोल्हान के नाम से ही उल्लेख किया है। अत: शोध पढ़ते समय यह सावधानी बरती जाए।

यह शोध 10 अध्यायों में विभक्त है। पहले अध्याय में सिंहभूम क्षेत्र का विस्तृत परिचय दिया गया है। इसमें सिंहभूम की चौहद्दी, अवस्थिति, इसका नामकरण,

स्थलाकृति तथा यहाँ की नदियों का वर्णन है। इसके साथ ही मैंने यहाँ वास करनेवाले विभिन्न आदिवासी समुदाय, जाति, धर्म और भाषा बोलनेवाले निवासियों का भी विवरण प्रस्तुत किया है।

द्वितीय अध्याय में मैंने सिंहभूम के प्राचीन काल के इतिहास पर प्रकाश डाला है। सिंहभूम का इतिहास धरती की उत्पत्ति के साथ ही जुड़ा हुआ है। भारत, ऑस्ट्रेलिया और अमेरिका के शोधकर्ताओं के एक संयुक्त लेख अन्तरराष्ट्रीय जर्नल पनास में प्रकाशित हुआ था। उनके वैज्ञानिक परीक्षण यह सिद्ध करते हैं कि सिंहभूम ही धरती का वह भाग था जो पानी से सबसे पहले बाहर निकला। इस कारण सम्भवत: जीवन की उत्पत्ति भी यहीं हुई होगी। यहाँ से एक विशालकाय जानवर का जीवाश्म प्राप्त हुआ है। लेकिन वैज्ञानिक परीक्षण के भाव में इस जानवर की पहचान साबित नहीं हो सकी है और न ही इसका तिथि निर्धारण सम्भव हो सका है। इसके साथ ही पादप जीवाश्म में लकड़ी और छोटे-छोटे फूल तथा पत्ते का जीवाश्म मिला है। इसमें हो लोक कथा में धरती बनने की कथा का जिक्र किया गया है जो यह दर्शाता है कि हो लोक कथा और प्राकृतिक घटना में कितनी साम्यता है। इसके पश्चात सिंहभूम के प्रागैतिहासिक एवं आद्य इतिहास, निम्न पुरापाषाणकाल, मध्य पुरापाषाणकाल, उत्तर पुरापाषाणकाल, मध्य पाषाणकाल, नव पाषाणकाल, महा पाषाण, शैल चित्र का विवरण प्रस्तुत किया गया है। ये शैल चित्र प्रागैतिहासिक काल के बाद के हैं। इनके बाद सिंहभूम का चौथी शताब्दी से बारहवीं शताब्दी तक के इतिहास और बेनीसागर के ऐतिहासिक महत्त्व का वर्णन किया गया है।

तृतीय अध्याय में पोड़हाट के सिंह राजवंश के सम्पूर्ण इतिहास का वर्णन प्रस्तुत है। प्राचीन काल में पोड़हाट को ही सिंहभूम कहा जाता था। इसमें वंशप्रभा लेखन के अनुसार सिंह वंश के प्रथम और द्वितीय शाखा की उत्पत्ति का उल्लेख है। इसी क्रम में माँ पाउड़ी की पोड़हाट में स्थापना का जिक्र है। सिंह राजाओं का अपने राज्य में रहनेवाले सरक, भुइयाँ और हो समुदाय के साथ अन्त:सम्बन्ध ही सिंहभूम के इतिहास का निर्माण करते हैं जिसका विस्तारपूर्वक वर्णन किया गया है। इसके साथ ही राजा जगन्नाथ सिंह तृतीय और हो समुदाय के रितुई गोंडाई के मध्य हुए ऐतिहासिक संघर्ष का विवरण है। इस अध्याय में सिंह राजाओं की वंशावली, आनन्दपुर परिवार और केरा परिवार की वंशावली को प्रस्तुत किया गया है।

चतुर्थ अध्याय में पोड़ाहाट राज्य के प्रशासन और भूमि-व्यवस्था का विस्तृत वर्णन है। इसमें इस राज्य के केन्द्रीय, प्रान्तीय और ग्रामीण प्रशासन का उल्लेख है जिसके अन्तर्गत खड़पोश अनुदान, छकरान अनुदान, कर-मुक्त भूमि अनुदान, भू-धारक के अधिकार, मुंडा, मानकी, खूँटकट्टीदार तथा रैयत के अधिकारों पर प्रकाश डाला गया है।

पंचम अध्याय में हो समुदाय की उत्पत्ति का विस्तृत विवरण प्रस्तुत किया गया है। इसमें हो मिथक से ऐतिहासिक तथ्यों के संग्रह, हो मुंडा और सन्ताल मिथक का

तुलनात्मक अध्ययन, हो समुदाय का भाषायी और जातीय इतिहास (डीएनए अनुसन्धान), हो समुदाय के प्रव्रजन का इतिहास, सिंहभूम में उनके आगमन के कारण, सिंहभूम में उनके प्रवेश मार्ग, हो समुदाय के पुरातात्त्विक साक्ष्य जिसमें देशाउली, कुर्सीनामा या वंशावली, भाषा पुरातत्त्व के अर्थात गाँव और भूखंड के नामकरण का उल्लेख किया गया है।

षष्ठ अध्याय में हो गाँवों की स्थापना के इतिहास पर प्रकाश डाला गया है। इसके अन्तर्गत गाँव का अर्थ, गाँव कैसे बना, गाँव के संस्थापक, गाँव का नामकरण के विभिन्न कारणों पर विस्तार से वर्णन किया गया है। इसके साथ ही हो गाँवों की स्थापना के साथ ही हो समुदाय के सामाजिक संगठन और धार्मिक पहलुओं का भी विकास हुआ जिस पर चर्चा की गई है।

सप्तम अध्याय में हो समुदाय के मध्य स्वशासी ग्राम समुदाय के गठन का उल्लेख किया गया है। इसके अन्तर्गत सर्वप्रथम देश में स्वशासन व्यवस्था का उद्‌भव, झारखंड और तत्पश्चात सिंहभूम में मुंडा-मानकी व्यवस्था का उद्‌भव का विवरण है। साथ में मुंडा और दिउरी, डाकुवा, मानकी और पीड़, उनके प्रशासनिक कार्य, मुंडा-मानकियों की आर्थिक स्थिति, ग्रामीण स्वशासी व्यवस्था में महिलाएँ, हो समुदाय में राज्य गठन का अभाव, राजतंत्र का मुंडा-मानकी प्रणाली पर प्रभाव तथा सिंहभूम में विभिन्न जातियों के मध्य ग्राम प्रधानों पर प्रकाश डाला गया है।

अष्ठम अध्याय में सरायकेला राज्य के इतिहास का विवरण है। इसमें सरायकेला की भौगोलिक संरचना, नदियाँ, निवासी, इस राज्य की स्थापना और नामकरण से सम्बन्धित विभिन्न मतों का उल्लेख किया गया है। साथ ही सरायकेला राज्य के विस्तार, माँ पाउड़ी और सरायकेला के साथ उसके सम्बन्ध पर चर्चा प्रस्तुत की गई है। इस राज्य में प्रचलित विभिन्न प्रकार की भूमि-व्यवस्थाओं का भी जिक्र किया गया है। अन्त में सरायकेला, बाँकसाही और ईचा परिवार की वंशावली का वर्णन है।

नवम पंचम अध्याय एक बहुत ही रोचक अध्याय है। इसमें छऊ नृत्य की उत्पत्ति के इतिहास का विवरण है। इसमें जानकारी मिलती है कि इस नृत्य के प्रारम्भिक स्वरूप की उत्पत्ति वहाँ के स्थानीय ग्रामीण वासुदेव मुंडा जो कि भूमिज आदिवासी थे, ने की थी। इस समय आदिवासी लोक नृत्य को छोड़कर दो ही तरह का नृत्य करते थे—एक शिकार और दूसरा युद्ध। सरायकेला राजा ने अपने सेवकों को उनसे धुन, ताल और नृत्य सीखने के लिए भेजा। राजा ने नृत्य से प्रभावित होकर इसे अपनाया। परवर्ती काल में इसमें नये-नये ताल और नृत्य की भाव-भंगिमाओं का समावेश होता गया तथा एक स्वतंत्र नृत्य-कला के रूप में इसका विकास हुआ।

दशम अध्याय में खरसावाँ राज्य का इतिहास है। इसमें खरसावाँ की भौगोलिक संरचना, नदियाँ, निवासी, राज्य का नामकरण, खरसावाँ परिवार की वंशावली और विभिन्न प्रकार की भूमि-व्यवस्थाओं का विवरण भी प्रस्तुत किया गया है।

अन्वेषण का उद्देश्य

आदिवासी जीवन के सम्बन्ध में अध्ययन मुख्यत: ब्रिटिश काल से प्रारम्भ हुआ था। अंग्रेजों के लिए शासित क्षेत्र एवं वहाँ बसे लोगों के बारे में जरूरी तथ्यों का संग्रह प्रशासनिक दृष्टि से महत्त्वपूर्ण था। पर प्रशासनिक उद्देश्य से संग्रह किए गए ये तथ्य असम्पूर्ण एवं पूर्वाग्रहों से ग्रस्त थे। इस कारण औपनिवेशिक दृष्टिकोण से निर्मित इस ज्ञान को स्वाधीनोत्तर काल में चुनौती देते हुए इतिहास की राष्ट्रीयतावादी व्याख्या की परम्परा आरम्भ हुई। लेकिन अब भी आदिवासी इतिहास लेखन की अपनी कोई स्वतंत्र स्थिति नहीं थी। औपनिवेशिक काल हो या स्वाधीनोत्तर काल, यह भारतीय इतिहास का एक अध्याय मात्र रहा। देश और राज्य के आदिवासियों का इतिहास मुख्यत: ब्रिटिशकालीन इतिहास रहा है। परन्तु इनसे हमें प्राक-औपनिवेशिक काल की जानकारी बहुत कम मिलती है। तब यह एक स्वाभाविक प्रश्न उठता है कि क्या आदिवासियों का ये शान्तिकाल महत्त्वहीन था और इतिहास की दृष्टिकोण से महत्त्वपूर्ण समय ब्रिटिश काल से ही आरम्भ होता है।

इस अन्वेषण का प्रथम उद्देश्य हो समुदाय के प्राक-औपनिवेशिक कालीन हो इतिहास के सभी पहलुओं को सामने लाना है। अगर ब्रिटिशकालीन स्रोतों का हम गहराई से विश्लेषण करें तो सूत्रात्मक रूप से कुछ तथ्य मिलते हैं जिससे एक अन्य तसवीर उभरती है। ये सूत्र उस अतीत की ओर संकेत करते हैं जब अपनी स्वतंत्र पहचान बनाए रखने के लिए हो समुदाय ने पहाड़ जंगलों से भरे क्षेत्र को चुना, अपनी सामाजिक संरचना बनाई और अपने रीति-रिवाजों के आधार पर प्राकृतिक परिवेश में अन्य लोगों के साथ यथासम्भव एक सौहार्द्रपूर्ण जीवन जिया। उनका जीवन सहज, सरल एवं प्राणवत था। अभी भी आदिवासियों का इतिहास अंग्रेजी शासन के विरुद्ध जंगली तथा तीर-धनुष से लैस आदिवासियों का संग्राम मात्र है। निस्सन्देह यह जुझारूपन आदिवासी इतिहास को ही नहीं बल्कि सम्पूर्ण भारतीय इतिहास को भी गौरवान्वित करता है। पर संग्राम आधारित इतिहास पर ही अत्यधिक ध्यान देने के कारण उनके सम्पूर्ण जीवन पर आवश्यक एवं विस्तृत कार्य आज तक नहीं हो पाया है।

वर्तमान समय में इतिहास-चर्चा में महत्त्वपूर्ण बदलाव आए हैं। राजनीतिक-प्रशासनिक पक्ष के साथ-साथ भौतिक-नैतिक-सांस्कृतिक पक्ष पर ध्यान देने, आम जनों के बारे में जानने की अधिक प्रवृत्ति नजर आ रही है। इसी को ध्यान में रखते हुए मैंने हो इतिहास को बाहर तथा ऊपर से कम और नीचे तथा अन्दर से समझने की कोशिश की है। हो लोगों ने गीतों, लोक कथाओं एवं सामूहिक स्मृति जो पीढ़ी-दर-पीढ़ी हस्तान्तरित होती है, की पद्धति के सहारे अपने अतीत की स्मृति को जीवित रखा है। इन स्रोतों के साथ-साथ अन्तर्विषयक पद्धतियों जैसे भाषा विज्ञान एवं जातीय इतिहास (डीएनए अनुसन्धान) और पुरातात्त्विक खोजों का सहारा लेकर मैंने प्राक-औपनिवेशिक कालीन हो इतिहास की पुनर्रचना की है।

इस अन्वेषण का दूसरा उद्‌देश्य पोड़ाहाट, सरायकेला और खरसावाँ के ब्रिटिशों के आगमन के पूर्व के इतिहास को प्रस्तुत करना है। झारखंड के नागवंशी, रक्सेल और चेरो वंश की तरह पोड़ाहाट, सरायकेला और खरसावाँ के सिंह राजवंश का महत्त्वपूर्ण स्थान है। पर अन्य राजवंशों की तरह उन पर विस्तृत अध्ययन नहीं हुआ है। जो भी पुस्तक उपलब्ध हैं उनमें इन तीनों राज्यों में अंग्रेजों के आगमन से ही इतिहास का प्रारम्भ होता है। प्राक-औपनिवेशिक कालीन इतिहास एक या दो पन्नों में ही सिमटकर रह गया है। हालाँकि सरायकेला परिवार के एन.एन. सिंहदेव ने अपनी पुस्तक में सिंह राजवंश की स्थापना और इसके राजाओं के शासनकाल का उल्लेख किया है पर वह बेहद कम है, इस कारण उस काल की वास्तविक तसवीर उभरकर सामने नहीं आती है। उनका भी मुख्य आकर्षण ब्रिटिश काल ही है। सभी उपलब्ध पुस्तकों में पोड़ाहाट राज्य प्रारम्भ में ब्रिटिशों के सहयोगी और परवर्ती काल में विरोधी तथा सरायकेला और खरसावाँ हमेशा से ब्रिटिशों के हिमायती के तौर पर चित्रित हैं। मैंने इस शोध में इन तीनों राज्यों के प्राक-औपनिवेशिक कालीन इतिहास के विविध पक्षों को सामने लाने का प्रयास किया है। क्षेत्रीय इतिहास से ही राज्य और देश का इतिहास मजबूत होता है। उम्मीद है यह शोधकार्य अन्य जिलों के प्राक-औपनिवेशिक कालीन इतिहास को सामने लाने के लिए प्रेरक का कार्य करेंगे।

शोध-पद्धति और अध्ययन के उपकरण

सिंहभूम का प्राक-औपनिवेशिक कालीन इतिहास एक व्यापक विषय-वस्तु है लेकिन उतना ही दु:साध्य है, इस इतिहास को समेटने के लिए तथ्यों का संग्रह करना। इस शोध के लिए मैंने निम्नलिखित उपकरणों के माध्यम से स्रोत सामग्रियों का संग्रह करने का प्रयास किया है :

मौखिक स्रोत

यह इस अन्वेषण का सबसे मुख्य उपकरण है। पोड़ाहाट, सरायकेला और खरसावाँ इन तीनों राजपरिवारों के वर्तमान सदस्यों का उनके आवास में साक्षात्कार के माध्यम से मैंने स्रोत सामग्रियों का संकलन किया। सरायकेला के राजा प्रताप आदित्य सिंहदेव ने मुझसे न केवल अपना इतिहास साझा किया अपितु दुर्लभ पांडुलिपि 'वंशप्रभा लेखन' जो सिंह वंश की पारिवारिक इतिकृति है, को देखने और उसकी तसवीर लेने की अनुमति दी। खरसावाँ के राजा प्रदीप चन्द्र सिंहदेव, राजमाता विजया देवी और पुत्र गोपाल नारायण सिंहदेव ने खरसावाँ के इतिहास के अनेक अनछुए पहलुओं को बताया। यद्यपि सरायकेला और खरसावाँ के इतिहास के दूसरे पक्ष या कह सकते हैं कि वहाँ के आदिवासियों के नजरिये की डॉ. अतुल सरदार से जानकारी मिली। वह खरसावाँ के मॉडल महिला कॉलेज में उड़िया विभाग में असिस्टेंट प्रोफेसर थे। पोड़ाहाट का इतिहास जानने के लिए मैंने राजा अर्जुन सिंह के वंशजों का चक्रधरपुर स्थित आवास में साक्षात्कार लिया लेकिन वास्तविक जानकारी पोड़ाहाट राज्य में स्थित ऐतिहासिक स्थलों के क्षेत्र भ्रमण के दौरान ग्रामीणों से प्राप्त हुई। हालाँकि इस दौरान नक्सली समस्या से भी रू-ब-रू होना पड़ा। उसी तरह मैंने ईचा, दुगनी, आनन्दपुर और केरा राजपरिवार का भी साक्षात्कार लिया। केरा के प्राक-राजाओं के काल के इतिहास के लिए मैंने दुर्गा केराई, कैरा केराई के वंशज से जानकारी ली। कैरा केराई ने ही केरा

की स्थापना की थी। जब मैं आनन्दपुर परिवार से मिलने गई तब मैंने छोटा नागरा नामक ऐतिहासिक स्थल का भी क्षेत्र भ्रमण किया। वहाँ के इतिहास को जानने के लिए मैंने छोटा नागरा के पूर्व पुजारी राजूनायक तथा एक सेवानिवृत्त शिक्षक साधुचरण नायक से मुलाकात की।

पोड़ाहाट, सरायकेला और खरसावाँ राजाओं का अपने पड़ोसी राज्यों तमाड़ और धालभूमगढ़ से घनिष्ठ और पारिवारिक रिश्ता था। इस कारण उनसे भी कीमती जानकारी प्राप्त होने की आशा थी। इस सोच के साथ मैं तमाड़ राजपरिवार के कुमार महेन्द्रनाथ साहदेव और अन्य सदस्यों का साक्षात्कार लिया। उसी तरह धालभूमगढ़ जाकर राजपरिवार के सदस्यों से जानकारी एकत्र की।

प्राक-औपनिवेशिक कालीन कोल्हान और हो समुदाय का इतिहास लोक कथाओं और सामूहिक स्मृतियों में व्याप्त है। इनमें सबसे प्रमुख है गाँवों के निर्माण की कथा। हरेक गाँव के लोग खासकर बुजुर्ग अपने गाँव के इतिहास को जानते हैं मसलन, गाँव की स्थापना किसने की, वे कहाँ से आए थे, वे किस किली के थे, गाँव का नाम कैसे पड़ा, गाँव से जुड़ी ऐतिहासिक घटना आदि। यहाँ के विस्तृत इतिहास को जानने के लिए मैंने अनेक मुंडा-मानकी और दिउरी का साक्षात्कार लिया। साथ ही हो समुदाय के गणमान्य और जानकार लोगों से मिलकर अपने ज्ञान में इजाफा किया। लोक कहानी में कोमचोंग दिरी और रितुई गोंडाई की कहानी ऐतिहासिक दृष्टिकोण से महत्त्वपूर्ण है।

मैं अपने कॉलेज के स्नातक अन्तिम वर्ष (सेमेस्टर षष्ठ) की छात्राओं को उनके पाठ्यक्रम में शामिल लघु शोधकार्य में अपने गाँव का इतिहास लिखने का कार्य देती हूँ। इसमें छात्राएँ काफी दिलचस्पी लेती हैं और अनगिनत गाँवों के इतिहास की जानकारी प्राप्त होती है जिनका उल्लेख सिंहभूम के सेटलमेंट रिपोर्ट्स में भी नहीं है। मैंने इनसे प्राप्त जानकारियों का भी इस शोध में उपयोग किया है। इसके साथ ही मैंने कोल्हान विश्वविद्यालय के जनजातीय भाषा विभाग के लघु शोधकार्यों से प्राप्त जानकारी को भी अपने लेखन में शामिल किया है।

औपनिवेशिक दस्तावेज और अभिलेखीय स्रोत

कोविड 1 और कोविड 2 की त्रासदी के कारण देश के विभिन्न हिस्सों में स्थित अभिलेखागारों में जाना सम्भव नहीं हो सका। पर मेरे पी-एच.डी. के दौरान मैं पश्चिम बंगाल राज्य अभिलेखागार, कोलकाता, राइटर्स बिल्डिंग, अभिलेखागार, कोलकाता, राष्ट्रीय अभिलेखागार, नई दिल्ली, बिहार अभिलेख भवन, पटना और राँची अभिलेखागार, राँची अध्ययन के लिए गई थी। उस दौरान संकलित प्राथमिक स्रोतों का मैंने इस शोध में भी उपयोग किया है।

अभिलेख कक्ष (Record Room)

चाईबासा स्थित जिला अभिलेखागार सिंहभूम के इतिहास पर काम करनेवाले शोधार्थियों के लिए किसी खजाने से कम नहीं है। यहाँ ब्रिटिश काल के अनेक पांडुलिपि या हस्तलिखित ग्रन्थ हैं। ब्रिटिश अधिकारियों का समय-समय पर अपने उच्चाधिकारियों को भेजे गए प्रतिवेदन भी हैं। लेकिन इस अन्वेषण से सम्बन्धित सबसे महत्त्वपूर्ण दस्तावेज क्राभन सेटलमेंट 1898 और टकी सेटलमेंट 1913-18 के समय के हैं। क्राभन सेटलमेंट काल के विलेज नोट और टकी सेटलमेंट के खूँट्टकट्टी पेपर्स तथा विलेज नोट से प्राक-औपनिवेशिक कालीन कोल्हान के इतिहास की पुनर्रचना में काफी मदद मिलती है। इसमें हो समुदाय के आन्तरिक स्थानान्तरण से सम्बन्धित जानकारी व्याप्त है। ये दस्तावेज गाँवों की स्थापना, इससे जुड़े लोगों की खूँट्टकट्टी परम्परा, सहअस्तित्व बोध पर आधारित ग्रामीण समुदाय का गठन एवं शान्तिपूर्ण ढंग से जमीनों के बारे में महत्त्वपूर्ण तथ्यों को उजागर करते हैं।

पुस्तकालय

कोविड के कारण देश के विभिन्न हिस्सों में स्थित पुस्तकालय पर भी जाना सम्भव नहीं हो पाया पर चाईबासा से 8-9 किलोमीटर दूर पश्चिम में लुपुंगगुटु नामक स्थान पर आदिवासी शोध एवं प्रशिक्षण केन्द्र पड़ियरपी, में एक बड़ा पुस्तकालय है। यहाँ पर झारखंड के सभी जिलों की सेटलमेंट पुस्तक और गजेटियर्स की प्रतिलिपि है। एशियाटिक सोसायटी ऑफ बंगाल, जर्नल ऑफ बिहार एंड उड़ीसा रिसर्च सोसायटी, जर्नल ऑफ बिहार रिसर्च सोसायटी इत्यादि के लेख उपलब्ध हैं। साथ ही समस्त विषयों के पुस्तकें भी हैं। इस पुस्तकालय ने मेरे द्वितीयक स्रोत के संकलन में वृद्धि की। अपने पी-एच.डी. कार्य के दौरान मैं एशियाटिक सोसायटी ऑफ बंगाल, कोलकाता, राष्ट्रीय पुस्तकालय, कोलकाता, सेक्रेटरियट लाइब्रेरी,राइटर्स बिल्डिंग, कोलकाता, डॉ. राम दयाल मुंडा आदिवासी शोध एवं कल्याण संस्थान, मोराबादी, राँची, इन सभी संस्थाओं में अध्ययन किया था। यहाँ से संकलित तथ्यों का भी मैंने इस शोध में उपयोग किया है।

1

सिंहभूम : भौगोलिक संरचना

सिंहभूम छोटानागपुर पठार का दक्षिणी-पूर्वी भाग है। यह 21°58' और 22°54' उत्तरी आक्षांश तथा 85°0' और 86°54' पूर्वी देशान्तर के मध्य अवस्थित है।[1] पूर्व-औपनिवेशिक काल में पोड़ाहाट को ही सिंहभूम के नाम से जाना जाता था। इस समय पोड़ाहाट का क्षेत्रफल कभी एक समान नहीं रहा। प्रारम्भ में पोड़ाहाट अपेक्षाकृत एक बड़ा राज्य था। परवर्ती काल में पोड़ाहाट राज्य सरायकेला और खरसावाँ नामक जागीरों में विभक्त हो गया। इस कारण पोड़ाहाट राज्य का क्षेत्रफल बहुत सीमित हो गया था। अब पोड़ाहाट राजा के अधीन बढ़ पीड़, सत बन्तारिया, कोटगढ़, जामदा, नटुवा, चीरु, गुमड़ा, बरकेला, अयोध्या, गोपीनाथपुर, गोविन्दपुर, कैनुवा, कुलडीहा, रेंगड़ा, सारंडा तथा चैनपुर पीड़ शामिल थे।[2] तत्कालीन सिंहभूम की चौहद्दी देखें तो इसके पूर्व में मयूरभंज राज्य, पश्चिम में गंगपुर राज्य, उत्तर में सरायकेला और खरसावाँ राज्य तथा दक्षिण में क्योंझर और मयूरभंज राज्य के कुछ भाग शामिल थे। थई पीड़ (वर्तमान तान्तनगर प्रखंड), भरभरिया पीड़ (वर्तमान मँझारी प्रखंड), आँवला पीड़ (वर्तमान तान्तनगर प्रखंड) और लालगढ़ पीड़ (वर्तमान अँधारी से कुमारडुँगी प्रखंड) मयूरभंज राजा के अधीन थे। इस समय तक *कोल्हान गवर्नमेंट इस्टेट* नामक प्रशासनिक इकाई अस्तित्व में नहीं आया था। साथ ही देश की आजादी के बाद ही प्रखंड और अंचल नामक प्रशासनिक इकाइयों का भी गठन किया गया था। लेकिन सिंहभूम की भौगोलिक संरचना को समझने के लिए कोल्हान और प्रखंड शब्दावली का प्रयोग किया गया है।

सिंहभूम का नामकरण

सिंहभूम के नामकरण के सम्बन्ध में दो मत प्रचलित हैं। पहली मान्यता यह है कि सिंहभूम अर्थात *सिंहों की भूमि* का नाम पोड़ाहाट के सिंह राजवंश के सिंह गोत्र के नाम पर पड़ा है। कई प्राचीन अभिलेखों में पोड़ाहाट के राजाओं का उल्लेख

सिंहभूम राजा के रूप में किया गया है।[3] इस मान्यता का दूसरा आधार यह है कि भारत में प्राचीन काल से ही किसी राज्य का नाम सम्बन्धित राजा या राजवंश के नाम पर रखने की परम्परा है जैसे ढाल राजाओं का राज्य या उनका शासन-क्षेत्र ढालभूम कहलाता है।[4]

दूसरी मान्यता है कि सिंहभूम का नाम यहाँ निवास करनेवाले हो आदिवासियों के प्रमुख देवता सिंगबोंगा के नाम पर पड़ा है। समस्त विद्वानों ने माना कि सिंगी अर्थात सूर्य और बोंगा का अर्थ देवता अर्थात सूर्य देवता यानी जो सृष्टि के रचयिता हैं। हालाँकि हो आदिवासी अपने सर्वोच्च और शक्तिशाली देवता को सिंगबोंगा कहते हैं न कि सूर्य देवता को। वे सूर्य देवता की पूजा भी नहीं करते हैं। हो आदिवासियों में ये प्रचलन है कि वे किसी मुख्य या प्रमुख के पर्यायवाची के रूप में सिंग शब्द का इस्तेमाल करते हैं। उदाहरण के लिए, सिंगकुला, कुला का अर्थ है बाघ, शेर आदि ताकतवर जानवर। सिंगकुला का तात्पर्य है इन जानवरों में सबसे शक्तिशाली जानवर यानी सिंह। उसी तरह सिंगबोंगा का तात्पर्य है बोंगाओं या देवताओं में सबसे बड़ा। उनके अनुसार सिंगबोंगा निराकार, सर्वशक्तिमान और सर्वव्यापी है जो आकाश में निवास करते हैं। हो लोग शादी जैसे पवित्र कार्यों में यह मंत्र अनिवार्य रूप से जरूर उच्चारित करते हैं *सिरमा रेन सिंगबोंगा, ओते रे नागे ऐरा बिन्दी ऐरा मारंग बोंगा* अर्थात आकाश में सिंगबोंगा और धरती में नागे और बिन्दी दो देवियाँ निवास करती हैं। यह हो सकता है कि अंग्रेज अधिकारियों से जब किसी ने सिंगबोंगा की व्याख्या की हो तब उससे थोड़ी चूक हो गई हो या फिर अंग्रेज अधिकारियों से समझने में थोड़ी भूल हो गई हो। फिर भी यह मान्यता ज्यादा समीचीन प्रतीत होती है क्योंकि सम्पूर्ण छोटानागपुर में आदिवासियों का पहाड़ों तथा पर्वतों का नाम अपने देवी-देवताओं के नाम पर रखने का प्रचलन है। जैसे मारंग बुरु (सबसे बड़ा पर्वत), कुला बुरु (बाघ का पर्वत), जिलिंग बुरु (लम्बा पर्वत)[5] इत्यादि।

इन सबसे इतर अगर हम मुंडाओं के प्रारम्भिक इतिहास को देखें तो छोटानागपुर में मुंडाओं के प्रवेश के बाद और नागवंशी राजवंश की स्थापना के पूर्व सिंहभूम और पोड़ाहाट के नाम का उल्लेख पाते हैं। रिसा मुंडा की अगुवाई में लगभग 21000 मुंडा प्रव्रजन करते हुए अन्तत: छोटानागपुर पहुँचे। रिसा मुंडा और उसके अनुयायी एक जगह बसे और उसे कोराम्बे नाम दिया। कोराम्बे रिसा मुंडा के एक सहयोगी का नाम था। इसी के नाम पर इस गाँव का नाम पड़ा। रिसा मुंडा के एक अन्य सहयोगी का नाम सुतिया मुंडा था।[6] रिसा मुंडा ने सुतिया मुंडा को मुंडाओं का शासक चुना जिसने इस क्षेत्र में राज्य-निर्माण की प्रक्रिया आरम्भ की। सुतिया मुंडा ने नवस्थापित राज्य का नाम दिया—सुतिया नाग खंड। उसने अपने राज्य को सात गढ़ों में विभक्त किया। ये थे—लोहागढ़ (लोहरदगा), हजारीबाग (हजारीबाग), पालुनगढ़ (पलामू), मानगढ़ (मानभूम), सिंहगढ़ (सिंहभूम), केसलगढ़

और सुरगुगगढ़ (सरगुजा)। इन सात गढ़ों को उसने 21 परगनों में विभक्त किया। ये परगने थे—ओमदंडा, दोइसा, खुखरा, सुरगुजा, जसपुर, गंगपुर, पोरहाट, गिरगा, बिरुआ, लचरा, बिरना, सोनपुर, बेलखादर, बेलसिंग, तमाड़, लोहारडीह, खरसिंग, उदयपुर, बोनाई, कोरया और चंगमंगकर। इनमें से कुछ परगनों के नाम आज भी यथावत बने हुए हैं।[7] सुतिया मुंडा मदरा मुंडा के पूर्वज थे जिसने फणिमुकुट राय को दत्तक पुत्र बनाया था। फणिमुकुट राय ने ही छोटानागपुर में नागवंश राज्य की स्थापना की थी। नागवंश राज्य की स्थापना लगभग 10वीं शताब्दी में हुई थी।[8] इस कारण हम कह सकते हैं कि सिंह राजवंश की स्थापना के पूर्व ही सिंहभूम नाम रखा गया था। छोटानागपुर में नागवंश राज्य की स्थापना के पूर्व ही हो आदिवासी वहाँ से प्रव्रजन कर इस क्षेत्र में आकर बस गए थे। अत: ज्यादा सम्भावना यही है कि हो आदिवासियों ने इस जगह का नाम सिंहभूम रखा हो।

स्थलाकृति

सिंहभूम छोटानागपुर पठार का दक्षिणी सिरा है। यह पहाड़ों से आवृत्त एक उच्च भूमि है। भौगोलिक वर्गीकरण की दृष्टि से जिले को निम्नलिखित इकाइयों में विभक्त किया गया है—1. चाईबासा का मैदान 2. दक्षिण में कोल्हान की उच्च भूमि 3. उत्तर-पश्चिम में पोड़ाहाट की पहाड़ी 4. दक्षिण-पश्चिम में सारंडा वन। जिले का पूर्वी मध्यवर्ती भाग चाईबासा का मैदान कहलाता है। यह पूर्व में मँझारी प्रखंड से लेकर पश्चिम में बरकेला-सायतबा ब्लाक के अंगरबीड़ा पहाड़ी शृंखला तक विस्तृत है। इसका दक्षिणी भाग झींकपानी प्रखंड तथा उत्तरी भाग संजय नदी तक फैला हुआ है। इस प्रदेश की ऊँचाई लगभग 500 फीट है लेकिन कई क्षेत्रों में यह 500 फीट से भी कम है।[9] यह क्षेत्र खुला, समतल और उपजाऊ है जिस कारण यहाँ व्यापक पैमाने पर खेती की जाती है। इस इलाके में यदा-कदा ही छोटे पहाड़ नजर आते हैं। इस जिले के दक्षिण में कोल्हान की उच्च भूमि है जो हाटगम्हरिया से लेकर उड़ीसा की सीमा में स्थित वैतरणी नदी तक इसकी ऊँचाई लगभग 1500 फीट है जो क्रमश: नीची होती जाती है तथा वैतरणी नदी तक इसकी ऊँचाई 1000 फीट रह जाती है। इसके उत्तर-पश्चिम में पोड़ाहाट की पहाड़ी और दक्षिण-पश्चिम में सारंडा वन क्षेत्र है जो घने जंगलों से घिरा हुआ है।[10]

नदियाँ

यह एक भौगोलिक तथ्य है कि किसी भी क्षेत्र का अपवाह तंत्र वहाँ की धरातलीय आकृति और जलवायु से प्रभावित होता है। सिंहभूम क्षेत्र भी इसका अपवाद नहीं

है। यहाँ के अपवाह तंत्र में छोटी-बड़ी कई नदियाँ शामिल हैं जो इस क्षेत्र की धरातलीय बनावट के अनुरूप प्रवाहित होती है। यहाँ की पहाड़ी नदियाँ बरसाती हैं तथा बरसात के दिनों को छोड़कर बाकी समय इनमें बहुत कम पानी रहता है। यहाँ की प्रमुख नदियाँ खड़कई, रोड़ो, वैतरणी, देव (मोगरा), संजय, कांगिरा, जामिरा, कोयना, दक्षिणी कोयल तथा उत्तरी एवं दक्षिणी कारो नदी है।[11]

खड़कई नदी उड़ीसा के मयूरभंज जिले में स्थित सिमलीपाल पर्वत श्रृंखला के दरबारमेला पहाड़ के उत्तरी ढलान एवं टुंगरू पहाड़ के दक्षिणी ढलान से निकलती है। लगभग 9 किलोमीटर पश्चिम में बहने के पश्चात यह नदी पश्चिम सिंहभूम में प्रवेश करती है।[12] यह मुख्यालय चाईबासा से 5 मील उत्तर-पूर्व दिशा में बहती है। संजय नदी इसमें दक्षिण-पूर्व रेलवे के गम्हरिया स्टेशन से 5 मील दूर लेंगटासाई में मिलती है। खड़कई नदी खरसावाँ तथा पूर्वी सिंहभूम की सीमा में स्वर्णरेखा में मिलती है। इस नदी की लम्बाई 50 मील है तथा छोटी नदियाँ जैसे रोड़ो, तोरलो, इलीगड़ा, जमीरागड़ा इसकी सहायक नदियाँ हैं।[13]

रोड़ो नदी इस जिले के पश्चिम में स्थित कोल्हान वन प्रमंडल के रेंगड़ा की पहाड़ियों से निकलती है। अंजेदबेड़ा नामक गाँव से अनेक जलस्रोत जिन्हें हो भाषा में लोर कहा जाता है, बहती हुई आती है तथा रोड़ो नामक गाँव के पास सब मिलकर एक नदी का स्वरूप धारण कर लेती हैं। इस कारण से इस नदी का नाम रोड़ो पड़ा। चाईबासा शहर रोड़ो नदी के पूर्वी तट पर बसा हुआ है। यह नदी पूर्व की ओर बहती हुई चाईबासा से गुजरती है तथा यहाँ से उत्तर दिशा में बहने लगती है। इसकी कुल लम्बाई 36 मील है। रोड़ो नदी चीरू गाँव के नजदीक स्थित खूँटी गाँव के समीप खड़कई नदी में मिलती है। इसकी सहायक नदी जमीरागड़ा है। जमीरा नदी हाटगम्हरिया वन क्षेत्र के उत्तर-पश्चिम से निकलती है। उत्तर दिशा में लगभग 19 मील तक बहकर यह पुराना चाईबासा गाँव के समीप रोड़ो नदी में मिल जाती है।[14]

वैतरणी नदी उड़ीसा के क्योंझर जिले के गोनासिका नामक स्थान पर स्थित गुप्तगंगा पहाड़ से निकलती है। यह उत्तर की ओर लगभग 80 किलोमीटर तक बहती है तथा उसके बाद पूरे 90^0 घूमकर पूर्व की ओर बहने लगती है। इस नदी का शुरुआती भाग पश्चिमी सिंहभूम एवं क्योंझर के मध्य 8 मील की सीमा बनाती है।[15] हिन्दू मान्यता के अनुसार जब लंकाधिपति रावण ने सीता माता का अपहरण कर लिया था तब भगवान राम उन्हें ढूँढ़ने निकल पड़े और इसी क्रम में लंका जाते समय इस नदी के तट पर विश्राम किया था। भगवान राम के नाम पर यह स्थान रामतीर्थ कहलाया जो बाद में एक तीर्थस्थल के रूप में प्रसिद्ध हुआ। इस कारण मकर संक्रान्ति के दिन यहाँ स्नान करना अत्यन्त पवित्र माना जाता है। उड़ीसा और सिंहभूम के लोग इस दिन यहाँ बड़ी संख्या में स्नान करने के लिए आते हैं। इस दिन यहाँ एक विशाल मेले का भी आयोजन किया जाता है। वैतरणी की सहायक

कांगिरा है जो जिले के दक्षिण में स्थित कुमारडुँगी प्रखंड के कोंडोकरी बुरू से निकलती है तथा मझगाँव प्रखंड से गुजरती हुई लगभग 23 मील का सफर तय करके जगन्नाथपुर प्रखंड में स्थित कुंटिपदा नामक स्थान में वैतरणी नदी में मिल जाती है। कांगिरा नदी पश्चिमी सिंहभूम तथा क्योंझर के मध्य 12 मील की सीमा बनाती है।[16]

देव नदी जिसे मोगरा नदी भी कहा जाता है जिले के दक्षिण में स्थित गम्हरिया पठार से निकलती है तथा 35 मील बहती हुई दक्षिण कारो नदी में मिल जाती है। इसमें एक पहाड़ी धारा पुईलगड़ा सन्तारा वन क्षेत्र में आकर मिलती है।[17]

संजय नदी सोनुवा के उत्तर-पश्चिम में स्थित पोड़ाहाट की पहाड़ियों से निकलती है। यह पूर्व दिशा में बहते हुए चक्रधरपुर तक आती है तथा यहाँ से उत्तर दिशा में बहने लगती है। यह लगभग 30 मील की लम्बाई तक दक्षिण में कोल्हान तथा उत्तर में पोड़ाहाट तथा खरसावाँ के मध्य सीमा बनाती है। इस नदी की कुल लम्बाई 60 मील है। यह नदी दक्षिण-पूर्व रेलवे के गम्हरिया स्टेशन से 5 मील दूर लेंगटासाई के समीप खड़कई नदी में मिलती है। बिंजय और संकुवा इसकी सहायक नदियाँ हैं।[18]

कोयना नदी सारंडा के सबसे दक्षिण में स्थित भनगाँव नामक गाँव जो उड़ीसा के बोनई जिले की सीमा में स्थित है, से निकलती है। यह उत्तर दिशा में बहती हुई मनोहरपुर से 10 मील की दूरी पर पश्चिम दिशा में बहकर कोयल नदी में मिल जाती है। इसकी लम्बाई लगभग 36 मील है। लयलोर, तेन्तारी, कलिया, पिटिदिरी तथा समता आदि छोटी-छोटी धाराएँ जिन्हें स्थानीय भाषा में लोर कहा जाता है, इसमें आकर मिलती हैं।[19]

दक्षिणी कोयल नदी राँची के पठार के कुछ मील पूर्व से निकलती है। यह सिंहभूम में पश्चिम की ओर से प्रवेश करती है एवं पूर्व की ओर लगभग 12 मील बहती हुई गुदड़ी के निकट उत्तर कारो नदी में मिल जाती है।[20]

उत्तर कारो नदी राँची के पास से निकलती है तथा सिंहभूम के उत्तर-पश्चिम इलाके में बहती हुई 12 मील की दूरी तय कर गुदड़ी के निकट दक्षिणी कोयल नदी में मिल जाती है। दक्षिण कारो नदी उड़ीसा के गंगपुर जिले से निकलती है तथा क्योंझर के उत्तर-पश्चिम सीमा से बहती हुई सारंडा में प्रवेश करती है। यह सिंहभूम में लगभग 37 मील तक बहकर आनन्दपुर के निकट दक्षिणी कोयल नदी में मिल जाती है।[21]

निवासी

सिंहभूम में अनेक जातियों और धर्मों के लोग निवास करते थे। यद्यपि यह एक आदिवासी बहुल क्षेत्र है जिसमें हो आदिवासियों की संख्या सर्वाधिक है। हो लोग पूरे सिंहभूम में ही फैले हुए हैं लेकिन कोल्हान में उनका सन्केद्रण अधिक है। यह

मुंडा समुदाय की ही एक शाखा है। लगभग 10वीं शताब्दी में आए तब यहाँ पूर्व से ही सरक और भुइयाँ निवास करते थे।[22] सिंहभूम विभिन्न पीड़ों में बँटा हुआ था। कोल्हान के सभी पीड़ हो बहुल थे। थई, भरभरिया और लगड़ा पीड़ में हो लोगों के अलावा सन्ताल, भूमिज, उराँव, गोंड, भुइयाँ तथा ग्वाला भी निवास करते थे। लालगढ़, बढ़ और सत बन्तारिया पीड़ में भी हो लोगों की संख्या अधिक थी जबकि आवला, कोटगढ़ एवं जामदा पीड़ में पहले सरक और भुइयाँ रहते थे। इन गैर-आदिवासियों को हो लोग दिकु कहते थे। कुम्हार, गोप, तान्ती, डोम या घांसी लगभग हर गाँव में पाए जाते थे।[23]

सिंहभूम में विभिन्न भाषा बोलनेवाले लोग भी निवास करते थे। इन्हें मुख्यत: तीन भाषा-समूहों में बाँटा गया है—मुंडा भाषा परिवार, द्रविड़ भाषा परिवार, एवं आर्यन भाषा परिवार। मुंडा भाषा परिवार में हो, मुंडारी, सन्ताली, महली, भूमिज और खड़िया है। द्रविड़ भाषा परिवार में उराँव तथा गोंडी भाषा बोलनेवाले पाए जाते थे। इंडो आर्यन समूह तीसरी भाषा-समूह है जिसमें हिन्दी, उड़िया, बंगाली बोलनेवाले शामिल थे।[24]

प्राक-औपनिवेशिक काल में सिंहभूम में प्रचलित धर्मों की बात करें इस काल में हिन्दू, जैन, बौद्ध धर्म आदि थे। यहाँ की बहुसंख्यक आबादी हो समुदाय की थी। वे सरना धर्मावलम्बी थे तथा प्रकृति की पूजा करते थे। इनके साथ ही मुंडा, सन्ताल और उराँव भी सरना धर्म को मानते थे। इनके अलावा *महिमा आलेख धर्म* जो बौद्धधर्म के सदृश्य थे, भी सिंहभूम के कुछ भागों में प्रचलित थे—खासकर पोड़ाहाट राजा के प्रभुत्व वाले क्षेत्रों में।[25] वे अलख निरंजन का उद्घोष किया करते थे।[26] इस काल तक सम्भवत: सिंहभूम में इस्लाम धर्म नहीं था क्योंकि मुस्लिम यहाँ निवास नहीं करते थे। उसी तरह ईसाई धर्म का भी अस्तित्व नहीं था क्योंकि भारत देश में अंग्रेजों के आगमन के पश्चात ही इस धर्म का आरम्भ हुआ।

सन्दर्भ

1. डब्ल्यू.डब्ल्यू. हंटर, द *इम्पीरियल गैजिटियर ऑफ इंडिया,* खंड 23, द क्लारेडन प्रेस, ऑक्सफोर्ड, 1908 : 1
2. सी.के. पति, 'थोमस विल्किंसन एंड द सबजुगेशन ऑफ द कोल्हान बॉय ब्रिटिश', ए.के. सेन (सम्पा.) *विल्किंसन रूल, कानटेक्स्ट, कॉनटेंट एंड रैमिफिकेशंस,* टाटा कालेज, चाईबासा, 1997 : 2
3. टिकैत एन.एन. सिंहदेव, सिंहभूम, *सरायकेला एंड खरसावाँ थ्रू द एजेस,* अलियंस प्रेस, कलकत्ता, 1937 : 14
4. फ्रांसिस्का कुजुर, *राजा अर्जुन सिंह ऑफ पोड़ाहाट (1829 A.D.-1890 A.D.),* के.के. पब्लिकेशंस, इलाहाबाद, 2007 : 1

5. ई.टी. डाल्टन, *डिस्क्रिप्टिव एथनोलॉजी ऑफ बंगाल,* सुपरिंटेंडेंट गवर्नमेंट प्रिंटिंग, कलकत्ता, 1872 : 6
6. एस.सी. राय, *मुंडाज एंड देयर कंट्री,* क्राउन पब्लिकेशंस, 2004 : 8-31, प्रथम प्रकाशन, एशिया पब्लिशिंग हाउस, 1968
7. बी. वीरोत्तम, *झारखंड : इतिहास एवं संस्कृति,* बिहार हिन्दी ग्रन्थ अकादमी, पटना, 2006 : 31-32
8. जे. रीड, *सर्वे एंड सेटलमेंट ऑपरेशंस इन द डिस्ट्रिक्ट ऑफ राँची* (1902-1910), सुपरिंटेंडेंट सेक्रेटरियट प्रेस, पटना, 1912 : 14
9. श्याम कुमार, *झारखंड एक विस्तृत अध्ययन,* सफल प्रकाशन, राँची, 2005 : 214।
10. सी.बी. प्रसाद, *फाइनल रिपोर्ट आन द सर्वे एंड सेटलमेंट ऑपरेशन इन द डिस्ट्रिक्ट ऑफ सिंहभूम (1958-1965),* सेक्रेटरियट प्रेस, पटना : 15
11. पी.सी. रायचौधुरी, *बिहार डिस्ट्रिक्ट गजेटियर्स सिंहभूम,* सुपरिंटेंडेंट सेक्रेटरियट प्रेस, पटना, 1958 : 12
12. एचटीटीपी://ई.एन.विकीपीडिया आर/विकी/खड़कई रिवर : 1
13. रायचौधुरी, वही : 12
14. जे.ए. क्राभन, *फाइनल रिपोर्ट आन द सेटलमेंट ऑफ द कोल्हान गवर्नमेंट इस्टेट इन डिस्ट्रिक्ट सिंहभूम,* बंगाल सेक्रेटरियट प्रेस, कलकत्ता, 1898 : 3
15. एचटीटीपी://ई.एन.विकीपीडिया आर/विकी/वैतरणी रिवर : 1
16. क्राभन, वही : 3
17. रायचौधुरी, वही
18. वही
19. के.एस. राजहंस, इंडिया फॉरेस्ट ऑफिसर वर्किंग प्लान ऑफिसर साउर्थन सर्कल, *रिवाईज्ड वर्किंग प्लान फॉर द सारंडा डिविजन,* बिहार, 1976-1977 से 1995-96 : 2
20. डब्ल्यू.डब्ल्यू. हंटर, *ए स्टॉटिसटिकल एकाउंट ऑफ बंगाल,* खंड XVII, कॉन्सेप्ट पब्लिशिंग कम्पनी, दिल्ली, 1976 (द्वितीय संस्करण) : 21
21. वही : 21-22
22. ए.डी. टकी, *फाइनल रिपोर्ट आन द रिसेटलनमेंट ऑफ द कोल्हान गवर्नमेंट इस्टेट इन द डिस्ट्रिक्ट सिंहभूम 1913-1918,* सेक्रेटरियट गवर्नमेंट प्रिंटिंग, पटना, 1920 : 9-10
23. वाल्टर हेमिल्टन, *द ईस्ट इंडिया गजेटियर हिन्दोस्तान,* खंड 2, अलेन एंड कम्पनी लिडेनहाल स्ट्रीट, लन्दन, 1828 : 564।
24. रायचौधुरी, वही : 223।
25. जगभानु सिंहदेव, *800 ईयर्स ऑफ सिंह डायनेस्टी,* अप्रकाशित पुस्तक, 2004 : 16। वे सरायकेला राजपरिवार के सदस्य हैं।
26. htpp://m.youtube.com, Mahima Alekha Dharma, site visited on 28 July, 2022.

2

प्राचीन काल में सिंहभूम

धरती की उत्पत्ति

भारत, ऑस्ट्रेलिया और अमेरिका के शोधकर्ताओं का एक संयुक्त लेख जर्नल पनास (PANAS) में प्रकाशित हुआ है। इस उल्लेखनीय शोध ने अब धरती को समझने का पूरा नजरिया ही बदल दिया है। इस शोधकार्य में डॉ. प्रियदर्शी चौधरी, सुभाजीत राय, शुभम मुखर्जी और सूर्येन्दु भट्टाचार्य शामिल थे। उन्होंने बताया कि जलप्रलय के बाद करीब 3.2 अरब साल पहले धरती पहली बार समुद्र से बाहर निकली थी और जो इलाका सबसे पहले निकला था वह झारखंड का सिंहभूम इलाका हो सकता है। वैज्ञानिकों ने सारंडा के घने जंगलों के मध्य अवस्थित पहाड़ों से पत्थरों के नमूने एकत्रित कर ऑस्ट्रेलिया भेजा। ऑस्ट्रेलिया के प्रयोगशाला में इन पत्थरों का परीक्षण कर इनकी आयु निकाली गई।

मोनाथ विश्वविद्यालय के प्रमुख शोधकर्ता डॉ. प्रियदर्शी चौधरी ने इस शोध में बताया कि 'हमें गाद सम्बन्धी एक विशेष तरह की चट्टान मिली है जिसे बलुआ पत्थर कहा जाता है। इसके बाद हमने उसकी उम्र और किन परिस्थितियों में उनका विकास हुआ, यह पता लगाने का प्रयास किया। हमने यूरेनियम और छोटे खनिजों का विश्लेषण करके उम्र का पता लगा लिया। ...ये चट्टानें 3.1 अरब साल पुरानी थीं और प्राचीन नदियों, तटों और उथले समुद्र की वजह से बनी थीं। ये सभी जलीय इलाके तभी अस्तित्व में आते हैं जब वहाँ पर कोई महाद्वीपीय जमीन होती है। इसलिए हमने यह निष्कर्ष निकाला कि सिंहभूम का इलाका करीब 3.1 अरब साल पहले ही समुद्र से बाहर आ गया था। उन्होंने यह भी बताया कि प्राचीनतम महाद्वीपीय जमीन के कुछ हिस्से ऑस्ट्रेलिया और दक्षिण अफ्रीका में भी पाए गए हैं।

शोधकर्ताओं ने ग्रेनाइट का अध्ययन किया जिससे सिंहभूम इलाके की महाद्वीपीय परत बनी है। डॉ. प्रियदर्शी चौधरी कहते हैं कि ये ग्रेनाइट पत्थर 3.5 से 3.1

अरब साल पुराने हैं और इनका निर्माण व्यापक ज्वालामुखी विस्फोट के जरिये हुआ था। विस्फोट का यह सिलसिला कई हजार सालों तक जारी रहा। इसके बाद मैग्मा कठोर हुआ और इस इलाके में मोटी महाद्वीपीय परत उभरकर सामने आई। अपनी मोटाई और कम घनत्व के कारण महाद्वीपीय परत समुद्र के पानी से बाहर आ गई।[1] इस तरह इस शोध ने पृथ्वी में धरती के निर्माण की अवधारणा को पूरी तरह बदल के रख दिया है।

जब पृथ्वी में धरती की उत्पत्ति हुई उस समय सभी महादेश एक विशाल एकीकृत महाद्वीप थे जिसका अस्तित्व लगभग 250 लाख वर्ष पहले पेलियोजोइक और मिजोजोइक युग के दौरान था। इस स्वरूप को पैंजिया, पैंजेया या पैंजी कहा जाता है। इस समय पैंजिया लारेशिया और गोंडवाना लैंड के रूप में दो बड़े महाद्वीपीय पिंडों में विभाजित होना शुरू हुआ था। गोंडवाना लैंड प्राचीन सुपर कांटिनेंट था जिसमें वर्तमान दक्षिण अमेरिका, अफ्रीका, अरब, मेडागास्कर, भारत, ऑस्ट्रेलिया और अंटार्कटिका शामिल था। इसके टूटने का पहला चरण लगभग 180 लाख वर्ष पहले प्रारम्भिक जुरासिक काल में शुरू हुआ था। गोंडवाना लैंड में दक्षिणी गोलार्द्ध के सभी महाद्वीप शामिल हैं। इनके निर्माण की उम्र और संरचना एक समान है।[21] इस कारण उपर्युक्त शोध में अमेरिका, भारत और ऑस्ट्रेलिया के वैज्ञानिकों ने संयुक्त रूप से भाग लिया। लारेशिया में उत्तरी गोलार्द्ध के सभी महाद्वीप आते हैं।

सिंहभूम में जीवाश्म की प्राप्ति

किसी भी विलुप्त जीव या पौधों की जमीन पर मौजूदगी के प्रमाण को जीवाश्म कहते हैं। जीव के जीवाश्म को पशु जीवाश्म (Animal Fossile) और पेड़-पौधों और पत्तों के जीवाश्म को पादप जीवाश्म (Plant Fossile) कहते हैं। पृथ्वी पर जीवन की शुरुआत लगभग 3.5 अरब वर्ष पहले हुई थी। पृथ्वी पर विकसित होनेवाले सर्वप्रथम हरे पौधे सायनोबैक्टीरिया नामक हरे शैवाल थे। इसके पश्चात एककोशिकीय जीव की उत्पत्ति हुई। विकास के क्रम में एककोशिकीय जीवों से ही बहु-एककोशिकीय जीवों का विकास हुआ। जब किसी मृत जीवधारी का शरीर मिट्टी में दब जाता है तो उसके शरीर का नरम भाग गल जाता है। शरीर का जो कठोर भाग होता है वो धीरे-धीरे सैकड़ों वर्षों में पत्थर में तब्दील हो जाते हैं। जब वे पत्थर किसी कारणवश पृथ्वी की सतह पर आ जाते हैं, उनके अध्ययन से उस जीवधारी की शरीर रचना के बारे में बहुत सारी जानकारियाँ शोधकर्ता जुटाते हैं। जिन जन्तुओं में हड्डियाँ होती हैं उनकी हड्डियाँ प्राय: जीवाश्मों के रूप में मिलती हैं।[3]

सिंहभूम के वर्तमान कुमारडुँगी प्रखंड के अन्धारी गाँव के पास के जंगल से किसी विशालकाय जटिल जीव का जीवाश्म मिला है। इस जीवाश्म में हड्डी, शिरा और धमनी की स्पष्ट बनावट मौजूद है। यह जीवाश्म लाखों वर्ष पुराना है। जैसा कि पूर्व में जिक्र किया गया है सिंहभूम में ही धरती पहली बार बाहर निकली थी तो सम्भवत: जीवों की उत्पत्ति भी यहाँ पहले-पहल हुई होगी। शायद ये डायनासोर प्रजाति का ही कोई जानवर रहा होगा। जिस स्थल से इसकी प्राप्ति हुई है वहाँ ऐसे और भी जीवाश्म पड़े हुए हैं। इस जीवाश्म के वैज्ञानिक विश्लेषण के बाद ही वास्तविक पहचान और आयु सिद्ध हो सकेगी।[4]

पशु जीवाश्म

पादप जीवाश्म

एक पेड़ का जीवाश्म चाईबासा के पूर्वी भाग से एक खेत के मेड़ से प्राप्त हुआ है। लाखों साल पुराने पेड़ का ये जीवाश्म बिलकुल एक पत्थर की तरह दिखता है पर इसमें लकड़ी के गुण हैं। यह कहीं से भी खुरचने पर टूटता है और इसमें बुरादा जैसा भी निकलता है।

छोटे-छोटे पत्तों के जीवाश्म जगन्नाथपुर के पास मोगरा से मिले हैं। ये छाप जीवाश्म (Impression Fossile) हैं। ये जीवाश्म स्वयं पौधे के अवशेष नहीं होते हैं और न ही इनमें कार्बनिक पदार्थ होते हैं। छाप जीवाश्म अनिवार्य रूप से मिट्टी या गाद जैसे कुछ महीन दानेवाले या नरम तलछट में पौधे की

सामग्री की छाप छोड़ते हैं। एक बार जब पौधे का पदार्थ सड़ जाता है तो छाप जीवाश्म बनी रहती है। इनका भी वैज्ञानिक विश्लेषण कर वास्तविक आयु प्राप्त की जा सकती है।[5]

पेड़ का जीवाश्म

पत्तों के जीवाश्म

हो लोककथा में धरती बनने की कथा

आश्चर्यजनक रूप से धरती निर्माण के वैज्ञानिक तथ्यों और हो लोक कथाओं में प्रचलित *ओते दिशुम बइयनतेय: जगर* अर्थात धरती बनने की कथा में बहुत साम्यता है। इस मिथक में सृष्टि की उत्पत्ति की कथा कही गई है। इसके अनुसार *सिंगबोंगा* (हो लोगों के सर्वोच्च देवता) ने जब चारों ओर पानी-ही-पानी देखा तो उसके मन में यह विचार आया कि इस पानी को हटाकर धरती का निर्माण कैसे किया जाए। अत: सिंगबोंगा ने सर्वप्रथम कछुवा और केकड़ा का सृजन किया और उन्हें धरती बनाने का काम सौंपा। वे जब इस कार्य में असफल हो गए तब सिंगबोंगा ने अपनी जाँघ के मैल से दो केंचुआ बनाए। इनमें से एक को नर और दूसरे को मादा बनाए। सिंगबोंगा ने अब दोनों केंचुओं को जमीन बनाने का काम दिया। वे दोनों पानी के भीतर जाकर नीचे से मिट्टी को ऊपर निकालना शुरू किए और निरन्तर कई वर्षों के प्रयास से मिट्टी का पहाड़ बना दिए। वही बाद में कड़ी मिट्टी में परिणत होकर धरती बन गया। जो गड्ढे बचे रह गए वो समुद्र बन गए। केंचुओं के प्रयास से धरती बनी इसलिए वे आज भी धरती के अन्दर रहते हैं। जबकि कछुवा और केकड़ा आज भी पानी के अन्दर रहते हैं।[6]

सिंहभूम का प्रागैतिहासिक एवं आद्य इतिहास

मानव अतीत के उस भाग को प्रागैतिहासिक काल कहते हैं जब मानव का अस्तित्व तो था परन्तु लेखन-कला का आविष्कार नहीं हुआ था। आद्य इतिहास काल में लेखन-कला के प्रचलन के बाद भी उपलब्ध लेख को पढ़ा नहीं जा सका है। सिंहभूम से भी हमें प्रागैतिहासिक एवं आद्य इतिहास के साक्ष्य प्राप्त होते हैं। सिंहभूम पुरातात्त्विक दृष्टिकोण से देश के सबसे समृद्ध सांस्कृतिक क्षेत्र में से एक है। सिंहभूम में निम्न पुरापाषाण काल से नवपाषाण काल तक के प्रागैतिहासिक स्थलों से समृद्ध है।

21वीं सदी की शुरुआत में प्रारम्भिक अन्वेषकों द्वारा प्रागैतिहासिक काल का अध्ययन शुरू किया गया था जैसे—वी. बाल (बाल 1865, 1867), जे.डब्ल्यू. मसोन (मसोन 1889), सी.डब्ल्यू. एंडरसन (एंडरसन 1917), पी. मित्रा (मित्रा 1923), एम. घोष (घोष 1921), एस.सी. राय (राय 1915, 1921) ने पत्थर के विभिन्न औजारों की खोज को केवल भूवैज्ञानिक सन्दर्भ के साथ वर्णन किया था। परवर्ती काल के अन्वेषकों जैसे—(डी. सेन, 1981; घोष 1958,1963; नारायण 1979; बी. नारायण 1996; पन्त 1978; जायसवाल 1981; डी.के. चक्रवर्ती 1993;

डी. भेंगरा 2007 और एच.पी. सिन्हा 2014) ने झारखंड के साथ-साथ सिंहभूम के क्षेत्रों का भ्रमण और शोध कर प्रागैतिहासिक संस्कृतियों का विस्तृत विवरण प्रस्तुत किया है।[7]

सबसे पहले हमें प्रागैतिहासिक एवं आद्य इतिहास के बारे में सम्पूर्ण जानकारी होना आवश्यक है। प्रागैतिहासिक काल को तीन भागों में बाँटा जा सकता है—

1. पुरापाषाणकाल
   - अ. निम्न पुरापाषाणकाल संस्कृति
   - ब. मध्य पुरापाषाणकाल संस्कृति
   - स. उत्तर पुरापाषाणकाल संस्कृति
2. मध्यपाषाण संस्कृति
3. नवपाषाण संस्कृति

आद्य इतिहास
- अ. ताम्रपाषाण संस्कृति
- ब. ताम्रयुगी संस्कृति
- स. महापाषाण संस्कृति
- ड. लौह युग

पुरापाषाणकाल प्रागैतिहासिक काल का वह समय है जब मानव ने पत्थर के औजार बनाना सबसे पहले आरम्भ किया। यह काल आधुनिक काल से 25-20 लाख साल पूर्व से लेकर 12000 साल पूर्व तक माना जाता है। इस दौरान मानव का 99% विकास हुआ। इस काल के बाद मध्यपाषाण युग प्रारम्भ हुआ जब मानव ने खेती करना शुरू किया था। इस काल को जलवायु परिवर्तन तथा उस समय के पत्थर के हथियारों और औजारों के आधार पर तीन भागों में बाँटा जा सकता है—निम्न पुरापाषाणकाल, मध्य पुरापाषाणकाल और उत्तर पुरापाषाणकाल।

निम्न पुरापाषाणकाल— यह पुरापाषाणकाल का सबसे लम्बा समय है। इस समय मनुष्य पत्थरों से निर्मित औजार का प्रयोग करते थे, जैसे-हस्तकुठार, खंडक, विदारनी। निम्न पुरापाषाणकालीन स्थल भारतीय महाद्वीप के लगभग सभी क्षेत्रों से प्राप्त होते हैं। यह युग अधिकांश हिमयुग से गुजरा है।

मध्य पुरापाषाणकाल—इस युग में शल्क उपकरणों का प्रयोग बढ़ गया था। मुख्य औजार के रूप में पत्थर की पपड़ियों से बने विभिन्न प्रकार के फलक, वेधनी, छेदनी और खुरचनी मिलते हैं।

उत्तर पुरापाषाणकाल—इस युग में आर्द्रता कम हो गई थी तथा हिमयुग अन्तिम अवस्था में थी। इस समय आधुनिक मानव होमो सेपियंस का उदय हुआ। इस काल के औजार अधिक धारदार व चमकीले थे।[8]

सिंहभूम में निम्न पुरापाषाणकाल

झारखंड के 24 जिलों में निम्न पुरापाषाणकालीन औजारों की प्राप्ति की दृष्टि से सिंहभूम अति महत्त्वपूर्ण है। निम्न पुरापाषाणकाल के औजारों को सिंहभूम के निम्नलिखित जगहों से एकत्र किया गया है—

रोरो नदी घाटी

सिंहभूम में पहला व्यवस्थित निम्न पुरापाषाणकाल का अनुसन्धान डी. सेन और ए.के. घोष ने किया था। उन्होंने चाईबासा के पास बहनेवाली रोरो नदी घाटी क्षेत्र को अपने अनुसन्धान के लिए चुना। उन्होंने रोरो नदी के बाएँ किनारे पर 60, 40 और 20 फीट की ऊँचाई वाले तीन जलोढ़ मिट्टी की वेदिका देखी। ये पानी के बहाव द्वारा बिछाई गई मिट्टी और रेत का ढेर थी। वेदिका I और वेदिका II से उन्होंने 35 नमूने प्राप्त किए। सेन और घोष ने इन्हें तीन वर्गों में विभक्त किया—कंकड़ उपकरण (Pebble Tools), मुख्य उपकरण (Core Tools) और परतदार उपकरण (Flake Tools)।

राजदोहा

राजदोहा गर्रा नदी के पास स्थित है। इसके समीपस्थ पहाड़ियों की ढलान से निम्न पुरापाषाणकाल, मध्य पाषाणकाल और सूक्ष्म पाषाणकाल उपकरण (Microlithic Tools) सतह से प्राप्त होते हैं।

तिमिलदा

यह चाईबासा के समीप स्थित एक छोटी सी जगह है जहाँ से 26 हस्तकुठार, 3 क्लीवर, 1 चॉपर, 1 चॉपिंग, 4 स्क्रेपर (खुरचनी) प्राप्त हुए हैं। इनमें से अधिकतर कोर उपकरण हैं लेकिन चॉपर परतदार उपकरण से बने हैं।

चाईबासा

निम्न पुरापाषाणकालीन औजार खास कर चॉपर चॉपिंग औजार और हस्त कुल्हाड़ी चाईबासा से मिले हैं। चाईबासा से इस काल के 32 नमूने मिले हैं।

नीमडीह

नीमडीह चाईबासा के समीप स्थित एक गाँव है जहाँ से 44 निम्न पुरा पाषाण-काल के औजार मिले हैं। इनमें 8 चॉपर, 22 हस्त कुल्हाड़ी, 8 क्लीवर, 3 अधूरे फ्लेक, एक खुरचनी प्राप्त हुए हैं। इनमें से 22 कोर उपकरण और 22 फ्लेक उपकरण हैं।[9]

मध्य पुरापाषाणकाल

सिंहभूम में मध्य पुरापाषाणकाल के अन्वेषण का इतिहास 1868 से आरम्भ होता है जब कैप्टन बिचिंग को चाईबासा और चक्रधरपुर के समीप से कुछ चकमक पत्थर के फ्लेक मिले हैं।[10] उसी प्रकार वी. बाल को भी 1870 में संजय नदी तट से चकमक पत्थर के फ्लेक प्राप्त होते हैं।[11] कुछ वर्षों के पश्चात 1917 में सी.डब्ल्यू. एंडरसन ने भी संजय नदी के तट से चकमक पत्थर के अनेक फ्लेक एकत्र किए थे।[12]

आजादी के बाद ए.के. घोष ने झारखंड में विशेषकर सिंहभूम में विस्तृत कार्य कर यहाँ के मध्य पुरापाषाणकाल की संस्कृति को दुनिया के समक्ष प्रस्तुत किया है। उन्हें चॉपर, खुरचनी, पाइंटस, ब्लेड आदि प्राप्त हुए हैं।[13]

उच्च पुरापाषाणकाल

सिंहभूम में उच्च पुरापाषाणकाल में अन्वेषण का आरम्भ 1917 में सी.डब्ल्यू. एंडरसन के चक्रधरपुर के समीप संजय और उसकी सहायक नदी तट पर अनेक प्रस्तर उपकरणों के मिलने से होती है। उनके पश्चात ए.के. घोष ने 1962-63 में चक्रधरपुर के निकट छेलाबेड़ा, पोटका और बंगलाटानर में अनेक उपकरणों को एकत्र किया। सिंहभूम पाषाण संस्कृति के मामले में बेहद समृद्ध है। घोष ने जामदा से स्तरीकरण में उपकरणों को देखा और पाया कि मध्य पुरापाषाणकाल से उच्च पुरापाषाणकाल में निरन्तरता बनी हुई है। घोष ने उपकरणों के प्रकार, तकनीक और निर्माण-सामग्री के आधार पर इस काल को अन्य काल से अलग किया है। जहाँ पुरानी संस्कृतियाँ ज्यादातर क्वार्टजाइट का अधिक इस्तेमाल करती थी वहीं इस समय जैस्पर, अकीक (Agate), चकमक जैसे कोमल पत्थरों का अधिक उपयोग होने लगा। घोष के अनुसार कुल उपकरणों का 9.5% ब्लेड और ब्लेड-लेट्स बनाए गए जो पूर्व के चॉपर-चॉपिंग और स्क्रेपर इंडस्ट्री से बिलकुल अलग थे।[14]

पाषाण कालीन औजार[15]

मध्य पाषाण काल

पुरा पाषाण युग के पश्चात मध्य पाषाण काल आरम्भ हुआ जिसे उत्तरीय प्रस्तर काल भी कहा जाता है। इसका समय 9000-4000 ई.पू. माना जाता है। मध्य पाषाण काल में पत्थर के बहुत छोटे-छोटे औजार (Micralithic) होते थे। सिंहभूम में सूक्ष्म पाषाण उपकरणों की प्राप्ति की एक समृद्ध परम्परा है। 1868 में कैप्टन बीचिंग और 1870 में वी. बाल को इस समय के कुछ उपकरण मिले थे। 1970 में सी.डब्ल्यू. एंडरसन को संजय और उसकी सहायक नदियों के तट से बहुत बड़ी मात्रा में सूक्ष्म पाषाण उपकरण प्राप्त हुए थे। उन्हें 20 नमूने मिले जिसमें फलक, खुरचन, चाकू, पाइंट, वेधक तक्षणी आदि थे। उपकरणों के प्रारूप वर्गीकरण को देखें तो ये उपकरण गैर-ज्यामितीय सूक्ष्म औजार उद्योग थे।[16] चक्रधरपुर के समीप बोड़दा पुल भी इस संस्कृति का एक महत्त्वपूर्ण केन्द्र था। सेन और चतुर्वेदी ने 1957 में यहाँ से 107 सूक्ष्म उपकरण प्राप्त किए जिसमें पाइंट, तीर का अग्र भाग, अर्द्ध-निर्मित फ्लेक, कलम बनाने का चाकू, चन्द्राकार आदि प्राप्त हुए थे।

नवपाषाण काल

नवपाषाण काल मानव प्रौद्योगिकी के विकास की एक अवधि थी जिसकी शुरुआत मध्य-पूर्व में 9500 ई.पू. के आसपास हुई थी। इसे पारम्परिक रूप से पाषाण युग का अन्तिम चरण माना जाता है। इस अवधि में कृषि, जंगली और घरेलू फसलों तथा पालतू जानवरों का उपयोग आरम्भ किया गया था। नवपाषाण काल अपेक्षाकृत लघु अवधि और उसके साथ मानव के सामाजिक जीवन में जो व्यापक परिवर्तन आया इस कारण इस काल के लिए नवपाषाण क्रान्ति शब्द का उपयोग किया जाता है।[18]

सिंहभूम में सर्वप्रथम नवपाषाण कालीन उपकरण की खोज 1868 में कैप्टन बीचिंग ने की थी। उनके बाद 1917 में सी.डब्ल्यू. एंडरसन ने संजय नदी और लोटा पहाड़ से अनेक औजार प्राप्त किए। 1918 में एस.के. विश्वास को नादुप और माटीगड़ा से कुछ पॉलिश्ड हथौड़े मिले। आर.सी. कर ने 1952 में खड़खई नदी तट से नवपाषाण कालीन स्थल की खोज की। एच.सी. चकलाधर को 1952 में औजारों के साथ मिट्टी के बर्तन मिले। डी. सेन ने 1958 में पुन: बोड़दा पुल और संजय नदी तट पर नवपाषाण कालीन स्थल की खोज की। एस.सी. राय ने 1959 में लोटा पहाड़ से और डी. सेन ने पुन: सीनी, दुगनी, बारुडीह और उकरी से बहुत संख्या में नवपाषाण कालीन उपकरणों की खोज की। इन सब खोजों के आधार पर हम कह सकते हैं कि सिंहभूम नवपाषाण कालीन संस्कृति का एक महत्त्वपूर्ण केन्द्र था।[19]

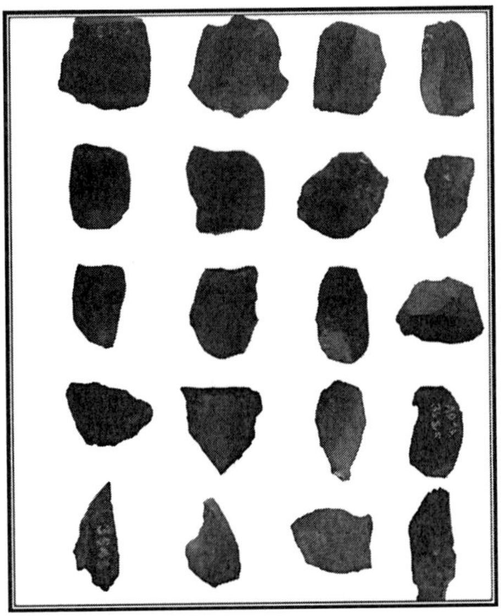

मध्य पाषाण कालीन औजार[20]

नवपाषाण कालीन औजार[21]

महापाषाण

महापाषाण को अंग्रेजी में *Meghalithic* कहते हैं। इसे दो ग्रीक शब्द *Megas* और *Lithos* से लिया गया है जिसका अर्थ क्रमश: *महा* और *पाषाण* है।[22] महापाषाण शब्द एक बहस का विषय है और अब तक कोई भी विद्वान इसकी अवधि, कालक्रम, उत्पत्ति और स्वामित्व का निष्कर्ष निकालने में सक्षम नहीं हुआ है। इस शब्द का प्रयोग किसी अज्ञात समुदाय द्वारा दफनाने की प्राचीन प्रथा के लिए किया जाता है साथ ही झारखंड और देश के अन्य आदिवासियों की समसामयिक प्रथा के लिए भी किया जाता है। एक ओर यह शब्द प्रायद्वीपीय भारत में पहले लोहे का उपयोग करनेवाले समुदाय से जुड़ा है तो दूसरी ओर यह वर्तमान आदिवासी समुदायों की संस्कृति को दर्शाता है।[23]

झारखंड में महापाषाण संस्कृति पर अध्ययन का आरम्भ वी. बाल द्वारा 1870 में सिंहभूम के पोखरिया गाँव के नजदीक स्मारक-स्तम्भ (Menhir) के खोज से होती

है।[24] स्थानीय हो भाषा में इसे बिड़्दिरी कहा जाता है। उनके पश्चात पी. मित्रा ने अखड़ा-कुदर और बड़बिल में स्मारक-स्तंभ और कब्र के ऊपर रखा गया समतल महापाषाण (Dolmen) की खोज की। स्थानीय हो भाषा में इसे सासनदीरी कहा जाता है। ई.टी. डाल्टन ने बरकेला गाँव में कुछ दफनाए हुए कलश प्राप्त किए हैं। उन्होंने सरगम हातु (सरजोम हातु), सारंडागढ़ और रांगसों में कुछ स्मारक-स्तम्भों को पाया। आजादी के बाद ए.के. घोष और एन.के. बोस ने सम्पूर्ण सिंहभूम का भ्रमण कर बरबिर (बड़बिल), केन्दपोसी, उरकी और गुरियाडी में सासनदीरी की खोज की।[25]

वास्तव में सासनदीरी और बिड़्दिरी झारखंड में आदिवासियों की जीवित परम्परा है। आज भी आदिवासी शव को सासनदीरी और बिड़्दिरी प्रथा के द्वारा ही दफनाते हैं। इस कारण हमें सम्पूर्ण झारखंड के गाँवों में सासनदीरी और बिड़्दिरी मिलते हैं। सासनदीरी सिर्फ कब्र के ऊपर दफनाया जाता है जबकि बिड़्दिरी कब्र के साथ-साथ किसी घटना की निशानी के रूप में, शहीदों की याद में, गाँव की सीमा को रेखांकित करने के लिए भी गाड़ा जाता है। सिंहभूम में कुछ गाँवों के धार्मिक स्थल जिसे देशाउली कहा जाता है वहाँ बिड़्दिरी लगाने का प्रचलन है। चाईबासा के समीप स्थित मटकमहातु नामक गाँव जो अब महुलसाई के नाम से जाना जाता है में मागे पर्व में दिउरी और उसके चार सहयोगी देशाउली में पूजा करते हैं। उन चारों के लिए प्रतीकात्मक रूप से चार विशालकाय बिड़्दिरी गाड़े गए हैं।[26]

MENHIRS AT POKARIA.

बिड़्दिरी (Menhir)[27]

सासनदीरी (Dolmen)[28]

मटकमहातु देशाउली में दिउरी और उसके सहयोगी के प्रतीक के रूप में गाड़े गए बिड्दिरी

शैल चित्र

शैल चित्र सबसे पुरानी कलात्मक अभिव्यक्तियों में से एक है। शैल चित्र की अवधारणा का उपयोग उन चित्रमय अभ्यावेदन और आकृतियों के बारे में बताने के लिए किया जाता है जो चट्टानों और गुफाओं पर पाए जाते हैं। ये प्राय: प्रागैतिहासिक होते हैं।

सिंहभूम के कुमारडुंगी प्रखंड में स्थित कोकोरकोटा नामक गाँव के समीप स्थित घने जंगलों के मध्य एक विशालकाय गुफा है। इस गुफा की छत पर शैल चित्र अंकित किया गया है। यह शैल चित्र प्रागैतिहासिक काल के बाद का है। इसमें आदमी, शिकार, चिड़ियाँ, ज्यामितीय आकृति आदि नहीं हैं लेकिन फूलों और गिरगिट जैसी आकृति बनाई गई है। यह क्षेत्र उड़ीसा के क्योंझर जिले के समीप स्थित है। क्योंझर में डांगुवापोसी गाँव के समीप स्थित एक विशाल चट्टान में शैल चित्र अंकित है जिसे सीताबिंज ग्रुप ऑफ रॉक शेल्टर्स या रावाणछाया भित्ति चट्टानों के रूप में जाना जाता है। ये दोनों स्थल एक-दूसरे के बहुत नजदीक हैं और प्राकृतिक संरचना में भी काफी साम्यता रखते हैं। दोनों में एक ही तरह का प्राकृतिक रंग इस्तेमाल किया गया है हालाँकि दोनों के चित्रित विषय अलग हैं। अत: यह सम्भावना हो सकती है कि दोनों के निर्माणकर्ता एक ही होंगे या एक-दूसरे के सम्पर्क में होंगे। सीताबिंज के शैल चित्रों की तिथि चौथी से छठवीं शताब्दी की है।[29] इस कारण हम कोकोरकोटा की तिथि भी चौथी से छठवीं शताब्दी स्थापित कर सकते हैं। कोकोरकोटा स्थित गुफा घने जंगलों के बीच स्थित होने के कारण जंगली जानवरों और जहरीले साँपों के खतरे से भरा है। इस कारण स्थानीय गाँव के लोग वहाँ जाने से कतराते हैं। ब्रिटिशकाल में सिंहभूम में अनेक भूमि-बन्दोबस्तियाँ की गईं जिनमें टकी भूमि-बन्दोबस्ती 1913-18 उल्लेखनीय है। इस बन्दोबस्ती में सम्पूर्ण कोल्हान के प्रत्येक गाँव का पूर्ण विवरण लिखा गया है। कोकोरकोटा गाँव के भी नामकरण, बसानेवाले पूर्वज इत्यादि का इतिहास लिखा गया पर कुछ दूरी पर स्थित इस गुफा के बारे में कोई वर्णन नहीं किया है। सम्भवत: गाँववाले भय की वजह से गुफा के बारे में नहीं जानते थे। इस कारण उन्होंने अंग्रेज अधिकारियों को कुछ नहीं बताया या वे और अंग्रेज अधिकारियों ने इसे ऐतिहासिक महत्त्व का नहीं समझा।[30]

इस गुफा से पाषाण के अनेक सूक्ष्म उपकरण या माइक्रोलिथ प्राप्त हुए हैं जो मध्य पाषाण काल के हैं। जैसा कि पूर्व में जिक्र किया गया है सिंहभूम पुरा पाषाण काल से नव पाषाण तक एक महत्त्वपूर्ण केन्द्र रहा है। मध्य पाषाण काल में अवश्य ही यह गुफा तत्कालीन मानव का आश्रय-स्थल रहा होगा।[31]

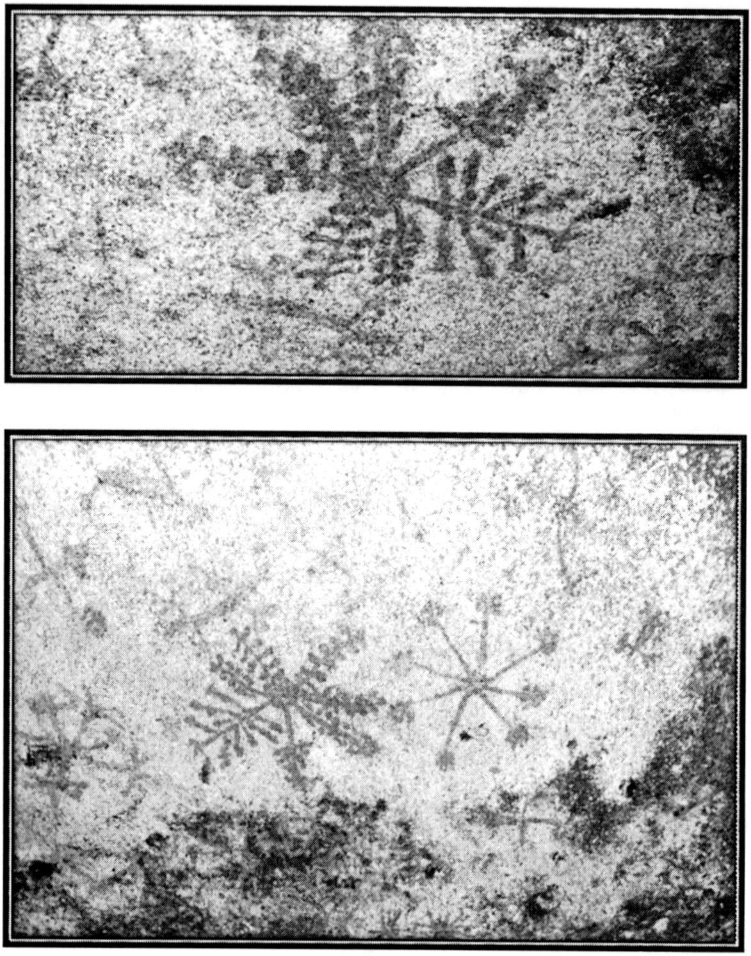

शैल चित्र

चौथी शताब्दी ई.पू. से बारहवीं शताब्दी

मौर्य काल में झारखंड के साथ-साथ सिंहभूम भी मौर्य साम्राज्य के अधीन रहा होगा। चन्द्रगुप्त मौर्य इस क्षेत्र से परिचित था। सम्राट अशोक का यहाँ के आदिवासियों पर अस्पष्ट-सा नियंत्रण था। उनके शिलालेख संख्या 13 में इस क्षेत्र का आटवी अथवा आटव के नाम से उल्लेख किया गया है। डी.आर. भंडारकर के अनुसार

आटवी प्रदेश बघेलखंड से उड़ीसा के समुद्र तट तक फैला हुआ है।[32] इस क्षेत्र में सिंहभूम भी जरूर शामिल रहा होगा। अशोक ने अपने कलिंग अभिलेख संख्या 2 में उड़ीसा के सीमावर्ती प्रदेश में निवास करनेवाले आदिवासियों को धम्म के अनुसार आचरण करने का निर्देश दिया था। चूँकि सिंहभूम उड़ीसा के बिलकुल समीप स्थित है इसलिए उन आदिवासियों में सिंहभूम के लोग भी रहे होंगे। अशोक द्वारा भेजे गए धर्म-प्रचारक दलों में एक आटव आदिवासियों के बीच भेजा गया था। इस दल का नेता रक्षित था जो अनमत्तगीय उपदेश का प्रचारक था बुद्धघोष ने रक्षित द्वारा उपदेशित क्षेत्र को वनवास कहा है।[33]

इस क्षेत्र के इतिहास के अन्य प्रमाण हमें गुप्त काल से प्राप्त होते हैं। गुप्त सम्राट समुद्रगुप्त ने अपने भारत विजय अभियान में सम्पूर्ण भारत पर अधिकार कर लिया था। सम्भवत: सम्पूर्ण छोटानागपुर के साथ-साथ सिंहभूम प्रदेश भी उनके साम्राज्य का हिस्सा था।[34] उनके प्रयाग प्रशस्ति लेख में उल्लेख है कि उन्होंने आटविक राज्यों या जंगल राज्यों को भी जीता था।[35] जैसा कि पूर्व में जिक्र किया गया है इन आटविक राज्यों में सिंहभूम भी शामिल था।

इस क्षेत्र में प्राचीन काल के अनेक बहुमूल्य सिक्के भी प्राप्त हुए हैं। सिंहभूम के दक्षिणी सीमा में स्थित बामनघाटी क्षेत्र से रोमन सम्राट कांस्टेंटाइन तथा गोरडियन के सोने के सिक्के मिले हैं। ये सिक्के सम्भवत: यहाँ इसलिए मिले हैं क्योंकि यह क्षेत्र उत्तर भारत से पूरब जाने के एक प्राचीन व्यापारिक मार्ग का एक हिस्सा था जो मार्ग यहाँ के पोड़ाहाट तथा बामनघाटी होता हुआ सुदुर पूर्व में स्थित ताम्रलिप्ति, कलिंगापटनम, दन्तापुरा (ग्रीक और रोमन में इसे दंडागुला कहते थे) आदि बन्दरगाहों से जुड़ा हुआ था।[36] सिंहभूम से प्राप्त इन सिक्कों से यह प्रमाण मिलता है कि 7वीं शताब्दी में इस क्षेत्र से होकर ही व्यापार किया जाता था। बामनघाटी से ही 7वीं शताब्दी के एक अनजान राजवंश द्वारा जारी किए गए पुरी-कुशान सिक्के भी मिले हैं।[37] इसके अलावा चाईबासा से कुछ मील दूर गुलका नामक स्थान से एक पात्र में भरे हुए इंडोसीथियन (ताँबे के सिक्के) प्राप्त हुए हैं। सम्भवत: व्यापारिक मार्ग होने के कारण ही व्यापारियों के द्वारा छोड़े गए ये सिक्के इन स्थानों में पाए गए हैं।

सम्भवत: 7वीं शताब्दी के प्रारम्भ में सिंहभूम गौड़ के राजा शशांक के साम्राज्य में शामिल था। शशांक का साम्राज्य शाहाबाद से लेकर उड़ीसा के गंजाम जिले तक फैला हुआ था। शशांक का एक मोहर रोहतासगढ़ से भी प्राप्त हुआ है जो यह प्रमाणित करता है कि शशांक का मगध तथा छोटानागपुर पर भी अधिकार था।[39] इस कारण सम्भवत: सिंहभूम भी उसके साम्राज्य के अन्तर्गत था। एक मान्यता है कि बेनीसागर और खीचिंग के मन्दिर को शशांक ने ही बनवाया था।[40]

बेनीसागर

बेनीसागर चाईबासा से लगभग 85 किलोमीटर दूर दक्षिण में अवस्थित है। कुछ इतिहासकारों का मत है कि बेनीसागर अथवा वेणुसागर में 6वीं-7वीं शताब्दी में वेणु नामक एक पराक्रमी राजा रहते थे। उन्होंने लगभग 60 एकड़ भूमि में एक विशाल तालाब या झील का निर्माण करवाया था जो एक सागर की तरह दिखता है। उन्हीं के नाम पर इस जगह का नाम वेणुसागर पड़ा। बेनीसागर से कुछ ही दूरी पर केशनागढ़ नामक जगह है। वेणु केशनागढ़ के राजा के पुत्र थे। वह एक डोम जाति का राजा था। कहा जाता है कि 7वीं शताब्दी में राजा ने केशनागढ़ में एक किले का निर्माण करवाया था। लेकिन एक बार किले में भयंकर आग लग गई और उसमें राजा, प्रजा और सम्पत्ति जलकर राख हो गई। लोक मान्यता के अनुसार राजा के पुत्र वेणु को एक तान्ती ने बचा लिया। बड़े होने पर वेणु बेनीसागर का राजा बना। उसका राजमहल और किला लगभग 200 एकड़ भूमि में फैला हुआ था जिसके अवशेष अब भी मौजूद हैं।[41]

बेनीसागर के पुरातात्त्विक अवशेषों ने 19वीं शताब्दी से ही अन्वेषकों का ध्यान अपनी ओर आकर्षित किया है। सर्वप्रथम 1840 में ले. टिकेल ने इस स्थल का निरीक्षण किया था। उन्हें यहाँ के स्थानीय लोगों ने बताया कि लगभग 200 साल पहले यहाँ पर राजा वेणु शासन करते थे। उन्हें इस समय झील के मध्य एक छोटा मन्दिर, झील के दक्षिण-पूर्व दिशा में एक किला या गढ़ मिला। इस गढ़ में अनेक मूर्तियाँ जमीन पर पड़ी हुई थीं। उन्होंने किले के दक्षिण एक अन्य ईंटों का टीला देखा जिसे स्थानीय लोगों ने राजा की कचहरी बताया।[42] 75 वर्ष बाद जे.डी. बेगलर ने वहाँ उत्खनन कार्य करवाया और गणेश, काली, महिषासुर, 2 या 3 जैन मूर्तियों की खोज की तथा उनकी तिथि 7वीं शताब्दी निर्धारित की।[43] यहाँ से गणेश, हनुमान, दुर्गा, तारा, सूर्यदेव, अग्नि, कुबेर, गंगा, महावीर स्वामी, ध्यानी बुद्ध, लकुलिश, शिवलिंग (कुल 108), विष्णु, काली, वीणाधारी, शिव, परशुराम, पार्वती की मूर्ति मिली है। दो प्राचीन शिलालेख के पत्थर हैं जिन पर प्राकृत और ब्राह्मी लिपि में लेख लिखा गया है।[44]

इस झील के बीचोबीच एक छोटा सा द्वीप है। इसमें मन्दिर ईंटों से बने मन्दिर के अवशेष हैं। यह मन्दिर चौकोर चबूतरे पर स्थापित है। चबूतरे के चारों ओर दीवार के अवशेष हैं तथा मुख्य द्वार पूर्व दिशा में है। झील के पूर्व दिशा में दूसरे मन्दिर का अवशेष है। इसमें ईंटों का एक छोटा मन्दिर, शिवलिंग तथा नहाने का स्थान है। ये दोनों मन्दिर सामानान्तर रेखा में अवस्थित हैं। झील के दक्षिण-पूर्व दिशा में बड़ी मात्रा में अनिश्चित आकार के ईंटें और लेटराइट के खंड पड़े हुए हैं। इस मलबे के वैज्ञानिक विश्लेषण से एक अन्य मन्दिर की योजना का पता चलता है। मन्दिर बहुत छोटा था पर त्रिरथ शैली में निर्माण की योजना थी। मन्दिर की एक छोटी प्रतिकृति जिसमें पत्थर से निर्मित अमलका भी है, को इस स्थल से पाया गया

है।[45] इन सब उत्खननों से ज्ञात होता है कि बेनीसागर शैव सम्प्रदाय के लिए एक पूज्य स्थल था तथा अष्ट शम्भु के रूप में इन मन्दिरों की स्थापना की गई थी।[46]

उपर्युक्त दोनों मन्दिर के अवशेष बेनीसागर की प्राचीनता को 5वीं-6वीं शताब्दी तक ले जाते हैं। देश में ईंटों से मन्दिर निर्माण की परम्परा का आरम्भ गुप्त और उत्तर-गुप्त काल से होती है और त्रिरथ शैली के मन्दिर का प्रारम्भ 9वीं-10वीं शताब्दी में हुआ था। पूर्व में बेनीसागर से प्राप्त मूर्तिकला और वास्तुकला जो उड़ीसा के कला और वास्तुकला से प्रभावित थी, के आधार पर इसकी तिथि 9वीं-12वीं शताब्दी आँकी गई थी पर अब नये उत्खननों के आधार पर इसकी प्रारम्भिक तिथि 5वीं-6वीं शताब्दी है।[47]

झील के मध्य स्थित मन्दिर के अवशेष

शिवलिंग

शिलालेख

कुबेर की मूर्ति

सन्दर्भ

1. *अर्थ फर्स्ट लैंडमास इमर्ज्ड इन सिंहभूम,* https:journalsofindia.com>geography, assessed on 20 November, 2021.
2. https://him.wikipedia.org.>wiki, assessed on 30 January, 2021.
3. https://hi.m.wikipedia,org.>wiki., assessed on 30 January, 2021.
4. प्रधान बिरूवा, स्वतंत्र खोजकर्ता, गाँव—पंड्राशाली से दिनांक 3 जुलाई, 2020 के साक्षात्कार पर आधारित। प्रधान बिरूवा को ये पशु जीवाश्म 2004 में मिला था। 2006 में उसने राष्ट्रपति ए.पी.जे. अब्दुल कलाम आजाद को इसके नमूने भेजे थे। उस समय वे बाल वैज्ञानिक थे। वहाँ से इसे ऑर्कियोलॉजिकल सर्वे ऑफ इंडिया के दिल्ली कार्यालय में भेजा गया था पर कोई जवाब नहीं आया।
5. वही
6. धनुर सिंह पुरती, *हो दिशुम हो होनको,* भाग 1, जेवियर हो पब्लिकेशन, संत जेवियर्स उच्च विद्यालय, लुंपुंगुटु, चाईबासा, 1975 : 1-2।
7. सी.पी. सिन्हा और अरबिन्द सिंह राय, *प्रिहिस्ट्री एंड प्रोटो हिस्ट्री ऑफ झारखंड,* बी.आर. पब्लिशिंग कॉरपोरेशन, दिल्ली, 2018 : 21।
8. https://hi.m.wikipedia.org>wiki> assessed on 3 March, 2021
9. सिन्हा और राय, वही : 25-27।
10. वी. बाल, 'नोट ऑन सम स्टोन इम्पलीमेंट्स फाउंड इन द डिस्ट्रिक्ट ऑफ सिंहभूम बाय कैप्टन बिचिंग', *प्रोसिडिंग्स ऑफ एशियाटिक सोसायटी ऑफ बंगाल* (अब से प्रो. ए.एस. बी.) जुलाई 1866 : 177।
11. वी. बाल, "रिमार्क ऑन सेल्ट फाउंड इन सिंहभूम", प्रो. ए.एस.बी., 1870 : 268।
12. सी.डब्ल्यू. एंडरसन, 'नोट ऑन प्रिहिस्टोरिकल स्टोन इम्प्लीमेंट फाउंड इन द डिस्ट्रिक्ट सिंहभूम', *जर्नल ऑफ बिहार एंड उड़ीसा रिसर्च सोसायटी* (अब से जे.बी.आर.एस.), खंड 3, 1917 : 349।
13. अशोक कुमार घोष, 'द पालियोलिथिक कल्चर्स ऑफ सिंहभूम', *अमेरिकन फिलॉसोफिकल सोसायटी,* जिल्द 60, नं. 1, 1970, 24-25।
14. वही
15. सिंहभूम के विभिन्न स्थलों से प्राप्त पाषाणकालीन औजार जिन्हें अभी पटना म्यूजियम, बिहार में संरक्षित किया गया है। सी.पी. सिन्हा और अरबिन्द सिंह राय, वही, 167। पटना म्यूजियम में काफी संख्या में पाषाणकालीन औजार हैं पर सबकी तसवीर देना सम्भव नहीं है।
16. सी.डब्ल्यू. एंडरसन, वही।
17. सिन्हा और राय, वही : 45।
18. इरफान हबीब, *प्रागैतिहास,* राजकमल प्रकाशन, नई दिल्ली, 2005 : 66-69।
19. सिन्हा और राय, वही : 54।
20. सिंहभूम, हजारीबाग और राँची के विभिन्न स्थलों से प्राप्त सूक्ष्म उपकरण जिन्हें अब पटना म्यूजियम, बिहार में संरक्षित किया गया है। सी.पी. सिन्हा और अरबिन्द सिंह राय, वही, 169। पटना म्यूजियम में बहुत संख्या में सूक्ष्म उपकरण हैं पर सबकी तसवीर देना सम्भव नहीं है।

21. सिंहभूम और झारखंड के विभिन्न स्थलों से प्राप्त नव पाषाणकालीन औजार जिन्हें अभी पटना म्यूजियम, बिहार में संरक्षित किया गया है। सी.पी. सिन्हा और अरबिन्द सिंह राय, वही, 179। पटना म्यूजियम में काफी संख्या में नव पाषाणकालीन औजार हैं पर सबकी तसवीर देना सम्भव नहीं है।
22. https://hi.m.wikipedia.org>wiki assessed on 28 March 2021.
23. सिन्हा और राय, वही : 69।
24. वी. बाल, *ट्राइबल एंड पीजेंट लाइफ इन नाइनटींथ सेंचुरी इंडिया,* मनोहर पब्लिकेशंस, 2020, प्रथम प्रकाशित तिथि 1880, 165। यह पुस्तक पहले *जंगल लाइफ इन इंडिया* या द *जर्नी एंड जर्नल्स ऑफ अन इंडियन जियोलॉजिस्ट* शीर्षक से 1880 में प्रकाशित हुई थी।
25. सिन्हा और राय, वही : 73।
26. चन्द्रमोहन देवगम, दिउरी, मटकमहातु से दिनांक 12 मार्च, 2020 को साक्षात्कार पर आधारित।
27. वी. बाल, वही।
28. वी. बाल, वही, 162।
29. https://en.wikipedia, org>wiki assessed on 12 May 2021.
30. पूनम विन्द, सहायक पुरातत्त्वविद, *ऑर्कियोलॉजिकल सर्वे ऑफ इंडिया,* राँची सर्कल से दिनांक 29 अप्रैल, 2022 के साक्षात्कार पर आधारित। पूनम विन्द ने बेनीसागर में व्यापक उत्खनन कार्य करवाया था। इस दौरान स्थानीय लोगों से उसने शैलचित्र के बारे में सुना। उन्होंने इस स्थल का निरीक्षण किया और अपने लेख को ASI की हिन्दी पत्रिका पुरा प्रभा में प्रकाशित करने के लिए भेजा पर कोविड के कारण समय पर लेख प्रकाशित नहीं हो पाया।
31. पूनम विन्द, वही, गुफा के निरीक्षण के क्रम में उसने जमीन को कुछ खोदकर देखा तो उन्हें अनेक सूक्ष्म पाषाण कालीन औजार मिले।
32. डी.आर. भंडारकर, अशोक, यूनिवर्सिटी ऑफ कलकत्ता, 1955 : 42।
33. बी. वीरोत्तम, *झारखंड : इतिहास एवं संस्कृति,* बिहार हिन्दी ग्रन्थ अकादमी, पटना, 2006 : 26-27।
34. आर.सी. मजूमदार एवं ए.एस. अल्तेकर (सम्पा.) *द वाकाटाका-गुप्ता एज सिरका 200-550 ए.डी.,* मोतीलाल-गुप्ता बनारसीदास, दिल्ली, वाराणसी, पटना, मद्रास, 1986 : 144।
35. झा एवं श्रीमाली, *प्राचीन भारत का इतिहास,* हिन्दी माध्यम क्रियान्वयन निदेशालय, दिल्ली विश्वविद्यालय, 1981, 279।
36. जे.डी. बेगलर, *ऑर्कियोलॉजिकल सर्वे ऑफ इंडिया, रिपोर्ट ऑफ टुर्स इन द साउथ-ईस्टर्न प्रोविंसेस इज 1874-75* एंड *1875-76,* सुपरिंटेंडेंट गवर्नमेंट प्रिंटिंग, कलकत्ता, 1882 : 73।
37. पी.सी. रायचौधुरी, *बिहार डिस्ट्रिक्ट गैजिटियर, सिंहभूम,* सुपरिंटेंडेंट सेक्रेटरियट प्रेस, पटना, 1958 : 62।
38. बेगलर, वही : 72।
39. आर.डी. बनर्जी, *हिस्ट्री ऑफ उड़ीसा,* खंड 1, प्रवासी प्रेस, कलकत्ता, 1930 : 127।
40. बेगलर, वही : 70।
41. भुवनेश्वर अनुज, *छोटानागपुर के प्राचीन स्मारक,* नॉवल्टी आर्ट प्रेस, राँची, 2000 : 49।

42. ले. टिकेल, "मेमोयर ऑफ हो देशुम (इमप्रॉपरली कॉल्ड कोल्हान)", *जर्नल ऑफ द एशियाटिक सोसायटी ऑफ बंगाल* (अब से जे.ए.एस.बी.), खंड IX, भाग 2, 1840 : 707-708।
43. बेगलर, वही : 72।
44. ये सब मूर्तियाँ बेनीसागर के संग्रहालय में संरक्षित हैं।
45. टी.जे. वैद्य, एन.के. सिन्हा और आर. देहुरी, "एंटीक्विटी ऑफ बेनीसागर इन द लाइट ऑफ न्यू एवीडेंस", पुरातत्त्व, नं. 37, *बुलेटिन ऑफ द इंडियन ऑर्कियोलॉजिकल सोसायटी,* नई दिल्ली, 2007 : 263-264।
46. रायचौधुरी, वही : 68-69।
47. वही : 264-265।

3

सिंहभूम (पोड़ाहाट) का इतिहास

वंशप्रभा लेखन सिंह राजवंश की पारिवारिक वंशावली है जो इस वंश के इतिहास को जानने का सबसे अच्छा स्रोत है। इसमें राजाओं के 52 पीढ़ियों का उल्लेख है। हालाँकि ये विवरण बेहद संक्षिप्त हैं। सिंह वंश का उल्लेख सबसे पहले 1767 में हुआ था जब हेनरी बंसिटार्ट[1], मिदनापुर के ब्रिटिश रेजिडेंट को पिताम्बर सिंह ने बताया कि "मुगलों ने कभी यहाँ अधिकार नहीं किया और 52 पीढ़ियों से यह जिला वर्तमान परिवार के अधिकार में है।" पिताम्बर सिंह तत्कालीन सिंहभूम के राजा जगन्नाथ सिंह के चाचा थे।[2] अगला उल्लेख ले. टिकेल का प्राप्त होता है। 1840 में वे लिखते हैं "एक नियमित कालानुक्रमिक इतिहास को मदला या पोड़ाहाट परिवार के अभिलेखों में संरक्षित किया गया है।" उन्होंने इसे मारवाड़ियों का इतिहास कहा 'देश के उड़िया ब्राह्मणों की परम्परा में कई दन्तकथाओं के साथ प्रच्छन्न'।[3] 1872 में कमिश्नर डाल्टन ने वंशप्रभा लेखन को 'सिंह परिवार के महिमामंडन में ब्राह्मणों द्वारा गढ़ा गया वर्षक्रमिक इतिहास' कहा।[4] टिकेल और डाल्टन दोनों प्रशासक-नृवंशविज्ञानी थे। उन्होंने इस क्षेत्र में लम्बे समय तक निवास किया। इस दौरान उनके सिंह राजाओं के साथ बहुत अच्छे रिश्ते नहीं थे पर हो लोगों के साथ उनका व्यवहार पितृवत था।[5] हो समुदाय सिंहभूम की बहुसंख्यक आबादी थी। 1910 में ओ'मेली वंशावली का एक सटीक और क्रमबद्ध विवरण प्रस्तुत करते हैं हालाँकि वे 1640 में काशीनाथ सिंह द्वितीय से सिंह वंश की स्थापना का उल्लेख करते हैं।[6]

वंशप्रभा लेखन तीन भागों में विभक्त है। पहले भाग में अ-ऐतिहासिक कथाओं के रूप में सिंह वंश के उद्भव का उल्लेख है। दूसरा भाग 1205 से 1670 के आसपास शक्तिशाली छत्रपति सिंह की मृत्यु तक की अवधि में सिंहभूम के सभी महत्त्वपूर्ण घटनाओं का उल्लेख है। तीसरे और अन्तिम भाग में 17वीं शताब्दी के अन्त के बाद पोड़ाहाट के राजाओं का संक्षिप्त गणना उल्लेखित है यद्यपि वंशप्रभा सिर्फ वंशावली या राजाओं के शासनकाल में घटित होनेवाली घटनाओं का विवरण मात्र नहीं है बल्कि यह एक वैचारिक दस्तावेज है जो सिंह राजाओं को पूर्वी भारत

के राजपूत शासकों के समूह का हिस्सा बनने की इच्छा को दर्शाता है। इससे ज्यादा, वे मुगल दरबार के साथ अपने सम्बन्ध को स्थापित करना चाहते थे।[7] वंशप्रभा का ऐतिहासिक महत्त्व इस बात पर भी है कि यह सिंहभूम में जातीय सम्बन्धों के विकास पर भी प्रकाश डालता है। खासकर सिंह राजाओं और भुइयाँ सम्बन्ध पर। इस काल में हो समुदाय का इस क्षेत्र में एक राजनीतिक शक्ति के रूप में उदय हुआ पर वंशप्रभा में उनका अल्प विवरण मिलता है। सिंहभूम के इतिहास को समझने के लिए वंशप्रभा लेखन में वर्णित इतिहास के साथ-साथ सरक, भुइयाँ और हो समुदाय के अन्त:सम्बन्धों को भी समझना होगा।

वंशप्रभा लेखन[8]

सिंह वंश की स्थापना

वंशप्रभा लेखन के अनुसार सिंह पहली बार संवत 750 अर्थात 693 ई. में आए। जब सिंह इस क्षेत्र में आए तब पहली बार जिन लोगों के सम्पर्क में आए वो भुइयाँ और सरक थे। एल.एस.एस. ओ'मेली ने अपनी पुस्तक बंगाल डिस्ट्रिक्ट गजेटियर भाग 20 सिंहभूम, सरायकेला एंड खरसावाँ, पृष्ठ 221 में लिखा है कि सिंह राजवंश की उत्पत्ति के सम्बन्ध में अनेक किंवदन्तियाँ हैं। एक किंवदन्ती के अनुसार एक भुइयाँ ने पेड़ काटते हुए उसके खोखर से एक बालक को प्राप्त किया था। यही बालक आगे चलकर भुइयाँ जाति का प्रमुख बना। उसने माँ पाउड़ी की पूजा की जो भुइयाँ लोगों की आराध्य देवी है। यह देवी क्योंझर जिले के भुइयाँ लोगों की आराध्य देवी

ठाकुरानी माई से काफी साम्यता रखती है। इस परिवार ने सिंह की उपाधि धारण की तथा वे खुद को क्षत्रियों के शुद्ध रक्त का दावा करते हैं।[9]

यद्यपि हो आदिवासियों की लोक कथा में अलग जनश्रुति प्रचलित है। जनश्रुति ये है कि दिघी मुंडा किली (हो भाषा में गोत्र को किली कहा जाता है) वाले दो हो व्यक्ति जंगल में पेड़ काटने गए थे। जैसे ही उन्होंने पेड़ काटने के लिए कुल्हाड़ी चलाया उन्हें पेड़ से कुछ आवाज सुनाई पड़ी। वो इस बात से अनजान थे कि उस पेड़ की खोह में एक नवजात बालक है। आवाज सुनकर वे पेड़ के निचले हिस्से में कुल्हाड़ी चलाए। इससे नवजात बालक जोर-जोर से रोने लग गया। उसके आँखों में थोड़ा चोट भी लग गया था जिससे वह अन्धा (सम्भवत: आंशिक रूप से) भी हो गया था। यही बालक बड़ा होकर सिंह राजा बना। चूँकि वह अन्धा था इसलिए लोकनी काँड़ा, काँड़ा राजा (हो भाषा में अन्धा को काँड़ा कहा जाता है।) कोड़े राजा कहा जाता था। चूँकि दिघी मुंडा किली के लोगों ने पहली बार सिंह राजा को ढूँढ़ा था इसलिए वे अपनी हर पूजा के पहले दिघी मुंडा का नाम लिया करते थे।[10] इस बात का प्रमाण एन.एन. सिंहदेव की पुस्तक *सिंहभूम, सरायकेला एंड खरसावाँ थ्रु द एजेज* की पृष्ठ संख्या 25 में भी मिलता है जिसमें एक शपथ का उल्लेख है जो इस प्रकार है—

दिघी मुंडा पाटखंडा सिंहराजा हो परजा दुम्बि तासाद बूरबँग।
दांडियाकुला तकिवामे सावेदिन।[11]

सिंह राजाओं की उत्पत्ति के सम्बन्ध में एक अन्य परम्परा यह है कि इस परिवार का संस्थापक मारवाड़ का एक राठौर या कदमवंशी राजपूत हैं। वह पुरी भगवान जगन्नाथ के दर्शन करने जा रहे थे। जब वे यहाँ के भुइयाँ लोगों के इलाके से गुजर रहे थे तब एक अनजान अनियंत्रित घोड़ा यहाँ घुस गया था और उत्पात मचा रहा था। इसलिए वे ऐसे वीर एवं शक्तिशाली व्यक्ति की तलाश में थे जो इस घोड़े को अपने काबू में कर सके। उसने अपने पराक्रम से इस घोड़े को नियंत्रित कर लिया, फलत: भुइयाँ लोगों ने उसे अपना राजा चुन लिया। कुछ समय के पश्चात पूर्वी सिंहभूम के भुइयाँ और कोल्हान के मध्य भाग के हो लोगों के बीच विवाद उत्पन्न हो गया। राजपरिवार ने हो लोगों का साथ दिया और भुइयाँ लोगों को अपने अधीन कर लिया। कालान्तर में उसने हो और भुइयाँ दोनों पर अपने आधिपत्य का दावा किया।[12]

एक अन्य अवधारणा यह है कि हो लोग भुइयाँ लोगों का दमन कर रहे थे इसलिए उन्होंने अकबर के सेनापति मानसिंह के उड़ीसा आक्रमण के लिए जाते समय मदद माँगी। तीन राजपूत भाइयों ने एक शर्त पर मदद करने का आश्वासन दिया कि यदि वे हो लोगों पर जीत हासिल करते हैं तो भुइयाँ उन्हें अपना राजा स्वीकार करें। भुइयाँ लोगों ने उन्हें अपना राजा बनने के लिए सहमति प्रदान की। उस दिन से पोड़ाहाट

के राजा को राजतिलक भुइयाँ ही लगाते हैं। तीन भाइयों में से एक सिंहभूम आया और भुइयाँ लोगों को युद्ध कला का अभ्यास करवाया। उसने इस क्षेत्र को अपने अधिकार में लिया और इसे सिंहभूम नाम दिया। विजय प्राप्त करने के उपरान्त उसने पोड़ाहाट में एक महल का निर्माण करवाया और उसे अपनी राजधानी बनाया। ऐसा कहा जाता है कि उन्होंने इस जगह का नाम भुइयाँ लोगों को खुश करने के लिए दिया था जिनकी प्रमुख आराध्य देवी पाउड़ी देवी है। यह ध्यान देने योग्य है कि प्रारम्भिक ब्रिटिश अभिलेख में इस जगह को *पुरीहाटी* या *पोरीहाटी* लिखा गया है।[13]

सिंह राजवंश के वर्तमान वंशजों से भी हमें उनके प्रव्रजन और आगमन के विषय में महत्त्वपूर्ण जानकारी प्राप्त होती है। विष्णुपद सिंहदेव जो ईचा पीड़ राजवंश के हैं, के अनुसार मध्य काल में पृथ्वीराज चौहान और मुहम्मद गौरी के बीच तराइन के दो भीषण युद्ध हुए थे। 1191 ई. में हुए तराइन के प्रथम युद्ध में पृथ्वीराज चौहान की विजय हुई थी किन्तु अगले ही वर्ष 1192 ई. में पृथ्वीराज चौहान को तराइन के द्वितीय युद्ध में मुहम्मद गौरी ने बुरी तरह पराजित कर दिया था। गौरी की सेना ने लोगों पर अत्याचार करना शुरू कर दिया था। इस समय तक जोधपुर नहीं बना था। जौहड़ नामक स्थान में पाँच तालाब थे। वहाँ पाँच सेनानायक रहते थे। इसी तालाब के आसपास उन्होंने सेना को एकत्रित किया और उड़ीसा की ओर कूच किया। पुरी पहुँचने पर वे सब वहाँ के गजपति राजा से मुलाकात करना चाह रहे थे किन्तु किसी कारणवश दो भाइयों की मृत्यु हो गई। गजपति राजा तीन भाइयों की वीरता से बहुत खुश हुए और उन्हें उत्तर-पूर्व में स्थित जंगलवाले क्षेत्र का राजा घोषित कर दिया। वह क्षेत्र पोड़ाहाट का जंगल था।[14]

वंश प्रभा लेखन में सिंह वंश की प्राचीनता को स्थापित करने का प्रयास किया गया था। सिंह राजाओं की पहली शाखा 750 संवत या 695 ई. में आई थी। उस समय जानु घंटा हरा भंगा नामक क्षेत्र के राजा बने। यह क्षेत्र बाद में बेनुगढ़ के नाम से जाना गया।

वंश प्रभा लेखन ने सिंह राठौर परिवार की उत्पत्ति के निशान भागवत नारायण से खोजे हैं। उनके दो पुत्र थे, जय नारायण और अभिमन्यु। छोटे पुत्र अभिमन्यु ने राजगद्दी सँभाली और उनके पश्चात उदय सिंह राजा बने। उनके चार भाई थे जिनका नाम गजा सिंह, सुरा सिंह, अजय सिंह और विजय सिंह था। लंका को जीतने के पश्चात श्रीरामचन्द्र ने सेतुबन्ध रामेश्वरम में शिवलिंग की स्थापना की और सबसे छोटे भाई विजय सिंह को मन्दिर की देखभाल का काम सौंपा। श्रीरामचन्द्र ने विजय सिंह को टीका लगाया और इस तरह से उसे राजा बनाया। उसे 14000 शिवलिंग की पूजा और सुरक्षा की जिम्मेदारी मिली।[15]

रामायण काल में इस परिवार के इतिहास की बहुत कम जानकारी प्राप्त होती है। इसके पश्चात महाभारत काल की कुछ जानकारी मिलती है। इस वंश के दो भाई

मन्दरास सिंह और जगन्नाथ सिंह ने कुरुक्षेत्र के युद्ध में भाग लिया था। इस युद्ध में मन्दरास सिंह मारा गया। छोटा भाई जगन्नाथ सिंह कामपेक गढ़ में रहने लगा। यह स्थान रामेश्वर के समीप स्थित था। वह वहाँ 14000 हरास (सम्भवत: शिवलिंग) की पूजा में दिन व्यतीत करने लगा। इस परिवार को *वच्छसाच रू कोदम्ब (पि) बिटापि पीठ उदभवा* कहा जाता है। कदम्ब की व्याख्या सूर्य के रूप में की जाती है। कालान्तर में साकया सिंह ने धर्म का नाश कर दिया था। इससे परेशान होकर महर्षि वच्चासा और वशिष्ट ने निर्णय लिया कि वे अरबुतागिरि (माउंट आबू) में एक कदम्ब पेड़ के नीचे यज्ञ करेंगे। उन्होंने जगन्नाथ सिंह के वारिसों में से एक को यज्ञ की रक्षा के लिए चुना। उसे रक्षा पाल के रूप में नियुक्त किया और उसे एक तलवार सौंपा जो देवराज इन्द्र के रीढ़ की हड्डी से बनी हुई थी। इस तलवार को *जुवनसया* या *जीवनसया* नाम दिया गया था। कहा जाता है कि इन्द्र के रीढ़ की हड्डी (मेरुदंड) का दूसरा नाम *राट* था। इसलिए इस परिवार को *राठौर* की उपाधि प्राप्त हुई।[16]

इस वंश के सम्बन्ध में एक अन्य घटनाक्रम का भी उल्लेख मिलता है। एक राठौर राजा था जिसकी राजधानी परालपुरा थी। एक दिन वह नर्मदा नदी के किनारे अपने लाव-लश्कर के साथ नगाड़ा बजवाते हुए धूमधाम से जा रहा था। जब वह ऋषि शंकु के समीप आया (उसने जीवनाश्वा नाम दिया क्योंकि सूर्य को अपनी तपस्या से प्रसन्न कर दिया था) तो वह डर गया कि कहीं उसकी तपस्या भंग न हो जाए। वह ऋषि के चरणों में गिर पड़ा। ऋषि उससे प्रसन्न हुआ और कहा कि वह इन्द्र के रीढ़ की हड्डी से बनाया गया है जिसे राट कहा जाता है। इसके बाद वंशावली ने इस राजवंश के कुछ राजाओं का नाम दिया है जिन्होंने कन्नौज पर शासन किया था। संवत 566 में अनंगा पाल, नारायन पाल, सुदरथा जिसने कामध्वज की उपाधि धारण की, धरमादामबुरा दानेश्वर, भानु भिराचन्द्रा जिसके चौदह पुत्र दक्षिण पर विजय प्राप्त करने के लिए गए और पदमा, वंगा और उड़ीसा पर जीत हासिल की। कामध्वज ने हिंगुला और चन्दा देवी को तलवार प्रस्तुत की और दक्षिण के देशों को जीत लिया। उसने अपनी राजधानी बनारस के निकट सिमिलितागढ़ में स्थापित किया। ये आगे नारायन पाल के पश्चात उदयचन्द्र फिर कनकसेना-सासराकला-मेघासेना-वीराभद्र-दनससेना-विमल-मुकुन्दभानुराजसेना-त्रिपाल-श्रीपुंज-विजयचन्द-जयचन्द के बारे में बखान करते हैं।[17]

इस वंश का इतिहास बताता है कि मेकराना वंश के सदारथा (सम्भवत: सदरथा कामध्वज) के पुत्र सुजान ने कठिन तपस्या के बाद श्री अली मन्दिर हिंगुलागढ़ में एक तलवार प्राप्त किया जिसे *पाटखंडा* कहा गया। देवी ने उसे सपने में दर्शन दिया और कहा कि "इसके द्वारा तू दक्षिण को जीत लेगा"। यहाँ से राजा सुजान आश्विन के 27 तारीख, संवत 750 को भुवनेश्वर गए। वहाँ से वो श्रीक्षेत्र (पुरी) गए और भगवान जगन्नाथ को पचास सोने की मोहर भेंट किए। उसने गजपति राजा

से मारगसीरा (अगहन) के 21 तारीख को मुलाकात की। यहाँ से वो डेंकानल चला गया और कैलाश पर्वत (कपिलास) और सप्तसज्या का दर्शन किया। इस स्थान में उससे सपने में बात करने के पश्चात तलवार गायब हो गई। राजा सुजान वहाँ से सिंहभूम के जयन्त (गढ़) आया और राजा जानुघंटा से उसकी राजधानी बेनुगढ़ में मुलाकात की। उसने कुना भुइयाँ और जरकी के हरि खंडा-पातर से प्रगाढ़ दोस्ती कर ली और सिंका में अपनी राजधानी स्थापित की। उनके पश्चात विराट देवसाला-उग्रसेन-भिराबल और उसका पुत्र कासरा सिंह ने संवत 792 तक शासन किया।[18]

सिंह वंश की दूसरी शाखा का आरम्भ कल्पित तलवार के वापस मिलने से प्रारम्भ होता है। यह तबाह हो चुके सोमनाथ मन्दिर के छप्पन खम्भों में से एक जिसमें चन्दन की लकड़ी का दरवाजा था, के नीचे से मिला। एक भाँट जिसका नाम जयहरि था ने इस तलवार को सिमिलितागढ़ ले गया। उसने सिमिलितागढ़ के राजा धृतराष्ट्र के समक्ष तलवार पेश किया और उसकी कीमत पचास मोहर रखी। सर्वप्रथम राजा ने इस तलवार के लिए इतनी ऊँची कीमत देने से इनकार कर दिया था। लेकिन उसे रात को सपना आया कि यह वही असली तलवार है जो इस परिवार की है। ये तलवार पूर्व में उड़ीसा के सप्तसज्या से गायब हो गई थी। तब राजा धृतराष्ट्र ने इस तलवार को खरीद लिया और इसे एक नया नाम *पीहानी गुजराती* दिया। धृतराष्ट्र अपने हाथ में तलवार लेकर अपने राज्य से निकल पड़ा। अपने छोटे भाई दृप के कहने पर दूसरे छोटे भाई कुँवर आसमान सिंह को राज प्रतिनिधि के रूप में छोड़ दिया। राजा धृतराष्ट्र और दृप नारायण ने एक परिषद बनाई जिसमें उनके चचेरे भाई शामिल थे। उस परिषद में ये लोग थे—सुन्दर सिंह, गज सिंह, अजय सिंह, ब्रजराजा सिंह और अनुचर वर्ग में मथुरा नन्दा, कर्मदेव, वैष्णव राम, वासुदेव रजक, कालू कर्मकार, गणपति कर्मकार, तुदार मुल्ल, मथुरा मुल्ल, जयहरि पंडा, कशमी डोगरा, कन्हैया पांडे और शिविर अनुयायी। इस तरह परिषद में कुल मिलाकर इकतीस (31) लोग थे। उन्होंने अपनी दक्षिण की ज्येष्ठ माह के नौ तारीख संवत् 1252 से प्रारम्भ की। जब वे श्रीक्षेत्र आए उन्होंने पाया कि परमहंस बाजपेयी को पुरी गज सिंह के जगन्नाथ मन्दिर को बनवाने का जिम्मा मिला था। इस महती कार्य के लिए इशान पटनायक सहायता कर रहे थे। राजा धृतराष्ट्र और दृप नारायण ने उड़ीसा के राजा गजपति अनंग भीम देव से मन्दिर में मुलाकात कर उनका अभिवादन किया। जब मन्दिर का निर्माण-कार्य प्रगति पर था तब एक हाथी भड़क गया और उसने एक महावत को मार डाला। उस हाथी ने अनेक मजदूरों को कुचल दिया और खंडपारा भाग गया। गज सिंह उस हाथी के पीछे गया, उसे रोका, वश में किया और वापस ले आया। गजपति राजा उसके इस वीरता से अत्यन्त प्रसन्न हो गये और कहा कि "गज सिंह आज से गजराजा के नाम से जाना जाएगा।" उनके पुरी प्रवास के दौरान सुन्दर सिंह की मृत्यु हो गई। इसके

पश्चात उन्होंने पुरी छोड़ दिया और खुरधा, बलभद्रपुर में रुके, भुवनेश्वर दर्शन के लिए गए। उन्होंने यात्रा जारी रखा। इसके बाद वे वैतरणी नदी के तट पर स्थित कुशलेश्वर मन्दिर गए। इसके उपरान्त वे जातिपुर (क्योंझर) में ठहरे। वे रास्ते में शिकार करते हुए जयन्त (सिंहभूम) पहुँचे। यहाँ से वे वैतरणी स्थित रामतीर्थ आए और भैथा-टाँगर, भदरंगा तथा श्यामकुंड की यात्राएँ की। उन्होंने एक भुइयाँ प्रधान भइ माहापात्रा से दोस्ती कायम की। वे उस इलाके में आतंक फैलाए एक आदमखोर जानवर को मार दिए इस कारण भुइयाँ के काट और भाथुड़ी वंश के लोगों की कृतज्ञता अर्जित की। इसके बाद वे कुशिंगा गाँव में रहे, पुखरिया-जदा के महादेव मन्दिर के दर्शन किए तथा पारीधी के नया-दिगबली देवी के दर्शन किए। फिर वे ब्राह्मणी नदी के किनारे के मार्ग से होते हुए उपेन्द्र देव के राज्य बोनई पहुँचे।[19]

इस समय उपेन्द्र देव चम्पाझारी पहाड़ी की गुफाओं में तपस्या में लीन थे। उनके कोई पुत्र नहीं था इसलिए वे बहुत परेशान थे। सिंह लोगों ने बोनई के राजा से बानेश्वर के मन्दिर में मुलाकात की और राजा ने उन्हें अपना आतिथ्य प्रदान किया। राजा और रानी कोपेश्वर मन्दिर में तपस्या के लिए चले गए। तपस्या के पाँचवें दिन उन्हें सपने में आदेश आया कि वे इन सिंह भाइयों जोकि मारवार से आए हैं, में से एक को गोद ले लें। जिसके हाथ में मोर का पंख होगा उसे वे गोद लें। सिंह बन्धु अगले दिन नहा-धोकर कोपेश्वर मन्दिर में दर्शन के लिए जाने लगे। उन्होंने मार्ग में एक मोर को नाचते हुए देखा। उस मोर ने नाचते हुए एक पंख झाड़ दिया। अजय सिंह ने इस पंख को उठा लिया ताकि मन्दिर में भगवान को भेंट चढ़ा सकें। जब राजा और रानी ने उसे मोरपंख हाथ में लिये हुए आते देखा तो उन्हें लगा कि सपना सच हो गया। उन्होंने अजय सिंह को गोद लेने की इच्छा प्रकट की। अजय सिंह भी राजी हो गए तब राजा और रानी ने इसकी घोषणा कर दी। कोपेश्वर भगवान की पूजा के पश्चात उन्होंने अजय सिंह के माथे पर तिलक लगाया और उसे अपना टिकायत बनाया। जनता ने नये उत्तराधिकारी को नमन करते हुए अपनी मौन स्वीकृति दे दी। सिंह बन्धुओं ने निर्णय लिया कि मोर के कारण उनमें से एक भाई को बोनई राज्य मिला इसलिए उत्तराधिकारी राजा प्रतीक के रूप में नर मयूर के पंख को अपनाएँगे। इसके बाद उन्होंने यह भी निर्णय लिया कि भविष्य के सभी राजा अपने नाम के बाद इन्द्र देव और चन्द्र देव की उपाधि लगाएँगे।[20]

बोनई में छह महीने रहने के पश्चात सिंह बन्धु कुइली (कोयल) नदी के किनारे होते हुए आने लगे। रास्ते में वे अनेक बाघों को मारते हुए आए जिस कारण बाथुड़ी, काट भुइयाँ और पहाड़िया भुइयाँ ने उनकी वीरता की खूब प्रशंसा की और अपनी कृतज्ञता व्यक्त की। पहाड़िया भुइयाँ ने उन्हें अपने देश में चार महीने रखा और उनकी बहुत सेवा की। यहाँ से वे पंचपड़ा-गम गए जिसके पूर्व दिशा में सरसस लोगों का गाँव था। एक दिन उनका एक दोस्त काम भाथुड़ी ने उन लोगों

को हर-भंगा राज्य में जाने के लिए कहा जिसकी राजधानी वेनुगढ़ थी। वहाँ का अन्तिम राजा जिसकी उत्पत्ति की पहचान एक घोसिंग (घासी, डोम) राजा था, की थी। यह वंश महाभारत काल में भी मौजूद था और युद्ध के दौरान अर्जुन ने इस वंश के तत्कालीन राजा को मार दिया था। कालान्तर में 750 संवत में इस वंश का एक राजा हुआ जिसका नाम जानुघंटा था। उनके पश्चात मयूरदेव, केसना और वेणु राजा बने। एक बार अन्तिम राजा वेणु श्रीक्षेत्र की यात्रा करने गए और वहाँ से लौटते समय अपने साला को डोमपारा बुलाया। जानुघंटा ने उसे अपनी मृत्यु के बाद राज-पाट सँभालने के लिए कहा पर उसके साले ने इस कठिन कार्य को करने से मना कर दिया। कुछ समय बाद जानुघंटा बिना किसी वारिस के ही मर गए। उसका एक वृद्ध और कमजोर दीवान था जिसका नाम जलेश्वर था। वहाँ की जनता उसकी कोई बात नहीं मानती थी।

आमतौर पर यह माना जाता है कि सिंहभूम में सिंह वंश के आने के पहले भुइयाँ यहाँ शासन करते थे। लेकिन यह सही नहीं है। वे डोम थे और इस तथ्य की पुष्टि बंगाल डिस्ट्रिक्ट गजेटियर भाग 20 में होती है कि वेणु का पूर्वज केसना था जिसके नाम पर केसनागढ़ की स्थापना हुई थी। हालाँकि एक डोम के राजा होने के बावजूद उस समय के सबसे शक्तिशाली और बहुसंख्यक जाति भुइयाँ ही थे। सिंहभूम के अनेक भुइयाँ सरदारों ने दीवान जलेश्वर की एक न सुनी और न ही उनमें से कोई गद्दी पर बैठने को राजी हुआ जो राजा वेणु की मृत्यु के उपरान्त रिक्त पड़ी थी। वे सोचते थे कि एक डोम राजा के गद्दी पर बैठने से वे अपनी उच्च जाति खो देंगे। लेकिन वे अपने राज्य के भविष्य को लेकर भी चिन्तित थे। इसलिए एक बार सभी भुइयाँ सरदार एक जगह मिले और राज्य के भविष्य के लिए चिन्तन-मनन करने लगे। तभी इसी उपयुक्त क्षण में सिंह बन्धु वहाँ पहुँचे। काम भाथुड़ी के आग्रह के अनुसार जब सिंह बन्धु वेनुगढ़ पहुँचे तब वहाँ का वृद्ध दीवान जलेश्वर उनके स्वागत के लिए पहाड़ में स्थित किले की सीढ़ियों से नीचे उतरे। सिंह बन्धुओं के व्यवहार को देखकर उसे राहत का संकेत मिला और कहा, "आपने मुझमें जान वापस डाल दी है। आप सरकार की बागडोर सँभाल लें और सब विद्रोहों को दबा दें।" सिंह बन्धुओं ने उसे अपनी साहसिक यात्रा की कथा सुनाई—कैसे वे मारवार, सिमिलतागढ़ और राजपूताना के जोधपुर से श्रीक्षेत्र गए। वे भगवान रामेश्वर से आदेश प्राप्त करने के बाद ही उनके अनुरोध को स्वीकार करेंगे। इसलिए वीर विक्रमादित्य युग के साल 1259 में वे रामेश्वरम की ओर चल पड़े। वहाँ भगवान रामेश्वर ने उन्हें सपने में आदेश दिया कि दृप नारायण सिंह को गद्दी पर विराजमान होना चाहिए। रामेश्वरम से वे दिल्ली गए जहाँ बादशाह कुतुबुद्दीन राज कर रहे थे। यहाँ से वे हर-भंगा लौट के आए और विक्रम संवत 1262 के फाल्गुन के बारहवें दिन दृप नारायण सिंह को राजा के रूप में विधिवत नियुक्त

किया गया। उसका राज्याभिषेक हुआ और उसके माथे पर टीका लगाया गया। इस पर कुदईकला के हरिया दंडसेना राजा वेणु के साला रुद्रसिंह को डोमपारा से वापस लाए और उन्होंने विद्रोह कर दिया। लेकिन दृप नारायण सिंह ने इस विद्रोह को दबा दिया और रुद्रसिंह को मार डाला। उसके बाद राजा ने एक दिन अपनी प्रजा को एकत्र होने के लिए कहा। एक नियत तिथि को दूर और पास के सभी लोग जमा हुए। वे सरसा, कैना, जामदा, बड़ा जामदा, इली, कोटगढ़, भद्रा-गम, भांधगम, जयन्त, सुरा, गुमला, वस्तीपुर, खादा-मरसी, गुवा-गुमदा, मयूर-दमबा, बामुनडीहा, सलई (सम्भवत: सराईकेला), क्योंझेर, गिरुगाँव, मरला-हरनी, तमलीबन्ध आदि स्थानों से आए थे। वहाँ जमा हुए लोगों ने आपस में विचार-विमर्श किया। वे सब इस निष्कर्ष पर पहुँचे कि बड़म देवता ने सिंह लोगों को हम पर शासन करने के लिए बुलाया है। इसलिए उन्होंने निर्णय लिया कि वे सिंह लोगों के प्रति निष्ठावान बने रहेंगे।[21]

सरक

इस विकास को समझने के लिए हमें क्षेत्र में रहनेवाले विभिन्न समूहों को भी देखना चाहिए। यहाँ से प्राप्त ज्यादातर साक्ष्य पुरातात्त्विक हैं। खिचिंग के उत्तर में अनेक पुरातात्त्विक अवशेष प्राप्त होते हैं जो सरावक या सरक से सम्बन्धित हैं। ऐसा माना जाता है कि वे सिंहभूम के प्रथम ज्ञात बाशिन्दे थे।[22] अंग्रेज विद्वानों ने सरक की पहचान जैन[23] गृहस्थ जैन[24] या एक व्यापारी समुदाय के रूप में की गई है जिसने चौदहवीं और पन्द्रहवीं सदी में सिंहभूम पर अधिकार किया था।[25] इन्हें भारत के इस क्षेत्र में निवास करनेवाले प्रथम आर्य समूह माना गया है।[26] सिंहभूम के पूरब में स्थित धालभूम क्षेत्र में जहाँ ये ताँबे के खनन कार्य में संलग्न थे[27] वहीं मानभूम में मन्दिरों के अवशेष के रूप में इनकी निशानी मौजूद है।[28] इसके विपरीत कोल्हान में इनका पेशा कृषि-कार्य था। इस क्षेत्र में काफी संख्या में उनके द्वारा बनाए गए तालाबों के अवशेष मिलते हैं जिन्हें स्थानीय तौर पर सरक लोगों द्वारा खोदे गए *सुरमी-दुरमी* तालाब के रूप में जाना जाता है।[29] ये तालाब *बोंगा पोखरी* के नाम से भी जाने जाते हैं।[30] हो लोग अंग्रेजों के विचारों के विपरीत सरक लोगों को बोंगा या देवता मानते थे। सरक लोगों के यहाँ निवास करने के अन्य प्रमाण उनके द्वारा लगाए गए आम के बगीचे थे क्योंकि हो आदिवासियों में आम के बदले में इमली के पेड़ को ज्यादा प्रधानता दी गई है।[31] यद्यपि सरकों के यहाँ से बहिर्गमन का कारण तथा इसका समय ज्ञात नहीं है लेकिन इसकी जगह ये संवाद मिलता है कि अधिकांशत: हो लोगों के पूर्वजों ने जब यहाँ के उन गाँवों में प्रवेश किया जिन्हें सरक लोगों ने बसाया था वे गाँव अब जंगलों में तब्दील हो चुके थे। उन्होंने जंगलों को काटकर पुन: नये सिरे से गाँव बसाए। सरक लोगों के जाने और हो लोगों के बसने के कालिक दूरी को

प्रतीकात्मक रूप से व्यक्त करते हुए यह कहा गया है कि ये प्रारम्भिक लोग प्राचीन जनसमूह थे जिनकी प्राचीनता को समझने के लिए उन्हें मानव नहीं बल्कि *बोंगा* कहा गया। हो लोगों द्वारा सरक को बोंगा या देवता समझना अंग्रजों के द्वारा दिए गए मानवजातीय विवरण का खंडन करता है।[32] हो लोगों की मान्यता के अनुसार मनुष्य की उत्पत्ति के पूर्व दुनिया में सिंगबोंगा, देवी-देवता और दानव निवास करते थे। सुरमी और दुरमी दो विशालकाय देवता थे जिनके लम्बे-लम्बे हाथ थे। दोनों देवताओं ने अपने विशालकाय हाथों से एक ही रात में बड़े-बड़े तालाब खोद दिए थे। हो लोगों का मानना है कि ये तालाब इतने विशाल हैं कि मानव इनका निर्माण नहीं कर सकता है। हालाँकि ज्यादा उपयुक्त कारण ये हो सकता है कि जैसा कि पूर्व में वर्णन किया जा चुका है सरक एक व्यापारी समुदाय थे। वो यहाँ ताँबे की खुदाई और व्यापार में संलग्न थे। ताँबे के उत्खनन के क्रम में विशालकाय खदान बन जाते थे। कालान्तर में इन्हीं खदानों में बरसात के मौसम में पानी भर जाता था और वे तालाब में परिवर्तित हो जाते थे। जब हो लोगों ने इस क्षेत्र में प्रवेश किया तब उन्होंने बड़ी संख्या में सरकों द्वारा बनाए गए तालाबों को नष्ट कर खेतों में परिवर्तित कर दिया। सम्भवत: वे कृषि योग्य जमीन की आवश्यता को पूरा करने के साथ-साथ सरक लोगों की निशानी को भी मिटा देना चाहते थे।[33] वास्तविकता जो भी हो, अधिकांश कोल्हान के गाँवों में भुइयाँ का इतिहास दो स्तरीय था, एक *सरक* और दूसरा *हो* कालीन।[34] ऐसा माना जाता है कि लगभग 204 पुराने जलाशय सरक लोगों ने बनवाए थे।[35] सरक लोगों की मौजूदगी के प्रमाण 30 गाँवों में भी मिलते हैं।[36] सरक व्यापारी थे और इसके लिए व्यापारिक मार्ग का उपयोग करते थे। एक मार्ग दक्षिण की ओर चाईबासा से जगन्नाथपुर तथा जयन्तगढ़ होकर गुजरती थी। दूसरा मार्ग खरबाँध से बेनीसागर और मयूरभंज के रुरुंवाँ तक जाती थी। जब हो लोग पूरे कोल्हान में फैले तब उन्होंने दक्षिण कोल्हान में सरक और गोंड लोगों को जिन्हें धुरवा भी कहा जाता है को पलायन करने पर मजबूर कर दिया। टकी का मानना है कि वे यहाँ के प्रारम्भिक निवासियों में से एक हैं।[37] आज भी दक्षिण कोल्हान के हो लोग आम बोलचाल में कहते हैं, "नेना कोदो धुरवा ओते का मानना है कि को" अर्थात उनके खेत पूर्व में धुरवा लोगों के थे। ऐसा लगता है कि बाद में भुइयाँ और हो लोगों ने उन्हें वहाँ से भगा दिया।

भुइयाँ

सिंहभूम के दक्षिण-पश्चिम में भुइयाँ लोगों की बहुलता थी। प्राचीन समय में सिंहभूम के उत्तर-पश्चिम में भी भुइयाँ बहुतायत में थे।[38] कोल्हान के बीस से ज्यादा गाँवों में माँ पाउड़ी की पूजा की जाती है। इस कारण कहा जा सकता है कि ये भुइयाँ गाँव थे।[39]

इस तरह हम कह सकते हैं कि खिचिंग क्षेत्र में जैन (सरक/सरावक), हिन्दू और गोंड (धुरवा) निवास करते थे। भुइयाँ लोगों के समूह दक्षिण और पश्चिम से पलायन कर जिले के खाली क्षेत्रों में बस गए। इनमें से कुछ उन गाँवों में बस गए जिनमें पूर्व में सरक और धुरवा रहते थे। इस प्रकिया में तेरहवीं शताब्दी की शुरुआत में खिचिंग शहर के उत्तर में पुरानी राजनीतिक व्यवस्था ध्वस्त हो गई।

भुइयाँ लोगों ने सिंह लोगों को आमंत्रित किया जिन्होंने सिंहभूम की स्थापना की। उन दोनों के जुड़ाव को स्थानीय देवी के पंथ की पूजा में देखा जा सकता है। वे भंज लोगों की खिचिंगेश्वरी की पूजा नहीं करते थे बल्कि माँ पाउड़ी या पाउड़ी देवी की पूजा करते थे।[40]

सी.बी. प्रसाद 1964 में सम्पन्न भूमि बन्दोबस्ती के बन्दोबस्ती पदाधिकारी थे, ने अपने सर्वे सेटलमेंट रिपोर्ट और जर्नल ऑफ द बिहार रिसर्च सोसायटी के जिल्द LVI जनवरी-दिसम्बर, 1970 भाग-I-IV, में सिंहभूम के भुइयाँ लोगों पर एक बेहद महत्त्वपूर्ण लेख लिखा है। वे जब सिंहभूम आए थे तब उनके यहाँ प्रवास के दौरान उन्हें कई बुजुर्ग भुइयाँ लोगों ने बताया कि वे जिले के अधिकांश भागों में शासन करते थे। वे संजय नदी के किनारे निवास करते थे। उन्होंने प्रसाद को ताड़ पत्र पर लिखित पांडुलिपि पेश की जिसमें उनके प्रव्रजन का इतिहास लिखा हुआ था। ये पांडुलिपि उड़िया लिपि में लिखी हुई थी।

इस ताड़ पत्र को पढ़ने से ज्ञात होता है कि सिंहभूम के भुइयाँ वास्तविक तौर पर भुज नामक स्थान से सम्बन्धित हैं। वे वास्तव में क्षत्रिय थे किन्तु कुछ सामाजिक उथल-पुथल और राजनीतिक तथा आर्थिक कारणों से वे वहाँ से पलायन कर गए। इस पांडुलिपि का मुख्य उद्देश्य भुज का राजा नारंगी पर लिखना था। लेकिन ये पता लगाना वास्तव में बहुत ही मुश्किल काम है कि राजा नारंगी किस काल में भुज में निवास करते थे और कब वे वहाँ से पलायन कर गए।

लेकिन इस पांडुलिपि से भुइयाँ लोगों के कुछ सामाजिक और धार्मिक प्रथाओं की महत्त्वपूर्ण जानकारी मिलती है। उदाहरण के लिए जब भी सरायकेला या क्योंझर में नये राजा का राज्यारोहण किया जाता है तब भुइयाँ प्रधान ही राजा को मुकुट धारण करवाते हैं। इस पांडुलिपि से सिंहभूम के कुछ जगहों के नामकरण पर भी प्रकाश डाला गया है।

इस पांडुलिपि के अनुसार भुज के राजा नारंगी एक बार यज्ञ करना चाहते थे। इसके लिए उन्होंने अपने रिश्तेदारों और दोस्तों को आमंत्रित किया। साथ ही सगोत्रों और वैश्य लोगों को भी आमंत्रित किया। विप्रा के दस गाँव, बारह घर बन्धुओं के छह घरों और अन्य भुज क्षत्रियों के बारह घरों को इस यज्ञ के लिए एकत्रित किया। यह यज्ञ आस्थागिरि के समीप आयोजित किया गया था।

इस यज्ञ के सफल आयोजन के लिए काफी तैयारियाँ की गई थीं। आठ ब्राह्मणों को इस यज्ञ को आहूत करने के लिए चयनित किया गया था। वहीं दो ब्राह्मणों को गुरु के रूप में कार्य करने के लिए चुना गया था। इस आयोजन की सामान्य व्यवस्थाओं की देखरेख के लिए वैश्यों को जिम्मेदारी दी गई थी तथा उन्हें *महानायक* की उपाधि प्रदान की गई थी। यज्ञशाला के तीन द्वारों पर बालमुंडी, सीगीदास और बारांगीस की नियुक्ति की गई थी ताकि यज्ञ में किसी अछूत को आँख भी डालने का मौका न मिल सके। उन्हें *केवट* की उपाधि दी गई थी।

राजा के आदेशों और जनादेशों के क्रियान्वयन के लिए कालीयल भुइयाँ को *सरदार* या *प्रधान* नियुक्त किया गया था। गुरुओं की सेवा के लिए चामपियालस को नियुक्त किया गया था जिसे *दास* की उपाधि दी गई। कारीयलस को *राय* की उपाधि दी गई जिसका मुख्य कार्य सामग्रियों की आपूर्ति सुनिश्चित करना था। कालान्तर में उपर्युक्त वर्णित नाम भुइयाँ लोगों के सरनेम बन गए। वारांगी, एंगर, कालादी, शलादी और कानाई भुइयाँ को दरबार में आदर से जगह दी गई और उन्हें *बाबू* की उपाधि दी गई।

ग्यारह या बारह घर जो राजा के मित्र थे उन्हें *संघभाई* की उपाधि दी गई। वारांगियों को दरबार से सम्बन्धित मामलों को पूरा करने का उत्तरदायित्व दिया गया और उन्हें *मुंडी* की उपाधि दी गई। इन बारह घरों के अलावा बाकी बचे लोगों को *अच्छे भातृ* या भाई की उपाधि दी गई। सोन के राजा सूरजमल, गारीभ, राथौर (राथुअर), बागबेल, चांडिल, कदम और हातानी राजवंश पश्चिम से आए थे। वे दरबार में दरबारी के रूप में उपस्थित थे। यज्ञ का यह त्योहार सात दिन तक चला। इसके पश्चात पवित्र घोड़े को युद्ध के स्थान पर लाया गया। लेकिन यहाँ बज रहे संगीत के तेज ध्वनि से घोड़ा बिदक गया और वहाँ से भाग गया। राजा ने भुइयाँ लोगों के बारह, बीस और सोलह घरों में सन्देश भिजवाया कि आप लोगों में से आधे लोग इस यज्ञस्थल की रखवाली करेंगे और बाकी बचे लोगों में से कुछ लोग घोड़े की खोज में चले जाएँगे। भुइयाँ के बारह घरों ने कोई जवाब नहीं दिया। नन्दारी भुइयाँ ने घोड़े की खोज में जाना स्वीकार किया और तुरन्त ही तलाश में निकल पड़ा। वह कई दिनों तक कठिन प्रयास करता रहा पर उसे घोड़े का कुछ पता नहीं चल पा रहा था। फिर एक दिन उसने सम्राट बीरबल के घोड़े को बाँध दिया। जब बारिश होने लगी तब घोड़े ने रस्सी को काटने की कोशिश की। नन्दारी भुइयाँ इससे भयभीत हो गया। वह क्रोधित हो गया और उसने घोड़े की पूँछ को बाँध दिया और उसकी पीठ पर कूदकर बैठ गया पर तब भी घोड़ा काबू में नहीं आ रहा था। अब नन्दारी अत्यधिक क्रोधित होकर क्रूरतापूर्वक घोड़े को पीटने लगा। किसी तरह अनेक प्रयत्न के बाद नन्दारी घोड़े को राज दरबार में लाने में सफल रहा। लेकिन दरबार के अन्दर पुनः तेज आवाज को सुनकर घोड़ा जोर

से हिनहिनाया और कूदने लगा जिससे नन्दारी जमीन पर गिर गया। यह देखकर दरबारीगण जोरों से हँस पड़े। नन्दारी इस अपमान से उग्र होकर घोड़े की पूँछ को घुमाया इससे उग्र होकर घोड़े ने उसे लात मार दी। अब नन्दारी और उग्र हो गया तथा घोड़े को मारने के लिए दौड़ा। लेकिन राजा नारंगी ने उसे ऐसा करने से मना कर दिया। नन्दारी बुरी तरह निराश होकर दरबार में बैठ गया।

राजा नारंगी घोड़े की बलि नहीं दे सका इस कारण वह बहुत दुखी हो गया। उसने नन्दारी को बारह घरों के जात से बाहर निकाल दिया। उसके चेहरे के आधे भाग को कालिख और आधे भाग को चूने से रँग दिया गया तथा उसे यह जगह छोड़कर जाने का आदेश दे दिया गया।

राजा नारंगी ने यज्ञ को सफल बनाने का पुन: प्रयास किया। उन्होंने दिगमा भुइयाँ को इस कार्य का उत्तरदायित्व दिया और उसे *घटवाल* की उपाधि प्रदान की। दिगमा वहाँ से तुरन्त रवाना हुआ और सिंहल द्वीप चला गया। वहाँ उसने एक व्यापारी जिसका नाम संखापति था, से उचित मूल्य पर एक घोड़ा खरीदा। दिगमा उसे लेकर राजा के पास चला आया। राजा नारंगी ने इस घोड़े की बलि चढ़ाई और इस प्रकार यज्ञ सम्पन्न हो गया।

इसके पश्चात पुरोहितों ने आठ क्षत्रिय राजाओं के माथे पर यज्ञ का तिलक चिह्न लगाया। इसके बाद उन्होंने इस यज्ञ-चिह्न को भुइयाँ के बारह और बीस घरानों को लगाया। जब यज्ञ-कुंड में पानी डाला गया तब धुँओं का गुब्बार आसमान की ओर उड़ चला। इस धुएँ को नन्दारी ने देख लिया। दुखी मन से उसके मुख से निकला "छि:-छि: तुझे ओ नन्दारी" और उसने जहर खाकर आत्महत्या कर ली। नन्दारी का एक पुत्र था। उसने अपने पिता का अन्तिम संस्कार नहीं किया था क्योंकि उसके पिता को अपमान से गुजरना पड़ा था। उसने राजा को दंडवत प्रणाम किया। राजा ने उसे आधे अपमान से निकाला और उसे आधा भुइयाँ की उपाधि प्रदान की। इस कारण इस घराने को आधा के नाम से जाना जाने लगा।

सभी ने मिलकर राजा नारंगी को *जातिश्वर* अर्थात *जाति के ईश्वर* की उपाधि प्रदान की। इसके पश्चात राजा नारंगी ने सभी उपस्थित लोगों को उचित सम्मान और तोहफे दिए। इस दिन से भुइयाँ के बत्तीस घरानों को श्रेष्ठ भुइयाँ माना गया। ये श्रेष्ठ भुइयाँ आनन्द से भावविभोर होकर उसी दिन एक भोज आयोजित करने का फैसला लिये। उन्होंने इस रात को यादगार बनाने का निर्णय लिया लेकिन इस आयोजन के रंग में भंग पड़ गया जब सम्राट बीरबाह ने बत्तीस पठान सैनिकों को वहाँ भेजा। जब बीरबाह ने देखा कि उसके घोड़े की पूँछ काटकर अलग कर दी गई है। उसने जानना चाहा कि किसने ऐसा करने की हिम्मत की है। उसने पठान सैनिकों को गुनाहगार को खोजकर लाने के लिए कहा। वे घोड़े के घाव से बहे हुए खून का पीछा करते-करते वहाँ तक पहुँच गए। इस तरह अचानक पठानों

के आगमन से वे डर गए। वे भयभीत हो गए कि उन्हें इस्लाम धर्म कबूलने के लिए मजबूर किया जाएगा। इस कारण वे अपनी जान बचाने के लिए वहाँ से भाग गए। एक बुर्जुग ब्राह्मण भाग नहीं पाया। उसने अपने प्राणों की भीख माँगी। पठान सैनिकों ने कहा कि भाईचारावाला रिश्ता रखने पर उसकी जान बख्शी जा सकती है। जब भुइयाँ लोगों को इस घटना की जानकारी हो गई तो वे ये भी जाने की पठानों ने उन्हें नाम से पुकारा था। इससे भुइयाँ क्रोधित हो गए और वे पठानों पर टूट पड़े। पठान सैनिक बलि दिए गए घोड़े का सिर उठाए और भाग खड़े हुए। ऐसा कहा जाता है कि जब पठान वापस लौट रहे थे तब मूसलाधार बारिश प्रारम्भ हो गई। जब रात हुई तब वे कामचंडी नदी के किनारे पहुँचे। नदी में काफी पानी था। नदी को पार करने के लिए कोई नाव या साधन नहीं था। उनमें से एक पठान समीप की झाड़ियों में सो गया। उसने सोते-सोते एक सपना देखा कि उसके अल्लाह ने उससे कहा कि "घोड़े का सिर यज्ञ में दिए गए बलिदान का एक हिस्सा है। पश्चिम की ओर मुख करके इस सिर की पूजा करे। यह आपको शैतान से बचाएगा। इस सिर को सूअर के सम्पर्क में न आने दें और आप भी जाँघ खाना छोड़ दे। अगर तुम सब सूअर खाओगे तो सब नष्ट हो जाओगे और जो खायगा वह पाखंड़ी होगा।"

जब पठान जागा तब उसने अपने साथियों को सारा वाकया बताया। नदी में पानी का बहाव और तेज हो गया लेकिन पठान जोर से कहने लगा, "सपना सच था, सपना सच था।" यह कहते हुए वह नदी को पार कर गया। उसे देखकर बाकी पठान भी मुँह में अल्लाह का नाम लेकर नदी पार कर गए। उन्होंने घोड़े के मृत सिर को *सत्य पीर* अर्थात *सच्चा भक्त* कहा। यह घटना जाट महालिया के दिन घटित हुई थी।

सम्राट बीरबाह को जब पता चला कि उसके घोड़े की पूँछ को राजा नारंगी के आदमियों ने काट डाले हैं तब वह राजा पर अत्यधिक क्रोधित हो गए और उन पर आक्रमण किया। उन दोनों का युद्ध बारह साल लम्बा चला। भुइयाँ लोगों ने नारंगी का साथ दिया और उसे अपने अड़तालिस घरानों का प्रधान बनाया तथा नायक की उपाधि प्रदान की। नारंगी ने अपने नेतृत्व में उन लोगों के साथ मिलकर सम्राट के महल को लूट लिया। उसने लूट और आगजनी से वहाँ दहशत फैला दी। इसके बाद उन्होंने सत्ता और अधिकार के प्रतीक के रूप में एक काले और एक सफेद छत्र को धारण किया।

भुइयाँ लोगों के छत्तीस घरानों ने तेरह पाउड़ी को अपनाया। वे अपने घर को छोड़कर पश्चिम दिशा में *बाँसकाटा* नामक पहाड़ी पर चले गए। यह स्थल कोयल नदी के किनारे अवस्थित था। इस पहाड़ी क्षेत्र के राजा का नाम मन्धाता था। वे राजा मन्धाता के अधीन बस गए। यह क्षेत्र खंडायत राजा गढ़ के नाम से भी जाना

जाता था। तीन साल चार महीने के बाद नीची जाति के भुइयाँ के बीस घराने भी वहाँ जाकर बस गए। इसके बाद कुछ समय के लिए राजा मन्धाता और राजा नारंगी दोस्त भी बन गए।

राजा मन्धाता का कोई वारिस नहीं था। उसने राजा नारंगी को अपना उत्तराधिकारी घोषित कर उसके माथे पर तिलक लगाया। राजा मन्धाता ने अपनी मृत्यु से पूर्व डोम जमींदार वेनु (भेनु) को छोटी जमींदारी वसीयत कर दी। नारंगी ने मन्धाता से जो राज्य प्राप्त किया था उसकी सीमा इस प्रकार थी—पूर्व बाँकी नल, पश्चिम धूत झारी नल, उत्तर कारानती पहाड़, दक्षिण खरकई नदी से वैतरणी नदी तक का क्षेत्र। वेनु को प्राप्त जमींदारी की सीमा थी दक्षिण में संजय नदी, पूर्व में कुरुडुंगरी, उत्तर में राधा सुवन पहाड़, पश्चिम बाना कटा पहाड़ (बाँसकटा पहाड़)।

वेनु जमींदार के तीन पुत्र थे—पारा, यथासन्तरी और बालीजुरी। इन्हें तीन इलाके प्रदान किए गए थे। वेनु ने दो और पुत्रों को गोद लिया था। एक का नाम गुरुला और दूसरे का नाम छेरा था। इन दोनों को भी दो इलाके प्रदान किए गए थे। उनके इलाके वैतरणी नदी की ओर थे। राजा बनने के पश्चात नारंगी ने घोषणा की कि भूतपूर्व राजा मन्धाता की प्रजा भी अब उसके अधीन है। राजा मन्धाता की एक अवैध पत्नी थी जिससे एक पुत्र था। इसका नाम दुगुना सिंह था। वेनु के पाँच पुत्रों जिसमें तीन वैध और दो दत्तक पुत्र थे, ने एक बार घोषणा की कि वे दुगुना सिंह को अपना राजा मानते हैं नारंगी को नहीं। जब नारंगी को यह बात पता चली तब वो माँ पाउड़ी के आशीर्वाद से अपने मकसद पर निकल पड़ा। उसका एक ही मकसद था वेनु के पुत्र पारा को उसकी जमींदारी से हटा देना। नारंगी ने पारा के गाँव में आक्रमण कर दिया। कई दिनों तक वहाँ अशान्ति छाई रही। पारा अपने परिवार के सदस्यों के साथ वहाँ से भाग गया। उस दिन से उस जगह का नाम पारा-हट पड़ गया। कालान्तर में इस जगह का नाम *पोराहट* या *पोड़ाहाट* हो गया।

अब नारंगी ने वेनु के दूसरे पुत्र चेरा की जमींदारी की ओर रुख किया। उन दोनों के बीच तीन सालों तक अपरोक्ष युद्ध चलता रहा पर इसका कोई निर्णय नहीं हो पा रहा था। अब नारंगी ने माँ पाउड़ी की पूजा की उनका आशीर्वाद प्राप्त किया और चेरा पर एक बार फिर आक्रमण कर दिया। एक दिन नारंगी ने चेरा को पकड़ लिया और उसके गाल पर एक जोर का तमाचा जड़ दिया। इससे चेरा के मुँह से खून निकलने लगा और वह मर गया। तब से उसका गाँव चराई के नाम से जाना जाने लगा। कालान्तर में राजा नारंगी ने बाकी बचे तीनों जमींदारों को अपने अधीन कर लिया। दुगुना सिंह ने भी नारंगी को अपना राजा चुन लिया। नारंगी ने उसे *दंडपात* की उपाधि प्रदान की तथा उसे बारह मौजा (गाँव) सौंपे। उसके जमींदारी को दुगुनी पीड़ नाम दिया गया।

नारंगी ने *सिंहड़ीह* इलाके को सोलहकली भाइयों को दे दिया और इसका नाम बदलकर *सालाईकला* रख दिया। उसने सालाईकला के निकट बारह परिवारों को बारह मौजा दिया जिसमें टिडानमिया मौजा भी शामिल था। चूँकि टिडानमिया मौजा में बारह परिवार शामिल थे इसलिए इसका नया नाम बारह टिडानमिया रखा गया। वहाँ एक गाँव का नाम *सरकडीह* या *सरकपीड़* था। इस गाँव में सरक रहा करते थे। उन्होंने वेनु के पाँच पुत्रों को राजा के खिलाफ कर लिया था। लेकिन नारंगी ने एक भुइयाँ जिसका नाम बाँका था कि सहायता से इनके गाँव पर भी अधिकार कर लिया। इसके पश्चात उसने बाँका को इसकी जमींदारी सौंप दी और इसका नाम बदलकर *बाँकशाही पीड़* रख दिया। कुछ समय उपरान्त विजेता नारंगी ने समरदा पीड़ की ओर कूच किया। वहाँ खेर नामक एक जमींदार निवास करते थे। नारंगी ने उसके खिलाफ युद्ध छेड़ दिया जो पन्द्रह वर्षों तक चला। लेकिन वह खेर को हरा नहीं सका। इसके बाद उसने माँ पाउड़ी की पूजा कर आशीर्वाद लिया और खेर के गढ़ में अचानक आग लगा दी। भाउतस भट के बासठ परिवार अपनी जान बचाने के लिए वहाँ से भाग गए। खेर इस आगजनी में अपनी जान गवाँ बैठे और उसके चौरासी मौजा राजा नारंगी के अधीन आ गए। नारंगी ने समरदा का नाम बदलकर खरसावाँ रख दिया। इसका उल्लेख पुराने पांडुलिपि में मिलता है जिसे *मादुलिया* के नाम से जाना जाता है।

इस तरह अपनी स्थिति को मजबूत करने के पश्चात नारंगी ने बारह पउड़ियों को भुइयाँ लोगों के बारह महीनों में बाँट दिया। इस समय सिंहल द्वीप से दो भाई वैद्यनाथ सिंह और बहादुर सिंह पधारे। उनका एक बड़ा भाई भी था जिनका नाम दिगम्बर सिंह था। वे दोनों जब राजा नारंगी के यहाँ पहुँचे उस समय वे पाउड़ियों का वितरण कर रहे थे। इन दोनों भाइयों का अपने बड़े भाई से सम्पत्ति बँटवारे को लेकर विवाद चल रहा था इस कारण सिंहल द्वीप छोड़कर वे यहाँ आ गए थे। वैद्यनाथ सिंह की उम्र बत्तीस वर्ष और बहादुर सिंह की उम्र पच्चीस वर्ष थी। उनके बदन में धूल लिपटी हुई थी। वे दोनों शिष्ट व्यक्ति की तरह नारंगी के सामने पेश हुए। उन्होंने नारंगी के समक्ष क्षत्रियों के सभी युद्ध-कौशल का प्रदर्शन किया। नारंगी और अन्य भुइयाँ यह देखकर बहुत खुश हुए। नारंगी ने बड़े आदर से उनका स्वागत किया और अपने यहाँ इस शर्त पर आश्रय दिया कि वे युद्ध के कला-कौशल इन्हें भी सिखाएँगे। इन दो भाइयों ने भुइयाँ नौजवानों को अभ्यास करवाना प्रारम्भ कर दिया। समय गुजरने के साथ इन दो भाइयों को भुइयाँ लोगों से लगाव हो गया और वे ग्यारह वर्षों तक उनके साथ रहे। कुछ महीने बाद सम्राट बीरबाह एक हजार नरगी सैनिकों के साथ राजा नारंगी पर आक्रमण कर दिए। बीरबाह और भुइयाँ लोगों के मध्य भयंकर युद्ध हुआ। नारंगी ने दोनों भाइयों वैद्यनाथ सिंह और बहादुर सिंह को गढ़ की सुरक्षा के लिए नियुक्त कर दिया। इन दोनों को सेना का सेनापति

बनाया गया। दोनों भाइयों ने भुइयाँ लोगों की सहायता से तीर-धनुष के बल पर भारी संख्या में नरगी सैनिकों को मार गिराया। बाकी सैनिक बीरबाह के साथ अपनी जान बचाने के लिए भाग खड़े हुए। इस विजय के बाद राजा नारंगी की सत्ता पूरी तरह स्थापित हो गई। उन्होंने युद्धभूमि को *दरपड़ा* नाम दिया। ये दो सिंह बन्धु नारंगी के समक्ष आए। नारंगी ने उन्हें कृतज्ञता से गले लगाया और वचन दिया कि वे जो भी वरदान माँगे वो उसे पूरा करेंगे। दोनों सिंह बन्धुओं ने राजा की भूरि-भूरि प्रशंसा की। उन्होंने नारंगी से कहा कि वे भुइयाँ लोगों को *जीतेश्वर* के रूप में घोषणा करें। कुछ समय के पश्चात राजा और भुइयाँ लोगों की बैठक में दोनों को बुलाया गया और वरदान माँगने के लिए उनसे विनती की गई। दोनों भाइयों ने माँ पाउड़ी की मूर्ति की माँग की। राजा ने उनकी माँग पूरी कर दी। राजा नारंगी इन दो भाइयों से बहुत खुश थे और उन्हें पोड़ाहाट क्षेत्र में भूमि सम्पत्ति के रूप में देना चाहते थे। इसके लिए तिलक समारोह की तैयारी की जाने लगी। उसी रात पाउड़ी देवी ने वैद्यनाथ सिंह को सपने में दर्शन दिया। उसने कहा, "मैं भुइयाँ लोगों से बहुत खुश हूँ। आप अपने हाथों से मेरी पूजा नहीं करेंगे बल्कि आप एक भुइयाँ का चयन करेंगे जो मेरी सेवा करेगा। आप पहले सिंहासन पर नहीं बैठेंगे। पहले नारंगी को वहाँ बैठने देंगे। वह मेरे लिए बेटे जैसा है। वह तुम्हें दंडपात देगा, तिलक लगाएगा और सिंहासन पर बैठाएगा। अगर तुमने इन आदेशों का पालन नहीं किया तो तुम संकट में आ जाओगे।" वैद्यनाथ सिंह ने राजा नारंगी को अपने सपने के बारे में बताया। नारंगी ने अगले दिन सपने में दिए गए निर्देशानुसार वैद्यनाथ सिंह को तिलक लगाया। राजा नारंगी ने उसे मनिमाशम्भु की उपाधि प्रधान की। नारंगी ने एक *दिहुरी* (पुजारी) की नियुक्ति की तथा एक पाउड़ी सौंप दी। सिंह राजा को ग्रामेश्वर पाउड़ी प्रदान की गई और भुकेश्वरी पाउड़ी को भुइयाँ लोगों के पास रखा गया। वैद्यनाथ सिंह ने धनुर्जय दंडपात को चौरासी मौजा प्रदान किया। इसकी जमींदार को *चढ़ई पीड़* कहा गया। एक जमींदार जिसका नाम खुदी था, को उसकी जमींदार से हटा दिया गया। इसकी सम्पत्ति खुदी पीड़ कहलाई। इसे देवी पाउड़ी को समर्पित कर दिया गया।

राजधानी में, दामोदर सिंह और जयनाथ सिंह वैतरणी नदी के समीप स्थित इलाके की देखरेख करते थे। नदी के किनारे स्थित *जामदा* नामक गाँव में एक भूमिज रहता था जिसका नाम जगन्नाथ था। वह इस गाँव का मुंडा था। वह इस पीड़ के जमीन का मालिक था। इस क्षेत्र में सिंह राजा का शासन था। जगन्नाथ मुंडा ने अपनी जोत पर राजा को कर देने से मना कर दिया था। इस कारण जयनाथ सिंह ने जगन्नाथ मुंडा पर आक्रमण कर उसे हरा दिया और उसकी हत्या कर दी। जयनाथ सिंह ने जगन्नाथ मुंडा पर अपनी विजय को यादगार बनाने के लिए इस गाँव का नाम *जयन्ती* रखा। उसने यहाँ एक महल का निर्माण करवाया और उसमें निवास करने लगा। चूँकि जगन्नाथ मुंडा अकाल मौत मारा गया था। उसके भूत ने जयनाथ सिंह

को परेशान करना शुरू कर दिया। परिणामस्वरूप उसका कोई पुत्र नहीं हुआ। उसने जयन्ती त्याग दिया और फिर से पोड़ाहाट में रहने लगे। जिस दिन वह इस जगह पर स्थानान्तरित हुआ उसी रात उसे एक सपना आया। बड़म देवता ने उसे अपनी पूजा करने को कहा। ऐसा करने से उसके सारे कष्ट दूर हो जाएँगे। जब दामोदर सिंह को इस सपने के बारे में पता चला तब उसने धनुर्जय दंडपात से पूछा। उसने बताया कि गोपीनाथ दंडपात और बारह भुइयाँ परिवार बड़म देवता की पूजा करते हैं। उसने यह भी बताया कि बड़म देवता की पूजा अछूत करते हैं तथा उन्हें बलि भी चढ़ाई जाती है। बाथुरी जमींदार ने पूजा करने के लिए बड़म देवता को चुना था। बाथुरी जमींदार का भी कोई पुत्र नहीं था इसलिए वे भी इस देवता की पूजा और सेवा नहीं करना चाहते थे। नारंगी ने इसका समाधान निकालने का प्रयास किया। एक वारांगी भुइयाँ को बड़म देहुरी के रूप में नियुक्त किया। उसने बड़म देवता की पूजा प्रारम्भ की जिसे सभी भुइयाँओं ने स्वीकार कर किया। दामोदर सिंह और जयनाथ सिंह अब सन्तुष्ट हो गए। उन्होंने अपने पारिवारिक पुरोहित से अपने भविष्य के बारे में सलाह ली। सिंह राजा ने पुरोहित को जयन्ती में चार मौजा दिया और *बिसोई* की उपाधि भी प्रदान किया। राजा ने एक ब्राह्मण जिसका नाम वादुंगी था को तीन मौजा सौंप दिया जिसमें राजग्राम गाँव (सम्भवत: राजाबासा गाँव) भी शामिल था। राजा ने पश्चिम दिशा में रहनेवाले एक ब्राह्मण परमा पंडा को अपना पुरोहित बनाया और अपने छोटे भाई चक्रधर को शाररेन गाँव दिया जिसे उसने अपने नाम पर *चक्रधरपुर* नाम रखा।

सिंह राजा ने दो देवियों की मूर्तियों को अपने कन्धे पर ढोकर लाया। ये दो देवियाँ *महामाई* और *माई* थीं। राजा ने उनकी सेवा के लिए एक राजपूत को नियुक्त किया तथा उसे *देवगाँव* प्रदान किया। उनकी पूजा के लिए काली बकरी की बलि दी जाती थी। दोनों देवियों की पूजा के लिए मंत्र इस प्रकार है, "माई माई महामी, हिली, हिली, किली, किली, चातद चातद, चचन्द शक्ति, भिजाम आन्दी धार रूपा नामाह:"।

भुइयाँ कालीनुवा (कैनुवा) गढ़

सम्राट के साथ झगड़े की वजह से राजा धनुर्जय लायन (सम्भवत: लालगढ़) आए और यहाँ रहने लगे। एक मोची जिसका नाम लादरा था वो भी यहाँ निवास करता था। वह सरक जमींदार का सौतेला पुत्र था। यहाँ के भुइयाँ इस जमींदार के संरक्षण में रहते थे। लेकिन जब उन्हें सही मान-सम्मान नहीं मिला तब वे उस जगह को छोड़कर कालीनुवा गढ़ बस गए। जिस गाँव में वे बस गए वह माँझीपुर के नाम से जाना जाता था। इस गाँव में एक सन्ताल राजा रहता था जिसका नाम सुरी था। उसका भाई कालीनुवा था। राजा ने सम्पत्ति में उसे हिस्सा नहीं दिया था। कालीनुवा ने राजा नारंगी से अपने हिस्से की सम्पत्ति वापस लेने के लिए मदद माँगी। उसकी

इच्छा थी कि नारंगी सुरी की हत्या कर दे और राजगद्दी उसे सौंप दे। इसके एवज में वह नारंगी को बारह गाँव तोहफे में दे देंगे। नारंगी ने सन्ताल राजा सुरी को अपने भाई को उसका हिस्सा वापस देने के लिए राजी करने का प्रयास किया। लेकिन सुरी नहीं माना। परिणामस्वरूप नारंगी ने सुरी पर आक्रमण कर दिया और उसे मार डाला। अब कालीनुवा राजा बन गया और वादे के अनुसार नारंगी को बारह गाँव तोहफे में दे दिए। भुइयाँ लोगों के बारह परिवार राजा की सेवा में रहने लगे। आठ साल के बाद दो भुइयाँ हभीर और कभीर उत्तर दिशा से आए और कालीनुवा से मुलाकात की। उन दोनों ने अपने साहस और वीरता का परिचय दिया। एक ने अपने दोनों हाथों से एक-एक बाघ पकड़ा हुआ था और दूसरे ने हाथी का पैर पकड़ा हुआ था। कालीनुवा उन दोनों से बहुत प्रभावित हुआ। उसने दोनों भाइयों को रहने के लिए घर दे दिया। कुछ समय पश्चात कालीनुवा ने बत्तीस भुइयाँ परिवारों को बुलवाया और उनसे विनती की कि अपनी दो बेटियों की शादी इन दो भाइयों से कर दें। जब राजा नारंगी को इसका पता चला तब उसने इसका विरोध किया क्योंकि वे दोनों बाहर से आए हुए भुइयाँ थे। लेकिन कालीनुवा अपनी बातों पर अडिग था। उसने भुइयाँ परिवारों से कहा कि या तो वे उसका आग्रह मान लें या उसकी जमींदारी छोड़कर चले जाएँ। कालीनुवा ने इन दो भाइयों के लिए दो भुइयाँ लड़कियों का अपहरण कर लिया। भुइयाँ लोगों को इस बात का पता चल गया। इससे वे क्रोधित हो गए और उन्होंने दोनों भाइयों को मार डाला। हालाँकि उन्होंने कालीनुवा को नहीं मारा क्योंकि वे सब उनकी संरक्षण में रह रहे थे लेकिन उन्होंने श्राप दिया कि जो भुइयाँ इस गाँव में रहेगा उसका कोई वारिस नहीं होगा। इस कारण भुइयाँ लोग इस गाँव को छोड़कर दूसरे गाँव में बस गए जिसे *बिझानी* कहा गया। इसे कालान्तर में *कोथबिझानी* नाम दिया गया।[41]

सिंह राजवंश का इतिहास (क्रमागत)

संस्थापक राजा दृप नारायन सिंह की मृत्यु के पश्चात उसका पुत्र युधिष्ठिर राजा बना और 1262 से 1271 संवत यानी दस सालों तक शासन किया। उसके बाद उसका पुत्र काशीराम सिंह 1271 संवत में राजा बना। उसके शासन-काल में बनई में विद्रोह हुआ। गज सिंह और मान सिंह को विद्रोह को सफलतापूर्वक कुचलने के लिए नियुक्त किया गया। राजा काशीराम सिंह एक बार शिकार पर निकले। एक स्थान पर उन्होंने देखा कि एक कुत्ता सियार का पीछा कर रहा था। इस अद्भुत नजारे को देखकर राजा इस निष्कर्ष पर पहुँचा कि यह एक अलौकिक स्थान है और यहाँ वीर पैदा होंगे। इसलिए उन्होंने अपनी राजधानी को यहाँ स्थानान्तरित किया और इसका नाम पोड़ाहाट रखा। यहाँ एक गौड़ निवास करता था जिसका नाम पौड़ा/पोड़ा था उसके नाम पर पोड़ाहाट रखा गया।

हालाँकि ओ'मेली अपनी पुस्तक बंगाल डिस्ट्रिक्ट गजेटियर में उद्भव की एक अलग अवधारणा पेश करते हैं। वे कहते हैं, "अपने विजयों के पश्चात, उन्होंने पोड़ाहाट पर एक किला बनवाया और उसे अपनी राजधानी बनवाया। उसने भुइयाँ लोगों को खुश करने के लिए उनकी प्रमुख देवी माँ पाउड़ी के नाम पर इस जगह का नाम पोड़ाहाट रखा। यह ध्यान देने योग्य बात है कि ब्रिटिश दस्तावेजों में इस जगह को पुरीहाटी या पोरीहाटी दर्ज किया गया है।[42] इस विवरण से हम समझ सकते हैं कि 1205 ई. में सिंह राज्य की स्थापना सर्वप्रथम बेनीसागर या उसके आसपास के क्षेत्र में हुई थी। तृतीय राजा काशीराम सिंह ने लगभग 1215 ई. में पोड़ाहाट को अपनी राजधानी बनाया और एक किले का निर्माण करवाया। पोड़ाहाट मुख्य मार्ग से दूर दुर्गम पहाड़ियों में अवस्थित था। इसके उत्तर-पूर्व के मैदान आर्थिक और जनसांख्यिकीय रूप से अधिक महत्त्वपूर्ण रहे होंगे। इसके बावजूद पोड़ाहाट का राजधानी के रूप में चयन उसकी दुर्गमता के कारण रहे होंगे।[43]

काशीराम सिंह ने अपने शासन-काल में ही माँ पाउड़ी की स्थापना बाँसकटा नामक स्थान में की थी। यह स्थान पोड़ाहाट के पश्चिम में कुछ दूरी पर अवस्थित है। इस तरह हम पाते हैं कि सिंह वंश के तृतीय राजा के समय पोड़ाहाट राजधानी बनी और माँ पाउड़ी राज्य की अधिष्ठात्री देवी बनीं। अब सिंह राज्य धीरे-धीरे एक राज्य का आकार लेने लगा।

माँ पाउड़ी की स्थापना

वंश प्रभा लेखन में माँ पाउड़ी के सिंहभूम आगमन की पौराणिक व्याख्या दी गई है। वंश प्रभा कहता है कि देवी सिलोन (श्रीलंका) से आई है। जब सिंह लोगों को श्री रामचन्द्र ने रामेश्वर में रक्षक के रूप में नियुक्त किया था। तब देवी उनके सपने में आई और कहा कि वह उन लोगों को चौदह हजार लिंग को पहरा देने के प्रयास में रक्षा करने आई है। उसके बाद राजा ने सेतुबंध रामेश्वरम में शिव के बगल में चमत्कारिक सौन्दर्य की मूर्ति को पाया। वह मूर्ति अष्ठधातु से निर्मित है। माँ पाउड़ी डम्बारु के आसन में विराजमान हैं। उसके त्रिनेत्र हैं, चार हाथ हैं जिसमें एक हाथ में तलवार, एक में गदा, एक में मुंड और एक में खरपरा धारण किए हुए है। उसके पीछे सिंह खड़ा है :

समुति डम्बुरासन कठयाचित्र बाघाम्बरी
श्री करांच गदाखड़ग खर्पर मुंडवामाय

वंश प्रभा लेखन से पता चलता है कि रामेश्वरम में रहनेवाली पाउड़ी देवी सिंहभूम में आने का निर्णय लेती है। वह एक चंचल लड़की की तरह घूमते हुए

क्योंझर, बोनाई और जामदा होते हुए सिंहभूम में पधारती है और पथ पाउड़ी देश के नाम से जाना गया। (वास्तव में बोनाई में एक पीड़ है जिसे पाउड़ी कहा जाता है और भुइयाँ लोंगों का एक सम्प्रदाय पाउड़िया भुइयाँ यहाँ पाया जाता है)। गाँव कोइनतला में वह सर्वप्रथम दो भाई खीरा और नीरा के स्वप्न में आईं। उन्हें कहा कि वे उसे सिंहभूमि ले जाएँ और राजा को कहें कि वे उसे भोजन प्रदान करे। खीरा ने नींद से जागने के बाद छवि/छाया का पीछा किया और सियादी लताओं के नीचे एक टोकरी में मूर्ति को पाया। उसने वहाँ उपलब्ध सामान से एक पालना बनाया और माँ की मूर्ति को उस पालने में वेनुगढ़ ले आए। मूर्ति को पेड़ के नीचे छोड़ा और राजा के पास जाकर सारी कहानी कह सुनाई। लेकिन जब वे वापस लौटे तो पाया कि मूर्ति गायब हो चुकी थी। वह मूर्ति बाद में संजय नदी में पाई गई। पौड़िया भुइयाँ ने मूर्ति को संजय नदी के पानी के अन्दर छुपा दिया था। अन्त में मूर्ति को बरामद किया गया। बाँस के झुरमुट की सफाई कर सर्वप्रथम उसके नीचे मूर्ति को स्थापित किया गया। इस जगह का नाम बाँसकटा रखा गया। रामेश्वरम में जिस तरह से माँ की पूजा और बलि दी जाती थी वैसे ही यहाँ भी की जाने लगी।

बाँसकटा[44]

उनके पश्चात अच्युत सिंह राजा बने। अच्युत सिंह के शासन-काल में गजपति युग के नौवें साल में ज्येष्ठ शुक्ल पक्ष की चतुर्थी को पोड़ाहाट के मन्दिर में पाउड़ी देवी की स्थापना की। उड़ीसा में गजपति साम्राज्य की स्थापना 1434 ई. में कपिलेन्द्र

देव ने की थी। उसके शासन के नौवें साल का अर्थ 1443 ई. होता है अर्थात 1443 ई. में अच्युत सिंह ने पोड़ाहाट के मन्दिर में पाउड़ी देवी की स्थापना की।

इस क्षेत्र में निवास करनेवाले सिर्फ भुइयाँ नहीं थे। वंश प्रभा लेखन में कोल लोगों का भी वर्णन मिलता है। ये शब्द हिन्दुओं द्वारा छोटानागपुर क्षेत्र की मूल आबादी विशेष रूप से मुंडा बोलनेवाले लोगों के लिए इस्तेमाल किया जानेवाला अपमानजनक नाम या गाली था।[45] वंश प्रभा में पहली बार कोल शब्द का वर्णन तेरहवीं शताब्दी में मिलता है। लगभग 1443 ई. में अच्युत सिंह के शासन-काल में पाउड़ी देवी की स्थापना के तुरन्त बाद कोल या हो लोगों के मध्य किसी प्रकार का असन्तोष फैल गया। वहाँ की मुंडारी जनता सरगुजा राज्य के लखनपुर वापस लौट जाना चाहती थी जहाँ से वे मौलिक रूप से आए थे और सिंहभूम में बस गए थे। यह घटना काफी हद तक ब्रेडली बर्ट के कथन का समर्थन करता है। वे अपनी पुस्तक *छोटानागपुर : ए लिटल नोन प्रोविंस ऑफ द एम्पायर* में लिखते हैं कि सभी आदिवासी एक के बाद एक पलामू होते हुए आए जो कि छोटानागपुर आने का प्राचीन प्रवेश द्वार था। प्रत्येक नये जनजाति के आने से पुरानी जनजाति को दक्षिण की ओर आगे बढ़ा दिया जाता था।[46] डाल्टन लिखते हैं "ऐसा प्रतीत होता है कि हो लोगों की कोई परम्परा नहीं है जो उनके इतिहास पर अधिक प्रकाश डालती है। वे आमतौर पर स्वीकार करते हैं कि वे मुंडा लोगों के एक ही परिवार से हैं और वे छोटानागपुर से आए हैं।"[47] इतिहास के उस दौर में हम पाते हैं कि वे विद्रोह करने के लिए पर्याप्त संख्या में नहीं थे। इसलिए वे देश छोड़कर जाना चाहते थे। उन्हें विद्रोह करने या लड़ाई लड़ने की अपेक्षा अपने मूल गाँव वापस लौटना ज्यादा आसान लगा। मध्य युग की आर्थिक स्थिति में लोगों को जमीन और कृषि पर बनाए रखना भी एक संघर्ष था क्योंकि आय का वही एकमात्र स्रोत था। जब अच्युत सिंह ने इस खबर को सुना तब उन्होंने हो और मुंडा लोगों के लिए सन्देश भेजा। राजा ने हर सम्भव प्रयास किया कि वे देश छोड़कर न जाएँ। अच्युत सिंह की कोशिश सफल हुई और वे सभी रुकने को राजी हो गए। राजा ने एक बड़े समारोह का आयोजन किया। इसमें हो लोगों ने राजा के प्रति निष्ठावान रहने का शपथ लिया। इस समारोह में ब्राह्मण भी उपस्थित थे। उन्होंने प्रतिज्ञा ली कि :

> *दिघिमुंडा पाटखंडा सिंहराजा हो प्रजा दुम्बि तासाद बुरुबंग।*
> *दांडियाकुला तकिवामे साबेदिन*

इसका अर्थ यह है कि दिघी मुंडा की पाट खंडा या इस भूमि की मुख्य तलवार पर हमेशा नजर रहेगी। सिंह राजा बने रहेंगे और हो उनकी प्रजा बनी रहेगी। दूब घास, बुरु बोंगा या जंगल के देवता, दांडिया कुला मतलब बाघ और ताकी वामे यानी ब्राह्मण इसके साक्षी बनने के लिए सामने खड़े थे।[48]

इस वंश के पाँचवें राजा त्रिलोचन सिंह थे। उन्होंने कुंदरुगुटु पीड़ के कोलों पर अधिकार कर लिया और उनसे कर वसूला। त्रिलोचन सिंह और हातीबारी-किनजीर के मध्य तनाव रहता था। पौस (दिसम्बर) माह में उनकी मृत्यु हो गई। वंशप्रभा लेखन में जहाँ उनकी मृत्यु की तिथि अंकित थी वो फट गई है।

उनके पश्चात अर्जुन सिंह प्रथम राजा बने। जब वे काशी से तीर्थयात्रा कर लौट रहे थे तब अनजाने में तुगरल खान के शिविर में चले गए जो कटक की ओर जा रहे थे। अर्जुन सिंह और उसके बत्तीस सहयोगी इन पठान लोगों के साथ कटक गए और वहाँ से 1243 ई. में वापस लौटे।

अर्जुन सिंह का पुत्र जगन्नाथ सिंह उसका उत्तराधिकारी बना। उसने नरसिम्हा गजपति के नौवें अंका में या 1245 ई. में गद्दी पर विराजमान हुए। उसने वर्तमान सिंहभूम-क्योंझर सीमा के पास स्थित जगन्नाथपुर नामक गाँव बसाया और जयन्त, जामदा, नान्ददा, जाडा, पुखरी इत्यादि से कर वसूलने के लिए वहाँ एक किले का निर्माण किया।

उनके पश्चात पुरुषोत्तम सिंह ने प्रताप नरसिम्हा गजपति के चौथे अंका काल में राजगद्दी सँभाली। उसके शासन-काल में भैरीध्वज सिंह की हत्या की गई थी जिस कारण काट भुइयाँ लोगों को पशुओं के सौ सिर देकर क्षतिपूर्ति करने को कहा गया। उदल-खमक के कोल लोगों ने भी विद्रोह कर दिया था पर उनके विद्रोह को भी कठोरतापूर्वक कुचल दिया गया।

हरिहर सिंह उसके उत्तराधिकारी बने। उसने गतिकान्त नरसिम्हा गजपति युग के तीसरे अंका में राजा बने। उनके पश्चात उनका पुत्र नारायण सिंह शंख भास्कर गजपति युग के छठवें अंका में राजगद्दी सँभाली।

जगन्नाथ सिंह द्वितीय इस वंश का तेरहवाँ शासक था। वह बहुत अत्याचारी शासक था जिस कारण उसके शासन-काल में भुइयाँओं ने विद्रोह कर दिया था। राजा ने भागकर नागपुर में शरण ली। भुइयाँओं ने रानी को महल में रहने की इजाजत दे दी। उसका पुत्र कृष्णा सिंह बाद में राजा बना। इस समय अनियमित बारिश के कारण भयंकर काल पड़ा। कृष्णा सिंह की मृत्यु शंख वासुदेव गजपति युग के चौदहवें अंका में हुई। उनका पुत्र गोपीनाथ सिंह राजा बना। जब उसने सुना कि पठानों ने उड़ीसा पर आक्रमण कर दिया है तब वह भी पुरी गया था। वापस लौटते समय जगन्ननाथपुर में उसकी मृत्यु हो गई। अकरूर सिंह सोलहवें और अजोय सिंह सत्रहवें राजा हुए। वे एक बहुत भले प्रजा का ध्यान रखनेवाले राजा थे। कशापुर, गोविन्दपुर, कदइकेला, समीज, चैनपुर के जमींदार *सुनिया पर्व* के दिन राजा को श्रद्धा स्वरूप भेंट देने आते थे।[49] उड़ीसा में भद्र माह (अगस्त-सितम्बर) में सुनिया पर्व मनाया जाता है। उसे उड़िया लोगों का पारम्परिक नया साल भी माना जाता है। इस दिन को वामन जयन्ती या वामन का जन्म-दिवस के रूप में भी मनाया जाता

है। इस दिन भगवान विष्णु ने वामन देवता का रूप धरा था। सुनिया पर्व मुख्य तौर पर राजा और जमींदार मनाते थे। इस दिन जमीन और पानी को ठेका में देने का नवीकरण होता था। इस दिन सभी प्रकार का ठेका देने का शुभारम्भ होता था। किसान और जनता भी इसी दिन राजा को राजस्व जमा करते थे।[50]

शिखर सिंह इस राजवंश के उन्नीसवें राजा बने। वे वीर वासुदेव गजपति के चौदहवें अंका के दिन गद्दी पर बैठे। वह एक बहुत शक्तिशाली और धार्मिक राजा थे। उनके शासन-काल में कोलों का विद्रोह हुआ था। कोलों ने उनके महल में आग लगा दी थी। राजा ने रुईदास सरक, अपने राज्य के महत्त्वपूर्ण लोगों, जयन्त के नारा बइसइ, चैनपुर के बीरबल खंडपातर, कराईकेला के पाट जमींदार, हरि रानाबाज के घर के नारा, दंड सेना घर के मालु, समीज के कुशना खंडपातर को बुलाया और उन्हें युद्ध करने के लिए कहा। उन लोगों ने मिलकर विद्रोहियों को कट्टरता से कुचल दिया जिस कारण अनेक विद्रोही छिप गए। अन्त में सुरा भाथुड़ी ने राजा के साथ उनका सुलह करा दिया था।

दागर सिंह अपने पिता का उत्तराधिकारी बना। उसकी रानी का भुइयाँ महिलाओं से विवाद हो गया था जिस कारण वह नाराज होकर अपने पिता के घर नागपुर चली गई। नारा बिसई और हरि दगरा उसे वापस लेने के लिए गए। भुइयाँ लोगों के मध्य असन्तोष था पर बाद में उन्होंने राजा से सुलह कर ली।

अगले राजा मानसिंह ने हातीबारी-किंजीर के राउतिया लोगों को हरा दिया था। उसने नागरा गाँव पर भी आक्रमण कर जला दिया था। मानसिंह ने जराईकेला के शूद्र को मार दिया था। इसके बाद वह श्रीक्षेत्र चला गया। नेत्र बनदेव गजपति के द्वितीय अंका, सोमवार, नौवें माघ तृतीया के दिन उनकी मृत्यु हो गई। उनके बाद उनका पुत्र अजोय नाथ सिंह राजा बना। वह घुड़सवारी में निपुण था। वह अपने घोड़े को अठारह फीट कुदवा सकता था। उनके शासन-काल में अयता तान्ती ने विद्रोह कर दिया था और धीरा बोहीदार सम्बलपुर से दो सौ सिपाहियों को लाकर राजा पर आक्रमण करना चाह रहा था पर राजा और उसके सहयोगियों ने उन्हें भगा दिया और बिसरा नामक जगह में उन्हें मार डाला। राजा ने जीत में ईनाम के तौर पर कराईकेला के नरीन्द्र और काइनुआर के हरि नायक को सिरोपा (सम्भवत: पगड़ी) प्रदान किया। उसने इस जीत के प्रति आभार व्यक्त करने के लिए बाँसकटा स्थित माँ पाउड़ी के मन्दिर में विशेष जन्ताल पूजा आरम्भ की गई। उसकी मृत्यु गजपति कपिलेन्द्र देव के बारहवें आषाढ़, शनिवार को हुई।

उसका पुत्र सिबा नारायण सिंह अगला राजा बना। उसके शासन-काल में काट-भुइयाँ लोगों ने विद्रोह कर दिया था। उन्होंने सिबा नारायण को राजा मानने से इनकार कर दिया था। राजा ने उनके विरुद्ध अभियान चला कर विद्रोह को कुचल दिया। उसने गुमला के सतारी की भी हत्या कर दी। उसने गोयलकेरा के महादेव

मन्दिर, पुखरिया, जोडापुखरिया, गिरुगाँव, हतनाबेड़ा और जामदा में पूजा करने के लिए समझौता किया। राजा ने गोयलकेरा के महादेव मन्दिर का निर्माण करवाया लेकिन लक्ष्मण सरक ने उसे तोड़ दिया। कुशा तान्ती को उसे हराने के लिए भेजा गया और अन्त में उसने लक्ष्मण को मार डाला। सिबा नारायण सिंह के शासन-काल में उसकी ख्याति दूर-दूर तक फैली।

वंशप्रभा लेखन से सिबा नारायण सिंह के काल के राजस्व व्यवस्था पर कुछ प्रकाश पड़ता है। प्रत्येक गाँव 2 पुड़ा महुआ के फूल, 1 पुड़ा सरसों के बीज, 10 मटिया तोल तेल, 10 पछिया बीरी, कुलथी, खेदी, गोड़ा धान का गुन्दलु, प्रत्येक व्यक्ति एक फल, एक पत्ता छेना, प्रत्येक तान्ती एक वस्त्र और हर एक ग्वाला या गौड़ एक मटिया घी देते थे। राजा ने आदेश दिया कि अब से हर एक मानकी को एक हाथ माप का सिरोपा प्राप्त होगा और कराईकेला के मुख्य जमींदार को सोना तथा एक जोड़ी कपड़ा मिलेगा। चूँकि कृषि ही राजस्व का मुख्य स्रोत था इसलिए फसलों को ही कर के रूप में राजकीय कोषागार में जमा किया जाता था। सम्भवत: जनता के मध्य नकद का प्रचलन नहीं था तथा अर्थव्यवस्था वस्तु विनिमय प्रणाली पर आधारित थी इसलिए नकदी का विवरण नहीं मिलता है। सिबा नारायण सिंह की मृत्यु गजपति कपिलेन्द्र देव के सातवें अंका, कार्तिक के बारहवें दिन, बुधवार को हुआ था।

अगले राजा लक्ष्मी नारायण सिंह के काल में गर्मी के मौसम में महल में आग लग गई जिससे वह जल गया। राजा ने महल को पुन: बनवाया।

उनके पश्चात गोपाल मंजरी सिंह राजा बने। सम्भवत: उनके काल में राजा और प्रजा के बीच तनाव बढ़ गया था। उसने बहुत सारे विद्रोहियों को बन्दगाँव में मरवा दिया था। कालान्तर में गोपाल मंजरी सिंह जगन्नाथपुर में बस गया। लेकिन जयन्तगढ़ के कोलों ने राजा के अधिकार को मानने से इनकार कर दिया था इसलिए माना राउतिया, कुसा तान्ती, माना डोगरा को कोलों को हराने के लिए भेजा गया। राजा बाद में खुद वहाँ गया और विद्रोह को निर्दयता से कुचल दिया। अनेक गाँवों को जला दिया गया। मुख्य विद्रोही भई और कुमिरता के बाना मारे गए। इस अशान्ति का अन्त विद्रोहियों के साथ समझौते से हुआ। जयन्तगढ़ विभिन्न भागों में बाँटा गया जैसे जयन्त, गढ़जयन्त, पाट जयन्त, टोला जयन्त, काट जयन्त, विजोय जयन्त, पाउड़ी जयन्त और श्रीजटियापाट मलिक जयन्त। भुइयाँ लोगों ने भी समझौता कर लिया था। गोपाल मंजरी सिंह की मृत्यु विघाधर गजपति के तीसरे अंका में हुई थी।

अगले राजा प्रताप भानु सिंह ने अपने राज्य के सत्रह नायकों को ईनाम के रूप में पगड़ी पहनाई। सिंह राजाओं के अधीन अन्य सभी राजाओं की तरह सेना होती थी। कुछ सेना राजा के प्रत्यक्ष नियंत्रण में होती थी जो राजकीय सेना कहलाती थी। यह स्थायी सेना होती थी। इसका प्रमुख सेनापति होता था। राज्य के अन्य हिस्सों

में भी सेना होती थी जो स्थायी और अस्थायी दोनों प्रकार की होती थी। इनका प्रमुख नायक कहलाता था। उसने टेबो घाटी के नदियों के बालू से सोना छानकर निकालनेवालों से सोने की सिल्लियाँ प्राप्त की। उसकी मृत्यु बन्दगाँव में ही हो गई।

इनके पश्चात चित्र भानु सिंह राजा बने। उसने अपने पुत्र को कुईड़ा पीड़ दिया और हर सौतेले भाइयों को एक-एक गाँव प्रदान किया। उदय नारायण सिंह अगले राजा बने। वह नाबालिग था। शंकर राउत उसका दीवान था जिसने राज-पाट सँभाला था। उनके बाद लाल मोहन सिंह ने गद्दी सँभाली।

अजोय नाथ सिंह द्वितीय इस वंश का उन्तीसवाँ राजा बना। एक बार वह शिकार के लिए बोनई गया। इस क्रम में वह एक दुर्घटनाग्रस्त हो गया जिससे उसके पैर क्षतिग्रस्त हो गए और वह राजा होने के अयोग्य हो गए। भुइयाँ लोगों ने उसे राजा मानने से इनकार कर दिया फलत: उसका पुत्र टिकैत लक्ष्मी नारायण सिंह ने उसके राज-प्रतिनिधि के तौर पर राज-काज सँभाला था।

लक्ष्मी नारायण सिंह ने गजपति प्रताप रुद्र देव के सोलहवें अंका में गद्दी सँभाली। वे एक बहुत शक्तिशाली राजा होने के साथ-साथ बहुत धार्मिक भी थे। वे अपने राज्य के सभी महादेव के मन्दिरों में पूजा करते थे जैसे : पोड़ाहाट, कांजेन, कैसरा, भरनिया, नाली, सिंगको, जयन्त, गम्हरिया, बामुनडीहा और मुलीबाँधा। उन्होंने घोषणा की, कि जो भी जनता पूजा में शिवलिंग पर 108 बेल के पत्ते नहीं चढ़ाएगी उसे राज्य से खदेड़ दिया जाएगा। कुछ समय बाद राजा ने सानू खंडपातर को पोड़ाहाट में अपने परिवार की देखरेख का जिम्मा छोड़कर आश्विन के शुक्ल पंचमी अर्थात 1618 संवत या 1561 ई. में लम्बे तीर्थयात्रा पर निकल गए। वे रामेश्वरम के लिए कूच किए और वहाँ माघ श्रीपंचमी में पहुँचे। वहाँ वे महन्त मठ में रहे और फाल्गुन द्वादशी में वापसी की यात्रा प्रारम्भ की। वे सीधे प्रयाग गए और काशी में उत्तरवाहिनी में डुबकी लगाई। वह उत्तर दिशा में और आगे जाना चाहते थे तथा राजपूताना, जोधपुर, जयपुर और अन्य जगहों की भी यात्रा करना चाहते थे। लेकिन रास्ते में उन्होंने सुना कि अकबर ने चित्तौड़ को जीत लिया है। उनकी मृत्यु संवत 16 के वैशाख के चौथे दिन हो गई। (वंशप्रभा लेखन में साल मिट गया है)

नरपत सिंह प्रथम ने अपने पिता के बाद राजगद्दी सँभाली। जब वह श्रीक्षेत्र गया वहाँ पौस के आठवें दिन 1625 संवत यानी 1568 ई. को पठानों ने मुकुन्द देव को हरा दिया और जाजपुर में पाखंडी हिन्दू कालापहाड़ ने उसकी हत्या कर दी थी। भगवान जगन्नाथ की मूर्ति को चिल्का में हटा दिया गया था लेकिन कालापहाड को इसकी भनक लग गई थी और वे मूर्ति को गंगा नदी के किनारे ले आए और उसे जला दिया। इसी बीच भरुसाल महान्ती चुपके से भगवान जगन्नाथ के नाभी-खंड को ले आया और कुजांग के राजा के पास सुरक्षित रूप से जमा कर दिया। उसके बाद नरपत सिंह प्रथम वहाँ से चला गया। उनकी इच्छा गंगास्नान करने की थी।

उन्होंने सोलह दिनों तक यज्ञ किया। इस यज्ञ के लिए उन्होंने काशी से पाट पंडा और पाटलिपुत्र से सुरा सारांगी को इस काम के लिए आमंत्रित किया। इस यज्ञ में 10 मन (mds) घी खर्च हो गया और 12 क्विंटल (kats) चावल, 10 तोला सोना और 10 सिर दक्षिणा के तौर पर दिए गए।

उनके पश्चात कामेश्वर सिंह राजा बने। लेकिन कोलों ने उन्हें राजा मानने से इनकार कर दिया। भगत सरदार, नीरा नायक, परमा भुया, चैनपुर के नीरा, कराईकेला के सुरा भुया, साहिर राउत डोगरा और पाट जमींदार ने उनके मध्य सुलह करवाया। इस राजा की मृत्यु मारगसिरा माह (नवम्बर-दिसम्बर) के बारह तारीख को हुई थी।

रघुनाथ सिंह अगले राजा हुए। उनका अपने भाई विष्णु सिंह से मतभेद हो गया था। सुन्दर डोगरा और दंडसेना ने इन दोनों भाइयों के बीच समझौता करवाया। रघुनाथ सिंह ने अपने भाई को कुन्दरुगुटु से चार गाँव और रंगी से ग्यारह गाँव दिए।

वंशप्रभा लेखन देश और पड़ोसी राज्यों में होनेवाले घटनाओं पर मौन है। देश में चौदहवीं शताब्दी में कई बड़े परिवर्तन हुए। 1361 ई. में दिल्ली के सुल्तान फिरोज शाह तुगलक ने उड़ीसा पर आक्रमण किया और खिचिंग को नष्ट कर दिया।[51] 1398 ई. में भंज राजवंश दो भागों में विभाजित हो गया था। भंज राजवंश की बड़ी शाखा मयूरभंज और छोटी शाखा क्योंझर में बँट गई। भंज राजवंश आपस में जुड़ी रही लेकिन उनके राज्यों का सामाजिक इतिहास थोड़ा अलग रहा। भंज साम्राज्य का गुरुत्वाकर्षण केन्द्र खिचिंग क्षेत्र से हट गया। भंज अपनी राजधानी को तटीय मैदानों के बहुत करीब ले जाते हैं और अपने राज्य का नाम बदलकर मयूरभंज रख देते हैं।[52]

सिंहभूम में सोलहवीं शताब्दी के उत्तरार्ध में तनाव बढ़ता गया। 1540 ई. से 1560 ई. तक एक नए परिवर्तन के रूप में सिंह राजा ने अपनी जनता पर हिन्दू रीति-रिवाजों और उच्च करों को लागू करने की कोशिश की।[53] सम्भवत: उड़ीसा में होनेवाले परिवर्तन के कारण इन करों में बढ़ोत्तरी हुई थी जिसे वंशावली ने नजरअन्दाज कर दिया था। 1568 ई. में जब अफगानों ने उड़ीसा पर आक्रमण कर गजपति राजा को हरा दिया तब सिंहभूम शासक अफगानों से लड़ते हुए गिर गए थे।[54] इससे पता चलता है कि सिंहभूम मयूरभंज की सेना की मदद करने के लिए बाध्य था। अपनी हार के बाद मयूरभंज राजा को अपनी आन्तरिक स्वायत्तता बनाए रखने के लिए अफगानों को भारी राशि देनी पड़ी। यदि सिंह मयूरभंज राजा के सामन्त होते तो उन्हें अपनी प्रजा पर कर का बोझ डालना पड़ता।

रणजीत सिंह संवत 1638 यानी 1581 ई. को गद्दी पर विराजमान हुए। वंशप्रभा लेखन में इनके शासन-काल का अन्य राजाओं के मुकाबले ज्यादा वर्णन मिलता है। रणजीत सिंह बोनाई चले गए और वैतरणी नदी के किनारे रहने लगे। वे एक दमनकारी शासक थे। सिंहभूम में उन्हें जल्द ही एक बड़े विद्रोह का सामना

करना पड़ा। जनता उन्हें कर देना नहीं चाहती थी। मुंडा और मानकियों ने विद्रोह कर दिया था। काट भुइयाँ ने कोलों का साथ दिया। रणजीत सिंह आठ दिनों तक जयन्तगढ़ की ओर बढ़े। बालीबान्ध के रथियास उनके डर से सामने नहीं आए। गौड़ लोगों की भी यही स्थिति थी। बामनघाटी के धुरवा और काइपुर तथा थाईटाँगर के धुरवा भी राजा के सामने नहीं आए। नागरा, देसरा और जराईकेला के लोगों ने भी विद्रोह कर दिया। विद्रोहियों ने सुदांग में राजा के हाथी को मार डाला जिससे वह बामनघाटी भाग गया। उन्होंने नारी गौड़ के घर में जो मयूरभंज के सिंगासन पहाड़ियों पर स्थित है वहाँ छिपकर अपनी जान बचाई थी। राजा ने वहाँ से लौटते समय पुखरिया के सानगी कोल को मार डाला और सिकर कोल को अपंग बना दिया। कोल, सरदार, राउतिया, और काट-भुइयाँ ने मिलकर राजा के विरुद्ध विद्रोह कर दिया और जयपुर, जगन्नाथपुर तथा पोड़ाहाट के महलों को जला दिया था। उन्होंने राजा के चाचा छत्रधारी सिंह की जगन्नाथपुर में हत्या कर दी थी। उनके ऊपर लकड़ी के बड़े-बड़े लट्ठे रखकर उनकी हत्या कर दी थी। दूसरे चाचा विजय सिंह को भी मार डाला गया। बिक्रम सिंह जान बचाने के लिए परिवार की महिलाओं के साथ नागपुर भाग गए।

अक्षर लेखा पहाड़[56]

राजा रणजीत सिंह, गज सिंह, धृतराष्ट्र सिंह और श्रीराम सिंह के साथ मिलकर माँ पाउड़ी को पोड़ाहाट के संजय नदी के दक्षिण में स्थित अक्षर लेखा पहाड़ पर छिपा दिया गया था। एक बाँस की छड़ी पर उन्होंने छिपाने की जगह का सुराग लिख दिया था ताकि भविष्य में जगह की पहचान की जा सके। वे उस छड़ी को अपने साथ ले गए। उसी तरह उन्होंने भगवान श्री रघुनाथ महाप्रभु को एक बर्तन में बन्द करके संजय नदी में छिपा दिया। उसके बाद वे लोग सीधे जोधपुर चले गए लेकिन वहाँ के राजा उदय सिंह ने उन्हें किसी भी प्रकार की मदद करने का

आश्वासन नहीं दिया। बादशाह अकबर की शादी उदय सिंह की बहन से हुई थी। उदय सिंह ने उन्हें सुझाव दिया कि वे अपनी समस्या का हल पाने के लिए बादशाह से फरियाद करें। गज सिंह एक कुशल घुड़सवार थे। उन्होंने अकबर के सेनापति मानसिंह का ध्यान अपनी ओर आकृष्ट किया। इस तरह उन्होंने मानसिंह से अपनी प्रगाढ़ता बढ़ाई। मानसिंह की सहायता से वे अकबर से मुलाकात करने में सफल रहे। अकबर ने उनके प्रति अच्छा व्यवहार किया और उन्हें अपना आतिथ्य प्रदान किया। 1592 ई. में मानसिंह के उड़ीसा अभियान में वे भी साथ चले। यहाँ मुगलों की नीति अपने सामन्तों से सैन्य-सेवा या कुछ कर वसूल करना ही था। खुर्दा के राजा जो उड़ीसा का सबसे महत्त्वपूर्ण राज्य था को तीस से अधिक जागीरों के संरक्षक के रूप में मान्यता मिली और उन्हें महाराजा की उपाधि मिली। मान सिंह ने आठ अन्य राजाओं को मान्यता दी। इनमें मयूरभंज राजा भी एक थे।[57] मयूरभंज एक विस्तृत राज्य था। इसके उत्तर-पूर्व के अधिकांश भाग मुगल साम्राज्य के अधीन आ गए। सिंहभूम अपने एक किले के साथ मयूरभंज का हिस्सा माना गया। चूँकि मान सिंह व्यक्तिगत रूप से सिंहभूम नहीं जाना चाहते थे और न ही मयूरभंज राजा ने ज्यादा दिलचस्पी दिखाई। अत: रणजीत सिंह को अपनी राज्य की जनता से निपटने का उपाय खुद ही करना पड़ा। उन्होंने इस अवसर का उपयोग अपने शासन को मजबूत बनाने के लिए किया।[59]

मानसिंह के वापस लौट जाने के बाद गज सिंह ने उन्हें सिंहभूम आने का न्यौता दिया पर वह नहीं आए। रणजीत सिंह संवत 1647 यानी 1590 ई. को जयन्तगढ़ लौट गए और अपनी खोई हुई राजधानी को पुन: प्राप्त किया। उन्होंने माँ पाउड़ी को छिपाये गए स्थान से वापस लाया और बड़े धूमधाम से जन्ताल पूजा का आयोजन किया। सारण्डा, हरिनी पीड़, कुन्दुरुगुटु, गुवा इत्यादि के लोगों ने राजा से सुलह कर ली थी। राजा ने अपने सकुशल लौटने की कृतज्ञता में कैसरा और केरा के मन्दिर में पूजा की।

राजा के भाई बिक्रम सिंह जब नागपुर से वापस लौटे तब अपने लिए वहाँ से दुल्हन साथ में लाए। वे अपने साथ उरुगाँव के बन्तारिया मुंडा के साठ परिवारों को दहेज ढोने के लिए लाए। ये कोल जगन्नाथपुर के नान्ददा में बस गए और वह क्षेत्र सत-बन्तारिया पीड़ कहलाया। नये आगन्तुकों ने अपने गोत्र बदल लिये और *सिंहको* रख लिया अर्थात *सिंह लोगों का* क्योंकि सिंह लोगों ने उन्हें यहाँ लाया।[60]

रणजीत सिंह को जनता ने दुबारा कर देना आरम्भ कर दिया। चैनपुर के दंडपात, जरकी, कराईकेला, समीज, कैनुवा, बन्दगाँव, कुला, अयोध्या, मनोहर और देवोत ने राजा के साथ सुलह कर ली।

सिंहभूम में मुंडा भाषियों का आगमन नया नहीं था। 17वीं शताब्दी में पड़ोसी राज्य बोनई, क्योंझर और मयूरभंज मुंडा, हो, सन्ताल और बोनई में उराँव लोगों को आने के लिए प्रोत्साहित किया। इसका मुख्य उद्देश्य खेती को बढ़ावा देना था और

अक्सर इन अप्रवासियों ने भुइयाँओं की तुलना में अधिक कर का भुगतान किया। वंशप्रभा लेखन में हो बन्तारिया अप्रवासियों के बसने के स्वामित्व के प्रकार या अधिकार का उल्लेख नहीं मिलता है। सिंह क्षेत्र में सैन्य-सेवाओं के लिए स्वामित्व या अधिकार प्राप्त होता था लेकिन ये हो बन्तारिया दूसरे शर्तों पर बसे हुए प्रतीत होते थे।

वंशप्रभा लेखन में पहली बार 1590 ई. में *हो* नाम का उल्लेख मिलता है। इससे पहले के काल में मुंडा बोलनेवाले सिंहभूम के उत्तरी क्षेत्र में बस गए थे। यहाँ उन्होंने जंगलों को साफ कर रहना आरम्भ किया था। पर अब सिंहभूम के राजा ने मुंडाओं के 60 परिवारों को राज्य के दक्षिणी क्षेत्र में बसने के लिए आमंत्रित किया। यह सिंहभूम में सभी मुंडा बोलनेवालों का एक अंग रहा होगा। इनका ही वंशावली में हो के रूप में वर्णन किया गया है। ये नवागन्तुक सिंहभूम राज्य के सत्ता के केन्द्र के पास रहते थे। नतीजतन इस समूह का महत्त्व बढ़ गया था। सिंहभूम के राजनीतिक और जातीय इतिहास में यह महत्त्वपूर्ण मोड़ था।

सिंह राजाओं के हरेक पीढ़ी में एक व्यापक विद्रोह हुआ था। हो लोगों के विद्रोह हमेशा भुइयाँ लोगों के साथ मिलकर नहीं होते थे। इससे पता चलता है कि दोनों के विद्रोह करने के अपने कारण थे। वंशप्रभा के अनुसार जब कोल लोगों ने विद्रोह किया तब उन्हें कठोरता से कुचल दिया गया। वंशप्रभा यह स्पष्ट नहीं करता है कि ये कोल मुंडा थे या हो लोग थे। वंशावली में किसी भी घटना का विस्तृत विवरण नहीं मिलता है। इसने एक बार वर्णन किया है कि कोल लोगों ने घरों को जला दिया था। इस विद्रोह को कुचलकर शान्त किया गया जिस कारण कुछ लोग यहाँ से चले गए। इस विद्रोह का अन्त एक समझौते से हुआ। इस वंशावली में न तो विद्रोह के कारणों का उल्लेख मिलता है न ही समझौते की शर्तों के बारे में कुछ वर्णन है। वंशावली दर्शाता है कि प्रत्येक तीस साल में जनता सिंह राजाओं के शासन को नकार रही है, विद्रोह कर रही है जिसे सुलह कर शान्त किया गया।

जय सिंह अपने पिताजी रणजीत सिंह के बाद राजा बने। वे एक शान्तिप्रिय राजा था। उनके शासन-काल में कोई घटना नहीं घटी थी। सत्रहवीं शताब्दी के पहले दशक में बड़े बदलाव देखे गए, पर वंशावली ने इसका विवरण अस्पष्ट रूप से किया है। जय सिंह के बाद उनके पुत्र उदित नारायण सिंह गद्दी पर आसीन हुए। उन्होंने अपनी पत्नी के लिए चाम्पुआ गाँव को बसाया। (वर्तमान में यह उड़ीसा के क्योंझर जिले में स्थित है) जटिया गाँव के रासा गौड़ ने राजा को सूचना दी कि बेनुसागर के कोल लोगों के साथ रामला, बालीबान्ध, चमकपुर (वर्तमान क्योंझर जिले में स्थित), लालगढ़ की जनता ने विद्रोह कर दिया है। नीलचक्र सोनु सरक और मदन धुरवा के साथ गाँवों में आग लगा रहे थे तथा मवेशियों को भी लूटकर ले जा रहे थे। सम्भवत: यहाँ अन्तिम बार सरक का वर्णन किया गया था। राजा ने शीघ्रता से विद्रोह को कुचलने का निर्णय लिया। इसमें कुमिरता के नारायण भाथुड़ी

मारे गए। उदित नारायण सिंह ने काट-जयन्त में डेरा डाल दिया और जब सब शान्त हो गया तब वे श्रीक्षेत्र चले गए। उनकी मृत्यु नरसिम्हा गजपति युग के माघ के 16 तारीख को हो गई।

सरक उपस्थिति के अन्त के कुछ अस्पष्ट सबूत आम के बागान थे। आम के पेड़ भुइयाँ या हो बागवानी के अभिन्न अंग नहीं थे। 1868 ई. के अन्त में आम के पुराने बागानों का उल्लेख किया गया है।[62] आम के कुछ पेड़ 300 साल और कुछ 500 साल तक के हो सकते थे। इस प्रकार सरक लोगों की उपस्थिति की अनुमानित समाप्ति तिथि 1600 ई. के बाद की है। हम मान सकते हैं कि सरक लोगों का इस क्षेत्र में यदि वर्चस्व था तब भी वह बहुत पहले समाप्त हो गया था। प्रमाणों से पता चलता है कि जब सरकों ने गाँवों का परित्याग कर दिया, कालान्तर में उन गाँवों पर भुइयाँ लोगों ने अधिकार कर लिया या कुछ गाँव तब तक सुनसान पड़े रहे जब तक हो लोगों ने उन गाँवों को फिर से आबाद नहीं किया।[63]

अगला राजा लालमोहन सिंह एक धार्मिक प्रवृत्ति के व्यक्ति थे। वे अपना अधिकतर समय पूजा-पाठ में व्यतीत करते थे। उन्होंने गोयलकेरा के महादेव मन्दिर का पुर्ननिर्माण करवाया था। नागपुर के राउतिया और निरंजन काट भुइयाँ मिलकर, राजा के विरुद्ध षड्यंत्र रच रहे थे। जब करायकेला के महना नायक को इसकी जानकारी प्राप्त हुई तब उन्होंने निरंजन काट भुइयाँ की हत्या कर दी और उसके सिर को राजा के समक्ष पेश किया। राजा ने खुश होकर उसे ईनाम स्वरूप घोड़ा उपहार में दिया।

महिपाट सिंह छोटाराज गजपति के शासन-काल के पहले साल में राजा बने। उन्होंने अपने राज्य को स्थिर और शक्तिशाली बनाने के लिए लगभग सोलह स्थानों पर नागरिक सेना (Militia) की शुरुआत की। नागरिक सेना में जनता को सैन्य-सेवा के लिए बहाल किया जाता था। उन्हें सैन्य प्रशिक्षण भी दिया जाता था पर वे नियमित सेना के अंग नहीं होते थे। युद्ध और विद्रोह की स्थिति में राजा के आदेशानुसार राजकीय सेना की मदद के लिए बाध्य थे। उन्हें सैन्य कार्यकाल (Military Tenures) अर्थात सैन्य-सेवा करने की शर्त पर भूमि का सामन्ती कार्यकाल प्रदान किया गया। महिपाल सिंह ने नागरिक सेना गिरुगाँव, हतनाबेड़ा, जामदा, कोटगढ़, जयन्तगढ़, जगन्नाथपुर, गुमला (गुमड़ा), पुखरिया, चक्रधरपुर, चैनपुर, काछा, सशिकला, सारंडा, बन्दगाँव, सिंगको और नकटी में रखा।

इस वंश की अगली पंक्ति में उनके पुत्र काशीराम सिंह द्वितीय थे। वे अपने नाइक, पाइक और जमींदार के साथ नागरा को जीतने के लिए आगे बढ़े। वंशावली में पहली बार नाइक और पाइक के उल्लेख मिलते हैं। सम्भवत: महिपाल सिंह ने जब नागरिक सेना का गठन किया, तब इन पदों का सृजन किया गया। पाइक किसानों का असंगठित सैन्य दल था जो युद्ध के समय राजा को सैन्य-सेवाएँ उपलब्ध कराते

थे और शान्तिकाल में खेती करते थे। नाइक उच्च पद के सैन्य अधिकारी थे। वे सम्भवतः राजकीय सेना के अंग थे और उनके अधीन कुछ सैनिक रहते थे। जब वह अपने राज्य से दूर नागरा पर आक्रमण में व्यस्त थे तब नागपुर के कोल लोगों ने सिंहभूम पर आक्रमण कर दिया। पहले आक्रमण में बरांडिया और डुकरी के कोल लोगों ने उन्हें खदेड़ दिया था। दूसरे प्रयास में उन्होंने पोड़ाहाट पर आक्रमण किया और महल को आग लगा दिया। इस कठिन समय में महारानी ने अपने बड़े पुत्र को जन्म दिया। वह पुत्र टिकायैत छत्रपति सिंह थे जो कालान्तर में उत्तराधिकारी बने। सिंह वंश के इतिहास में यह एक बहुत कठिन समय था। महारानी के विश्वासपात्रों ने उन्हें पनसुवा नामक गाँव पहुँचा दिया। परमा वेसइ, नारिया महाकुड़, वैदु डोगरा, तुलसी धाई और सुला ब्राह्मनी जो सुधाकर साव्युवा की बहन थी, उसके साथ गए। ये संवत 1698 यानी 1641 ई. की घटना है। काशीराम सिंह के पास सन्देशवाहक भेजा गया। राजा नागरा को विजित करने के बाद श्रीक्षेत्र चले गए थे। उस समय पुरुषोत्तम देव खोरदा के राजा थे। वह पुरुषोत्तम देव के यहाँ मेहमान के तौर पर पखवाड़े[64] तक रुके हुए थे। यहीं पर उन्होंने इस समाचार को सुना। पुरुषोत्तम देव ने उन्हें बहुत सान्त्वना दिया और उन्हें अपने राज्य आने के लिए सभी सुविधाएँ दीं। वे चार दिन में ही जयन्तगढ़ पहुँच गए। वे पोड़ाहाट होते हुए पनसुवा पहुँचे लेकिन उन्होंने पाया कि रानी गुदड़ी चली गई है। उन्होंने लक्ष्मण राउत को सेनापति के रूप में विद्रोहियों को गिरफ्तार करने के लिए भेजा जिसमें वह सफल हुआ। इसके बाद राजा ने पोड़ाहाट के महल का पुर्ननिर्माण करवाया और कुछ सालों के बाद इस पर पुनः अधिकार कर लिया।

वंश प्रभा लेखन की मूल प्रति ताड़ पत्र पर लिखी गई थी। कालावधि में ताड़ पत्र कट-फट गया एवं इसे दीमक भी खा गए थे। इसलिए इसकी प्रतिलिपि तैयार करवाने का प्रयास किया गया। काशीराम सिंह ने इस महत्त्वपूर्ण कार्य की जिम्मेदारी मुगनी राउत डोगरा को दी। वह भारती राउत के पुत्र थे। राउत या डोगरा सिंह के लोगों के दरबारी, पारिवारिक इतिहास लेखक थे। वे राजा के अधीन मुंशी का कार्य करते थे। वे सिंह राजाओं के हमेशा साथ रहते थे। उन्होंने पीढ़ी-दर-पीढ़ी सिंह वंश का इतिहास लेखन का कार्य किया। इसमें उन्होंने सिंह वंश का इतिहास, उनके अच्छे कार्यों, बुरे कार्यों, दुर्दिन इत्यादि के बारे में विवरण प्रस्तुत किया है।[65] मुगनी राउत डोगरा ने अनेक कठिनाइयों का सामना करते हुए भी वैशाख माह (अप्रैल) 1643 ई. में इसे लिखकर पूरा किया। इस कार्य को अक्षर लेखा पहाड़ में सम्पन्न किया गया। हालाँकि इसमें पुरानी सामग्री थी लेकिन वंशावली को आंशिक रूप से फिर से लिखा गया होगा। वंशावली का मुख्य वैचारिक उद्देश्य यह सिद्ध करना था कि सिंह राजपूत थे। मुगनी राउत डोगरा ने दो मिथक प्रस्तुत किए हैं जिसमें सिंह वंश की प्रथम शाखा को सातवीं शताब्दी से और दूसरी ऐतिहासिक राजवंश

को 1205 ई. से आरम्भ बताया है। इन दोनों वंशों की राजपूत उत्पत्ति को साबित करने का प्रयास किया गया।

पोड़ाहाट महल के अवशेष[66]

पूरे पूर्वी भारत में राजाओं का खुद को राजपूत होने का दावा करना एक आम बात थी। मानसिंह की सफलता ने उड़ीसा राज्य को मुगल साम्राज्य से जोड़ दिया था। इसने रियासतों की वैधता की नींव में एक बदलाव की शुरुआत की। राजा जो पहले खुद को क्षत्रिय मानते थे। पारम्परिक योद्धा जाति, वे अब खुद को राजपूत के रूप में स्थापित कर लिये।[67] जब वंशप्रभा लेखन का पुनर्लेखन हुआ तब इसमें सिंह शासकों के राजपूतीकरण का प्रयास किया गया। इसके साथ ही उन्होंने खुद को मुगल साम्राज्य के अधीनस्थ रखा। ऐसा ही छोटानागपुर के नागवंशी राजाओं ने भी किया। वे मुगल साम्राज्य में जागीरदार बने।

काशीराम सिंह द्वितीय का उत्तराधिकारी टिकैत[68] छत्रपति सिंह बना। काशीराम सिंह ने पाटलिपुत्र से जतिला सारंगी को आमंत्रित किया जिसने छत्रपति सिंह का यज्ञोपवित संस्कार सम्पन्न करवाया था। राजा ने उदुगान के छकारी पंडा को भूमि दान में दे दी थी।

एक शासक के रूप में छत्रपति सिंह की सबसे बड़ी उपलब्धि पीड़ या छावनी प्रणाली की शुरुआत करना है। छत्रपति ने अपने दादा जी महीपाट सिंह के काम को आगे बढ़ाते हुए पीड़ को प्रशासन का हिस्सा बनाने का प्रयास किया और उसे सुरक्षा आवश्यकताओं के साथ जोड़ा। छत्रपति सिंह ने असनतलिया में एक बैठक बुलाई जिसमें सभी नायक और पाईक मौजूद थे। ये मुख्यत: भुइयाँ होते थे। छत्रपति सिंह ने उन्हें निर्देश दिया कि देश में किस तरह से शान्ति स्थापित करें। बन्दगाँव में उन्होंने सामत सिंह के अधीन 25 रक्षक रखे और उन्हें बाहर से आनेवाले चोरों

और लुटेरों पर हमेशा नजर रखने के लिए कहा। उन्होंने गिरुगाँव के साकारी मानकी के अधीन 10 आदमी नियुक्त कर, उन्हें राउतिया भाता और हातीबारी के गंजु के विरुद्ध हमेशा राज्य की रक्षा करने का आदेश दिया। राजा ने वैदु धीरा के अधीन 10 पाईक नियुक्त किए। उन्हें कुवरमुंडा के महापात्रा, गरजान, कुकड़ा, देवगान और जराईकेला के लोगों पर नजर रखने को कहा गया और निर्देश दिया कि यदि वे सीमा पार करते हैं तो उन्हें मार दिया जाए। राजा ने जामदा के दंडसेना के अधीन 30 पाईक नियुक्त किए और उन्हें आदेश दिया कि बोनई से आनेवाले पाउड़िया भुइयाँ लोगों को सीमा में प्रवेश नहीं करने दें। साथ ही उन्हें ये भी निर्देश दिया कि वे सारंडा तथा सिंहभूम के जाजागुटी के कोलों की गतिविधियों पर नजर रखे। उसने शादंगा के लक्ष्मण सारंगी और अराम मिश्रा के अन्तर्गत 20 पाईक रखें और कहा कि क्योंझर की ओर से खासकर रामला, बालीबाँध, बालिका या कालिकाप्रसाद या चमकपुर की ओर से किसी दागदार व्यक्ति को सीमा में प्रवेश नहीं करने दें। यदि कोई प्रवेश कर लेता है तो उन्हें तुरन्त गिरफ्तार कर लें। छत्रपति सिंह ने हरिहर बिसोई के पास 20 पाईक रखे और उसे निर्देश दिया कि वे क्योंझर राजा के किसी भी आदमी को सीमा पार नहीं करने दें। माना नायक को कुदरसाही का जिम्मा दिया गया, और कहा कि वे अपने पाईकों के साथ मिलकर रोरुवा की ओर से किसी को भी प्रवेश नहीं करने दें। मानिया सारंगी को टाँगर का प्रभार दिया गया तथा उन्हें आदेश दिया कि धुरवा लोग सीमा पार न करने पाए। विशा मानकी को जयपुर का जिम्मा दिया गया ताकि कोल लोग मवेशियों की चोरी नहीं कर सके। सिंहपोखरिया के बुरुधा मानकी को कहा गया कि वे कोलों को नियंत्रण में रखें। खीरु पीड़ के डुरा मानकी को निर्देश दिया कि वे धरवा लोगों को इधर न आने दें। चढ़ई पीड़ के दंडपात को दस पीड़ के कोल लोगों को सतर्कतापूर्ण नजर रखने का आदेश दिया। चीरु पीड़ के हरिया मानकी को आदेश दिया गया कि वे कुचंग पीड़ के किसी भी व्यक्ति को सीमा में प्रवेश नहीं करने दें। बंसी सरघरिया को कहा कि पातकुम के लोग गम्हरिया की सीमा में यदि आ जाए तो उन्हें तुरन्त गिरफ्तार कर लें। श्रीचन्दन दंडसेना के अधीन 60 नागरिक सेना गोविन्दपुर में रखे गए तथा उन्हें कहा गया कि यदि कोई व्यक्ति संजय नदी पार कर जाता है और मुँदिया गाँव के आगे बढ़ जाता है तो उसकी सूचना राजा को दें। वीर सारंगी और लाल डागरा को चक्रधरपुर की सारी घटनाओं की जानकारी देने के लिए नियुक्त किया गया। इसी प्रकार की व्यवस्था कराइकेला, चैनपुर, कुशनापुर और कालीनुवा में भी रखी गई।

इस तरह हम पाते हैं कि छत्रपति सिंह के साम्राज्य का विस्तार वर्तमान सिंहभूम, सरायकेला और खरसावाँ जिले में विस्तृत था। उन्होंने लगभग 200 से अधिक सैनिकों को रोजगार दिया। वह उस काल और स्थान के लिए एक बड़ी संख्या थी। ये पूर्णकालिक सैनिक नहीं थे बल्कि ऐसे लोग थे जिन्हें सैन्य कर्तव्यों को

पूरा करने की शर्त पर जमीन का एक या कुछ भाग मिलता था। उन्होंने 10 से 30 व्यक्तियों की रक्षक चौकी स्थापित की। इनमें से कुछ चौकियाँ साम्राज्य की सभी सीमाओं में तथा कुछ अन्दरूनी भाग में स्थापित की गईं। रक्षात्मक प्रणाली का केन्द्र गोविन्दपुर था। यह चक्रधरपुर से 10 किलोमीटर दक्षिण-पश्चिम में संजय नदी के तट पर अवस्थित था। यहाँ 60 सैनिकों वाला आठवाँ, और सबसे बड़ी चौकी थी।

छत्रपति सिंह के पीड़ व्यवस्था में हो लोग महत्त्वपूर्ण भूमिका निभाते थे अथवा नहीं इसका कोई स्पष्ट प्रमाण नहीं मिलता है। वंशावली राजा के सैनिकों के रूप में कोल लोगों का उल्लेख नहीं करता है। यद्यपि उसमें चार मानकियों का जिक्र है जो सम्भवत: हो लोग ही थे। राजा अपने राज्य के पूर्व और पश्चिम दिशा में अवस्थित गाँवों के प्रमुखों को निर्देश देते हैं कि वे अपने लोगों को मवेशी चोरी करने से रोकें। इससे पता चलता है कि वहाँ उनकी पकड़ मजबूत नहीं थी। यह ध्यान देने योग्य बात है कि पीड़ों का हो नाम नहीं था।[69] समीपवर्ती मयूरभंज राज्य में भी प्रशासनिक व्यवस्था पीड़ प्रणाली पर ही आधारित थी। छत्रपति सिंह का शासन-काल सिंह राजाओं की शक्ति का उच्च बिन्दु था। पोड़ाहाट और चक्रधरपुर के बीच उनका शासन बहुत मजबूत था। हो दिशुम के उत्तर में भी राजा का प्रभाव था। राज्य के दक्षिणी और पूर्वी सीमा में यानी सारंडा, बोनई, क्योंझर और मयूरभंज की सीमा में कई चौकियाँ सुरक्षा के लिए तैनात थीं। छत्रपति सिंह अन्तिम शासक थे जिनके बारे में वंशावली में विस्तृत विवरण मिलता है। वंशावली उनके बाद के राजाओं का क्रमबद्ध वर्णन करता है, लेकिन उनके शासन-काल की घटनाओं पर मौन है। हमें अन्य स्रोतों की सहायता से इस काल के इतिहास की रूपरेखा बनानी होगी।

छत्रपति सिंह की जब मृत्यु हुई तब उनकी पत्नी गर्भवती थी। उनके मरणोंपरान्त एक पुत्र हुआ जिसका नाम अर्जुन सिंह द्वितीय रखा गया। भुइयाँओं की देखरेख में उनका बचपन गुजरा और जब वह बालिग हुआ तब उसने पोड़ाहाट के दक्षिण के अनेक जगहों को जीता। उनका उपनाम काला था। उड़िया भाषा में काला का अर्थ बहरा होता है। अर्थात वह रंग से काले नहीं वरन् बहरे थे। बहरे होने के बावजूद वे एक वीर योद्धा थे। उन्होंने अपने पराक्रम से दक्षिण-पश्चिम में अवस्थित आनन्दपुर को जीता। आनन्दपुर सारंडा जंगल के नजदीक स्थित है। अर्जुन सिंह द्वितीय ने अपने द्वितीय पुत्र माधव प्रताप सिंह को आनन्दपुर जागीर के रूप में दी। उसके उत्तराधिकारी आनन्दपुर के ठाकुर कहलाए।[70] काला अर्जुन सिंह ने अपने राज्य के प्रशासनिक और सैन्य-व्यवस्था को दुरुस्थ किया। इसी क्रम में जगन्नाथपुर के पूर्व और दक्षिण-पूर्व दिशा के कुछ स्थानों में हो लोगों को *सिरदार* (मानकी) की उपाधि प्रदान की।[71] राजा ने अपने साम्राज्य का विस्तार करना जारी रखा। उसने क्योंझर में स्थित चाम्पुआ के पश्चिम में चमकपुर नामक जगह पर आक्रमण कर उसे नष्ट कर दिया था। उसने अपनी जीत को यादगार बनाने का निश्चय किया। चाम्पुआ के

उत्तरी सीमा में वैतरणी नदी अवस्थित है। इस नदी के उत्तरी तट पर सिंहभूम और दक्षिणी तट पर उड़ीसा की सीमा पड़ती है। उन्होंने वैतरणी नदी के सिंहभूम सीमा पर स्थित जयन्त नामक जगह पर एक मिट्टी के किले का निर्माण करवाया। तब से इस जगह का नाम जयन्तगढ़ हो गया।[72] अर्जुन सिंह द्वितीय ने किले के केन्द्र में जाटापथ की मूर्ति के साथ एक छोटे मन्दिर का निर्माण करवाया। भुइयाँ इस मूर्ति को मिट्टी के घोड़े चढ़ाते थे। पाउड़ी देवी को भी मिट्टी के घोड़े चढ़ाए जाते थे पर उनका स्थान किले के प्रवेश-द्वार तक ही सीमित था।[73] इससे प्रतीत होता है कि जब उन्होंने किले का निर्माण करवाया तब पाउड़ी देवी की पूजा मुख्य उद्देश्य नहीं था।

जयन्तगढ़ सामरिक और व्यापारिक दृष्टिकोण से एक महत्त्वपूर्ण स्थल था। काला अर्जुन सिंह ने जयन्तगढ़ की देखरेख का जिम्मा राठौर राजपूतों को सौंपा जो वहाँ के निवासी थे। वे सिंह वंश से सम्बन्धित नहीं थे। किंवदन्ती है कि एक बार राजपूतों ने उड़ीसा पर आक्रमण कर दिया पर चूँकि उड़ीसा एक शक्तिशाली राज्य था इसलिए वे परास्त हो गए। वे राजस्थान वापस लौटने लगे। लेकिन जो घायल सैनिक थे वे यहीं रह गए। उनमें से कुछ राठौर सैनिक थे। बाद में उन्होंने स्थानीय लोगों से शादी कर ली और यहीं बस गए। जब पोड़ाहाट राजा आए तब उन्होंने राठौरों को वहाँ का शासक बनाया। उनकी स्वामिभक्ति पोड़ाहाट के साथ थी। बख्तावर सिंह को कोटगढ़ का जिम्मा दिया गया।[74]

सिंहभूम में जयन्तगढ़ का बहुत महत्त्वपूर्ण स्थान था। छोटानागपुर के वंशावली में जयन्तगढ़ को सिंहभूम राजा का राज सिंहासन के रूप में उल्लेख किया गया है। काला अर्जुन के बाद उनके पुत्र जगन्नाथ सिंह तृतीय राजा बने। सम्भवत: 1690-1715 ई. में छोटानागपुर के राजा राम शाह के साथ जगन्नाथ सिंह तृतीय का युद्ध हुआ था।[75] जगन्नाथ सिंह ने राम शाह की दुल्हन के परिवहन की देखभाल करने से मना कर दिया था जो कि एक अधीनस्थ द्वारा प्रदान की जानेवाली अनिवार्य सेवा थी। नागवंशी परिवार के इतिहास के अनुसार राम शाह ने जयन्तगढ़ पर अनेक बार आक्रमण किया और इस शहर को जला डाला। लेकिन जगन्नाथ सिंह ने हार नहीं मानी। अन्तत: शान्ति स्थापित करने के लिए जगन्नाथ ने अपनी दो बहनों का विवाह राम शाह से कर दिया पर वे स्वतंत्र बने रहे।[76] वंशप्रभा लेखन इस बड़ी घटना पर भी मौन है।

राजा जगन्नाथ सिंह तृतीय ने अपने नाम पर जगन्नाथपुर शहर बसाया। राजा ने वहाँ एक किले का निर्माण करवाया। किंवदन्ती है कि रानी ने किले के पूर्वी दिशा में एक तालाब को बनवाया और एक-दूसरे तालाब को उनके पुजारी संत्रा ने खुदवाया था। माँ पाउड़ी की स्थापना एक साल के पेड़ के नीचे की गई। किले के प्रवेश-द्वार में एक पत्थर स्थापित किया गया जो द्वारसिनी देवी का प्रतीक थी। किले के केन्द्र में एक समतल पत्थर (सासनदीरी) था। लोक मान्यता है कि यह एक हो वीर रितुई गोंडई का समाधि-स्थल है। उसने जगन्नाथ सिंह तृतीय के खिलाफ विद्रोह

कर दिया था इस कारण राजा ने उसकी हत्या करवा दी थी।[77] वंश प्रभा लेखन इस महत्त्वपूर्ण घटना पर बिलकुल मौन है। लेकिन लोक कहानी के माध्यम से कोल्हान के जनमानस में खासकर दक्षिण कोल्हान में आज भी जीवित है। हालाँकि लोक कहानी में राजा जगन्नाथ सिंह का जिक्र मिलता है लेकिन राजा जगन्नाथ सिंह प्रथम, द्वितीय या फिर तृतीय के साथ रितुई गोंडई (सिंकु गोत्र) की लड़ाई हुई थी, इस बारे में लोक-स्मृति में कुछ शेष नहीं है। फिर भी वंश प्रभा लेखन के विश्लेषणात्मक अध्ययन से इस निष्कर्ष पर पहुँचा जा सकता है कि यह घटना किस राजा के काल में घटी थी। सिंह राजवंश में जगन्नाथ सिंह नाम के चार राजा हुए। जगन्नाथ सिंह प्रथम सातवें, जगन्नाथ सिंह द्वितीय तेरहवें, जगन्नाथ सिंह तृतीय चौवालिसवें (44) और जगन्नाथ सिंह चतुर्थ अड़तालीसवें (48) राजा हुए। वंश प्रभा लेखन में सिंह राजवंश के चौथे राजा अच्युत सिंह के शासन-काल में पहली बार हो लोगों का उल्लेख मिलता है। जैसा कि पहले भी लिखा गया है हो लोगों के सिंह को या सिंकु गोत्र का जिक्र सर्वप्रथम छत्तीसवें (36) राजा रणजीत सिंह के काल से प्राप्त होता है। इसलिए सौ प्रतिशत सम्भावना यही है कि जगन्नाथ सिंह तृतीय जो चौवालिसवें राजा हुए, के काल में यह घटना घटी थी। आश्चर्यजनक रूप से ब्रिटिशों ने भी इस महत्त्वपूर्ण घटना का दस्तावेजीकरण नहीं किया। रितुई गोंडाई और जगन्नाथ सिंह तृतीय की लड़ाई के बारे में बाद में चर्चा करेंगे।

राजा जगन्नाथ सिंह के दो पुत्र थे। टिकैत पुरुषोत्तम सिंह और कुमार बिक्रम सिंह। जब पुरुषोत्तम सिंह की मृत्यु हुई तब उनकी पत्नी गर्भवती थी। राज्य की जनता ने कुमार बिक्रम सिंह से निवेदन किया कि अपने भाई की गद्दी सँभाल लें। लेकिन उसने इस निवेदन को स्वीकार नहीं किया। समय आने पर रानी ने एक पुत्र को जन्म दिया। उसका नाम अर्जुन सिंह तृतीय रखा गया। पुत्र के जन्म के बाद रानी की भी मृत्यु हो गई और राज्य की सारी जिम्मेदारी बिक्रम सिंह पर आ गई। बिक्रम सिंह ने नाबालिग अर्जुन सिंह के राज-प्रतिनिधि के रूप में ईमानदारी पूर्वक राज-पाठ सँभाला। जब अर्जुन सिंह बालिग हो गया तब उसने राज-प्रतिनिधि के कठिन कार्य से मुक्ति ले ली और अर्जुन सिंह को सही मायनों में पोडाहाट का राजा बना दिया।

अर्जुन सिंह ने अपने चाचा के प्रति कृतज्ञता व्यक्त करते हुए उसे 50 वर्गमील भूमि की मिल्कियत सौंपी। इसे सिंहभूम पीड़ के नाम से जाना जाता है। इसके अधीन 12 गाँव थे। इसके उत्तर में खड़कई और दक्षिण में संजय नदी है। बिक्रम सिंह ने सरायकेला को अपना मुख्यालय बनाया और अपने राज्य की सीमा का शीघ्रता से विस्तार करना प्रारम्भ कर दिया। उसने उत्तर में पातकुम राजा से कांड्रा, दुगनी और बाँकसाई पीड़ छीन लिये। उत्तर-पूर्व में गम्हरिया पीड़ पर उसने अधिकार कर लिया। बिक्रम सिंह ने पश्चिम दिशा में स्थित घने जंगलों वाला एक इलाके को भी विजित किया जिसमें खरसावाँ और असनतलिया पीड़ भी शामिल थे। उसने अपने द्वितीय

पुत्र पदमलाभ सिंह को खरसावाँ और तृतीय पुत्र किशन सिंह को असनतलिया पीड़ सौंपा।[78] उसी तरह उसके उत्तराधिकारियों ने भी अपने राज्य की सीमाओं का विस्तार किया और एक स्वतंत्र राज्य के रूप में उभरे। इस तरह उन्होंने अपने पैतृक राज्य पोड़ाहाट के शक्ति और महत्त्व पर ग्रहण लगा दिया था।

राजा अर्जुन सिंह के पश्चात अमर सिंह उत्तराधिकारी बने। वंशावली में उनके शासन-काल का विवरण नहीं मिलता है। तत्पश्चात जगन्नाथ सिंह चतुर्थ राजा बने। ऐसा प्रतीत होता है कि 1760 ई. के दशक में जगन्नाथ सिंह चतुर्थ हो भूमि पर नियंत्रण हासिल नहीं कर पा रहे थे। उसे एक शक्तिशाली मित्र की आवश्यकता हो रही थी। मयूरभंज पारम्परिक रूप से एक शक्तिशाली पड़ोसी राज्य था। हालाँकि इस समय 1740 ई. के अफगान-मराठा संघर्ष के कारण वह थोड़ा कमजोर हो गया था। 1751 ई. में सम्पूर्ण उड़ीसा जिसमें मयूरभंज भी शामिल था, मराठों के अधीन आ गया था। 1761 ई. के पानीपत के युद्ध ने अफगान और मराठों की शक्ति को क्षीण कर दिया था।[79] जगन्नाथ सिंह को अपनी स्थिति मजबूत करने के लिए अन्य विकल्प तलाशने पड़े। सिंह राजाओं का इस क्षेत्र के अन्य राजाओं के साथ पारिवारिक सम्बन्ध थे जो मुख्य रूप से छोटानागपुर से सम्बलपुर जानेवाले रास्ते पर स्थित थे।[80] इनमें से एक छोटानागपुर के राजा दृपनाथ साही थे। वे सिंहभूम के उत्तरी दिशा में शासन करते थे। छोटानागपुर मुगल साम्राज्य का नाममात्र का हिस्सा था। सम्भव है कि मराठा भी इसे अपने अधीन मानते थे। हालाँकि इन दावों का धरातल पर कोई खास फर्क नहीं पड़ा। दृपनाथ साही ने राँची और सिंहभूम सीमा के बीच के क्षेत्र में अपनी मजबूत पकड़ बनाए रखी। वह तमाड़ के राजा के साथ अक्सर संघर्षरत रहा लेकिन उसने अपनी स्थिति को यथावत रखा। क्योंझर और सम्बलपुर जैसे राज्यों के साथ वैवाहिक सम्बन्धों की पुष्टि होती है।[81]

सिंह राजा और हो समुदाय

1762 ई. में राजा जगन्नाथ सिंह के निमंत्रण पर दृपनाथ साही 20,000 सैनिकों के साथ हो लोगों पर आक्रमण करने के लिए आए। हो लोगों ने कूटनीतिक चाल चली और सैनिकों को काफी अन्दर तक आने दिया ताकि बाहर से कोई मदद नहीं ले सके। वे अपने पारम्परिक हथियारों यथा तीर-धनुष और युद्ध में इस्तेमाल की जानेवाली कुल्हाड़ी से लैस थे। जब सैनिक पहाड़ों के बीच से गुजर रहे थे तब हो लोगों ने अचानक से उन पर हमला कर मार-काट मचा दिया। सैनिकों में भगदड़ मच गई पर वे फँस चुके थे। इस हमले में बहुत संख्या में दृपनाथ साही और जगन्नाथ सिंह के सैनिक मारे गए। यह हो लोगों की पहली लड़ाई और जीत थी जिसे वे याद रखते हैं।[82] आठ साल बाद 1770 ई. में छोटानागपुर के राजा जगन्नाथ साही ने लगभग उतने ही सैनिकों के

साथ हो लोगों पर पुन: आक्रमण किया। लेकिन इसका भी परिणाम पहले युद्ध के जैसा ही हुआ। 1820 ई. में एक प्रत्यक्षदर्शी ने रफसेज को इस युद्ध की घटनाओं का वर्णन किया था। यह युद्ध एक ऊँचे और विशाल मैदान के बीच में लड़ी गई थी। मई महीने के चिलचिलाती दोपहरी में यह युद्ध लड़ा गया था। जगन्नाथ साही के सैकड़ों सैनिक युद्धभूमि में मारे गए। जो बच गए वे अपनी जान बचाने के लिए भागे पर वे भी मारे गए या प्यास से अपनी जान गवाँ बैठे। हो लोगों ने बचे हुए सैनिकों का लगभग 10 किलोमीटर तक पीछा किया जब तक की वे अपने राज्य की सीमा में घुस नहीं गए। हो लोगों ने छोटानागपुर में सीमावर्ती गाँवों पर जवाबी कार्रवाई की और गंगपुर, बनई, क्योंझर और मयूरभंज के आसपास के इलाकों को भी नष्ट कर दिया। तीसरा आक्रमण 1800 ई. में मयूरभंज राज्य के गोंड प्रमुख ने किया था जिसे बामनघाटी का महापातर कहा जाता है। हो लोगों ने अपनी बहादुरी से इसमें भी जीत हासिल की।[83] इस तरह हो लोग अपनी स्वतंत्रता बनाए रखने में कामयाब रहे। अपनी इसी लड़ाकू प्रवृत्ति के कारण वे इतिहास में लड़ाका कोल के नाम से प्रसिद्ध हुए।[84]

उनकी जुझारू प्रवृत्ति के साथ-साथ बहुत हद तक यहाँ की भौगोलिक बनावट ने भी हो लोगों को अपनी स्वतंत्रता बरकरार रखने में सहायता की। चारों ओर से घिरे घने जंगलों-पहाड़ों ने बाहरी आक्रमणकारियों के लिए अवरोधक का काम किया। जीवन की संघर्षपूर्ण परिस्थितियों ने उन्हें जुझारू बनाया इस कारण वे कभी हार मानने को तैयार नहीं थे। उनकी एक ही नीति थी कि कोल्हान सिर्फ हो लोगों के लिए ही है। वे किसी भी बाहरी व्यक्ति को अपने यहाँ बसने की इजाजत नहीं देते थे। यहाँ तक की वे अन्य लोगों को अपने इलाके से गुजरने भी नहीं देते थे। बाहरी लोगों का इस क्षेत्र से पार होना शेर की माँद में घुसने के समान खतरनाक था। वे अपने इलाके में घुसनेवाले बाहरी व्यक्ति की हत्या करने से भी नहीं हिचकते थे। बाहर के लोगों में खतरे और भय का दहशत इतना ज्यादा था कि इस क्षेत्र को पार करने के लिए सौ आदमियों की सेना भी बामनघाटी तथा सरायकेला के सीधे रास्ते को छोड़कर पूरब दिशा में बीस मील घूमकर रास्ता तय करती थी ताकि कोल्हान के हो लोगों से उनका सामना ना हो।[85] इस तरह हो लोग इस क्षेत्र को अपने इकलौते अधिकार में रखने में कामयाब हो गए थे। सदियों से अलग-थलग रहने के कारण ही बाहरी लोगों के लिए यह क्षेत्र उस समय *Terra Incognita* अर्थात *अज्ञात प्रदेश* कहलाता था।[86]

उन्नीसवीं शताब्दी के प्रारम्भ में सिंहभूम, सरायकेला और खरसावाँ राजाओं के आपसी संघर्ष में सिंहभूम राज्य के जगन्नाथ सिंह की शक्ति घट रही थी। उसके हाथों से इस जिले का विशाल भू-भाग निकल गया एवं अब वह सिर्फ पोड़ाहाट का राजा मात्र रह गया था। इसका फायदा उठाकर उनके चचेरे भाई शिवनाथ सिंह जो सम्भवत: उनके दीवान भी थे, ने जगन्नाथ सिंह को उनके महल में बन्दी बना लिया था।[87]

पीताम्बर सिंह जो जगन्नाथ सिंह के चाचा थे[88] का वृतान्त सिंहभूम क्षेत्र की पहली लिखित जानकारी है इसलिए यह पूर्ण उद्धरण के काबिल है :

> यह उत्तर में पाटकुम से घिरा है, पश्चिम में नागपुर और गंगपुर (मराठा जिला), दक्षिण में क्योंझर और मयूरभंज द्वारा, पूर्व में बराभूम और घाटशिला द्वारा, जंगलों से सम्बन्धित दो जिले (जो ब्रिटिश दिवानी का हिस्सा हैं), यह लम्बाई में उत्तर-पूर्व से दक्षिण-पूर्व तक लगभग 40 या 50 कोस और चौड़ाई में उत्तर-पश्चिम से दक्षिण-पूर्व तक 8 या 10 कोस तक फैला हुआ है। इसमें पहले लगभग 14000 गाँव थे लेकिन वर्तमान में केवल 500 गाँव राजा के अधिकार में हैं, उनमें से कुछ बर्बाद हो गए हैं और बाकी कोल लोगों के हाथों में हैं जो लूटपाट करनेवाली एक डाकू जनजाति है। देश का जमीन सामान्य समतल और खुला है, इसमें कुछ बिखरी हुई पहाड़ियाँ हैं, यहाँ बहुत कम जंगल है और कोई महत्त्व का किला नहीं है। राजा वैवाहिक सम्बन्ध द्वारा सम्बलपुर राजा का दूर का रिश्तेदार है, दोनों जिलों के बीच लगातार पत्राचार होता है और व्यापारियों का निर्बाध सम्पर्क रहता है। वे एक-दूसरे से लगभग 90 कोस की दूरी पर स्थित हैं और उनके बीच पूरे रास्ते में सुगम्य एक अच्छी सड़क है। सिंहभूम कभी भी मुगलों के अधीन नहीं रहा था लेकिन 52 पीढ़ियों[89] से वर्तमान परिवार के अधिकार में यह स्वतंत्र जिला रहा है।[90]

रितुई गोंडाई

रितुई गोंडाई जगन्नाथपुर के समीप स्थित कीताहातु नामक गाँव का निवासी था। वह सिंकू गोत्र का था। वह बहुत धनी और शक्तिशाली व्यक्ति था। वह अकेले ही दस आदमियों का मुकाबला करने का दमखम रखता था। उसकी प्रसिद्धि चारों ओर फैल गई थी। राजा जगन्नाथ सिंह तृतीय तक भी उसकी वीरता के चर्चे पहुँचे। हो गाँवों में पारम्परिक प्रशासनिक व्यवस्था प्रचलित है। गाँवों का प्रमुख मुंडा और पीड़ का प्रमुख मानकी होता है। गाँव के धार्मिक व्यवस्था का प्रमुख दिउरी कहलाता है। दिउरी का मुख्य काम सभी पर्व-त्योहारों में सिंहबोंगा और देशाउली से गाँववालों की भलाई के लिए पूजा-पाठ करना है। हो समाज विभिन्न किलियों (गोत्र) में विभक्त है। प्रत्येक गोत्र अपने पूर्वजों की विशेष पूजा हर साल या तीन-पाँच साल में करता है। ये पूजा मारांग बोंगा कहलाती है। इनकी पूजा करनेवाले पुजारी *डंगुवा बिसाय* दिउरी कहलाते हैं। कुछेक गोत्र में ये गोंडाई कहलाते हैं। ये दोनों विशेष सिद्धि प्राप्त दिउरी होते हैं।

राजा जगन्नाथ सिंह के पास हाथी-घोड़े के समूह थे। जब भी वह कहीं निकलता था तब हाथी के गले में घंटी (दमारकोम) बाँध देता था। रितुई गोंडाई की एक बहन थी। उसका नाम कीतामाई था। वह बेहद सुन्दर थी। राजा जगन्नाथ सिंह ने उससे शादी करने की इच्छा जताई पर रितुई गोंडाई इसके लिए राजी नहीं हुआ। रितुई ने

राजा से कहा कि मेरा गोत्र सिंकू है और तुम भी सिंह राजा हो इस तरह हम दोनों सगोत्र हैं। इसलिए यह शादी नहीं हो सकती है। राजा ने रितुई को जवाब देते हुए कहा कि तुम एक साधारण आदमी हो और मैं एक राजा हूँ। तुम मेरे बराबर के कभी नहीं हो सकते हो और न ही तुम मेरे सगोत्र हो सकते हो। ये सुनकर रितुई ने राजा से कहा कि हम दोनों के बीच मुकाबला हो जाए कि किसके पास ज्यादा धन-दौलत और मवेशी है। पुराने समय में मवेशी ही समृद्धि के निशानी होते थे। जगन्नाथ सिंह ने घमंड में आकर चुनौती स्वीकार कर ली। जगन्नाथपुर और कीताहातु की दूरी लगभग 16 किलोमीटर है। रितुई गोंडाई ने अपने मवेशियों को कीताहातु से जगन्नाथपुर तक कतारबद्ध कर दिया फिर भी उसके मवेशी बच गए। जब राजा ने अपने मवेशियों को जगन्नाथपुर से कतारबद्ध किया तब कीताहातु पहुँचने के पहले ही समाप्त हो गया। इस हार से राजा बहुत अपमानित हुआ और अब बदला लेने की ताक में रहने लगा।

राजा के यहाँ पूती नामक एक घाँसी था। राजा ने उसे बहला-फुसलाकर हाथी के गले की घंटी को एक भिखारी के द्वारा रितुई गोंडाई के घर में रखवा दिया ताकि उस पर चोरी का इल्जाम लगे। अब राजा ने घंटी चोरी होने का ढिढोरा पीटवा कर घाँसी को घंटी तलाशने का आदेश दिया। घाँसी ढोलक लेकर घर-घर भीख माँगते हुए रितुई गोंडाई के घर पहुँचा। घाँसी ने भीख में अंडा माँगा। अंडा लाने के लिए जब रितुई घर में घुसा तब अंडों पर बैठी मुर्गी बाहर निकलने के लिए उड़ी तो घंटी से टकरा गई जिससे घंटी की आवाज गूँज उठी। घंटी की आवाज सुनकर घाँसी ने इस प्रकार से बोलते हुए ढोलक बजाया :

नअः दो गोमके, नअः दा, रिंगय सिंगय
गपा दो गोमके, गपा दो, गोएः डिल-डिल

(अर्थात अभी तो गोमके[91] आपके घर से घंटी की आवाज रिंगय सिंगय बज रही है। कल तो गोमके आप मारे जाएँगे।)

इस तरह से ढोलक बजाने के बाद घाँसी ने राजा को रितुई गोंडाई के पास घंटी होने की सूचना दी। राजा ने उसे जगन्नाथपुर बुलवाया। राजा ने रितुई गोंडाई से सवाल-जवाब करने के बाद उन पर चोरी का इल्जाम लगाते हुए लोहे की ढेंकी से कूट-कूटकर मार डालने का आदेश दिया। रितुई ने अपने-आपको बेगुनाह बताया और कहा कि अगर सही में मैंने तुम्हारी घंटी चुराई है तो मुझे एक ही बार में ढेंकी से कूटकर मार डालो। रितुई गोंडाई को ढेंकी से कुचलने के लिए दस लोगों ने ढेंकी उठाई और बीस लोगों ने उसे लकड़ी से दबाकर उनके छाती पर ढेंकी गिराया। सात बार तक अपनी हथेली से राकने के बाद राजा को अभिशाप देते हुए कहा, "जगन्नाथ राजा तुम आज सगोत्र का इज्जत नहीं रख रहे हो, चोरी के इल्जाम में मुझे ढेंकी से कूटकर मार रहे हो, तुम्हारे वंश का विनाश हो जाएगा। जब तक तुम्हारे वंश का विनाश नहीं हो जाता

तब तक मेरी आत्मा तुम्हारे वंश का पीछा करती रहेगी।" अभिशाप देने के बाद रितुई ने राजा से कहा कि तुम मुझको मारना चाहते हो पर छाती पर ढेंकी गिराकर नहीं मार सकते हो। इस तरह कहने के बाद वह पीठ के बल सो गया। उसके सिर पर सात बार ढेंकी गिराकर कूट-कूटकर मार डाला। किंवदन्ती है कि कूटते समय उनकी एक आँख छिटककर किताहातु में उनके घर के आँगन में गिर गई। रितुई गोंडाई को जिस जगह मारा गया वहाँ पर अभी तक एक तालाब है। उस तालाब के बीच में एक टापू है। कहा जाता है कि इसी टापू के अन्दर अभी भी ढेंकी मौजूद है। वर्तमान में भी इस तालाब को रितुई गोंडाई तालाब के नाम से जाना जाता है।

राजा जगन्नाथ सिंह ने कीताहातु से रितुई गोंडाई की पत्नी और बहन को पकड़कर लाने का आदेश दिया। सैनिक कीताहातु की ओर चल पड़े। सैनिकों को अपने घर की ओर आता देखकर दोनों घर में छिप गए। सैनिकों ने जब घर में किसी को नहीं पाया तो घर में आग लगा दी और घर में छिपे हुए रितुई गोंडाई की पत्नी और बहन जलकर मर गईं। कीताहातु के लोगों ने इस जगह पर एक बिड़्दिरी गाड़ दिया है जो अभी भी प्रमाण के रूप में मौजूद है।[92]

रितुई गोंडाई बिड़्दिरी

सिंह वंशावली

1. दृप नारायन सिंह	सिंहभूम राज्य की स्थापना, 12 फाल्गुन 1262, वीर विक्रम काल अर्थात 1205 ई. में।
2. युधिष्ठिर	
3. काशीराम सिंह	1272 ई. में पोड़ाहाट किले की स्थापना, श्री पाउड़ी देवी का सिंहभूम में आगमन।
4. अच्युत सिंह	पोड़ाहाट में श्री पाउड़ी देवी की स्थापना।
5. त्रिलोचन सिंह	हातीबारी के साथ युद्ध।
6. अर्जुन सिंह I	1243 ई. में काशी से वापस लौटते समय मेदिनीपुर में तुगरल खान से मुलाकात, नरसिंह गजपति काल के 9 अंका में मृत्यु।
7. जगन्नाथ सिंह I	नरसिंह गजपति काल के 9 अंका से प्रताप नरसिम्हा गजपति के 4 अंका तक।
8. पुरुषोत्तम सिंह	सिंहभूम-क्योंझर सीमा के समीप जगन्नाथपुर किले की स्थापना, काट भुइयाँ के विद्रोह का दमन, प्रताप नरसिम्हा काल के 4 अंका से लेकर गतिकंटा गजपति काल के 3 अंका तक।
9. हरिहर सिंह	गतिकंटा गजपति काल के 3 अंका से शंख भाखरा गजपति काल तक।
10. नारायण सिंह	
11. श्रीधर सिंह	
12. लालमोहन सिंह	
13. जगन्नाथ सिंह II	भुइयाँ विद्रोह, राजा बाहर चले गए, रानी को पोड़ाहाट में रहने की अनुमति दी गई।
14. कृष्ण सिंह	भयंकर अकाल, शंख वासुदेव गजपति के 14 अंका में मृत्यु।
15. गोपीनाथ सिंह	शंख बासुदेव गजपति काल के 14 अंका।
16. अकरूर सिंह	
17. अजोय सिंह	बाली वासुदेव गजपति के 5 अंका को मृत्यु।
18. उदय सिंह	बाली वासुदेव काल के 5 अंका से लेकर।
19. शिखर सिंह	वीर वासुदेव काल के 14 अंका, कोलों के विद्रोह का कट्टरतापूर्वक दमन।
20. डागरा सिंह	भुइयाँ विद्रोह, दमन और समझौता।

21. मान सिंह	हातीबारी और नागरा पर विजय, श्रीक्षेत्र से वापसी, माघ सोमवार, बनदेव गजपति के 2 अंका को मृत्यु।
22. अजोयनाथ सिंह I	बनदेव गजपति के 2 अंका, दैतारी तान्ती ने विद्रोह का नेतृत्व किया, सम्बलपुर से 200 सैनिक लाए गए। उन्हें खदेड़ दिया गया और बिसरा में हरा दिया गया। आषाढ़ के 12 अंका, शनिवार, कपिलेन्द्र देव गजपति काल के 2 अंका को मृत्यु।
23. शिवनारायण सिंह	भुइयाँ विद्रोह लेकिन दमन कर दिया गया। गोयलकेरा महादेव मंडप का निर्माण, बुधवार कार्तिक माह के 12 तारीख, कपिलेन्द्र देव गजपति काल के 7वें अंका में मृत्यु।
24. लक्ष्मी नारायण सिंह	पोड़ाहाट गढ़ का पुर्ननिर्माण क्योंकि गर्मी में इसमें आग लग गई थी।
25. गोपाल मंजरी सिंह	कोलों का दमन किया गया, जयन्त की स्थापना, विद्याधर गजपति काल के 3 अंका में मृत्यु।
26. प्रताप भानु सिंह	
27. चित्र भानु सिंह	
28. उदय नारायण सिंह	
29. लाल मोहन सिंह	
30. अजोय नाथ सिंह II	कमजोर शासक, उसके पुत्र लक्ष्मी नारायण ने राज प्रतिनिधि के तौर पर काम किया। भुइयाँ लोगों ने उसे राजा मानने से इनकार कर दिया।
31. लक्ष्मी नारायण सिंह II	प्रताप रुद्र देव काल के 16वें अंका में गद्दी पर बैठे (अर्थात 1504 ई. में), आश्विन के शुक्ल पंचमी संवत 1618 (1561 ई.) में रामेश्वर कूच किए।
32. नरपत सिंह	पौस के 8वें तारीख संवत 1625 (1568 ई.) को श्रीक्षेत्र गए। कालापहाड़ की अगुवाई में पठानों ने जजपुर में मुकुंद देव की हत्या कर दी। पांडाओं ने भगवान जगन्नाथ को चिल्का में छुपा दिया। वरुसला मोहान्ती ने भगवान जगन्नाथ के नाभि खंड को कुजांग के राजा के पास ले गया।
33. रामेश्वर सिंह	
34. रघुनाथ सिंह	
35. गजराज सिंह	

36. रणजीत सिंह	संवत 1638 (1581 ई.) में गद्‌दी पर बैठे, कोल, सरक, राउतिया और काट भुइयाँ ने मिलकर विद्रोह कर दिया। जयपुर, जगन्नाथपुर और पोड़ाहाट के सभी महलों में आग लगा दी। छत्रधारी सिंह की हत्या जगन्नाथपुर में कर दी गई। बिजोय सिंह को भी मार डाला गया। विक्रम सिंह महल की महिलाओं के साथ नागपुर भाग गए। राजा रणजीत सिंह, धृतराष्ट्र सिंह और श्री रामसिंह ने माँ पाउड़ी देवी को अक्षर लेखा पहाड़ में छिपा दिया और श्री रघुनाथ महाप्रभु को संजय नदी के अन्दर छिपा दिया और वे जोधपुर भाग गए। वहाँ से अकबर से मिलने के लिए दिल्ली चले गए। सेनापति मानसिंह से दोस्ती बढ़ाई और मानसिंह के उड़ीसा अभियान में उसके साथ चले आए। खोरधा के राजा रामचन्द्र को मानसिंह ने महाराजा की उपाधि प्रदान की। महाराजा का रणजीत सिंह के प्रति बहुत दोस्ताना रवैया था। उन्होंने रणजीत सिंह को सिंहभूम वापस लौट जाने के लिए कहा। संवत 1647 (1590 ई.) में सिंहभूम (जयन्त) वापस लौटे। माँ पाउड़ी को छिपाए गए स्थान अक्षर लेखा पहाड़ी से लेकर वापस आए। विक्रम सिंह महारानी को लेकर नागपुर से वापस लौटे। हो लोगों के 60 परिवार, बन्तारिया मुंडारी सामान ढोनेवाले के रूप में आए और जगन्नाथपुर के समीप नन्ददा में बस गए। इस प्रकार हो वंश के लोगों ने अपना गोत्र बदला और वे सिंगको गोत्र (सिंह को) के नाम से जाना जाने लगे क्योंकि वे सिंह द्वारा लाए गए थे।
37. जय सिंह	
38. उदित नारायण सिंह	दक्षिण में जगन्नाथपुर-जयन्तगढ़ के समीप अशान्ति पर काबू पा लिया। श्रीक्षेत्र से लौटते समय शनिवार, माघ के 16वें दिन नरसिम्हा गजपति काल में उसकी मृत्यु हो गई।
39. लाल मोहन सिंह III	गोयलकेरा के मन्दिर का पुर्ननिर्माण, धार्मिक प्रवृत्ति के व्यक्ति, छोटराज के पहले साल में चन्द्रग्रहण

के दिन मृत्यु, भुइयाँ लोगों ने विद्रोह का प्रयास किया लेकिन उनका दमन कर दिया गया।

40. महिपाल सिंह	
41. काशीराम सिंह II	नागरा को जीता, नागपुर से कोल लूटने के लिए आए। पहले अवसर पर बरंडिया और डुकरी के हो लोगों ने उन्हें वापस खदेड़ दिया। बाद में जब राजा श्रीक्षेत्र गए हुए थे तब वे वापस आए और पोड़ाहाट को जला दिया। इसी समय महारानी ने टिकैत छत्रपति सिंह को जन्म दिया। उन्हें उसी अवस्था में पनसुवा ले जाया गया। माँ पाउड़ी को भी वहाँ से हटाया गया। यह 1698 संवत की घटना है। राजा श्रीक्षेत्र से खोरदा गए और वहाँ खोरदा के पुरुषोत्तम देव गजपति के यहाँ एक पखवाड़े तक उसके मेहमान बने रहे। राजा वहाँ से वापस आए और पोड़ाहाट का पुर्ननिर्माण किया, उनके पास "वंशप्रभा लेखन" भी था। मूल प्रति को कीड़ा खा गया था इसलिए अक्षर लेखा पहाड़ में प्रतिलिपि लिखी गई।
42. छत्रपति सिंह	उन्होंने अपने राज्य को मजबूत बनाया और अपने साम्राज्य का विस्तार पूर्व में गम्हरिया (स्वर्णरिखा) तक किया।
43. अर्जुन सिंह (काला) II बहरा	
44. जगन्नाथ सिंह III	

45. पुरुषोत्तम सिंह II	1. कुमार बिक्रम सिंह I (सरायकेला घराने के संस्थापक)
46. अर्जुन सिंह III (पिता के मरणोपरान्त पैदा हुआ पुत्र)	2. नरसिम्हा सिंह
47. अमर सिंह	
48. जगन्नाथ सिंह IV	3. अभिराम सिंह

49. घनश्याम सिंह	4. विक्रम सिंह II
50. अच्युत सिंह II	5. अजम्बर सिंह
51. अर्जुन सिंह IV	
52. नरपत सिंह	

आनन्दपुर वंशावली

पीढ़ी

44 1. माधो/माधव (संस्थापक : काला अर्जुन सिंह के द्वितीय पुत्र)

45 2. अभय

46 3. अजय

47 4. अभिराम

48 5. अजम्बर[93]

सिंह वंश के तैंतालिसवें (43) राजा काला अर्जुन सिंह ने अपने द्वितीय पुत्र माधो या माधव को आनन्दपुर खड़पोश अनुदान के रूप में प्रदान किया था। इसके लिए पोड़ाहाट राजा को कुछ कर देना और सामन्ती सेवा अनिवार्य था। इस प्रकार आनन्दपुर पोड़ाहाट राज्य से पृथक अस्तित्व वाला प्रथम खड़पोश क्षेत्र बना। सिंह वंश में परिवार के कनिष्ठ सदस्यों को जीवन-यापन के लिए खड़पोश अनुदान दिया जाता था।[94] वे ठाकुर की उपाधि धारण करते थे। आनन्दपुर का क्षेत्रफल लगभग 188.17 वर्ग मील में फैला हुआ था जिसमें लगभग 139 गाँव थे।[95] आनन्दपुर के पूर्व-औपनिवेशिक इतिहास के बारे में इतना ही ज्ञात है।[96]

केरा वंशावली

पीढ़ी

47 1. अजम्बर सिंह (संस्थापक : अर्जुन सिंह तृतीय के छोटे पुत्र)

48

49

50 4. लोकनाथ शंकर[97]

केरा का नामकरण

सिंह वंश के छियालिसवें (46) राजा काला अर्जुन सिंह तृतीय ने अपने छोटे पुत्र अजम्बर सिंह को खड़पोश अनुदान के रूप में केरा प्रदान किया था। इसका क्षेत्रफल लगभग 75 वर्ग किलोमीटर था। इसके अधीन सदान्त पीड़, चितपिल, डुकरी, जरिया और कारला पीड़ थे। उन्हें भी ठाकुर की उपाधि प्राप्त थी।[98] केरा एक हो बहुल पीड़ था। यहाँ कैरा केराई नामक एक हो राजा शासन करते थे। अजम्बर सिंह की चौथी पीढ़ी के लोकनाथ शंकर ने कैरा केराई की हत्या कर यहाँ अधिकार कर लिया था।[99] इतिहास के पन्नों में वीर कैरा केराई का नाम दर्ज नहीं है लेकिन केरा मन्दिर के आसपास रहनेवाले स्थानीय आदिवासियों के मौखिक इतिहास की परम्परा की एक महत्त्वपूर्ण कथा के रूप में बेहद प्रसिद्ध है। कैरा केराई के वंशज अभी भी हैं। उनके और स्थानीय लोगों के अनुसार केरा माँ के मन्दिर का नामकरण भी कैरा केराई के नाम पर हुआ है। केरा माँ के मन्दिर के बगल में ब्राह्मणी नदी बहती है। उस समय यह क्षेत्र घने जंगलों से पटा पड़ा था। उसी नैसर्गिक हरियाली की गोद में कैरा केराई नदी और वन-लताओं के बीच साथियों के साथ खेला करते थे। वे पानी के अन्दर बहुत दूर तक तैरा करते थे और नदी किनारे स्थित पलाण्डु नामक लताओं पर चढ़कर लुका-छिपी का खेल खेलते थे।[100]

एक दिन एक साधु पश्चिम से पूरब की ओर जा रहे थे। उनके पास माँ देवी की एक मूर्ति थी। माँ ने साधु से कहा था कि मुझे जमीन पर मत रखना यदि ऐसा किया तो मैं वहीं रह जाऊँगी। जब साधु कैरा केराई के नदी में खेलनेवाले स्थान पर पहुँचा तब उसे लघुशंका की इच्छा होने लगी। माँ को भी यह जगह पसन्द आ गई थी। अब साधु परेशान हो गया कि मूर्ति को कहाँ रखे। उसने आसपास देखा तो पाया कि कुछ दूरी पर हेम्बरोम (गोंद) का पेड़ है जिसमें एक खोखर था। साधु ने सोचा कि माँ ने जमीन पर रखने से मना किया है लेकिन इस खोखर में रख सकता हूँ। ऐसा सोचकर उसने मूर्ति को खोखर में रखकर, लघुशंका के लिए चला गया। तत्पश्चात नदी में हाथ-मुँह धोकर जब वह वापस उस खोह के पास आ गया और मूर्ति को उठाने का प्रयास करने लगा पर वह सफल नहीं हो पाया। तब माँ ने उसे अपना असली रूप दिखाकर दर्शन दिया। उसने साधु से कहा कि "ऐ साधु, मैंने तुम्हें पहले ही कहा था कि मुझे जमीन पर मत रखना, जहाँ रखोगे वहीं रह जाऊँगी, अब मैं यहाँ से कहीं नहीं जाऊँगी।" साधु अब मूर्ति को छोड़कर पूरब दिशा में आगे बढ़ गया। वह मूर्ति कई दिनों तक उस खोह में पड़ी रही। एक दिन कैरा केराई नदी में अपने दोस्तों के साथ लुका-छिपी खेलते-खेलते उस गोंद के पेड़ के पास पहुँच गया। उसने खोह में मूर्ति को पाया और उसे उठाकर चारों ओर से

देखा पर उसे पता नहीं चला कि ये किसकी मूर्ति है। वह उसे छोड़कर वापस घर आ गया। माँ ने उसे रात को सपने में दर्शन दिया और कहा कि मेरा प्रथम दर्शन तुमने किया है इसलिए तुम मेरी सेवा करो। कैरा केराई ने माँ का आदेश मानकर आदिवासी पद्धति से पूजा करना प्रारम्भ कर दिया। उस पेड़ की खोह के नीचे लाल, काला और सफेद मुर्गे की बलि देकर उनके खून से पूजा की। कैरा केराई ने माँ की भक्तिपूर्वक सेवा की थी अत: माँ ने उसे साक्षात दर्शन दिया और उसे वरदान दिया कि वह एक दिन शक्तिशाली वीर बनेगा। धीरे-धीरे कैरा की प्रसिद्धि के किस्से आसपास में फैलने लगे। वह एक मजबूत कद-काठी का शक्तिशाली व्यक्ति था। कहा जाता है कि उसके पास एक अनूठी तलवार थी जिसके बल पर वह हिंसक पशुओं को भी काबू में कर सकता था। लोग उसके साथ दो-दो हाथ करने से कतराते थे।[101]

केरा के राजा को कैरा के बारे में जानकारी मिल गई थी। एक दिन उसने कैरा को बुलवाया और उसकी वीरता की परीक्षा लेनी चाही। राजा ने कैरा को चुनौती दी कि केले के पेड़ों की श्रृंखलाओं को कौन एक वार में धराशायी कर सकता है। राजा ने अपनी चमचमाती तलवार से जोरदार वार किया पर वह केले के कुछ तनों को ही काट पाया। उसके जवाब में कैरा ने अपनी तलवार से एक ही वार में राजा से कई गुणा अधिक पेड़ों को धराशायी कर दिया। यह देखकर राजा दंग रह गया। एक आदिवासी युवक से हारने का दंश उसे नागवार गुजर रहा था। किंवदन्ती यह भी है कि राजा ने वीर कैरा को पकड़ने के लिए हो आदिवासियों और भुइयाँ जाति के बीच फूट भी पैदा कर दी थी।

राजा बहुत दिनों से प्रतिशोध की ज्वाला में जल रहा था। दरअसल उसे ये बात खटक रही थी कि कैसे एक आदिवासी युवक को माँ ने वरदान दे दिया। राजा ने देवी माँ को नदी के किनारे स्थापित किया और उसकी पूजा-अर्चना शुरू की। राजा को माँ ने सपने में दर्शन देकर कहा कि मेरा प्रथम दर्शन कैरा ने किया था और उसकी भक्ति से प्रसन्न होकर मैं पहले ही उसे वरदान दे चुकी हूँ। राजा ने एक बार कैरा तथा उसके अन्य भाइयों चम्पाए, नागली एवं अन्य लोगों को धान का पूड़ा बनाने में मदद के लिए निमंत्रण भेजा। सभी लोगों ने पूड़ा बनाने में राजमहल वासियों की पूरी मदद की। राजा ने सभी को खूब खिलाया और हँड़िया (चावल से बना नशीला पेय पदार्थ) पिलाया। अत्यधिक हँड़िया के सेवन से कैरा को नशा हो गया और धोखे से राजा के सैनिकों ने उसे गिरफ्तार कर लिया। जब कैरा को होश आया तब राजा ने सैनिकों को उसे मारने का आदेश दिया। लेकिन सैनिक उसे पकड़ पाने में असमर्थ हो रहे थे। इस पर कैरा ने राजा से कहा कि "हे राजा, तुम मुझे धोखे से गिरफ्तार कर मार जरूर रहे हो लेकिन मैं श्राप देता हूँ कि एक दिन तुम्हारे राज-पाट का अन्त होगा और तुम्हारा कोई

भी धार्मिक-सामाजिक अनुष्ठान तब तक सफल नहीं होगा जब तक मेरे नाम से पूजा नहीं होगी। अगर तुम मुझे मारकर ही शान्ति प्राप्त करना चाहते हो तो मेरे घर में रखी हुई मेरी तलवार ले आओ ताकि तुम मेरा सिर धड़ से अलग कर सको।" इस प्रकार कैरा को उसी की तलवार से मौत के घाट उतारा गया। कहा जाता है कि उसके सिर को राजमहल के सिंहद्वार पर ही गाड़ दिया गया और उसके धड़ को दूर कहीं फिंकवा दिया गया। आज भी राजा के वंशजों में कोई भी अनुष्ठान होता है तो वीर कैरा केराई के नाम पर बकरे या किसी चीज की बलि जरूर दी जाती है। वीर कैरा के नाम पर ही देवी माँ का नाम *केरा माँ* और जगह का नाम केरा पड़ा।

वीर कैरा केराई का प्रसंग केवल एक किंवदन्ती-भर नहीं है क्योंकि मौखिक परम्परा की कथाएँ भी इतिहास की बहुत सी भुला दी गई बातों को ही बयान करती हैं। आज भी केरा माँ के पर्व के अवसर पर पूजा के विभिन्न अनुष्ठानों को सम्पन्न करने के लिए बगल में बहनेवाली नदी के किनारे को खोदकर शुद्ध पानी लिया जाता है। नदी के किनारे को खोदकर शुद्ध पानी निकालने का काम कैरा केराई के वंशज ही करते हैं। यदि कोई और खोदे तो पानी नहीं निकलता है।[102]

केरा माँ का मन्दिर

केरा राजमहल

छोटानागरा

सारंडा के जंगलों के बीच मनोहरपुर प्रखंड मुख्यालय से करीब 35 किलोमीटर दूर छोटानागरा अवस्थित है। पोड़ाहाट के सिंह वंश के तैंतालीसवें (43) राजा काला अर्जुन सिंह ने अपने द्वितीय पुत्र माधो या माधव को आनन्दपुर की जागीर प्रदान की थी। आनन्दपुर में 144 मौजा अर्थात गाँव थे। इस प्रकार पोड़ाहाट राज्य से सर्वप्रथम आनन्दपुर विभाजित हुआ। छोटानागरा आनन्दपुर के अन्तर्गत अवस्थित था।[103]

छोटानागरा के राजाओं के बारे में अनेक किंवदन्तियाँ प्रचलित हैं। एक किंवदन्ती के अनुसार सत्रहवीं शताब्दी में एक तुग नामक राजा राज करता था। उनकी क्योंझर के राजा गोपीनाथ भंज से अच्छी दोस्ती थी। बताया जाता है कि इस समय मन्दिर परिसर में छह नगाड़े हुआ करते थे। इन्हीं नगाड़ों के कारण इस मन्दिर और क्षेत्र का नाम छोटानागरा पड़ा।[104]

एक अन्य किंवदन्ती यह है कि छोटानागरा में क्योंझर के राजा का शासन था। जहाँ अभी नगाड़ा रखा गया है वहाँ पहले राजा का गढ़ था। यह गढ़ चारों ओर पानी से घिरा हुआ था। गढ़ के निचले इलाके में एक नाला है और कुछ दूरी पर पोनगा नदी बहती है। दोनों को जोड़कर गढ़ के चारों ओर नहर बनाया गया था और उसमें सुरक्षा के लिए मगरमच्छ पाले गए थे। कुछ दूरी पर पोनगा नामक एक गाँव है जहाँ से यह नदी निकलती है इसलिए इस नदी का नाम पोनगा पड़ा। गढ़ के ऊपरी इलाके में ध्वंसापीठा नामक एक पहाड़ है। जैसा कि विदित है सारंडा जंगल में लौह अयस्क प्रचुर मात्रा में पाए जाते हैं। ध्वंसापीठा पहाड़ में भी लौह अयस्क पाए जाते हैं। इसी पहाड़ के कच्चे लोहे से कुल छह नगाड़े बनाए गए थे। उड़िया भाषा में छह को छो: कहा जाता है। इन्हीं छह नगाड़े को उड़िया में छो:

टा नगाड़ा कहा गया। ब्रिटिश काल में चूँकि ड़ अक्षर के लिए R का प्रयोग किया जाता था इस कारण इसे Chota Nagra लिखा गया। आजादी के बाद हिन्दी में इसे छोटानागरा लिखा जाने लगा।

जब नगाड़े बन के तैयार हो गए तब राजा सोच में पड़ गए कि इन्हें किसके चमड़े से ढँका जाए क्योंकि बिना चमड़ा के नगाड़ा नहीं बजेगा। दो आदमी उस रास्ते से गुजर थे जो रिश्ते में मामा-भांजा थे। उन दोनों को पकड़ लिया गया और उनकी नरबलि दे दी गई। उनके चमड़े से नगाड़ों के ऊपरी हिस्सों को लपेटा गया। उनकी निशानी के रूप में दो बड़े-बड़े पेड़ मन्दिर के पास अब भी मौजूद हैं। चूँकि उस समय यह क्षेत्र क्योंझर राजा के अधीन था, जब भी वहाँ कोई विपत्ति आती थी जैसे कि युद्ध, महामारी, अकाल, बाढ़ इत्यादि तब वहाँ के प्रजा के ऐलान के लिए नगाड़ा बजाया जाता था। उस नगाड़े की आवाज यहाँ तक भी पहुँचती थी। उसे सुनकर यहाँ भी नगाड़ा बजा कर जनता को सावधान किया जाता था। कहा तो यह भी जाता है कि क्योंझर राजा के नगाड़ों की आवाज सुनकर यहाँ के नगाड़े अपने-आप बज उठते थे।

जैसा कि पूर्व में उल्लेख किया गया है पहले यहाँ छह नगाड़े थे जो खुले में रखे गए थे। इनमें से दो नगाड़े मनोहरपुर राजपरिवार के लोग ले गए जो आनन्दपुर राजपरिवार के ही वंशज हैं। दो नगाड़े बगल में अवस्थित पोनगा नदी में डूब गए हैं। ये दिखाई नहीं देते हैं लेकिन माना जाता है कि वे पानी के अन्दर हैं। पूजा के समय इनकी भी पूजा की जाती है। बाकी बचे दो नगाड़ों के ऊपर मन्दिर बना दिया गया है। मन्दिर में पाउड़ी देवी की पूजा होती है पर जानकारी के अभाव में

अनेक लोग इसे नगाड़ा बाबा भी कहते हैं। नगाड़ों को उल्टा करके रखा गया है क्योंकि सीधा रखने पर उनका सन्तुलन नहीं बनेगा और साथ ही हवा-पानी से जल्दी खराब न हो।[106]

एक दूसरी किंवदन्ती यह है कि यहाँ कंस नामक एक राजा रहता था। छोटानागरा में पाँच टोला हैं जिसमें एक टोला का नाम कंसगढ़ है। माना जाता है कि यहाँ राजा कंस निवास करता था। वह अपनी प्रजा को धान ऋण में देता था। वह प्रजा से ऋण वसूल कर आनन्दपुर को देते थे जिसे आनन्दपुर पोड़ाहाट को देता था। सम्भवतः राजा कंस आनन्दपुर राजा का सामन्त जैसा एक अधिकारी रहा होगा। एक साल बारिश नहीं हुई जिससे धान की फसल नहीं हो पाई। उस इलाके में कोदो घास और गुरदी घास खूब होती थी। इन दोनों घास में अनाज जैसा कुछ फसल होता था। धान की खेती के पूर्व यहाँ के लोग इस अनाज को खाया करते थे। कालान्तर में भी कुछ पैमाने पर इसे उपयोग में लाया जाता था। उस साल गुरदी की ही उपज हुई और प्रजा ऋण चुकाने के लिए धान के बदले गुरदी ही देने लगी। इससे राजा क्रोधित हो गए और वह प्रजा को दंड देने लगे। दूसरे साल राजा अपनी प्रजा से दुगुना धान वसूलने लगे। अब प्रजा नाराज होकर बगावत कर दी और राजा की हत्या कर दी। रानी गर्भवती थी। गाँव के ही एक व्यक्ति ने उसकी मदद की और उसे मनोहरपुर ले जाने लगा। उसने रानी को पोनगा गाँव पार करवाने का प्रयास किया जो कंसगढ़ से उत्तर दिशा में कुछ दूरी पर स्थित है ताकि मनोहरपुर पहुँच सके। उसने रानी की पहचान छुपाने के लिए उसे साधारण कपड़े पहना दिए। तब तक पोनगा गाँववालों ने भी विद्रोह कर दिया। वे लोग रानी को पहचान गए। जब लोग रानी को मारने के लिए आपस में बात करने लगे तब वह समझ गया और रानी को अपने किसी रिश्तेदार के यहाँ छिपा दिया। उस समय लोग लकड़ी और घास-फूस की झोंपड़ी बनाकर रहते थे। लकड़ी के फाँकों के बीच में से किसी ने तीर चलाकर रानी को मार डाला। रानी ने मरने से पहले उसे श्राप दे दिया।[107]

सन्दर्भ

1. हेनरी बंसिटार्ट 1759 से 1764 तक बंगाल के गवर्नर थे।
2. जे.सी. प्राईस, *नोट्स ऑन द हिस्ट्री ऑफ मिदनापोर*, भाग 1, हंसबुक जीएमबीएच, जर्मनी, तिथि अंकित नहीं, 53-54, मूल संस्करण 1876।
3. ले. टिकेल, "मेमोयर ऑफ हो देशुम (इमप्रॉपरली कॉल्ड कोल्हान)", *जर्नल ऑफ द एशियाटिक सोसायटी ऑफ बंगाल* (अब से जे.ए.एस.बी.), खंड IX, भाग 2, 1840 : 697-98।
4. ई.टी. डाल्टन, डिस्क्रिप्टिव एथनोलॉजी ऑफ बंगाल, सुपरिंटेंडेंट गवर्नमेंट प्रिंटिंग, कलकत्ता, 1872 :178।

5. ए.डी. टकी, *फाइनल रिपोर्ट ऑन द रिसेटलमेंट ऑफ द कोल्हान गवर्नमेंट इस्टेट इन द डिस्ट्रिक्ट सिंहभूम 1913-1918*, सेक्रेटरियट गवर्नमेंट प्रिंटिंग पटना 1920 : 52।
6. एल.एस.एस. ओ'मेली, *बंगाल डिस्ट्रिक्ट गजेटियर भाग 20, सिंहभूम, सरायकेला एंड खरसावाँ*, द बंगाल सेक्रेटरियट बुक डिपो, 1910 : 64।
7. पॉल स्ट्रीमर, 'ए सेवेंटीन्थ सेंचुरी आइडियोलॉजी : द सिंहभूम क्रोनिकल ऑन राजपूत्स एंड ट्राइबल्स', *जर्नल ऑफ आदिवासी एंड इंडीजेनस स्टडीज*, भाग III, नं. 2, अगस्त, 2015 : 2।
8. वंश प्रभा लेखन सिंह राजाओं की पारिवारिक वंशावली है। इसमें उनके 1205 ई. में सिंह वंश के प्रथम राजा दृप नारायन सिंह से लेकर बावनवें राजा नरपत सिंह के शासन-काल तक की तिथि और घटनाओं का संक्षिप्त विवरण मिलता है। वंश प्रभा लेखन सर्वप्रथम भोजपत्र पर लिखा गया था। इसमें 1205 ई. से 300 साल तक अर्थात लगभग 1500 ई. तक का इतिहास है। चूँकि भोजपत्र बहुत ही नाजुक है और पुराना होने के कारण नष्ट हो गया है। उसके बाद वंशावली लेखन के लिए ताड़ पत्र का उपयोग किया जाने लगा। ताड़ पत्र में 1560-70 ई. तक का विवरण प्राप्त होता है। उसके बाद कागज में वंशावली लिखा गया है। ये उड़िया भाषा की प्रारम्भिक लिपि करणी लिपि में लिखी गई है। 1909-11 के बाद उड़िया लिपि में लिखा जाने लगा। सबसे पहले राजस्थानी भाट लोग वंशावली लेखन का कार्य करते थे। वे डमरू बजाते हुए गाना गाते थे और अपने राजा का यशोगान करते थे। ये उनका व्यवसाय था और पीढ़ी-दर-पीढ़ी वे यही कार्य करते थे। इसके पश्चात पंडित, पुरोहित या आचार्य वंश प्रभा लेखन लिखने लग गए। सबसे अन्त में राउत या डोगरा जो कायस्थ होते थे वे वंशावली लिखने लगे। ये राजा के एकाउंटेंट या लिपिक होते थे जो राजा के दैनिक घटनाओं का विवरण लिखते थे। वे कागज पर लेखन-कार्य करते थे। विष्णुपद सिंहदेव सैनिक सेवा से सेवानिवृत उड़िया साहित्य पर महती कार्य कर रहे है। उन्होंने कई पुस्तकें लिखी हैं। अपनी उड़िया काव्य पुस्तक *अनुपम* के लिए उन्हें झारखंड राज्य की तत्कालीन राज्यपाल द्रोपदी मुमु एवं केन्द्रीय जनजातीय मंत्री अर्जुन मुंडा से प्रशस्ति पत्र मिला था। उम्र 73 वर्ष, गाँव पोटका, पो.ओ.—केसरधड़िया, जिला सरायकेला—खरसावाँ, दिनांक 24 जून, 2020 को साक्षात्कार पर आधारित। वे ईचा पीड़ राजवंश के हैं। उपर्युक्त तसवीर ताड़ पत्र में लिखित वंश प्रभा लेखन का है। यह सरायकेला राजा के अभिलेखागार में संरक्षित है।
9. एल.एस.एस. ओ'मेली, वही : 221।
10. गोरखनाथ बांडिंग, उम्र 66 वर्ष, गाँव तिलोपदा, टोला—जानुमबेड़ा से दिनांक 12 दिसम्बर, 2021 के साक्षात्कार पर आधारित।
11. एन.एन. सिंहदेव, सिंहभूम, सरायकेला एंड खरसावाँ थ्रु द एजेस, अलियंस प्रेस, कलकत्ता 1937 : 25।
12. पूर्वोक्त : 12।
13. वही।
14. विष्णुपद सिंहदेव, ईचा राजपरिवार के सदस्य हैं। मैंने इनका साक्षात्कार 24 जून, 2020 को उनके गाँव पोटका में लिया था।
15. एन.एन. सिंहदेव, पूर्वोक्त : 14।
16. पूर्वोक्त : 15।
17. पूर्वोक्त।

18. पूर्वोक्त : 15-16।
19. पूर्वोक्त : 16-17।
20. पूर्वोक्त : 17-18।
21. पूर्वोक्त : 18-19।
22. डाल्टन, वही :178।
23. टिकेल, वही : 696।
24. वी. बाल, 'आन द एनशियंट कॉपर माइनर्स ऑफ सिंहभूम', *प्रोसिडिंग्स ऑफ एशियाटिक सोसायटी ऑफ बंगाल* (अब से प्रो. ए.एस.बी.) कलकत्ता, नं. VI, जून 1869 : 174।
25. टकी, 17-18।
26. ई.टी. डाल्टन, 'नोट ऑन ए टूर इन मानभूम इन 1864-65', जे.ए.एस.बी., खंड XXXV भाग 1, हिस्ट्री, लिटरेचर, एक्स्ट्रा, न. III, 1866 : 186।
27. वी. बाल, पूर्वोक्त : 171।
28. ई.टी. डाल्टन, 'नोट ऑन ए टूर इन मानभूम', पूर्वोक्त : 186।
29. टिकेल, पूर्वोक्त : 804।
30. ए.के. सेन, 'कलेक्टिव मेमोरी एंड रिकंस्ट्रक्शन ऑफ हो हिस्ट्री', इंडियन फोकलोर रिसर्च जर्नल, चेन्नई, खंड 5, न. 8, दिसम्बर, 2008 : 91।
31. टिकेल, पूर्वोक्त : 805।
32. सेन, पूर्वोक्त : 91।
33. टिकेल, पूर्वोक्त : 804।
34. सेन, पूर्वोक्त।
35. जे.ए. क्राभन, *फाइनल रिपोर्ट आन द सेटलमेंट ऑफ द कोल्हान गवर्नमेंट इस्टेट इन डिस्ट्रिक्ट सिंहभूम*, बंगाल सेक्रेटरियट प्रेस, कलकत्ता, 1898 : 25।
36. सेन, रिडिफाईंग अर्कियोलॉजी :107।
37. टकी, पूर्वोक्त : 18।
38. टी.एस. मैकफर्सन, *फाइनल रिपोर्ट ऑन द ऑपरेशंस फॉर द प्रिपारेशन ऑफ रिकॉर्ड ऑफ राइट्स इन परगना पोड़ाहाट डिस्ट्रिक्ट सिंहभूम 1905-1907*, द बंगाल सेक्रेटरियट बुक डिपो, कलकत्ता, 1908 : 244-46।
39. सेन, रिडिफाईंग अर्कियोलॉजी : 107।
40. ओ'मेली, वही।
41. सी.बी. प्रसाद, *फाइनल रिपोर्ट ऑन द सर्वे एंड सेटलमेंट ऑपरेशन इन द डिस्ट्रिक्ट ऑफ सिंहभूम 1958-1965*, सेक्रेटरियट प्रेस, पटना, 1970 : 105।
42. एन.एन. सिंहदेव, वही : 20।
43. जी.सी. डिप्री, *ज्योग्राफिकल एंड स्टेटिसटिकल ऑन दैट पार्ट ऑफ छोटानागपुर डिवीजन विच हैज कम अंडर द टोपोग्रैफिकल सर्वे, कलकत्ता, 1868*, द बिहार गजट, अगस्त 30, भाग-1, 1950 : 44।
44. डैम के मध्य में दो विशाल सूखे साल के पेड़ दिख रहे हैं। इन दोनों पेड़ों के पीछे बाँस का झुरमुट था। इसी झुरमुट में काशीराम सिंह ने माँ पाउड़ी की मूर्ति की स्थापना की थी। ये दोनों पेड़ माँ के दरबान की तरह तैनात थे। काशीराम सिंह इन दोनों पेड़ों के बीच से होकर ही माँ के दर्शन करने जाया करते थे। वे दोनों पेड़ आज भी विद्यमान हैं। इन्हें राजा-रानी पेड़ कहा जाता है। आज इस जगह पर पनसुवा डैम बन गया है। इस कारण सब डूब

गया है। मन्दिर और पूजा-पाठ को दो भागों में बाँटा गया। एक भाग पनसुवा मानकी के हिस्से में आया। मानकी ने पूजा-पाठ करवाना स्वीकार किया। पहले माँ पाउड़ी की पूजा पोड़ाहाट के भुइयाँ लोग करते थे। पर अब बँटवारे के बाद उन्होंने पूजा करना छोड़ दिया। यहाँ के ज्यादातर रैयत भूमिज हैं। उन्होंने पूजा करना प्रारम्भ कर दिया। चन्द्रसेन भूमिज, निवासी—बाँसकटा के दिनांक 2 जनवरी, 2021 को साक्षात्कार पर आधारित। चन्द्रसेन भूमिज बाँसकटा में स्थित माँ पाउड़ी पूजा स्थल के मुख्य पुजारी के सहायक हैं।

45. जार्ज ग्रिर्यसन, *लिंग्विस्टिक सर्वे ऑफ इंडिया*, कलकत्ता गवर्नमेंट प्रेस, 6।
46. ब्रेडली बर्ट, *छोटानागपुर : ए लिटल नोन प्रोविंस ऑफ द एम्पायर*, लन्दन, स्मिथ, एल्डर एंड कं., 1910 : 12।
47. डाल्टन, वही।
48. एन.एन. सिंहदेव, वही : 25।
49. वही : 26 33-।
50. https//www-hindu-blog.com/2009/by Abhilash Rajendran-Wednesday. August26.2009
51. आर.डी. बनर्जी, *हिस्ट्री ऑफ उड़ीसा, खंड II*, कलकत्ता, 1931, पुनर्मुद्रित 2016, अभिजीत पब्लिकेशंस : 67।
52. पॉल स्ट्रीमर, द लैंड ऑफ देयर ओवन, वाकामन, नीदरलैंड 2016 : 12।
53. एन.एन. सिंहदेव, वही : 35।
54. वही : 28।
55. जगन्नाथ पटनायक, *फ्यूडाटोरी स्टेट ऑफ उड़ीसा* (1803-1857), भाग 1, इलाहाबाद, वोहरा पब्लिशर्स, 1988 : 43।
56. दो पहाड़ियों के मध्य में जो पहाड़ दिख रहा है वही अक्षर लेखा पहाड़ है। यह पोड़ाहाट गाँव के दक्षिण में स्थित है। स्थानीय लोग इसे ओटर बुरु (जंगल) कहते हैं। इसी पहाड़ी में माँ पाउड़ी की प्रतिमा को छुपाया गया था। पहाड़ के ऊपर एक शिलालेख उत्कीर्ण है जिसमें माँ पाउड़ी की स्तुति और विभिन्न प्रकार के पूजाओं का उल्लेख है। यह उड़िया लिपि में है। मैं 2 जनवरी, 2021 को सोनुवा, पोड़ाहाट, बाँसकटा आदि जगहों पर फील्ड स्टडी के लिए गई थी पर 3 जनवरी को पोड़ाहाट में नक्सलियों ने बम ब्लास्ट कर दिया फलतः स्थानीय लोगों ने मुझे आने से मना कर दिया। इस कारण मैं शिलालेख की तसवीर नहीं ले पाई।
57. वही : 43-48।
58. स्ट्रीमर, वही : 13।
59. एन.एन. सिंहदेव, वही : 28- 29।
60. टकी, वही : 18।
61. स्ट्रीमर, वही : 102।
62. डिप्री, वही : 27।
63. सेन, रिडिफाईंग अर्कियोलॉजी, पूर्वोक्त : 107।
64. महीने के आधे भाग को पखवाड़ा कहते हैं। पखवाड़ा 15 दिनों का होता है।
65. विष्णुपद सिंहदेव, पूर्वोक्त।
66. सिंह राजाओं के महल का अवशेष पोड़ाहाट गाँव में अब भी मौजूद है। हालाँकि अब इसका बहुत कम भाग मिलता है। लेकिन हम अनुमान लगा सकते हैं कि सिंह राजाओं

के शासन-काल में यह विशाल रहा होगा। हर विद्रोह में विद्रोहियों ने महल को अपना मुख्य निशाना बनाया और उसमें आग लगाकर नष्ट करने का प्रयास किया था। 1857 की क्रान्ति के समय भी राजा अर्जुन सिंह की राजधानी पोड़ाहाट थी। लेकिन उसी समय अर्जुन सिंह ने अपनी राजधानी को गढ़धिपा यानी चोकड़ा गाँव में स्थानान्तरित किया जो कालक्रम में चक्रधरपुर हो गया। आज महल के अवशेष में गाँववालों का अतिक्रमण हो गया है।

67. बनर्जी, वही।
68. राजा का उत्तराधिकारी, युवराज।
69. जॉन डिन्नी एस.जे. *हो-इंग्लिश डिक्शनरी,* जेवियर हो पब्लिकेशंस, चाईबासा, 2005 : 158।
70. गोविन्द नारायण सिंहदेव, आनन्दपुर राजवंश की वर्तमान पीढ़ी के सदस्य से आनन्दपुर राजमहल में दिनांक 16 जुलाई, 2021 के साक्षात्कार पर आधारित।
71. ए.के. सेन, 'कलेक्टिव मेमोरी एंड रिकंस्ट्रक्शन ऑफ हो हिस्ट्री', इंडियन फोकलोर रिसर्च। जर्नल, चेन्नई, खंड 5, नं. 8, दिसम्बर, 2008 : 100।
72. पी.सी. रायचौधुरी, *बिहार डिस्ट्रिक्ट गजेटियर्स सिंहभूम,* सुपरिंटेंडेंट सेक्रेटरियट प्रेस, पटना, 1958 : 28।
73. ओ'मेली, वही : 216।
74. विष्णुपद सिंहदेव, वही।
75. बी. वीरोत्तम, द *नागवंशीश एंड चेरोस,* मुंशीराम मनोहर लाल, नई दिल्ली, 1972, 41।
76. स्ट्रीमर, वही : 16।
77. ओ'मेली, वही : 216।
78. जग भानु सिंहदेव, 800 *ईयर्स ऑफ सिंह डायनेस्टी,* स्मारिका, 1 जनवरी, 2004, 12, प्रकाशन अंकित नहीं है। जग भानु सिंहदेव एन.एन. सिंहदेव के सुपुत्र हैं जिन्होंने पुस्तक *सिंहभूम, सरायकेला और खरसावाँ थ्रु द एजेज* लिखी है। ये सरायकेला राजघराने के हैं। वर्तमान में भुवनेश्वर, ओड़िसा में निवास करते हैं।
79. स्ट्रीमर, वही : 17।
80. एन.एन. सिंहदेव, वही : 32।
81. वीरोत्तम, वही : 143।
82. ब्रेडली बर्ट, वही : 88।
83. रफसेज का मेटकॉफ को पत्र, 9 मई, 1820, अनुच्छेद 16, साउथ वेस्ट फ्रंटियर पॉलिटिकल डिस्पैच रजिस्टर (अब से एस.डब्ल्यू.एफ.पी.डि.आर.), 20 अप्रैल, 1820 से 7 जून, 1821, जिल्द 27, अभिलेख भवन (अब से अभि.भ.), पटना।
84. ब्रेडली बर्ट, वही : 85।
85. रफसेज का मेटकॉफ को पत्र, 9 मई, 1820, अनुच्छेद 15, पूर्वोक्त।
86. सी.पी. सिंह, द *हो ट्राइब ऑफ सिंहभूम,* क्लासिकल पब्लिकेशंस, नई दिल्ली, 1978 : 1।
87. मैकफर्सन, वही : 18।
88. झारखंड में अंग्रेजों का सर्वप्रथम प्रवेश सिंहभूम की ओर से ही हुआ था। सन् 1760 ई. में मीर कासिम ने बंगाल का नवाब बनने के एवज में ईस्ट इंडिया कम्पनी को मिदनापुर सौंप दिया। मिदनापुर पर अधिकार करने के पश्चात अंग्रेजों ने उसके सीमावर्ती इलाकों यथा झारखंड और उड़ीसा में साम्राज्य का विस्तार करना चाहा। उस समय मिदनापुर

के पश्चिम में छत्तना, सुपुर, मानभूम, बराभूम, धालभूम आदि के राजागण मिदनापुर पर आक्रमण करते रहते थे। इस कारण कम्पनी सरकार ने उन पर अधिकार करने के लिए सेना भेजी। अंग्रेजी सेना ने विभिन्न युद्धों में इन सारे राज्यों को परास्त किया। इसी क्रम में जब अंग्रेजों ने 1767 ई. में धालभूम पर अधिकार कर लिया तब वे धालभूम से सटे हुए सिंहभूम के अन्य क्षेत्रों यथा पोड़ाहाट, सरायकेला और खरसावाँ राज्यों से भी परिचित हुए। मार्च 1766 ई. में गवर्नर जनरल हैरी वर्ल्स्ट ने मिदनापुर के अधिकारी ग्राहम को मिदनापुर के पश्चिम में स्थित पहाड़ी इलाके में एक अभियान भेजने का आदेश दिया। कमांडिंग ऑफिसर इंसाइन जॉन फर्ग्यूसन का कार्य यह देखना था कि दीवानी यहाँ कितनी दूर तक फैली हुई है और इसमें शामिल स्थानीय राजाओं पर आधिपत्य स्थापित करना है। यह एक कठिन काम था। फर्ग्यूसन की सैन्य टुकड़ियों को लगभग 2000 लोगों ने घेर लिया। पर इस झड़प में अंग्रेजों की जीत हुई। अप्रैल, 1767 ई. की शुरुआत में फर्ग्यूसन ने उम्रदराज धालभूम राजा को पकड़ लिया जो इस प्रतिरोध के नेता थे। फर्ग्यूसन ने उसके भतीजे जगन्नाथ ढाल को सालाना 5500 रुपये देने की शर्त पर धालभूम की राजधानी घाटशिला का राजा बनाया। सिंहभूम का सवाल फिर से दिसम्बर 1767 में उठा जब मिदनापुर के नए अधिकारी जॉर्ज वैनसिटार्ट के पास जगन्नाथ सिंह ने अपने चाचा पिताम्बर सिंह को दूत के रूप में भेजा। पिताम्बर सिंह ने वैनसिटार्ट को बताया कि जगन्नाथ सिंह को उसके चचेरे भाई शिवनाथ सिंह ने कैद में रखा था। राजा ने कम्पनी की सहायता की याचना की। प्रदत्त सुरक्षा के एवज में वह अपने राज्य को उनके संरक्षण में रखने और वार्षिक राजस्व का भुगतान करने के लिए राजी हो गया।

89. यद्यपि जगन्नाथ सिंह चतुर्थ अठतालिसवें राजा थे।
90. प्राईस, वही : 53-54।
91. हो गाँवों में हो लोग मूल निवासी होते हैं। वे खेती और पशुपालन में मदद के लिए दूसरी व्यावसायिक जातियों जैसे—कुम्हार, लोहार, ग्वाला (गौ) पान आदि को बसाते हैं। इस तरह हो लोगों का सामाजिक रुतबा मालिक या बड़े लोग के रूप में होता है। सम्मान देने के लिए अन्य जातियों के लोग उन्हें गोमके कहते हैं। हो लोगों में भी अपने से बड़े लोगों को गोमके कहने का रिवाज है।
92. लाल सिंह सिंकू, रितुई गोंडाई के वंशज से गाँव कीताहातु में दिनांक 16 फरवरी, 2021 को साक्षात्कार पर आधारित, स्व. डोगे सिंकू, 'रितुई गोंडाई' *ओतोरोङ*, स्मारिका, आदिवासी हो समाज महासभा, 2000, 31-32, स्व. डोगे सिंकू रितुई गोंडाई के कहानी को नाटक के माध्यम से दर्शाया करते थे।
93. जगभानु सिंहदेव, वही।
94. बी. सिंहदेव, *द लॉस्ट स्टेट ऑफ पोड़ाहाट सिंहभूम*, प्रकाशक अंकित नहीं, कलकत्ता, 1930, 32।
95. मैकफर्सन, वही : 169।
96. मैं दिनांक 16 सितम्बर, 2021 को आनन्दपुर के सिंह वंश के परिवार से साक्षात्कार लेने गई थी। इस परिवार के सबसे वयोवृद्ध सदस्य श्री ज्योतिन्द्र प्रताप सिंहदेव 98-99 वर्ष के थे। उन्हें अपने परिवार और इस क्षेत्र के इतिहास की महत्त्वपूर्ण जानकारी थी पर वे बेहद बीमार थे और बातचीत नहीं कर सकते थे। फलतः मैं उनका साक्षात्कार नहीं ले पाई। उनके पुत्रों को पूर्व औपनिवेशिक कालीन इतिहास के बारे में ज्यादा जानकारी नहीं है।
97. जगभानु सिंहदेव, वही : 43। द्वितीय और तृतीय पीढ़ी का विवरण उपलब्ध नहीं है।

98. ओ'मेली, वही : 217।
99. दीपक कुमार सिंहदेव, केरा राजपरिवार के वंशज से उनके महल में दिनांक 12 सितम्बर, 2021 के साक्षात्कार पर आधारित।
100. जवाहरलाल बाँकिरा, शिक्षा सचिव, हो समाज महासभा, चाईबासा से उनके पैतृक आवास तिलोपदा, केरा पीड़ से दिनांक 12 दिसम्बर, 2021 को साक्षात्कार पर आधारित।
101. गोरखनाथ बाँड़िञ, उम्र 66 वर्ष, गाँव—तिलोपदा, टोला—जानुमबेड़ा से दिनांक 12 दिसम्बर, 2021 के साक्षात्कार पर आधारित।
102. दुर्गा केराई, कैरा केराई के वंशज से दिनांक 12 दिसम्बर, 2021 के साक्षात्कार पर आधारित। दुर्गा केराई जी ही केरा पर्व के समय नदी किनारे का स्थान खोदते हैं जिससे निकले पानी को ही घट में लाकर माँ के विभिन्न अनुष्ठान पूरा किए जाते हैं।
103. जगभानु सिंहदेव, वही : 42। ये टिकैत नृपेन्द्र नारायण सिंहदेव के सुपुत्र हैं जिन्होंने पुस्तक सिंहभूम, सरायकेला एंड खरसावाँ थ्रू द एजेज लिखी है। वे वर्तमान भुवनेश्वर में निवास करते है।
104. हिन्दुस्तान, जमशेदपुर संस्करण, 26 जुलाई, 2021 : 4।
105. राजू नायक, छोटानागरा के मन्दिर के पूर्व पुजारी, उम्र-70 वर्ष, टोला—कंसगढ़, प्रखंड—मनोहरपुर से दिनांक 26 दिसम्बर, 2021 को साक्षात्कार पर आधारित।
106. वही।
107. साधुचरण नायक, सेवानिवृत्त शिक्षक, उम्र-63 वर्ष, टोला—कंसगढ़, प्रखंड—मनोहरपुर से दिनांक 26 दिसम्बर, 2021 के साक्षात्कार पर आधारित।

4

पोड़ाहाट राज्य का प्रशासन और भूमि-व्यवस्था

इस अध्याय में हम पोड़ाहाट राज्य के भूमि-व्यवस्था का अध्ययन करेंगे। यद्यपि पोड़ाहाट एक छोटा राज्य था तथापि देश के बड़े साम्राज्यों की ही तरह इसके प्रशासन को भी तीन भागों में बाँट सकते हैं—केन्द्रीय प्रशासन, प्रान्तीय प्रशासन और ग्रामीण प्रशासन। पोड़ाहाट के राजा केन्द्रीय प्रशासन में सर्वोच्च स्थान रखते थे। उनकी राजधानी पोड़ाहाट थी। वे अपने राज्य के मुख्य सेनापति होते थे और युद्ध में सेना का नेतृत्व स्वयं करते थे। राजा न्याय-व्यवस्था के भी प्रमुख होते थे। राजा अपने राज्य के अनेक महत्त्वपूर्ण क्षेत्रों के प्रशासन के लिए अपने परिवार के सदस्यों के मध्य इलाके बाँट देते थे। इनमें खड़पोश अनुदान और छकरान अनुदान प्रमुख थे। इन दोनों अनुदानों के एवज में अनेक अनिवार्य सेवा-शर्तें थीं जिसे मानना अनुदान धारक के लिए बाध्यकारी था। इसके अलावा ग्रामीण प्रशासन और विभिन्न प्रकार के भूमि अनुदान और भी प्रचलित थे जिनके बारे में हम जानेंगे।

प्रान्तीय प्रशासन : खड़पोश अनुदान

पोड़ाहाट के राजा अपने परिवार के सदस्यों को जीवन-यापन के लिए भूमि-अनुदान प्रदान करते थे। इसे खड़पोश अनुदान कहा जाता था। इस प्रकार लगभग 12,644 एकड़ भूमि अनुदान के रूप में दी गई थी। इसमें भूमि-अनुदान के रूप में एक या अनेक गाँव और उनमें स्थित जमीन दे दी जाती थी। इन खड़पोश धारकों के लिए कुछ अनिवार्य सेवा-शर्तें थीं। उन्हें युद्ध के समय राजा को सहयोग करना तथा युद्ध में भाग लेना आवश्यक था। इसके साथ ही पाइक सैनिकों की आपूर्ति सुनिश्चित करना था। जब राजा किसी खड़पोशदार के क्षेत्र में भ्रमण या शिकार के लिए जाते थे तब राजा के सामने उपस्थित होना और उनकी खातिरदारी करना खड़पोशदार का परम कर्तव्य था। त्योहारों और शादी-ब्याह के अवसर पर उन्हें राजा को धन

से भी सहयोग करना जरूरी था। अधिकतर मामलों में यह अनुदान कर मुक्त था कभी-कभार थोड़ी मात्रा में कर देना पड़ता था।

छकरान अनुदान

यह एक सेवा अनुदान था। इसे पोड़ाहाट के राजा ने अपने आश्रित सदस्यों जैसे केरा, आनन्दपुर और चैनपुर को प्रदान किया था। लगभग 4000 एकड़ भूमि छकरान अनुदान में दी गई थी। इस अनुदान को परिवार के कनिष्ठ सदस्यों को दिया जाता था। इन्हें *बाबू* की उपाधि दी जाती थी। उन्हें एक या अनेक गाँवों में खेती के लिए जमीनें दी जाती थी। वे राजा को गोहनडल्स, पाइक, पुजारी और नौकरों की आपूर्ति करते थे। इन सब सेवाओं के भुगतान के एवज में यह अनुदान दिया जाता था। बाबुओं की सेवा-शर्तें खड़पोशदार के समान ही थीं। राजा के क्षेत्र भ्रमण में उनके सामने उपस्थित होना शादी में आर्थिक मदद देना आदि। कभी-कभी वे राजा की अनुपस्थिति में गढ़ या राजमहल को संरक्षण देते थे। ये अनुदान वंशानुगत होते थे। गोहनडल्स और पाइक को दिया गया अनुदान उड़ीसा में जन सेना को दिए जानेवाले अनुदान के समान है। गोहनडल्स राजा के विशेष अंगरक्षक होते थे। पाइक सेना के लड़नेवाले भाग होते थे। युद्ध के अलावा पाइक गढ़ की रखवाली, खजाने को लाने-ले जाने में पहरा देना तथा दूत के रूप में सूचनाओं का आदान-प्रदान करना आदि कार्य करते थे।[2]

कर-मुक्त भूमि अनुदान

खास पोड़ाहाट में लगभग 4178 एकड़ भूमि कर-मुक्त भूमि अनुदान के रूप में प्रदान की गई थी। यह अनुदान देवोत्तर, ब्रह्मोत्तर, महातरान के रूप में दिया गया था। इन सबके अलावा बख्शीश के रूप में कर-मुक्त भूमि अनुदान प्रदान की गई थी।

भूधारक के अधिकार

राज्य में भूमि पर अन्य लोगों का भी स्वामित्व था। वे मानकी, मुंडा, खूँटकट्टीदार और रैयत थे। राजा का पोड़ाहाट और उसके आसपास के क्षेत्रों में प्रत्यक्ष नियंत्रण था पर हो बहुल गाँवों में जिन्हें परवर्ती काल में कोल्हान कहा गया, में राजा का नियंत्रण नाम मात्र का था। राजा के प्रत्यक्ष नियंत्रण वाले क्षेत्र में रैयत खेती के बदले राजा को कर देते थे, पर हो बहुल गाँवों के लोग कोई कर नहीं देते थे। गाँव और जमीन पर राजा का कोई हक नहीं था। मुंडा ही गाँव का सर्वेसर्वा था।[3]

मुंडा

गाँव के प्रमुख को मुंडा कहा जाता था। प्राय: गाँव बसानेवाले प्रथम व्यक्ति के वंशज ही मुंडा बनते थे। गाँव और मुंडा प्रशासन की प्रथम ईकाई थे। पोड़ाहाट क्षेत्र में चूँकि गाँव राजा के प्रत्यक्ष नियंत्रण में थे इसलिए मुंडा खेती के एवज में गाँववालों से कर एकत्र कर मानकी को देता था जिसे मानकी राजा के पास जमा करते थे। त्योहारों, खासकर दशहरा में गाँववाले फसलों, दूध, दही, घी, मुर्गी, बकरी आदि दशहरा सलामी के रूप में राजा को मुंडा के माध्यम से कर देते थे। कोल्हान क्षेत्र के मुंडा प्राय: राजा को कर नहीं देते थे और न ही दशहरा सलामी देते थे। राजा गाँवों के आन्तरिक मामलों में किसी प्रकार का कोई हस्तक्षेप नहीं कर सकता था। मुंडा को अपने गाँव के सभी प्रकार के मामलों में निर्णय लेने का अधिकार था।

मानकी

कई गाँवों को मिलाकर दूसरी प्रशासनिक इकाई बनाई गई जिसे पीड़ कहा गया। पीड़ के प्रमुख को मानकी कहा गया। पोड़ाहाट क्षेत्र में मानकी वस्तुत: वे थे जो राजा को सैनिक सेवा प्रदान करते थे या वहाँ के गाँवों के प्रथम निवासी के वंशज थे। इनके अधीन अनेक मुंडा होते थे। वे मुंडाओं से कर संग्रह कर राजा को कर देते थे। गाँवों के आन्तरिक मामलों में मानकी भी हस्तक्षेप नहीं कर सकते थे।[4]

खूँटकट्टीदार

जिसने सर्वप्रथम जंगल को साफ कर जमीन को खेती-योग्य बनाया वह उस जमीन का वास्तविक हकदार या खूँटकट्टीदार कहलाया। यह खूँटकट्टी प्रणाली आदिवासी लोगों द्वारा भूमि पर संयुक्त स्वामित्व है। राजा का ऐसे क्षेत्रों में कोई अधिकार नहीं था क्योंकि उन्होंने जमीन खुद बनाई थी।

रैयत

किसानों को रैयत कहा जाता है। खेती करनेवाले रैयत के अधिकार को प्रजाली कहा जाता है। यह एक शब्द है, जिसमें वह सब शामिल है जिसमें अधिभोग-अधिकार द्वारा दर्शाया गया है। यह अधिकार उस क्षण से प्राप्त होता है जब काश्तकार खेती के उद्देश्य से किसी भूमि पर कब्जा कर लेता है। जैसा कि पूर्व में जिक्र किया गया है राजा को गाँवों के आन्तरिक मामलों में किसी प्रकार का हस्तक्षेप करने का

अधिकार नहीं था। इस कारण परती जमीन में किसी प्रकार का सुधार, परित्यक्त सम्पत्ति का निपटारा या खाली जोत पर वह निर्णय नहीं ले सकता था। गाँव की परती जमीन ग्रामीण समुदाय की सम्पत्ति मानी जाती थी।

सन्दर्भ

1. एल.एस. ओ'मेली, बंगाल डिस्ट्रिक्ट गजेटियर्स सिंहभूम, सरायकेला एंड खरसावाँ, ज्ञान पब्लिशिंग हाउस, 2018 : 173।
2. टी.एस. मैकफर्सन, फाइनल रिपोर्ट ऑन द ऑपरेशंस फॉर द प्रिपरेशन ऑफ ए रिकॉर्ड ऑफ राइटस इन परगना पोड़ाहाट, डिस्ट्रिक्ट सिंहभूम 1905-1907, द बंगाल सेक्रेटरियट बुक डिपो, कलकत्ता, 1908 : 169-199।
3. ओ'मेली, वही : 173-74।
4. मैकफर्सन, वही : 30-31।
5. ओ'मेली, वही : 176।

5

हो आदिवासी

इतिहास लेखन की मुख्यधारा का ध्यान आदिवासियों के इतिहास लेखन पर कभी नहीं गया है। इसके साथ ही स्थानीय तौर पर उपलब्ध इतिहास की भी सदा अवहेलना की गई है। पर अब परिवर्तन दृष्टिगोचर होने लगा है। वर्तमान में सम्पूर्ण विश्व के शोधकर्ताओं का ध्यान इस ओर केन्द्रित होने लगा है। डॉ. अशोक कुमार सेन, जो हो आदिवासी इतिहास के विशेषज्ञ हैं, के साथ इस विषय पर व्यक्तिगत आलोचना के दौरान उन्होंने सारगर्भित जानकारी साझा की। उन्होंने बताया कि सम्भवत: इस परिवर्तन का कारण मुख्य रूप से हाशिये पर धकेले जाने के विरुद्ध आदिवासियों की गहरी एकजुटता तथा इतिहास की मुख्यधारा में समुचित स्थान पाने का उनका उत्तरोत्तर प्रबल होता हुआ दावा है। एक अनुशासन के रूप में इतिहास को मुक्त करने अथवा प्रसिद्ध इतिहासकार पॉल थाम्पसन के शब्दों में 'इतिहास के लोकतंत्रीकरण' के लिए भी यह आवश्यक है। अब यह प्रश्न उठना स्वाभाविक है कि आदिवासी या देशज लोग किस कारण से इतिहास में उपेक्षित रहे। सम्भवत: इसका सूत्र इतिहासकार रैंक की उक्ति 'दस्तावेज नहीं तो इतिहास नहीं' में छुपा है। आदिवासी समुदाय एक प्राक-साक्षर समाज है इसलिए अपने लम्बे उपनिवेश-पूर्व अतीत को लिपिबद्ध नहीं कर पाए इसलिए एक गलत धारणा फैलाई गई कि वे प्राक-इतिहास इतिहास के दौर के हैं। औपनिवेशिक काल में जब मानवजातीय और ऐतिहासिक विवरण लिखे जाने लगे, तब इस अवधारणा के कारण उनके इतिहास के पुनरुद्धार या इतिहास में उनकी भूमिका का सही मूल्यांकन नहीं किया जा सका है। इतिहास के औपनिवेशिक और अभिजातीय अध्ययन प्राक-औपनिवेशिक कालीन अतीत पर रोशनी नहीं डाल सके। इतिहास लेखन में हमेशा आदिवासियों के स्थान पर अन्य लोगों को घटनाओं के केन्द्र में रखा गया फलस्वरूप एक दूसरी गलत धारणा की उत्पत्ति हुई कि आदिवासी इतिहासविहीन थे तथा औपनिवेशिक काल में ही उन्होंने इतिहास की पात्रता अर्जित की।[1]

हो आदिवासियों के पूर्व-औपनिवेशिक काल के इतिहास पर बेहद कम अध्ययन स्रोत उपलब्ध है। हमारे पास जो भी स्रोत उपलब्ध हैं वह काफी विविध हैं और अक्सर एक-दूसरे से जुड़े हुए नहीं हैं। सिंहभूम के हो आदिवासियों के इतिहास का पुनर्निर्माण उनकी सामूहिक स्मृतियाँ जो मिथक सम्बन्धी कथाओं में व्याप्त है, से भी की जा सकती है। हमारे पास भाषा, डीएनए अनुसन्धान और पुरातात्त्विक खोजों के परिणाम हैं इसके साथ ही लोककथा और लोकगीत के रूप में पीढ़ी-दर-पीढ़ी हस्तान्तरित होती मौखिक परम्परा है। इन सबके सूक्ष्म अवलोकन से हमें हो आदिवासियों के इस काल के इतिहास के पुनर्लेखन में सहायता मिलती है। सिंह वंश की पारिवारिक इतिकृति वंशप्रभा लेखन के गहन अध्ययन से भी हम बिखरे हुए कड़ियों को एक सूत्र में पिरो सकते हैं। परवर्ती काल के विभिन्न औनपिवेशिक कालीन सरकारी दस्तावेजों से भी हम हो इतिहास की पुनर्रचना कर सकते हैं। मैं पहली बार दो ऐसे प्रमाणों को हो इतिहास की स्रोत सामग्री के रूप में प्रस्तुत कर रही हूँ जिनका पहले कभी उल्लेख नहीं किया गया है। पहला, कोमचोंगदिरी, यह एक बिड्दिरी है। हो मान्यता के अनुसार यहाँ पर कुछ किलियों तथा उनके इलाकों का बँटवारा हुआ था। दूसरा, हो समुदाय में मारांग बोंगा की पूजा एक विशिष्ट स्थान रखता है। यह पूजा हर किली के लोगों के लिए अनिवार्य है तथा वे इसे व्यक्तिगत स्तर पर करते हैं। बाकी अन्य पूजाओं की तरह इसे गाँव स्तर पर नहीं मनाया जाता है। साधारणत: प्रत्येक किली के लोग सिंहभूम में विभिन्न गाँवों में प्रवास करते हुए आए हैं। इस पूजा में प्रत्येक किली अपने पहले गाँव, फिर पूर्वज और वहाँ के देशाउली (ग्राम देवता) का नाम लेते हैं। इस कारण प्रत्येक किली के उत्पत्ति गाँव का नाम और प्रवास मार्ग की स्पष्ट जानकारी मिल जाती है।

हो मिथक से ऐतिहासिक तथ्यों का संग्रह

धार्मिक और अकालिक होने के कारण मिथक को इतिहास का 'अकाट्य' और 'वस्तुनिष्ठ' स्रोत नहीं माना जा सकता है लेकिन जान वांसिना, मेलिनोवस्की, लेवी-स्ट्रॉस और रोला बर्थ जैसे विदेशी लेखकों ने मौखिक स्रोतों और मिथक रचनाओं को अपने अध्ययन का आधार बनाया है। वे सृजन-मिथकों की भरपूर ज्ञानशास्त्रीय सम्भावनाओं पर जोर देते हैं क्योंकि 'संस्कृति विशिष्ट बयान' होने के कारण मिथक मानव-मस्तिष्क के काम करने के तरीके को भी दर्शाता है। दरअसल मिथक अतीत की संकेत पद्धति के तौर-तरीकों के रूप में विकसित हुआ जो एक खास समय और स्थान के परिप्रेक्ष्य में एक समूह की जनजातीय पहचान को अभिव्यक्त करता है। यह अभिव्यक्ति दो तरीकों से होती है पहला, अन्य समूहों के साथ जनजातीय गोष्ठी की उत्पत्ति का बयान कर अपनी विशिष्ट पहचान का उल्लेख करता है तथा

दूसरा वर्तमान काल में उस समाज के आधार को तर्कसंगत बनाता है। इस तरह मिथक काल्पनिक विवरण होने के बावजूद 'एक सामाजिक सनद' बन जाता है (सेन 2009-2010 : 10)।[2]

झारखंड के आदिवासियों में मुंडा और सन्तालों के मिथकों का समाजशास्त्री और नृविज्ञानियों ने अपने अध्ययनों में विस्तारपूर्वक विवरण प्रस्तुत किया है। हाल के दो शोधपत्रों को छोड़कर गवेषकों ने हो मिथकों की अनदेखी की है। इनमें से पहले में हो सृष्टि मिथक को 'मागे पोरोब' के कर्मकांड के दौरान बयान करते हुए अतिप्राकृतिक और प्राकृतिक विश्व से हो आदिवासियों के रिश्तों को समझने का प्रयास किया गया है। झारखंड के आदिवासियों के सृष्टि मिथकों का सामग्रिक विवेचन करते हुए दूसरा लेख उनके विश्वतत्त्व का अध्ययन करती है। यद्यपि इन लेखों का स्वरूप मूलत: गैर-ऐतिहासिक है लेकिन इन मिथकों में छिपे ऐतिहासिक सूत्रों को खोजा जा सकता है। डॉ. ए.के. सेन ने सर्वप्रथम हो मिथकों में छिपे ऐतिहासिक तत्त्वों के आधार पर हो इतिहास की पुनर्रचना करने का महती प्रयास किया है। वे अपने विश्लेषणात्मक अध्ययन में हो सृजन मिथक के कथानक, अन्य आदिवासी मिथकों के साथ तुलनात्मक अध्ययन, हो मिथकों से ऐतिहासिक सामग्री की खोज और इतिहास के पुनर्निर्माण में इन मिथकों की कमी के बारे में सारपूर्ण विवरण प्रस्तुत करते हैं। वे मिथक में वर्णित अंग्रेजों और औपनिवेशककाल की भी व्याख्या प्रस्तुत करते हैं। (सेन वही : 10-11)। चूँकि यह शोध प्राक-औपनिवेशिक काल तक सीमित है इसलिए मैं इसी काल तक हो मिथकों में वर्णित ऐतिहासिक सूत्रों को एक कड़ी में पिरोने का प्रयास करूँगी।

हो मिथक

हो सृजन मिथक की अनेक कहानियाँ हमारे पास मौजूद हैं। सर्वप्रथम 1837 ई. में कोल्हान गवर्नमेंट स्टेट बनने के बाद पहले पोलिटिकल असिस्टेंट एजेंट लें. एस.आर. टिकेल (1840 : 797-9) ने हो मिथक को लिपिबद्ध किया था। इसकी जानकारी उन्हें कुछ मानकियों से मिली थी। कई दशकों बाद ई.टी. डाल्टन ने अपने पुस्तक में इस मिथक को अंशत: प्रस्तुत किया था (1973 : 185)। परवर्ती समय में रिताम्भरा हेब्बर और धनुर सिंह पूर्ति[3] ने कुछ बदले हुए रूप में इसका वर्णन किया है जो उनके क्षेत्र भ्रमण और हो समुदाय के साथ संवाद पर आधारित हैं। (2003; पूर्ति 1982)।[4] ये परिवर्तन बताते हैं कि इनके ढाँचे किस प्रकार बदलते रहे और हाल के दिनों तक किस प्रकार ये अस्तित्व में बने रहे। इस शोध में हम लें. टिकेल के विवरण को अपने लेख का आधार बनाएँगे क्योंकि ये सबसे अल्प परिवर्तनीय रूप में हमारे सामने मौजूद हैं।

हो मिथक कई चरणों में विश्व की उत्पत्ति की कहानी बताते हैं। हर एक चरण घटना के रूप में है। ये घटनाएँ एक के बाद एक के क्रम में आती हैं, कारण-कार्य के क्रम में नहीं। घटनाएँ सृष्टि के व्यापक विषय का अंश हैं। इनका आरम्भ स्व-सृजित तत्त्वों, *ओते बोरोम* और *सिरमा ठाकुर* या *सिंगबोंगा* से होती है। इस तरह इन तत्त्वों को प्रारम्भिक कारणों के रूप में दर्शाया गया है जिनके कारण विश्व का सृजन हो सका। इसमें मिथक के मूल धार्मिक चरित्र और हो संस्कृति के धार्मिक आधार के तर्क प्रस्तुत किए गए। इसके बाद किसी अनिर्दिष्ट अतीत में अन्य तत्त्व सृजित हुए। इससे प्रमाणित होता है कि हो मिथक अकालिक थे। इसके अनुसार सर्वप्रथम धरती का सृजन हुआ, उसके बाद घास, वृक्ष, पत्थर और पानी बने, तत्पश्चात मवेशी और वन्य जीवों का सृजन हुआ। इस जैविक पृष्ठभूमि में सिंगबोंगा ने मनुष्य का निर्माण किया। मनुष्य के रूप में उन्होंने एक लड़का और एक लड़की का सृजन किया। केकड़े की गुफा में वे निवास करते थे। पहली जोड़ी को *डियंग* यानी हड़िया का सेवन कराकर उनके अन्दर यौन प्रवृत्ति पैदा की गई जिसके फलस्वरूप विश्व आबादी से परिपूर्ण हो गया।[5]

आगे मिथक में *सिंगबोंगा* और *चान्दो ओमोल* की शादी की कथा है। चान्दो ओमोल चाँद है जो सिंगबोंगा की ही तरह स्वसृजित है। उन दोनों के चार पुत्र और कई पुत्रियाँ होती हैं। इन पुत्रों को विनष्ट कर दिया जाता है। चान्दो ओमोल को भी आदेश न मानने के कारण दो टुकड़ों में काट दिया जाता है। उनकी पुत्रियाँ तारे बन जाती हैं। इस तरह हो मिथक वर्णन-क्रम से हटकर महाविश्व की उत्पत्ति का उल्लेख करने लगते हैं।[6] लेकिन अगर हम सूक्ष्म अवलोकन करें तो इनमें सृजन की अवधारणा का स्वर्गीय विधान पाते हैं जिसमें सृजन की आवश्यक शर्त के रूप में शादी पर जोर दिया गया है। इस प्रकार दो घटनाएँ जिनके बीच कोई सम्बन्ध नहीं है वे शादी द्वारा आपस में जुड़ जाती हैं और मानव के सृजन की अवधारणा को सम्पूर्ण आयाम देती हैं।

कथा आगे बताती है कि विश्व की आबादी कैसे परिपूर्ण हो गई। यह बारह भाई-बहनों के सृजन का उल्लेख करता है। यह मानव-समूह के विश्वजनीन रूप को स्पष्ट करता है। जिसकी सृष्टि एक परिवार एवं एक स्थान में हुई थी। इनमें नस्ल, जाति, भाषा और भूगोल का कोई भेदभाव नहीं था। उन्हें सिंगबोंगा का पौत्र कहा गया। यह माना गया कि पहला नर और नारी सिंगबोंगा की सन्तान है। घटना का अन्त एक महाभोज से होता है जो आदिवासियों और वर्णों की उत्पत्ति के लिए मंच प्रस्तुत करता है। नर और नारी के बीच सहमति से यौन क्रिया द्वारा कोल, भूमिज, सन्ताल आदि आदिवासी और ब्राह्मण जैसे वर्ण उत्पन्न हुए।[7] इस तरह यह कथा मनुष्यों में आपसी विभाजन की प्रक्रिया के आरम्भ होने का संकेत देती है। पहले यह विभाजन स्थानिक तौर पर था। बाद में जब वे अलग-अलग रहने लगे तब

उन्होंने अलग-अलग भाषा, पेशा और औजार अपना लिये। इस तरह यह विभाजन सांस्कृतिक बन गया। हो कथा अलग समुदायों और संस्कृतियों के विकसित होने की कहानी कहता है जिसमें अंग्रेज भी शामिल हैं। यह प्रक्षेपण आदिवासी विवरण-शैली में विशेष घटना की जगह घटना-समूह की सर्वोच्चता को दर्शाते हैं।

आगे समाज में पतन की कहानी का उल्लेख है। ईश्वर के निर्देश के विरूद्ध समाज में कौटुम्बिक व्यभिचार प्रारम्भ हो गया जिससे सिंगबोंगा क्रोधित हो गए और उन्होंने पानी और आग से सब नष्ट कर दिया। इसमें सिर्फ सोलह लोग बच गए। कथा में अंग्रेजों के जिक्र के उपरान्त पतन की धारणा को समाविष्ट कर प्रतीकात्मक रूप से पराजय का उल्लेख किया है। इसके बाद विश्व किस प्रकार आबादी से भर गया इसका वर्णन नहीं किया है। लेकिन बाद में हो लोगों के ऐतिहासिक काल में प्रवेश का उल्लेख है। इसके अन्तर्गत ब्रिटिश शासन, चड़क पूजा, सती और हिन्दू कर्म के सिद्धान्त अर्थात अच्छे काम करने पर अगले जन्म में मनुष्य योनि में और बुरा काम करने पर कुत्ता, सूअर तथा गिरगिट योनि में जन्म होने का वर्णन। इस मिथक में 'आखिरी दिन' के सिद्धान्त को नकारा गया। हो लोगों का विश्वास था कि अन्तिम निर्णय सिंगबोंगा के द्वारा लिया जाता है। मरणोपरान्त सभी आत्माओं को उनके पास जाना पड़ता है। अपने किए गए कामों के हिसाब से सिंगबोंगा उन्हें पुरस्कृत करते हैं अथवा दंडित।[8] कथा में सिंगबोंगा के निवास स्थान का कहीं जिक्र नहीं है इसलिए यह साफ नहीं है कि इसी दुनिया में या अन्य किसी दुनिया में सिंगबोंगा से भेंट करनी है।

हो, मुंडा और सन्ताल मिथक का तुलनात्मक अध्ययन

सन्ताल मिथकों के विभिन्न संस्करण डब्ल्यू.डब्ल्यू. हंटर और रेव.एल.ओ. स्केरफसर्ड ने संकलित किए हैं। हंटर ने अपनी पुस्तक *ऐनल्ज ऑफ रूरल बंगाल* नामक पुस्तक में सन्ताल परम्परा के शीर्षक के तहत मिथक पर अपना मन्तव्य दर्ज किया है। पुस्तक के अन्त में परिशिष्ट में सृष्टि की कथा का शाब्दिक अनुवाद है (1975 :147-56, 450-3)।[9] स्केरफसर्ड के संस्करण में *होडकोरेन मारे हापरामको रीक कथा* को पुन: प्रस्तुत किया गया था। 1871 में पहली बार इसे सन्ताली भाषा में लिखा गया था फिर 1887 में इसे अंग्रेजी में अनुवाद कर प्रकाशित किया गया था। स्केरफसर्ड द्वारा लिपिबद्ध किया गया मूल लेखन कोलियन नामक गुरु से संवाद कर संगृहित किया गया था।[10] इसके पश्चात पी.ओ. बोडिंग ने कुछ अंश शामिल कर सन्ताल मिथक को लिखा है (बोडिंग 1994 : 1)।[11] सन्ताल उत्पत्ति की कथा को एक स्थानीय ग्रामीण से संकलित कर डाल्टन ने भी अपनी पुस्तक में स्थान दिया है (1973 : 209-11)।

मुंडा मिथक को फादर हॉफमेन ने 1924 में सरकार की वित्तीय सहायता से संकलित और प्रकाशित किया था (1930-50 : IX-XV)।[12] छोटानागपुर में अपने लम्बे प्रवास के दौरान मेनास ओड़ेया, रूफस होरो, सहदेव पुर्ति और कुछ मिशनरी साथियों ने उन्हें न केवल मिथक लिपिबद्ध करने में मदद की बल्कि मुंडा भाषा और संस्कृति के बारे में भी जानकारी दी। इस आधार पर वे अपने 16 खंडों की महान कृति इनसाइक्लोपीडिया मुंडारिका की रचना कर पाए।[13]

हो मिथक बहुत हद तक बीजात्मक तथा मुंडा और सन्तान मिथकों की तुलना में छोटा है। सन्ताल मिथक बीस और मुंडा मिथक आठ पन्नों के हैं। हो मिथक मात्र दो पन्नों में ही समाया हुआ है। सूक्ष्म अवलोकन से इनमें समानता और विभिन्नता दोनों परिलक्षित होते हैं। एकरूपता का कारण सभी मिथक कोलारियन मूल से आते हैं। इन तीनों में एक ईश्वर है जो स्व-सृजित है। वे विश्व के जीव-जन्तुओं और मानव आबादी के सृजनकर्ता हैं। सबसे पहले एक परिवार, तत्पश्चात आदिवासी, सम्प्रदाय और वर्णों का सृजन होता है। तीनों मिथक इस बात पर सहमत हैं कि ईश्वर ने क्रोधित होकर आग या पानी द्वारा सृजन को नष्ट कर दिया। यहीं पर एकरूपता समाप्त होती है और विभिन्नता शुरू हो जाती है। मुंडा मिथक धरती और जल के अलग होने, मानवों के सृजन तथा दिन व रात में समय के विभाजन की बात करती हैं। इस तरह कथानक सार्वभौम स्तर पर धरती पर मानव सभ्यता के उद्‌गम का बयान करता है। इसके विपरीत सन्ताल मिथक धरती और सभी जीवित प्राणियों के उत्पत्ति के बारे में बताता है। सार्वभौमिकता की जगह विशिष्टता की ओर ज्यादा झुकाव पाते हैं। इसमें मनुष्य का सम्प्रदाय और नस्लों में विभाजन तथा सन्ताल और दिकुओं के बीच संघर्ष पर जोर दिया जाता है। लेकिन ये दिकु कौन हैं उसे स्पष्ट नहीं किया जाता है। हो मिथक आम दृष्टिकोण से सन्ताल मिथक से मिलता-जुलता है पर यह सृजन प्रक्रिया को सन्ताल और मुंडा मिथक जैसा विस्तार में दर्ज नहीं करता है। हो मिथक इन दोनों मिथकों से इस मायने में भिन्न है कि वह ग्रह, नक्षत्रों, तारों की उत्पत्ति और पृथ्वी पर किए गए अच्छे-बुरे कर्मों के अनुसार पुरस्कार और दंड की बात करता है। हो मिथक अलग-अलग कबीले, वर्ण यहाँ तक की अंग्रेजों की उत्पत्ति का भी जिक्र करता है। महत्त्वपूर्ण अन्तर यह है कि जहाँ हो मिथकों में समुदायों में पारस्परिक एकता और सह-अस्तित्व की बात की जाती है वहीं सन्ताल मिथक द्वंद्वात्मकता पर आधारित है। एक अन्य बड़ा अन्तर यह है कि मुंडा मिथक अ-ऐतिहासिक है क्योंकि यह संस्कृतियों की काल-विहीन उत्पत्ति को दर्ज करते हैं। वहीं हो और सन्ताल मिथक एक साथ अ-ऐतिहासिक और ऐतिहासिक दोनों घटनाओं का उल्लेख करते हैं।[14]

हो मिथक में ऐतिहासिक तथ्य

इस मिथक से हमें हो समुदाय की विशेष घटना या घटना समूह के संकेत मिलते हैं। इनके विश्लेष्णात्मक अध्ययन से हो सामाजिक परिवेश की संरचना, अपने बारे में हो लोगों की समझ, दूसरे समुदाय के बारे में हो लोगों की अवधारणा की जानकारी शामिल है।

हो सामाजिक परिवेश की संरचना का स्पष्ट विवरण हमें प्राप्त होता है। मिथक के अनुसार हो लोग भुइयाँ, सन्ताल, कुर्मी, घासी, भूमिज, ब्राह्मण, राजपूत, क्षत्रिय और अन्य हिन्दू जिनका परिचय नहीं दिया गया है, के साथ रहते थे। इससे स्पष्ट होता है कि हो सामाजिक परिवेश आदिवासी और गैर-आदिवासियों से मिलकर बना था। इसे जानने के लिए मिथक के एक अंश को उद्धृत किया जा सकता है—'जाओ और एक महाभोज की व्यवस्था करो, चावल और भैंस व बैल का गोश्त लाओ और बकरियाँ, भेड़, सूअर, मुर्गे, व सब्जियाँ भी'। जिस जोड़े ने भैंस और बैल का गोश्त खाया उनसे हो और भूमिज उत्पन्न हुए। जिन जोड़ों ने चावल और सब्जी खाई उनमें से ब्राह्मण, राजपूत, क्षत्रिय और अन्य हिन्दू बने। जिन जोड़ों ने बकरी और मछली खाया उनसे अन्य हिन्दुओं की उत्पत्ति हुई। भुइयाँ लोगों ने सीपियाँ खाईं, सन्तान और कुर्मी लोगों को केवल सूअर का गोश्त मिला। जब कुछ नहीं बचा तब हो लोगों ने अपना कुछ हिस्सा घासियों को दे दिया। इस तरह यह बताया गया कि सिंगबोंगा के निर्देश पर आदिकाल में हुए महाभोज से गोष्ठियाँ बनी जिनसे हो सामाजिक परिमंडल सजा। इस तरह नाम वाले और अनाम हिन्दू जातियों का उल्लेख बताते हैं कि कोल्हान में गैर-आदिवासी समूह भी थे जिनसे उनका रिश्ता बन गया था। अनुमानत: बिना नाम वाले हिन्दुओं में ग्वाला, कुम्हार, लोहार और तान्ती रहे होंगे जिन्हें हो गाँवों में बसने की अनुमति दी गई थी। सम्भवत: हो मिथक में उन्हें उस समय जगह दी गई जब दक्षिण कोल्हान में 18वीं सदी के आसपास हो गाँवों की स्थापना के बाद ग्रामीण अर्थव्यवस्था को चलाने के लिए इन्हें गाँवों में आमंत्रित किया गया था।[15]

जैसा कि हम सब जानते हैं हो छोटानागपुर के मुंडा समुदाय की ही एक शाखा है। दसवीं सदी के बाद वे छोटे-छोटे समूहों में सिंहभूम में प्रवेश करते रहे। परवर्ती काल में उन्होंने हो भाषा और संस्कृति का विकास कर एक स्वतंत्र कौम बनाई। इस विशिष्ट हो पहचान की अभिव्यक्ति सृजन-सम्बन्धी मिथक द्वारा होती है। जिसमें प्रथम जोड़े ने जिसने महाभोज में बैल और भैंस का मांस खाया था उनसे वे अपनी उत्पत्ति का दावा करते हैं। इस तरह वे सिंगबोंगा द्वारा सृजित पहले मानव हैं। इसमें अनेक सन्देश छिपे हुए हैं। पहला, हो के रूप में अपनी उत्पत्ति को बताकर वे मुंडाओं के साथ अपने सम्पर्क का खंडन करते हैं। दूसरा, वे बाकी सारे

लोगों से अपनी श्रेष्ठता का दावा करते हैं। सिंहभूम में अपने लिए खास राजनीतिक स्थान हासिल कर लेने अर्थात हो दिशुम को कायम करने की घटना पर यह दावा केन्द्रित था। यह घटना 12वीं से 18वीं शताब्दी के बीच का है। तीसरा, महाभोज में खाद्य-पदार्थों के वितरण का क्रम यह दर्शाता है कि हो लोगों की समझ में पशु-मांस कृषि उपज से अधिक महत्त्वपूर्ण है। इस कारण सृजन की सीढ़ी में मांसाहारियों को सर्वोच्च स्थान दिया गया। इससे निष्कर्ष निकलता है कि मिथक में हो अपनी पहचान पशुचारण और कंद-मूल संग्रह करनेवाले समूह के रूप में देते हैं। चूँकि यह मिथक 1840 ई. में लिपिबद्ध हुआ था सम्भवत: उस समय कृषि का समुचित विकास नहीं हो पाया था। यह भी सम्भव है कि हो लोगों ने अपने जंगल-केन्द्रित और प्राक-कृषि अस्तित्व को ही सर्वोपरि माना चूँकि उनके लिए स्वयं को कृषक समाज से अलग दिखाना आवश्यक था।[16]

इस कथा से अन्य लोगों के बारे में हो अवधारणा का पता चलता है। मानव समूह आदिम बारह भाई-बहनों के बच्चे थे जो खाद्य-सामग्रियों का बँटवारा कर जीवित रहते थे और एक-दूसरे के अधिकार क्षेत्र में हस्तक्षेप नहीं करते थे 'कोई अपने भाई के हिस्से को हाथ नहीं लगाएगा'। जब सभी भाई अपनी तय की गई जगहों में रहने लगे और उनकी विशिष्ट संस्कृतियाँ विकसित हो गईं तो उनकी अलग पहचान बनी। इस तरह दूसरों के बारे में हो लोगों को एक ठोस रूप मिला जो आदिवासी और वर्णों दोनों की उत्पत्ति की श्रेणीबद्धता में निहित है। उन्होंने भूमिज को *मटकुम* कहा जिसका अर्थ है 'मझला भाई'।[17] यह पारिवारिक सम्बन्ध का द्योतक है। अगले क्रम में भुइयाँ आते हैं जो दिखाता है कि हो लोगों के मानसिक दुनिया में वे हाशिये पर थे। सम्भवत: वह सुदूर अतीत में दोनों के बीच हुए सत्ता-संघर्ष का परिणाम था जो कोल्हान पर अधिकार प्राप्त करने के लिए लड़ा गया था। इस सोपान में सबसे निचले क्रम में सन्ताल आते हैं।[18] उन्हें नीचे जगह दिया जाना यह बताता है कि आबादी कम होने के कारण हो की नजर में राजनीतिक तौर पर महत्त्वहीन थे।

ऐतिहासिक अनुभव के कारण हो लोगों ने जाति-समूहों को प्रधानता नहीं दी। उन्होंने ब्राह्मणों को तीसरी जोड़ी से उत्पन्न बताया। राजपूत, क्षत्रिय और अन्य हिन्दुओं को इसके बाद की जोड़ियों से। उन्हें बैल और भैंस का मांस नहीं दिया गया था जो सर्वोत्तम खाद्य-पदार्थ थे। इस तरह प्रतीकात्मक रूप से उन्होंने न केवल जाति-प्रथा को नकारा बल्कि यह भी दर्शाया कि वे गैर-हिन्दू हैं। ऊँची जातियों को मिथकीय तौर पर हाशिये पर भेजने की पुष्टि इतिहास से भी की जा सकती है। ऐसा क्यों और कब हुआ। सम्भवत: हिन्दुओं के छोटानागपुर पठार में फैलने के कारण मुंडा समुदाय के एक हिस्से को वहाँ से पलायन करने को विवश होना पड़ा था। अपने कटु अनुभव के कारण वे हिन्दुओं को पसन्द नहीं करते थे।

इसलिए उन्होंने हिन्दुओं और अन्य जातियों को कोल्हान में बसने की अनुमति नहीं दी थी। इसका प्रमाण हमें औपनिवेशिक कालीन दस्तावेजों से भी मिलता है। 1819-20 ई. में ब्रिटिश सेनाध्यक्ष ई. रफसेज[19] ने लिखा है कि हो लोग ब्राह्मण, राजपूत और मुसलमानों के घोर विरोधी थे। हालाँकि ये भी सत्य है कि इसी समय कुछ हो लोग हिन्दू संस्कृति से प्रभावित हो रहे थे।[20] सबसे अन्त में चड़क पूजा और सती-प्रथा जैसे सामाजिक रिवाजों की निन्दा करते हुए उन्होंने हिन्दुओं को अपने से अधम बताने की चेष्टा की।[21]

इस तरह हो मिथक के विश्लेषण से पता चलता है कि हो मिथक सन्ताल और मुंडा मिथक की तरह न तो व्यापक थे और न ही ऐतिहासिक। वे अपने प्रव्रजन का भी कोई उल्लेख नहीं करते हैं। इसमें मुख्य रूप से हो समुदाय के अन्य आदिवासी समुदायों और जातियों के साथ उसके सम्बन्धों को रेखांकित करती है। इस तरह यह मिथक सम्पूर्ण ऐतिहासिक परिवेश के विषय में हमारा ज्ञानवर्द्धन नहीं करता है लेकिन इसके बावजूद इसमें इतिहास के अनेक घटना समूह के सूत्र मिलते हैं। इससे भी अधिक यह मिथक हमें बताता है कि अपने इतिहास के सम्बन्ध में हो समुदाय की क्या समझ थी और इतिहास के किन अंशों को याद रखना उन्होंने आवश्यक समझा है। हालाँकि उन्होंने अपनी समझ को व्यक्त से अधिक सांकेतिक रूप में प्रदर्शित किया है।

हो आदिवासियों का भाषायी और जातीय इतिहास (डीएनए अनुसन्धान)

अब हम भाषायी और जातीय रूप से हो लोगों के इतिहास को जानने का प्रयास करेंगे। प्रसिद्ध भाषाविज्ञानी फादर जॉन हॉफमेन लिखते हैं कि वे खुद को हो कहते हैं जिसका अर्थ *मनुष्य* या *आदमी* होता है। वे इसे *हमारे लोगों का एक आदमी* के अर्थ में भी कहते हैं (हॉफमेन 1930-50 : 1814-15)।[22] प्रसिद्ध नृवंशविज्ञानी एच.एच. रिजले के अनुसार उसी तरह मुंडा लोग स्वयं को *होर* और सन्ताली लोग *होड़* कहते हैं (रिजले 1891 : 319)।[23] ले. टिकेल[24] ने लिखा है कि हो झारखंड के मुंडाओं के साथ अपनी अधिकांश भाषा साझा करते हैं (टिकेल 1840 : 803)।[25] इनसाइक्लोपीडिया मुंडारिका के अनुसार मुंडा जनजाति की तीन शाखाएँ बनीं—

1. कम्पाट मुंडा, ये केवल मुंडा कहलाए।
2. महली मुंडा, ये तमाड़ क्षेत्र में बस गए और तमाड़िया कहलाए।
3. हो मुंडा, ये केवल हो के रूप में जाने गए।[26]

मुंडा या मुंडारी भाषा का उद्‌भव *खेरवारी* से माना गया है। खेरवारी *ऑस्ट्रिक भाषा परिवार* की एक मूल भाषा है जिसमें कई अन्य भाषाएँ आती हैं। इस भाषा-

समूह को *ऑस्ट्रिक* या *ऑस्ट्रो-एशियाटिक* भी कहा जाता है। मुंडारी भाषा-समूह के सन्दर्भ में भाषा वैज्ञानिक डॉ. दिनेश्वर प्रसाद के विचार से,"इस भाषा की पहचान सर्वप्रथम पेंटस्मिड्स ने की थी। उन्होंने 1906 में *ऑस्ट्रिक भाषा परिवार* शब्द का पहली बार प्रयोग किया और यह बताया कि इस परिवार की भाषाएँ मैडगास्टर से लेकर न्यूजीलैंड तथा दक्षिण अमेरिका के तट से प्राय: 40 किलोमीटर की दूरी पर अवस्थित ईस्टर द्वीप समूह तक फैली हुई है। उन्होंने इस भाषा परिवार की कल्पना—ध्वनि, वाक्य रचना, वैयाकरणिक विशेषताओं तथा किसी सीमा तक एक जैसे शब्दों की समानताओं के आधार पर की' (सिन्हा 2006 : 23)।[27]

1866 में जार्ज कैम्पवेल ने इस भाषा परिवार को कोलारियन नाम दिया था। परन्तु सर जार्ज ग्रियर्सन और मैक्समूलर ने कोलारियन शब्द का खंडन करते हुए मुंडा नामकरण पर बल दिया, जो आज भी मान्य है (बरो 1915 : 3)।[28] आगे चलकर विद्वानों ने ऑस्ट्रो-एशियाटिक भाषा परिवार को मुंडा परिवार, ऑस्ट्रोनेशियन परिवार, मोनख्मेर परिवार आदि में विभक्त किया है।

मुंडा भाषा मेघालय की खासी और विशेष रूप से दक्षिण-पूर्व म्यांमार से वियतनाम और चीन के दक्षिण में मोन खमेर भाषा से बहुत साम्यता रखती है। जिन्हें बाद में ऑस्ट्रो-एशियाटिक भाषा कहा गया।[29] यहाँ से दक्षिण-पूर्व एशियाई लोगों ने अपनी भाषा को भारत तक पहुँचाया। हालाँकि एक सटीक तिथि का निर्धारण विद्वानों के बीच बहस का विषय है पर प्रमाणों के आधार पर हम एक सार्थक निष्कर्ष पर पहुँच सकते हैं। ऑस्ट्रो-एशियाटिक भाषा-समूह की उत्पत्ति की अद्यतन तिथि लगभग 4000 ईसा पूर्व होगी।[30] प्रारम्भिक मुंडा बोलनेवाले 2500 ईसा पूर्व के आसपास भारत आए थे (स्ट्रीमर 2016 : 8)।[31] लेकिन अद्यतन शोधों के अनुसार मुंडा समूह दक्षिण-पूर्व एशियाई नस्लीय समूह से बाहर हैं। वास्तव में हाल के डीएनए शोध से पता चलता है कि वे पहले के स्थानीय आबादी के 75% वंशज हैं।[32] फिर भी उनकी आनुवंशिकता के 25% दक्षिण-पूर्व एशियाई मूल का है और विशेष रूप से पुरुष वंशजों में पाया जाता है। ऑस्ट्रो-एशियाटिक भाषायी परिवार की उत्पत्ति का दावा एशिया, भारत और दक्षिण एशिया में किया जाता है। चूँकि पारम्परिक और लिंग विशिष्ट आनुवंशिक विश्लेषणों पर आधारित आनुवंशिक अध्ययनों से विरोधाभाषी परिणाम प्राप्त हुए हैं इसलिए भारत की एक ऑस्ट्रो-एशियाटिक मुंडा आबादी की एचएलए (HLA)[33] विविधता की भारत और दक्षिण-पूर्व एशिया की अन्य आबादी के साथ सम्बन्धों की जाँच की गई। इसमें पाया गया कि वे दक्षिण-पूर्व एशियाई आबादी की तुलना में कम विविधता प्रदर्शित करते हैं। कई आनुवंशिक विश्लेषणों से संकेत मिलता है कि मुंडा भारतीय उपमहाद्वीप की आबादी से बहुत अधिक निकटता से सम्बन्धित है। यद्यपि भारत में ऑस्ट्रो-एशियाटिक भाषा बोलनेवाले पुरुषों के आप्रवासन के प्रमाण मिलते हैं पर हम एक बहुत ही अस्पष्ट तारीख

और स्थान से अधिक निर्दिष्ट नहीं कर सकते हैं। इस आनुवंशिक विश्लेषणों से यही निष्कर्ष निकलता है कि मुंडा न तो द्रविड़ों और न ही इंडो-यूरापियनों के साथ घनिष्ठ सम्बन्ध साझा करते हैं।[34]

यह निर्धारित करना एक दीर्घकालीन समस्या है कि ऑस्ट्रो-एशियाटिक समूह के कौन से भाग से मुंडा और हो सम्बन्धित हैं। उनकी उत्पत्ति में दक्षिण-पूर्व एशियाई सम्बन्ध क्या भूमिका निभाते हैं। पूर्व-डीएनए काल के सिद्धान्त भाषायी, नृवंशविज्ञान और पुरातात्त्विक अन्तर्दृष्टि पर आधारित थे जो प्रमुख समूहों के प्रसार के व्यवस्थित मॉडल पर आधारित थे। इनमें मुंडा बोलनेवालों को भारत में आनेवाले सर्वप्रथम आगन्तुक माना गया है। सम्भवत: वे पश्चिम से आनेवाले पहले प्रवासियों के रूप में आए थे या फिर दक्षिण-पूर्व एशिया से आनेवाले आक्रमणकारियों के रूप में।[35] डीएनए अनुसन्धान जाँच की अपेक्षाकृत एक नई विधि है और अनेक बिन्दुओं पर इसके परिणाम भाषायी और नृवंशविज्ञान साक्ष्य के साथ जोड़े जाते हैं। (इसमें पुरातात्त्विक साक्ष्य शामिल नहीं किए जाते हैं) डीएनए अनुसन्धान ने न केवल भारत के प्रमुख लोगों के रूप में ऑस्ट्रो-एशियाटिक समूह के स्थान की पुष्टि की बल्कि यह भी स्पष्ट किया कि समूह की भारतीय शाखा कैसे अस्तित्व में आई।

2003 में विक्रान्त कुमार ने दावा किया कि भारत में प्रवेश करनेवालों में द्रविड़ सबसे पहले आए। ऑस्ट्रो-एशियाटिक समूह ने बाद के काल में कभी प्रवेश किया। हालाँकि विक्रान्त कुमार ने बाद में स्वीकार किया कि ये सभी डीएनए परिणाम कम नमूनों (Sample) से आए थे और उनके पास पर्याप्त साक्ष्य नहीं हैं।[36] परवर्ती समय में अनालाभा बसु ने ऑस्ट्रो-एशियाटिक को सबसे पहले बसनेवाले के रूप में देखा और भारत में महिला वंश की अन्तर्निहित समानता की ओर इशारा किया। अपने अनुसन्धान में उन्होंने दो निष्कर्ष पाए, पहला, ऑस्ट्रो-एशियाटिक के पूर्वजों ने पश्चिम से भारत में प्रवेश किया होगा और दूसरा, परवर्ती काल में कुछ ऑस्ट्रो-एशियाटिक पूर्वज उत्तर-पूर्व से प्रवेश कर गए। बाद में 2016 में उन्होंने जोड़ा कि प्राचीन दक्षिण भारतीय, भारत के प्राचीनतम निवासी हैं।[37]

भारत का सबसे प्राचीनतम निवासी कौन है : ऑस्ट्रो-एशियाटिक, द्रविड़ या कोई और अन्य। जब ऑस्ट्रो-एशियाटिक भारत आए उन्होंने यहाँ की महिलाओं के साथ विवाह-सम्बन्ध बनाया। परवर्ती काल में आनेवालों ने भी ऐसा ही किया। पद्धतिगत प्रश्न यह है कि डीएनए सामग्री या किसी भी भौतिक अवशेष को वर्तमान भाषायी समूहों से कैसे जोड़ा जाए। यह समस्या तब और बढ़ जाती है जब हम प्लेस्टोसीन काल यानी 8000-9000 ई.पू. में जाते हैं। इस समय ऐसी भाषाओं के आदिम रूप भी अस्तित्व में नहीं थे या फिर अपने निर्माण की प्रक्रिया में थे।[38] रजीब खान ने 2010 में मुंडाओं के आगमन की अस्थायी तिथि 8000 और 2000/1000 ई.पू.

निर्धारित किया है।[39] इस प्रकार हम देखते हैं कि भारत में मुंडा लोगों की उत्पत्ति में दक्षिण-पूर्व एशियाई पुरुष योगदान अच्छी तरह स्थापित हो चुका है लेकिन इसकी सम्भावित तिथि अभी भी बहुत अस्पष्ट है।

हो आदिवासियों के प्रव्रजन का इतिहास

हो आदिवासियों के उद्गम स्थान या मूल आवास भूमि और छोटानागपुर के कोल्हान क्षेत्र में आने के बीच के कालखंडों में विभिन्न स्थानों से उनके प्रवजन या विस्थापन का कोई स्वतंत्र उल्लेख नहीं मिलता है। इसका मुख्य कारण यह प्रतीत होता है कि जैसा कि पूर्व में भी जिक्र किया गया है छोटानागपुर में प्रवेश करने से पूर्व मुंडा आदिवासियों से सम्भवत: हो आदिवासियों की कोई अलग पहचान नहीं थी। वे मुंडा समुदाय के ही अभिन्न अंग थे। विद्वानों के अनुसार छोटानागपुर में आने के बाद मुंडा समुदाय की एक शाखा अलग होकर सिंहभूम में जाकर बस गई और यहाँ वे हो कहलाए। अत: आदिकाल से या प्रागैतिहासिक काल से उनके प्रव्रजन का इतिहास मुंडा समुदाय से ही जुड़ा हुआ प्रतीत होता है और इसी परिकल्पना या सिद्धान्त के आधार पर हो आदिवासियों के प्रव्रजन एवं विभिन्न क्षेत्रों में बसने की घटनाओं पर विचार करना समीचीन प्रतीत होता है (सिन्हा वही : 16)।[40]

प्रव्रजन के विभिन्न सिद्धान्त

नृवंशविज्ञानशास्त्रियों ने छोटानागपुर में मुंडाओं के आगमन के कई परस्पर विरोधी सिद्धान्त स्थापित किए हैं—

1. कुछ नृवंशविज्ञानशास्त्रियों के अनुसार मुंडा आदिवासियों का आगमन मूल रूप से ऑस्ट्रेलिया से हुआ था। अन्य विद्वानों के अनुसार वे अरब होकर उत्तर-पश्चिम से आए थे। कुछ विद्वान मानते हैं कि वे दक्षिण से चाहे समुद्र से अथवा जमीन से आए थे जब भारत मेडागास्कर से जुड़ा हुआ था।
2. सर जार्ज कैम्पवेल ने 1866 में प्रकाशित पुस्तक *इंडियन एथनोलॉजी* में कोलारियन (मुंडा) आदि को उत्तरी भाग से और द्रविड़ मूल को दक्षिण से सम्बन्धित बताया है।
3. कर्नल ई.टी. डाल्टन ने *एथनोलॉजी ऑफ बंगाल* में मुंडारी बोली को आधार मानते हुए उन्हें उत्तर-पूर्व से आने की बात कही है।
4. जे.आर. बोगन ने मुंडा बोली की साम्यता खासी जनजाति की बोली से बताते हुए उन्हें उत्तर-पूर्व से आने के तथ्य को सम्पुष्ट किया है।

5. जार्ज अब्राहम ग्रियर्सन ने भी मुंडा आदिवासी को उत्तर-पूर्व से आने की बात भाषा या बोली के आधार पर कही है।
6. एस.सी. राय ने अपनी प्रसिद्ध पुस्तक *मुंडाज एंड देयर कंट्री* में लिखते हैं कि मुंडारी या उससे मिलती-जुलती भाषा-समूह एक ही प्रजाति समूह के हैं। उनके अनुसार मुंडा आदिवासी छोटानागपुर में पश्चिम दिशा से लगभग 100 ई.पू. में प्रविष्ट हुई है (बनर्जी 2005 : 18)।[41]

विभिन्न विद्वानों ने मुंडा, हो, सन्ताल, भूमिज, असुर आदि आदिवासियों को *कोलारियन* समूह का माना है। कोलारियन से ही कोल शब्द की उत्पत्ति हुई है। वेद, पुराण, रामायण, महाभारत आदि ग्रन्थों में भी कोल शब्द का प्रयोग कई आदिवासियों के एक समूह के लिए ही किया गया प्रतीत होता है। एस.सी. राय ने अपनी प्रसिद्ध पुस्तक *द मुंडाज एंड देयर कंट्री* में प्रागैतिहासिक, अर्द्ध-ऐतिहासिक एवं ऐतिहासिक कालखंडों में कोलारियन आदिवासी एवं मुंडाओं के मूल उद्‌गम स्थान और उनके प्रवजन की यात्रा-कथा का विस्तृत विवरण प्रस्तुत किया है। उनके अनुसार सिन्धु घाटी के मूल निवासी थे। उनके पलायन का कारण आर्यों का आक्रमण था। इस कारण वे निरन्तर उत्तर-पश्चिम और उत्तर-पूर्व की ओर बढ़ते चले गए। सिन्धु घाटी से निष्कासित होने के बाद कोलारियन आदिवासी (मुंडा) लोग अरावली पर्वतमाला होते हुए खैरागढ़, मिर्जापुर, छत्तीसगढ़, आजमगढ़ आदि क्षेत्रों में संक्षिप्त कालावधि तक निवास करने के बाद उत्तर-पूर्व की दिशा में बढ़ते चले गए थे। कुछ समय तक वे कैमूर पर्वत पर भी रहे। उनका मानना है कि वे विन्ध्याचल पर्वत में भी कुछ समय तक निवास किए और इस पहाड़ को उन्होंने चलकर पार किया था। उनके पुराने निवास-स्थलों से पाषाणकाल और उत्तर-पाषाणकाल के बर्तन, सर्प के विषदन्त, किसी मछली के काँटेदार जबड़े आदि मिले हैं। मुंडा आदिवासी समूह सोन, गंडक आदि नदियों की घाटी होते हुए वैशाली, मिथिला आदि क्षेत्रों में जाकर बस गए थे। उत्तर-पूर्व में बसनेवाली मोनख्मेर और खासी लोगों की भाषा मुंडारी से बहुत साम्यता रखती है। इसके आधार पर विद्वानों का मत है कि मुंडा उत्तर-पूर्व क्षेत्र में जाकर बस गए थे।

मुंडा, सन्ताल, खरवार, हो आदि के लोकगीतों में उनके पूर्वजों द्वारा निर्मित कई गढ़ों के प्रसंग मिलते हैं। जनरल कनिंघम, डायरेक्टर जनरल ऑर्कियोलॉजिकल सर्वे ऑफ इंडिया, ने अपने प्रतिवेदन (खंड XIV, पृष्ठ 127) में लिखा है कि पंजाब के व्यास और टोन नदी घाटी में भी कोलारियन आदिवासी बसे हुए थे। उस क्षेत्र का नाम *कुलिन्दा-देश* था। यह शब्द कुलिन्दास या कलुंडिया जैसे हो-मुंडा शब्दों से मिलता-जुलता है। मुंडा एवं कोलारियन समूह के अन्य आदिवासियों ने जिन गढ़ों का निर्माण किया अथवा उस पर कब्जा था, उनमें प्रमुख थे—कलगंजर (कालिंजर-बाँदा), गढ़चित या गढ़चितरी (चित्रकूट—उत्तर

प्रदेश), गढ़नगरवार (कारकोटारेंज—जयपुर राज्य का एक भाग), गढ़डहरवार (खेड़ा जिला—नगर से दक्षिण-पश्चिम), गढ़पाली (पटना), गढ़पिपर (चम्पारण), बिंजगढ़ (आगरा—गम्भीर नदी के किनारे), लखनौर गढ़ (रूहेलखंड—गोरखपुर), रुईदास या रोहतासगढ़ (कैमूर—सासाराम), हरदीनगर (मधेपुरा), सबहेगढ़ (मुजफ्फरपुर), नन्दनगढ़, राजगढ़ (राजगृह), मन्दार पहाड़ (बाँका) आदि। उनके गढ़ों के अवशेष उत्तर बिहार के मुजफ्फरपुर, दरभंगा आदि जगहों में भी पाए गए हैं। इस प्रकार हजारों वर्ष तक एक स्थान से दूसरे सुरक्षित क्षेत्र में प्रव्रजित होते हुए मुंडा के साथ हो लोग भी अपना आवास क्षेत्र बदलते रहे होंगे। सम्भवत: उनकी अन्तिम यात्रा कैमूर क्षेत्र से होते हुए सोन और कोयल नदी घाटी होते हुए राँची-पलामू-हजारीबाग की सीमा पर अवस्थित बुड़मू घाटी से होकर उमेडंडा होते हुए चुटियानागपुर (छोटानागपुर) में प्रवेश के साथ सम्पन्न हुई थी (राय 1970 : 8-31)।[42]

जैसा कि पूर्व में उल्लेख किया गया है एस.सी. राय के मतानुसार मुंडाओं ने लगभग 100 ई.पू. में छोटानागपुर में प्रवेश किया था। एक अन्य विद्वान जोसेफ वैनट्राय के अनुसार मुंडाओं का छोटानागपुर आगमन पहली सहस्राब्दी में सम्पन्न हुआ था। वे इंडो-यूरोपियन बोली बोलनेवालों द्वारा पूर्वी गंगाघाटी में 600 ई.पू. में राज्य स्थापित करने और इस कारण मुंडाओं के वहाँ से पलायन के आधार पर इस तिथि पर पहुँचते हैं।[43] हालाँकि मुंडाओं के वहाँ से पलायन का सिर्फ यही एक कारण नहीं हो सकता है। पूर्वी गंगाघाटी पर अधिकार करना एक कठिन कार्य था और मुंडा जनसंख्या उस समय बहुत कम रही होगी। वे मैदानी गंगा क्षेत्र को छोड़कर पहाड़ी इलाकों में बसे जो सम्भवत: उनके तरीके के कृषि के अनुकूल थे, यथा हल्के उपकरणों की मदद से गीले चावल की खेती के अनुरूप थे। यह सम्भावना हो सकती है कि आद्य-मुंडाओं द्वारा उत्तर भारत में चावल की खेती का आरम्भ या फिर पुनर्स्थापन किया गया। पलायन का कारण चाहे कुछ भी हो मुंडा अन्तत: छोटानागपुर पहुँचते हैं। हालाँकि डीएनए अनुसन्धान के अनुसार वे यहाँ पहुँचनेवाले प्रथम व्यक्ति नहीं थे।[44] जैसा कि पूर्व में जिक्र किया गया है करीब 2.5 अरब साल पहले धरती पहली बार समुद्र से बाहर निकली थी और जो इलाका सबसे पहले सतह में आया था वह सिंहभूम का इलाका था।[45] हम अनुमान लगा सकते हैं कि सर्वप्रथम जीवन का विकास यहीं हुआ था। सिंहभूम से नवपाषाण काल के औजार मिले हैं जो यह प्रमाणित करते हैं कि यहाँ 10000 ई.पू. या उससे भी पहले लोग निवास करते थे।[46] उस समय उनकी जनसंख्या बहुत कम रही होगी। उनका पारिस्थितिक निवास स्थान नदियों के मध्य श्रृंखलाओं के साथ और 700 मीटर से अधिक ऊँचाई और घने जंगलों के बीच था।[47] इस पठार में अनेक महापाषाण भी थे जो मुंडा कालीन या

उससे भी पूर्व के थे। यहाँ अनेक शैल चित्र भी प्राप्त होते हैं जो पूर्व-मुंडा काल के रहे होंगे पर अभी तक एक निर्दिष्ट तिथि निश्चित नहीं की जा सकी है।[48] मुंडाओं का पठार पर फैलाव बहुत धीमी गति से हुआ। वैनट्राय के अनुसार पठार के दक्षिणी क्षेत्र में अवस्थित खूँटी क्षेत्र में मुंडा दूसरी सदी से पाँचवीं शताब्दी के उत्तरार्ध में आए।[49] इस तरह हम देखते हैं कि वे सिंहभूम के उत्तरी क्षेत्र में समय के अनिर्दिष्ट बिन्दु पर पहुँचते हैं।

अब हम छोटानागपुर की एक अन्य महत्त्वपूर्ण आदिवासी समुदाय उराँव के बारे में जानेंगे। उराँवों के पारम्परिक इतिहास के अनुसार सुदूर काल में दक्षिण भारत में उनकी उत्पत्ति हुई थी। रेव. देहोन ने उनके लोकगीतों का संकलन किया है इनमें वे राम और रावण के बीच उनकी संघर्ष में उनकी भागीदारी का वर्णन करते हैं। सम्भवत: इस संघर्ष में गलत पक्ष में होने के कारण, उन्हें पहले नर्मदा क्षेत्र और फिर सोन नदी की घाटी में पलायन करने के लिए मजबूर हो गए। वे अरामनगर (अर्रा) और ब्याघरा-सारा (बक्सर) में कुछ अवधि के लिए निवास करते हैं। बाद में, उन्होंने रुइदास (आधुनिक रोहतास, राँची से लगभग 150 मील उत्तर-पश्चिम में स्थित एक महत्त्वपूर्ण किला है) पहाड़ी क्षेत्र में अपनी बस्ती बनाई। कालान्तर में चेरों और खरवारों ने उन्हें वहाँ से पलायन करने पर मजबूर कर दिया। अपने स्थायी आवास की तलाश में भी छोटानागपुर पहुँचे जहाँ मुंडा लोगों से उनका सामना हुआ। मुंडाओं की सहमति से उराँव लोगों ने छोटानागपुर के मध्य भाग को अपना ठिकाना बनाया (सेन 2018 : 80-81)[50]

सिंहभूम में आगमन के कारण

अब यह एक महत्त्वपूर्ण सवाल है कि हो लोग कब और क्यों दक्षिण दिशा में बढ़ते चले गए और सिंहभूम में प्रवेश कर यहीं बस गए। इस बात का कोई सबूत नहीं है कि मुंडा भाषी सिंहभूम में एक समय में काफी संख्या में आकर बस गए थे। बड़े पैमाने पर पलायन असाधारण घटनाएँ हैं और लोककथाओं में निशान छोड़ जाती है। लेकिन हो लोगों के पास बड़े पैमाने पर प्रवास के बारे में कोई परम्परा नहीं है। इसलिए हम अनुमान लगा सकते हैं कि मुंडा भाषी परिवार अनेक छोटे समूहों में विभिन्न कालावधि में सिंहभूम में आए।

उपलब्ध स्रोतों के आधार पर यह निश्चित तौर पर कह पाना मुश्किल है कि वे कब और क्यों अपने पुराने वास स्थान को त्यागकर सिंहभूम में आए। उनके प्रव्रजन के सम्बन्ध में अनेक मत प्रचलित हैं। उराँव लोक-परम्परा के अनुसार जब हो लोग छोटानागपुर में निवास करते थे तब उनके आक्रमण की वजह से हो लोगों को वहाँ से भागना पड़ा था। लेकिन कुछ डाल्टन ने इस धारणा को इस आधार

पर अस्वीकार कर दिया कि हो लोग जो बेहद लड़ाकू एवं जुझारू थे, वे उराँवों के आक्रमण के डर से भाग नहीं सकते थे। वे कभी ऐसा काम नहीं करेंगे जिससे कि उन्हें एक निम्न जाति के रूप में परिभाषित किया जाए (1872 : 184)।[51] एफ.बी. ब्रेडले बर्ट का मानना है कि हो लोग छोटानागपुर में अपने सहोदर भाई मुंडाओं के साथ निवास करते थे लेकिन किसी अनिश्चित तिथि में वे सिंहभूम में निवास करने के लिए आ गए (1910 : 10)।[52] ले. टिकेल का मत है कि हो लोगों के प्रव्रजन का कारण सम्भवत: नई कर प्रणाली से भागने का प्रयास था जो छोटानागपुर में राज्य-निर्माण के पश्चात राजा के द्वारा लागू की गई थी।[53] एस.सी. राय के अनुसार, छोटानागपुर पर राज करनेवाले नागवंशी राजाओं (8वीं से 12वीं शताब्दी) के बारे में हो आदिवासियों की कोई स्मृति नहीं है। इससे यह ज्ञात होता है कि सम्भवत: वे छोटानागपुर में नागवंशी राजाओं के उदय के पूर्व ही मुंडाओं से अलग होकर दक्षिण में सिंहभूम की ओर प्रस्थान कर गए थे (1970 : 68)।[54] ए.डी. टकी का मानना है कि छोटानागपुर में राजतंत्र के उदय के पूर्व ही हो लोग मुंडाओं से अलग होकर लगभग 10वीं शताब्दी में सिंहभूम में आए।[55] वंश प्रभा लेखन जो सिंह वंश की पारिवारिक इतिकृति है के अनुसार हो लोगों का पहला जत्था 12वीं शताब्दी में सिंहभूम में प्रवेश किया तत्पश्चात अगला जत्था चार सदी बाद यानी 16वीं शताब्दी में सिंहभूम में आया। इस समय पोड़ाहाट के सिंह राजवंश के पैंतीसवें राजा रणजीत सिंह का शासन था और वह मुगल सम्राट अकबर का समकालीन था (सिंहदेव 1937 : 25-26)।[56] कुछ विद्वानों का मानना है कि हो लोगों के आगमन की तिथि चाहे जो हो वो काफी तादाद और ताकत के साथ सिंहभूम में प्रवेश किए तथा यहाँ के अधिकांश उपजाऊ जगहों पर अधिकार कर लिया (बर्ट वही : 86)।[57]

सिंहभूम में उनके प्रवेश मार्ग

हो आदिवासियों के सिंहभूम में प्रवेश के मार्गों के विषय में विद्वानों के विभिन्न मत हैं। एस.सी. राय का मानना है कि हो लोग कोयल नदी के किनारे-किनारे होते हुए इस जिले के पश्चिमी भाग से सिंहभूम में आए। इस सन्दर्भ में उन्होंने मुंडा लोगों के सासनदीरी तथा अनेक गाँवों के नामों का उल्लेख किया है जो मुंडा नामों पर हैं। कोयल नदी के किनारे अनेक गाँवों के नाम विशिष्ट मुंडारी नामों से अन्त होता है जैसे हातु-बेड़ा-हुतु-जंग-गाड़ा-बा-बारू-केल-केरा-केला-ओड़ा-दा-दाग-देग-देगा इत्यादि। इसके साथ ही नदी के किनारे अनेक गाँव हैं जिनका मुंडारी नाम है यथा मेरेल, सिबिल, सिम-हातु, हेसा, सिलिंगा या जिलिंगा, सोसो इत्यादि।[58] सिंहभूम के पश्चिमी भाग में गितिलपी, दलकी, कुईड़ा नामक गाँव हैं। इन गाँवों के नाम पर

सिंहभूम के मध्य भाग में भी गाँवो के नाम हैं। इससे हम सहज अन्दाजा लगा सकते हैं कि इन गाँवों के निवासी जब मध्य सिंहभूम में आकर गाँव बसाए तब अपने पुराने गाँवों के ही नाम पर नये गाँवों के नाम रखे जो हो लोगों के मध्य सामान्य प्रचलित परम्परा है। इस तरह वे अपने पुराने गाँवों से जुड़े रहते हैं। टकी का मत है कि हो लोग उत्तर और उत्तर-पश्चिम दिशा से सिंहभूम में आए।[59] फादर जॉन डिन्नी जो हो भाषा एवं संस्कृति के विशेषज्ञ हैं के अनुसार हो लोग छोटानागपुर से प्रव्रजन कर सर्वप्रथम सिंहभूम के उत्तरी भाग में (बन्दगाँव घाटी) में बसे तत्पश्चात यहाँ से धीरे-धीरे सम्पूर्ण सिंहभूम में फैल गए। प्रमाण के रूप में आज भी हो जनजातियों के किली (गोत्र) के नाम पर बँदगाँव घाटी में अनेक गाँव बसे हुए हैं। राँची-चाईबासा मार्ग में टेबो घाटी के दोनों तरफ बन्दगाँव पहुँचने के पहले तक अनेक गाँव हैं जो हो किली के नाम पर हैं। जैसे—अंगारिया, कुदादा, जोंकोपाई (किली-जोंको), बिरूली, तापे, चाकी, पाड़ेया, कांडेयांग, हेसाडीह (हेसा), जिराई, बोबोंगा, गोयपाई (किली-गोयपाई-बोयपाई), मेलगांड़ी, लेयांगी, मारला, बरजो, इच्छागुटु, कोंडांकेल, बारी, बांडरा (किली—बांडरा, बानरा), खूँटी (किली-कुंटिया), देवगाँव (किली—देवगम), दिघी, बारदा, सिमकु (किली—सिंकु), बुरुमा, काइका, पिंगु (किली—पिंगुवा), सिरका, तुबिड़, तोबोगा, कारोवा, साउरिया (किली—सवैंया), मुंडारी, घाघरी या घाघरा (दो अलग गाँव) (किली—गागराई), डुकरी, छतमा (किली—छातोम्बा), डाँगिल, कुल्डा (किली—कुल्डी)। छातर एक पहाड़ का नाम है और सम्भवत: समीपस्थ गाँव का भी। सम्भवत: सुंडिंग गाँव से सुंडी किली और टिंगरिया गाँव से तिरिया किली का नाम पड़ा।[60]

इन गाँवों के अलावा घने जंगलों में अवस्थित पहाड़ों और नदियों के नाम भी हो किली पर हैं। बानरा बुरु (पहाड़), तापे बुरु, बानरा गाड़ा (नदी), तापे गाड़ा, अल्डा गाड़ा, लामाइ गाड़ा, कुदादा लोर (लोर का अर्थ छोटी जलधाराएँ) हैं। ये सभी सारंडा और पोड़ाहाट के घने जंगलों में अवस्थित हैं। इससे पता चलता है कि जब हो आदिवासी यहाँ आए उन्होंने पहाड़ों और जंगलों पर पहले अधिकार किया। इन सब स्थानों में सासनदीरी भी मिले हैं जो इस बात का प्रमाण हैं कि यहाँ कभी हो लोग निवास करते थे। इसके साथ ही अनेक पहाड़ हैं जिनके नाम हो भाषा के हैं यथा—चाड़ा बुरु, डिंडा बुरु, दुम बुरु, दिरी बुरु, कुल्पु बुरु इत्यादि (अरीपरमपिल 1986 : 16)।[61]

पुरातात्त्विक साक्ष्य

अगर हम हो आदिवासियों का इतिहास पुरातत्त्व के पारम्परिक उपकरणों और भौतिक अवशेषों के आधार पर लिखने का प्रयास करें तो हम असफल हो जाएँगे

क्योंकि इस काल में हो लोग एक घुमन्तू आदिवासी थे और गाँव-घर बसाकर रहना सीख रहे थे। उनमें राजतंत्र का भी विकास नहीं हुआ इस कारण उनके पास महल, किले या पक्के मकानों का कोई अवशेष नहीं मिलता है। पूर्व-साक्षर होने के कारण उन्होंने न तो अभिलेख लिखे और न ही अपने अतीत को कायम रखने के लिए इतिहास लिखे। वे वस्तु-विनिमय प्रणाली द्वारा लेन-देन करते थे इसलिए उन्होंने सिक्के भी नहीं बनाए। प्रकृति-पूजक होने के कारण उन्होंने न तो मन्दिरों और देवी-देवताओं की मूर्तियों का निर्माण किया और न ही वे ऐतिहासिक अवशेष बने। इसलिए हो आदिवासियों के सन्दर्भ में हमें पुरातत्त्व को फिर से पुनर्भाषित करने की आवश्यकता है। ज्ञातव्य है कि सिंहभूम में हो समुदाय के अलावा सरक और भुइयाँ जैसे गैर-हो समूह भी निवास करते थे। हो लोगों के लिए *देशाउली* या ग्राम देवता, पाउड़ी देवी या भुइयाँ लोगों की आराध्य देवी, गाँव के नाम, *कुर्सीनामा* या वंशावली और *सासनदीरी* (कब्र का पत्थर) को पुरातात्त्विक उपकरणों के रूप में उपयोग कर उनके इतिहास का निर्माण किया जा सकता है (सेन 2012 : 32-33)।[62]

देशाउली

देशाउली या ग्राम देवता हो आदिवासियों के विशिष्ट सांस्कृतिक प्रतीक हैं। औपनिवेशिक शासन के दौरान जब सरकारी अधिकारी हो लोगों के खूँटकट्टी अधिकार के बारे में छानबीन कर रहे थे, तब गाँव में देशाउली का होना उनके दावे को मजबूत कर रहा था। उनके रीति-रिवाजों के अनुसार, जब हो लोगों ने जंगलों को साफ कर गाँव बसाकर रहना प्रारम्भ किया तब उन्होंने जंगल के एक हिस्से को देशाउली के घर के रूप में बचाकर रख दिया (मजूमदार 1950 : 257)।[63] हम इस स्रोत को विभिन्न ऐतिहासिक उद्देश्यों के लिए उपयोग कर सकते हैं। पहला, यह प्रत्येक गाँव के इतिहास को बताता है विशेषकर कोल्हान में गाँव की ऐतिहासिक उत्पत्ति के बारे में। 1913-18 ई. में टकी सेटलमेंट के समय भूमि सर्वेक्षण के दौरान अकाहाता गाँव में देशाउली की मौजूदगी के कारण हो लोगों को खूँटकट्टी अधिकार प्रदान किए गए थे। वहीं दूसरी ओर, पाउड़ी देवी के अस्तित्व ने किसी दूसरे गाँव में चाम्पिया किली के दावों को नकार दिया गया था।

देशाउली हो लोगों के धार्मिक संवेदनशीलता का भी परिचायक था। इसने उन्हें अछूते जंगल के एक हिस्से को विभाजित करने के लिए प्रेरित किया। उन्होंने इसे *जाहिरा* नाम दिया जिसमें उनके ग्राम देवता देशाउली निवास करते थे। वे मानते थे कि देशाउली उनके रक्षा और कल्याण करनेवाले देवता हैं। लेकिन इन

स्वदेशी उपकरणों के अध्ययन के समय सतर्क रहने की भी आवश्यकता है। इस सर्वेक्षण के दौरान यह भी पाया गया कि ग्रामीण माँ पाउड़ी की भी अपने रक्षा और कल्याण के लिए पूजा कर रहे थे। पाउड़ी देवी एक दिकु (गैर-आदिवासी) देवी थी और हो लोग यह विश्वास कर उसकी पूजा कर रहे थे कि नहीं करने पर वे मर जाएँगे (सेन 2012 : 34-35)।[64] जैसा कि पूर्व में भी जिक्र किया गया है हो लोगों के आगमन के पूर्व यहाँ सरक और भुइयाँ निवास करते थे। भुइयाँ माँ पाउड़ी के उपासक थे। यह स्पष्ट था कि यदि किसी गाँव में देशाउली और जायरा या जाहिरा की पूजा होती है तो वह निश्चित तौर पर हो लोगों द्वारा बसाया गया था और यदि किसी गाँव में माँ पाउड़ी की पूजा होती है तो उस गाँव को भुइयाँ लोगों ने बसाया था जिस पर परवर्ती काल में हो लोगों ने अधिकार कर लिया था। हो लोगों ने विश्वास या अन्धविश्वास के कारण माँ पाउड़ी की मूर्ति और मन्दिर को नहीं हटाया कि कहीं उनका अनिष्ट न हो जाए तथा वे स्वयं भी उनकी उपासना करने लगे।[65]

कुर्सीनामा या वंशावली

सामान्य धारणा यह है कि मौखिक समाज ने अपनी स्मृति को पीढ़ीगत संचरण के द्वारा जीवित रखा है। लेकिन उन्होंने इसके सत्यापन के उपकरण विकसित नहीं किए। लेकिन आदिवासी ग्रामीण जीवन को करीब से पढ़ने से पता चलता है कि यह धारणा पूरी तरह सच नहीं है। सत्यापन का एक तरीका गाँव के बूढ़े व्यक्ति द्वारा इसका पुनरुत्पादन था जिन्हें सामाजिक रूप से गाँव की परम्परा और इतिहास का संरक्षक माना जाता था। एक अन्य उपाय यह था कि गाँव की परम्परा जिसमें गाँव के संस्थापक, संस्थापक किली और जनसांख्यिकीय व्यवस्थापन के विवरण की जानकारी शामिल है, उनकी सामाजिक रूप से पुष्टि की गई थी अथवा नहीं। प्रमाणित ऐतिहासिक जानकारियाँ जो सामाजिक रूप से भी मान्य थीं उन्हें संगृहित करने के कुछ और भौतिक तरीके थे (सेन 2021 : 21)।[66]

पहला संस्थापक परिवार या किली की *कुर्सीनामा* या *वंशावली* थी जो यह निर्धारित करते हैं कि *मारंग* (ज्येष्ठ) *किली* या *हागा* (भाई-बन्धु) कौन है तथा किसने दिउरी-मुंडा और मुंडा का पद धारण किया है। हालाँकि टकी ने कुर्सीनामा या वंशावली को इतिहास निर्धारण का एक सुरक्षित परीक्षण नहीं माना है क्योंकि कभी-कभार इनमें झूठे दावे भी किए जाते हैं लेकिन इसका उपयोग एक सहायक साक्ष्य के रूप में किया जा सकता है। पहला है, एक समान ग्राम परम्परा या इतिहास बनानेवाले ग्रामीणों के बीच आम सहमति का प्रचलन। जब हम टकी के भूमि सर्वेक्षण के समय के गाँव के कागजात (विलेज नोट या पेपर) पढ़ते हैं

तो पाते हैं कि इसमें गाँव बनाने और बनानेवाले का एक निर्विरोध परम्परा है। दस गोत्रों वाले एक गाँव में मारंग या संस्थापक किली के बारे में आम सहमति थी। एक अन्य गाँव में जहाँ सामाजिक स्मृति में ऐसी सामान्य परम्परा जीवित थी वहाँ कुर्सीनामा को साक्ष्य के रूप में पेश किया गया था।

दूसरा, कुर्सीनामा से गाँव में बसने की अनुमानित तिथि का निर्धारण किया जा सकता है। ऐसे ही एक गाँव में वर्तमान मुंडा अपने वंश में सातवें स्थान पर था। कोल्हान में, यह आधिकारिक तौर पर कहा गया कि एक पीढ़ी पच्चीस वर्ष का होता है। इस तरह गणना करने पर गाँव की उम्र 175 साल पुरानी होती है। जब 1915 से 175 वर्ष घटाया जाए तब खूँटकट्टी जाँच का वर्ष 1748 ईस्वी के आसपास स्थापित हो सकता है। कुर्सीनामा से हमें गाँव केन्द्रित जनसांख्यिकीय विवरण प्राप्त होता है। जैसे मारंग किली, जिस किली ने सबसे पहले गाँव बसाया। *हुड़िग* (कनिष्ठ) किली या उस गाँव में बाद में आनेवाली किली या उस किली की कनिष्ठ शाखाएँ। इन्हें *हुड़िग हागा* भी कहा जाता था। उस गाँव में बसनेवाले अन्य किलियों का भी विवरण प्राप्त होता है। ये गाँव का इतिहास लिखने के लिए एक आवश्यक तथ्य हैं। साथ-ही-साथ ये गाँवों के अन्दर हो किलियों के वास्तविक स्थिति को दर्शाता है।[67] हालाँकि वे मानते हैं कि वे एक समान और अविभेदित हैं।

भाषायी पुरातत्त्व : गाँव और भूखंड का नामकरण

गाँवों और भूखंड के नाम अक्सर गाँव के इतिहास को चित्रित करते हैं। हो लोगों में अपने गाँवों के नामकरण की एक अनोखी परम्परा है। गाँव बसाने के क्रम में जब एक या एक से ज्यादा व्यक्ति किसी इलाके को बेहद उपजाऊ तथा बसने के लिए अति उपयुक्त मानते थे तब वहाँ बसने के उपरान्त उसकी सीमा निश्चित करते थे तथा गाँव का नामकरण करते थे। जिस नाम को गाँववालों ने अपनाया उससे उसकी पहचान उजागर होती थी। ये नाम अक्सर उस गाँव को बसानेवाले प्रथम व्यक्ति को उस स्थान में पहली बार पहुँचने के उपरान्त घटनेवाली कुछ असाधारण घटनाएँ या वैयक्तिक या सामूहिक अनुभवों पर आधारित होती थीं। जिसे उन लोगों ने गाँव के नामकरण द्वारा वहाँ बसने के समय हुए किसी तात्कालिक अनुभव को एक नाम देकर अनन्त स्वरूप प्रदान करने की चेष्टा की, जैसे उन्हें कुछ आवाजें सुनाई पड़ती थीं, या कोई जानवर या चिड़िया उन्हें दिख गया या फिर कोई धारा या तालाब जहाँ उन्होंने पहली बार पानी पिया था। उदाहरण के लिए कोकचो गाँव का नाम इसलिए पड़ा क्योंकि वहाँ बसनेवाले प्रथम व्यक्ति ने पहली सुबह एक जंगली मुर्गे की बाँग को सुना। हो भाषा में मुर्गे

की बाँग को 'कोको...रिंग...चोंग' के समान सुनाई पड़ता है। इससे उस गाँव का नाम कोकचो पड़ा।[68]

अनेक गाँवों का नाम उसे बसानेवाले प्रथम व्यक्ति या *हाम हो* या *हड़म हो* (हाम या हड़म का तात्पर्य पूर्वज है तथा हो का अर्थ है व्यक्ति अर्थात पूर्वज व्यक्ति)। इससे हमें उस गाँव को बसानेवाले व्यक्ति की स्पष्ट जानकारी प्राप्त होती है। जैसे चाईबासा की स्थापना *चोए हड़म* नामक पूर्वज ने की थी एवं उन्हीं के नाम पर चोए बासा पड़ा। यही कालान्तर में चारीबासा हो गया और अन्ततः अपभ्रंश होकर चाईबासा नाम पड़ा। चोए हड़म का सासन चाईबासा शहर के मध्य में स्थित है जहाँ अभी सरकारी बस-स्टैंड बना दिया गया है। उसी तरह दुम्बीसाई को दुम्बी हो और गुईरा को गुरा हो ने बसाया था।[69]

कोई ऐतिहासिक घटना भी किसी गाँव के नामकरण का कारण बनी। उदाहरण के लिए, चाईबासा का दूसरा नाम *मोगोंल बुन्दी* है। कहा जाता है कि मुगल साम्राज्य विस्तार के समय सिंहभूम के हो क्षेत्रों को मुगल साम्राज्य में मिलाने की योजना थी। इसी के तहत कुछ मुगल पदाधिकारी यहाँ आए। इसकी भनक हो लोगों को लग गई और उन्होंने मुगल पदाधिकारियों को बन्दी बना लिया। चूँकि वे लोग मुगल थे इसलिए मोगोंल बुन्दी कहलाए। हो भाषा में मुगल से मोगोंल और बन्दी से बुन्दी हो गया। इन मुगलों को बाद में जनता दरबार ने फाँसी की सजा सुनाई। चाईबासा के पूर्व दिशा में उन्हें फाँसी दी गई। जहाँ उन्हें फाँसी दी गई वह वर्तमान *तोलगोए* गाँव के नाम से जाना जाता है। हो भाषा में तोल का अर्थ है पेड़ में टाँगना या फाँसी और गोए का अर्थ है मर जाना। अर्थात जहाँ फाँसी लगाकर मार दिया गया है।[70]

पोड़ाहाट, सरायकेला और खरसावाँ के सिंह राजाओं से जुड़ी घटनाओं से भी अनेक हो गाँवों का नामकरण हुआ। पोड़ाहाट के सिंह राजा जब पोड़ाहाट से अपने एक गढ़ जगन्नाथपुर जाते थे तब उनके साथ पूरा लाव-लश्कर जाता था। इनमें सैनिक, सेवक, रसोईया इत्यादि होते थे। उनके मार्ग में आराम करने और खाना पकाने की एक उपयुक्त जगह थी। वह एक समतल क्षेत्र था और उनके पास में रोरो नदी बहती थी। राजा नदी में नहाने चले जाते थे तब तक रसोईये खाना पकाते थे। राजा का नहानेवाला स्थान *राजा बान्दा* के नाम से आज भी जाना जाता है। एक बार जब रसोईये खाना बना रहे थे तब उनके हाथ से घी जमीन पर गिर गया। हो भाषा में घी को *गोतोम* और समतल जमीन को पी कहा जाता है इसलिए उस जगह और गाँव का नाम *गोतोमपी* हो गया।[71]

गाँव और भूखंड के नाम अक्सर जानकारी और उसके सत्यापन के उपयोगी उपकरण के रूप में काम करते हैं। उदाहरण के लिए, हो और गोंड दोनों ही टाँगर नामक गाँव में खूँटकट्टी अधिकार का दावा करते हैं। हो लोगों का दावा था कि

'टाँगों हो' नामक उनके पूर्वज इस गाँव के संस्थापक थे। लेकिन यह आधिकारिक रूप से इस आधार पर खारिज कर दिया गया कि टाँगर एक दिकु शब्द था तथा गाँव में बिखरे विशाल पत्थरों के कारण इसका यह नाम पड़ा। एक अन्य गाँव में, हो लोगों ने दावा किया कि उनके दो पूर्वजों ने इस गाँव की स्थापना की थी। लेकिन जाँच अधिकारियों ने पाया कि गाँव का नाम उड़िया भाषा *जुअरी* और भंगा से लिया गया है। उसी तरह कुसमुंडा गाँव में, वहाँ के भुइयाँ निवासियों ने गाँव पर दावा स्थापित करने के लिए अपने भूखंड का पटबेड़ा नामकरण का हवाला दिया। हालाँकि इस भाषायी साक्ष्य को लागू करना विभिन्न कारणों से बहुत दुष्कर था। अक्सर हो गाँव का नाम गैर-हो भी होता था। उदाहरण के लिए, सान और बड़ा मृगलिंडी गाँव, इसमें सान और बड़ा दोनों प्रत्यय गैर-हो शब्द हैं। लेकिन सबसे महत्त्वपूर्ण मृगलिंडी शब्द की रचना है। यह दो शब्दों के मेल से बना है—मीरी (जंगल) और दिली (हो में एक छोटा सा गाँव)। इससे ज्ञात होता है कि यह एक हो गाँव था लेकिन उसने गैर-हो प्रत्यय शब्द उधार ले लिया था। ऐसी परिस्थिति में पदाधिकारी निरीक्षण के दो और तरीके अपनाते थे। पहला, उन्होंने सत्यापित किया कि किस किली का संख्यात्मक महत्त्व है और दूसरा किस किली ने निरन्तर मुंडा और दिउरी का पद धारण किया है। भाषायी साक्ष्य अक्सर भ्रामक भी साबित हुए क्योंकि गाँवों के नाम बदल दिए गए या विकृत कर दिए गए। इसके अलावा प्रमुख जनसांख्यिकीय समूहों द्वारा नामकरण साक्ष्य की उपेक्षा करने की प्रवृत्ति थी। सरक तालाबों को हो नाम देने के अनेक उदाहरण हैं। उसी प्रकार कोकरकोटा गाँव के ग्रामीणों ने ऐतिहासिक स्थल जिसका नाम दरबार मेला था का नाम बदलकर हो नाम उलीबुरू रख दिया था (सेन वही : 24-25)।

सासनदीरी

हो लोगों का अगला सांस्कृतिक प्रतीक गाँव में उनके पूर्वजों का कब्रिस्थान हैं जिनके ऊपर वे स्मारक पत्थर रखते हैं। ये स्मारक पत्थर या तो क्षैतिज बिछाए जाते हैं, जिन्हें सासनदीरी कहा जाता है या फिर लम्बवत गाड़े जाते हैं जिन्हें बिड्दिरी कहा जाता है (बाल 2020 : 164)।[72] डाल्टन ने इन प्राचीन स्मारकों को परम्पराओं के अभाव में स्वदेशी अतीत को विनियोजित करने के लिए उपयोगी पुरातात्त्विक उपकरण माना। उन्होंने सिंहभूम में हो लोगों के 'समाधि और स्मारक पत्थर के कई अच्छे नमूने' पाए। हम कह सकते हैं कि यह एक सांस्कृतिक स्मृति का जश्न मनाने की स्वदेशी पद्धति है। सिंहभूम के पोखरिया गाँव में एक विशाल बिड्दिरी था जो इस गाँव के मानकी *कुंडापाथुर* की याद में गाड़ा गया था। हालाँकि डाल्टन ने तत्कालीन लोहरदगा जिले के चोकाहातु

में मुंडाओं के 'महान कब्रिस्थान' की तुलना में सिंहभूम में कब्रगाह को नगण्य माना (1872 : 203-04)।[73]

झारखंड में इस तरह की कब्र और स्मारक पत्थरों ने कमोवेश यह सत्यापित किया कि गाँव आदिवासियों के द्वारा बसाए गए थे या फिर अन्यों के द्वारा (राय 1970 : 222)।[74] आदिवासी बस्ती और गाँवों का निर्धारण करने के लिए ये स्मारक पत्थर बेहद उपयोगी हैं। हो लोग सासनदीरी को अपना *अधिकार-पत्र* भी कहते हैं।[75] टकी बन्दोबस्ती के काल के गाँव के कागजात से पता चलता है, कि गाँव के संस्थापक पर बहस को स्थानीय ब्रिटिश अधिकारियों ने सासन और देशाउली परीक्षण के द्वारा हल कर दिया था। लेकिन तालाब, आम के बागान और पाउड़ी देवी के अनुपस्थिति का पता लगाने के बाद ही इसे अपनाया गया था। गाँव में सबसे पुराने सासन की खोज के पश्चात यह साबित किया गया कि जिन लोगों से यह सम्बन्धित था वे वास्तव में मूल ग्राम-निर्माता थे। भालुका गाँव में बोबोंगा किली को मारंग किली और मालु हो को संस्थापक माना जाता था। इसका अधिक पक्का सबूत यह था कि उनके पास सबसे पुराना कब्रिस्थान था। एक बहुसंख्य-किली गाँव में चार गवाहों ने बयान दिया कि बोबोंगा गाँव का संस्थापक किली है। लेकिन सिरका किली के कब्रिस्थान ने उनके दावे को खारिज कर दिया। निरीक्षण में पाया गया कि सिरका लोगों के बाद पुरती किली के लोगों ने यहाँ अधिकार कर लिया था। इन दोनों के विलुप्त हो जाने के बाद सिरका किली ने इस गाँव पर अधिकार कर लिया था। इससे यह स्थापित होता है कि इस गाँव में अनेक किलियों में अधिकार का हस्तान्तरण हुआ था। इस निरीक्षण ने गाँव के इतिहास को और प्राचीन साबित किया जिसमें तीन किली समूह बारी-बारी से अधिकार कर रहे थे। खजुरिया गाँव के सम्बन्ध में गवाहों ने बताया कि अंगारिया किली के पांडु हाम इस गाँव के संस्थापक थे। लेकिन बाद में पता चला कि जब पांडु हाम ने गाँव में प्रवेश किया उस समय बीस सासनदीरी वाला एक विशाल कब्रगाह था हालाँकि कोई जीवित व्यक्ति नहीं था। उनकी पहचान अंगारिया किली की दूसरी शाखा के रूप में की गई। इस तरह पृथक सासन, विभिन्न किलियाँ या फिर एक ही किली की विभिन्न शाखाएँ तीन अलग-अलग पुरातात्त्विक परत का प्रतिनिधित्व करते हैं। ये सिंहभूम में बहुस्तरीय ग्रामीण इतिहास का प्रतिनिधित्व करते हैं (सेन 2012 : 35-36)।

झारखंड के आदिवासी समुदायों में कब्र के ऊपर पत्थर रखने या सासनदीरी की प्रथा सदियों पुरानी है। उन्होंने इस प्रथा को क्यों अपनाया इसे जानना भी बहुत जरूरी है। पहला, प्राचीन काल में जब हो लोगों के पास गहरे गड्ढे खोदने के लिए उपयुक्त उपकरण नहीं थे तब वे कम गहरे गड्ढे खोदकर शव को दफना देते थे। ऐसे में किसी जानवर द्वारा शव को निकालकर नुकसान पहुँचाया जाता था। इससे

बचने के लिए कब्र के ऊपर पत्थर रखा जाने लगा ताकि शव सुरक्षित रहे। दूसरा कारण हो लोगों के धार्मिक विश्वास से जुड़ा हुआ था। उनकी मान्यता थी कि मृत्यु के बाद व्यक्ति की आत्मा घर और कब्र के समीप मँडराती रहती थी। मृत्यु के तीन दिन के उपरान्त ही उसकी आत्मा को एक विशेष विधि-विधान द्वारा घर के आदिंग में प्रवेश करा कर पूर्वजों में शामिल करा दिया जाता था। आदिंग पवित्र रसोईघर को कहा जाता था जिसमें उसी वंश के लोग प्रवेश कर सकते थे अन्य कोई नहीं, इस कारण प्रत्येक हो घर में दो रसोईघर अवश्य होते थे ताकि दूसरे को अन्य लोग भी उसका इस्तेमाल कर सकें। लेकिन इन तीन दिनों तक उसकी आत्मा को तांत्रिकों, दुष्ट आत्माओं इत्यादि से बचाना पड़ता था नहीं तो वे उसे अपने वश में कर अपनी गलत शक्तियों को बढ़ाएँगे। उनकी मान्यता थी कि कब्र के ऊपर पत्थर रखने से मृतक की आत्मा कब्र के अन्दर सुरक्षित रहती थी। तीसरा, इससे कब्र की निशानदेही में आसानी होती थी। अगर कब्र सिर्फ मिट्टी की हो तो कई सालों के बाद हवा-पानी के असर से वह समतल हो सकती थी जिससे उसकी पहचान मिट सकती थी। उस पहचान को बरकरार रखने के लिए कब्र पर पत्थर रखने की प्रथा प्रचलन में आई।[76]

सासन जातीय इतिहास के अन्य महत्त्वपूर्ण पहलुओं को भी प्रकट करता है। सासन का स्थान कहीं भी मनमाने ढंग से निर्धारित नहीं किया गया था लेकिन इसे एक विशाल पेड़ के नीचे रखने के हो नियमों का पालन करना पड़ता था। वह पेड़ आम, ईमली, जामुन, पीपल या बड़ का भी हो सकता था। हो समुदाय में कब्रिस्थान को शापित जगह नहीं माना जाता था वरन् वो विशाल पेड़ों की छाँव में बड़े-बड़े ससनदीरी में लोगों के बैठकर बातचीत करने की जगह थी। मुंडा-मानकियों की पंचायतें यहीं सम्पन्न होती थीं जहाँ वे गाँववालों के साथ मिलकर अनेक गम्भीर मसलों को हल कर देते थे। हो लोगों में प्रत्येक किली का अपना सासन होता था। इसमें भी एक किली के एक ही खानदान का अपना सासन होता था। उसी किली के दूसरे खानदान के लोग उस सासन में शव नहीं दफना सकते थे। इस प्रकार एक ही गाँव में अनेक सासन मिलते थे। सासनदीरी समाज में व्यक्ति की हैसियत को भी दर्शाता था। प्राय: धनी और महत्त्वपूर्ण व्यक्ति का सासनदीरी बहुत बड़ा और गरीब का छोटा होता था।[77]

बिड़िदरी या स्मारक पत्थर अनेक प्रकार के होते थे। कब्र के ऊपर गाड़ने के अलावा किसी विशेष घटना की याद में, गाँव और खेतों की सीमा निर्धारण के लिए भी बिड़िदरी गाड़ने की परम्परा थी। अनेक गाँवों में धार्मिक महत्त्व के बिड़िदरी देशाउली और आखड़ा में भी लगाने का प्रचलन था। सासनदीरी और बिड़िदरी में मुख्य अन्तर यह है कि जब किसी की स्वाभाविक मृत्यु होती है तब उसे खानदान के कब्र में दफनाकर सासनदीरी बिछा दिया जाता है और अगर

अस्वाभाविक मृत्यु (जंगली जानवरों या साँप के काटने से, वज्रपात से और महिला की प्रसव के दौरान मृत्यु) होती है तो उसे घर से थोड़ी दूरी पर दफना कर बिड्दिरी गाड़ दिया जाता है।[78] इसका सबसे अच्छा उदाहरण कोमचोंङ दिरी है जिसका वर्णन आगे दिया जा रहा है। यह हो लोगों के अनछुये इतिहास को भी समेटे हुए हैं।

कोमचोंङ दिरी

जब हो समाज में कोई ऐतिहासिक घटना घटती है तब उसकी निशानी के रूप में भी बिड्दिरी गाड़ने की परम्परा है। इस सन्दर्भ में वर्तमान हाट गम्हरिया के नोगड़ा गाँव के टोला चित्रीबिली में घने जंगलों के बीच अवस्थित एक बिड्दिरी है जो कोमचोंङ दिरी के नाम से प्रसिद्ध है। कहा जाता है कि यहाँ *कोमचोंङ हड़म* नाम से हो लोगों के अगुवा या प्रमुख रहते थे। वे लोग उसे राजा कहते थे। वह शारीरिक रूप से कूबड़ थे जिसे हो भाषा में कोमचोंग कहा जाता है। लोगों का मानना है कि यहाँ पर कोमचोंङ हड़म ने पूजा करवाया था और पूजा में काम के अनुसार आठ हो किलियों का बँटवारा किया था तत्पश्चात उनके इलाकों को भी बाँट दिया था। ये किली थे—1. बोबोंगा—बोंगा किनी (पूजा करनेवाला), 2. लागुरी—ल:अ सपा गुरी सपा किनिह (घास को कुदाली से साफ कर जमीन में गोबर लगानेवाला), 3. सिंकु—बोंगाइ सिम सब किनिह (पूजावाला मुर्गा पकड़नेवाला), 4. सिंहकुंटिया—बोंगा सिम सब उरा किनि (पूजा के पश्चात मुर्गा पकड़नेवाला), 5. चातोम्बा—जेटे लोलो गमा द: रे चतोम सब किनिह एनते हतला रे हतार नो काह (धूप और बारिश में छाता पकड़नेवाला और हाथ के बगल में छाता दबाए रखनेवाला), 6. गुईया—सिम जिलु गुई-गुई केडते रिके किनी (मुर्गा के मांस को कई भागों में बाँटनेवाला), 7. चातार—चतोम सेंगेल रे लो किनी (भूलवश छाता को आग में जलानेवाला), 8. जेराई—जेरमेड बान तइ किनी (पेट-भर खाना खाने के बाद आलस्य से सबसे सटनेवाला। कोमचोंङ हड़म ने सिंकु किली अपनाया।

इस समय को हो लोगों में *किली काड़* (काल) कहा जाता है। इसके पश्चात कोमचोंङ हड़म ने किली के अनुसार इलाकों का बँटवारा किया। सिंकु किली को चित्रिबिली और जोजोकोबिर, लागुरी-गागराई को कुदामसदा, बिरुवा को लगड़ा और सोगो (सागरकटा), पुरती को करलाजुड़ी, गागराई को बालजुई, बोबोंगा को बड़ा नन्दा तथा हेम्बरोम को मुरुमबुर:अ इलाका दिया गया था।[79]

कोमचोंङ हड़म की चार पत्नियाँ थीं। दो पत्नियों की मृत्यु हो गई थी बाकी दो साथ में रहती थीं। चूँकि वह अपने क्षेत्र के सबसे धनी और प्रभावशाली व्यक्ति थे इसलिए सभी लोग उनका बहुत आदर करते थे। एक बार वो अपनी एक पत्नी

के साथ घर से कुछ दूरी पर स्थित एक पेड़ पर चढ़कर फल तोड़ने लगे पर असावधानी वश उनका पैर फिसल गया। पेड़ से गिरकर उनकी अस्वाभाविक मृत्यु हो गई।[80] चूँकि किसी भी तरह की अस्वाभाविक मृत्यु होने पर हो लोग उसे अपने पारिवारिक कब्रिस्थान में नहीं दफनातें हैं इस कारण उन्हें गाँव से बाहर चित्रीबिली नामक स्थान में दफनाया गया। चित्रीबिली गाँव में उसकी याद में एक बिड्दिरी गाड़ा गया। चूँकि उसके पीठ में कूबड़ था इसलिए उसको समर्पित बिड्दिरी को भी तिरछा तराश के गाड़ा गया।[81]

कोमचोंङ दिरी

मारांग बोंगा

हो आदिवासियों के पूजा-पद्धतियों के सूक्ष्म अवलोकन से भी हम उनके सिंहभूम में आगमन के मार्ग का पता लगा सकते हैं। हो लोग सिंहबोंगा और देशाउली के अलावा मारांग बोंगा की पूजा करते हैं। जब हो लोगों ने जंगलों को साफ किया

और पहली बार खेत बनाने के लिए जमीन पर कुदाली या कुछ अन्य उपकरण चलाए तब उन्होंने जिस देवता की पूजा की या प्राप्ति हुई उसे मारांग बोंगा कहते हैं। मारांग बोंगा की पूजा प्रत्येक एक साल में या तीन साल, पाँच साल आदि बेजोड़ साल में की जाती है। अगर इसकी पूजा न की जाए जो वह घरवालों को बीमार कर देता है। प्रत्येक किली का अपना मारांग बोंगा या इष्ट देवता होता है। इसमें एक ही किली के एक ही वंश के लोग शामिल होते हैं। गाँव के अन्य लोग इसमें शामिल नहीं हो सकते हैं। इस पूजा में उस वंश के प्रथम पूर्वज जिस गाँव में बसे और क्रमश: वहाँ से जिन -जिन गाँवों में प्रवास करते हुए आए उन गाँवों का नाम लेकर पूजा किया जाता है। पूजा सम्पन्न होने के उपरान्त अँधेरा होने के पूर्व पुरुष सदस्य पूजन-सामग्री को लेकर गाँव की सीमा में जाते हैं और अधिकांशत: उत्तर-पश्चिम या पश्चिम दिशा में रास्ते पर छोड़ देते हैं ताकि उनके अशुभ तत्त्व गाँव से बाहर चले जाएँ। ये दिशाएँ उनके आगमन के मार्ग का सूचक है। इससे साबित होता है कि हो आदिवासी अधिकांशत: उत्तर-पश्चिम या पश्चिम दिशा से सिंहभूम में आए हैं।[82]

मारांग बोंगा में जो मंत्र पढ़े जाते हैं उनमें एक किली के लोग अपने पुराने गाँव (कम-से-कम पुराने तीन गाँव) का नाम लेते हैं जिनसे पता चलता है कि वे इन गाँवों से प्रवास करते हुए आए हैं। ये मंत्र हैं—

'जोवार हइ दुपुब दिसुम मारांग बोंगा तिसिं नेन, ओअ:-दुवर *दारा हातु* रे हतिर केन दांडे केन तेय:, दोम हिसि सिरमा दोंसि सिरमा मुंडा को त:अय उनरिप ते गांडा को त:अय, ते रिइ केनते चिड़ा केनते पपारि रम्बाह पपारि चाउलि हल मुंडुवम तनञ राह मुंडुवम तनञ, तेला केहते अन्त केहते बियुर उरा सेकोर उरान में, रइ सुनुम पितल जोनो: ते जोओ: आ तु कोम गिरा तु कोम, लार जिह लार होमोओ: ककाे, उला बनो: जड़ा बनो देओ: बनो। *सोनोरो:* ते मुंडा को त: ते गांडा को त: ते बियुर उरान में सेकोर उरान में, *करलाजुयइ* ते मुंडा को त: ते बियुर उरान में सेकोर उरान में, पपारि रम्बाह पपारि चाउलियाना को सेबा मेया सड़ा मेया को अमिङ नम लेड मेया को सेबा मेया को सड़ा मेया को'।

(सारांश:—उनके कहने का तात्पर्य यह है कि आप मारांग बोंगा के इस घर में प्रवेश किए हो हमने आपके नाम से काफी दिनों से पुराना चावल और पुराना उरद नहीं दिया है। जिसकी वजह से आप हमें दंडित कर रहे हैं। शरीर फूल रहा है, उल्टी-दस्त हो रहा है। आपसे मेरी विनती है कि आप वापस चले जाइए, साथ ही रोग, पीड़ा को भी लेते जाइए। मैं 20-30 साल के लिए सामान लोगों और मुंडा से ऋण लेकर आपकी इच्छा को पूरा करुँगा। आज से इस घर के लोग बहुत चैन से जी सकेंगे। आप पासोबेड़ा, सोनोरो, करलाजुई की ओर चले जाइए। वहाँ के लोग सुखी-सम्पन्न हैं, आपको वहीं अच्छा सेवा-सत्कार मिलेगा।)

इस मंत्र को दारा गाँव के पुरती किली के लोगों द्वारा मारांग बोंगा के अवसर पर पुकारा जाता है। वे इस गाँव में आने के पूर्व पासोबेड़ा, सोनोरो और करलाजुई उनका निवास-स्थल था, इस मंत्र के द्वारा स्पष्ट होता है।[83]

सन्दर्भ

1. ए.के. सेन से दिनांक 10 अप्रैल, 2023 को उनके आवास पर साक्षात्कार पर आधारित।
2. ए.के. सेन, *विस्मृत आदिवासी इतिहास की खोज*, जनमाध्यम, राँची, 2009-2010 : 10-11।
3. धनुर सिंह पुरती ने हो-दिसुम हो होनको नाम से 7 खंडों में पुस्तक लिखी है जिसमें हो लोगों के मिथक कथा, रीति-रिवाज, पर्व-त्योहारों आदि पर विस्तृत जानकारी दी है।
4. ए.के. सेन, *इंडीजेनेटी, लैंडस्केप एंड हिस्ट्री आदिवासी सेल्फ-फैशनिंग इन इंडिया*, रुटलेज, लन्दन एवं न्यूर्याक, 2018 : 59।
5. ले. टिकेल, "मेमोयर ऑफ हो देशुम (इम्प्रॉपरली कॉल्ड कोल्हान)", *जर्नल ऑफ द एशियाटिक सोसायटी ऑफ बंगाल* (अब से जे.ए.एस.बी.), खंड IX, भाग 2, 1840 : 797-98।
6. ई.टी. डाल्टन, *डिस्क्रिप्टिव एथनोलॉजी ऑफ बंगाल*, सुपरिंटेंडेंट गवर्नमेंट प्रिंटिंग, कलकत्ता, 1872 : 185-86।
7. वही।
8. ले. टिकेल, वही : 798-799।
9. डब्ल्यू.डब्ल्यू. हंटर, *ऐनल्स ऑफ रूरल बंगाल*, कोसमो पब्लिकेशंस, दिल्ली, 1975 : 1।
10. ए.के. सेन, *इंडीजेनेटी, लैंडस्केप एंड हिस्ट्री आदिवासी सेल्फ-फैशनिंग इन इंडिया*, वही : 59।
11. पी.ओ. बोडिंग, ट्रेडिशन एंड इंस्टीच्यूशन ऑफ द सन्ताल्स : *होड़कोरेन मारे हपारोमको रीक कथा*, बहुमुखी प्रकाशन, नई दिल्ली, 1994 : 1।
12. जॉन हॉफमेन और आर्थर वान एमलेन, *इनसाइक्लोपीडिया मुंडारिका*, भाग 6, सुपरिंटेंडेंट गवर्नमेंट प्रिंट्रिंग, पटना, बिहार एंड उड़ीसा, 1930-50, IX-XV।
13. ए.के. सेन, *इंडीजेनेटी, लैंडस्केप एंड हिस्ट्री आदिवासी सेल्फ-फैशनिंग इन इंडिया*, वही : 59।
14. ए.के. सेन, *विस्मृत आदिवासी इतिहास की खोज*, वही : 13-14।
15. वही : 15।
16. ए.के. सेन, *इंडीजेनेटी, लैंडस्केप एंड हिस्ट्री आदिवासी सेल्फ-फैशनिंग इन इंडिया*, वही : 68।
17. आज भी हो और भूमिज एक-दूसरे को भाई-भाई ही मानते हैं।
18. ले. टिकेल, वही।
19. रफसेज ने 1819-20 में हो लोगों के विरूद्ध प्रथम युद्ध का संचालन किया था।
20. ई. रफसेज टु सी.टी. मेटकाल्फ, सेक्रेटरी टु द गवर्नमेंट, 9 मई, 1820, अनुच्छेद 15, साउथ वेस्ट फ्रंटियर पोलिटिकल डिस्पैच रजिस्टर (अब से एस.डब्ल्यू.एफ.पी.डी.आर.)।
21. ले. टिकेल, वही।

22. जॉन हॉफमेन और आर्थर वान एमलेन, वही : 1814-15।
23. एच.एच. रिजले, ट्राइब एंड कास्ट ऑफ बंगाल, भाग 1, फिरमा मुखोपाध्याय, कलकत्ता, 1981 : 319, प्रथम प्रकाशित तिथि 1891 (बंगाल सेक्रेटरियट प्रेस)।
24. 1837 ई. में *कोल्हान गवर्नमेंट एस्टेट* के निर्माण के बाद ले. टिकेल को साउथ-वेस्ट-फ्रंटियर एजेंसी के पोलिटिकल डिपार्टमेंट का असिस्टेंट एजेंट नियुक्त किया गया था।
25. अंग्रेजों के हो क्षेत्र में प्रवेश करने के साथ ही वे हो और मुंडाओं के बीच साम्यता पर ध्यान देना प्रारम्भ करते हैं। ले. टिकेल, वही : 803।
26. जॉन हॉफमेन और आर्थर वान एमलेन, वही, भाग 1, 1767- 68।
27. डॉ. आदित्य प्रसाद सिन्हा, *हो भाषा और साहित्य का इतिहास*, किशोर विद्या निकेतन, वाराणसी, 2006: 23।
28. लियोनल बरो, *हो ग्रामर (विथ वोकावुलेरी)*, कैथोलिक ओरफन प्रेस, 1915 : 3।
29. 1854 में अमेरिकन धर्म-प्रचारक फ्रांसिस मैसन हो भाषा का दक्षिण-पूर्व एशियन तलैंग (मोन) भाषा से सम्बन्ध बताते हैं। मोन मोन खमेर भाषा-समूह से सम्बन्ध रखता है जिसे बाद में ऑस्ट्रो-एशियाटिक कहा गया। फ्रांसिस मैसन, द *तलैंग लैंग्वेज*, जर्नल ऑफ अमेरिकन सोसायटी, 4, 1854, 282। विकिपिडिया, https://www.jstor.org. stable, accessed 8 August 2022
30. रोजर ब्लैंच, *रिकंस्ट्रक्टिंग ऑस्ट्रो-एशियाटिक प्रीहिस्ट्री*, 2014, 4, विपि, https://www.academia.edu, accessed 8 August 2022
31. पॉल स्ट्रीमर, द *लैंड ऑफ देयर ओवन*, वाकामन, नीदरलैंड, 2016: 8।
32. जार्ज वैन ड्रिम, 'ऑस्ट्रो-एशियाटिक फिलोजेनी एंड द ऑस्ट्रो-एशियाटिक होमलैंड इन लाइट ऑफ रिसेंट पोपुलेशन जेनेटिक स्टडीज', *मोन-खमेर स्टडीज*, 37, 2007, 7, विपि https://www.researchgate.net, accessed 10 August 2022
33. मानव ल्यूकोसाइट एंटीजन प्रणाली या कॉम्प्लेक्स मनुष्यों में गुणसूत्र 6 पर जीन का एक जटिल विश्लेषण है जो प्रतिरक्षा प्रणाली के नियमन के लिए जिम्मेदार कोशिका सतह को एनकोड करता है।
34. मारिया यूजेनिया रिको, जोस मैनुअल नूंस, मेलिसा रहल, बारबरा केरवाइरे, जीन-मेरी टियरसी और एलिसिया सांचेज मजास, 'द ऑस्ट्रो-एशियाटिक मुंडा पोपुलेशन फ्रॉम इंडिया एंड इट्स एनीगमटिक ओरिजिन : ए एचएलए डायवर्सिटी स्टडी', *ह्यूमन बायलोजी* 83, न. 3, 2011, 405-35, विपि, https://www.jstor.org./ stable/ accessed 9 August 2022
35. दिलीप चक्रवर्ती, 'द आयडिया ऑफ डिफ्यूजन एज अन एक्सपलानेटोरी मॉडल', अध्याय 2, *थियोरेटिकल ईश्यू इन इंडिया आर्कियोलॉजी*, मुंशीराम मनोहरलाल, नई दिल्ली, 1988, 28-33।
36. विक्रान्त कुमार, अरीमंडा एन.एस. रेड्डी, जगदीश पी. बाबू, तिपिरिसेट्टी एन. राव, बनरीदा टी. लैंगस्टीह, कुमारस्वामी थंगराजा, अल्ला जी. रेड्डी, लालजी सिंह और बटिनी एम. रेड्डी, "वाय-क्रोमोजोम एवीडेंस सजेस्ट ए कॉमन पैटरनल हेरीटेज ऑफ ऑस्ट्रो-एशियाटिक पोपुलेशंस", *बीएमसी इवोल्युशनरी बायलोजी* 7, न. 1, 2007,47, http://www.biomedcentral.com/1471-2148/7/47, accessed 10 August 2022
37. अनालाभा बसु, नीता शंकर-राय और पार्थ पी. मजूमदार, 'जेनेटिक रिकंशट्रक्शन ऑफ द एक्सटांट पोपुलेशंस ऑफ इंडिया रिविल्स फाइब डिस्टिंक्ट अनसेस्टर्स कोमपोनेंटस

एंड ए कोमपेक्स स्ट्रक्चर', *प्रोसिडिंग्स ऑफ द नेशनल अकाडमी ऑफ साइंस ऑफ द यूनाइटेड स्टेट्स ऑफ अमेरिका* 113, न. 6, 2016, 1594- 1599, http://www.pnas.org/content/113/6/1594, accessed 10 August 2022

38. पॉल स्ट्रीमर, वही : 245।
39. रजीब खान, 'संस ऑफ कनक्वेरर्स : द स्टोरी ऑफ इंडिया?', 'जेन एक्सप्रेशन', ब्लॉग, http://blogs.discovermagazine.com/gnxp/2010/10/sons-of-the-conquerers-the-story-of-india/#VzBODr6M6jr. accessed 10 August 2022
40. डॉ. आदित्य प्रसाद सिन्हा, वही : 16।
41. मानगोविन्द बनर्जी, *छोटानागपुर (झारखंड) की ऐतिहासिक रूपरेखा (आदिकाल से लेकर 1765 ई. सन ब्रिटिश पूर्व तक)*, ऐडुकेशन प्रिंट, पंचम संस्करण, राँची, 2005 : 35-36। डॉ. आदित्य प्रसाद सिन्हा,वही : 18।
42. एस.सी. राय, *मुंडाज एंड देयर कंट्री*, क्राउन पब्लिकेशंस, 2004: 8-31, प्रथम प्रकाशन, एशिया पब्लिशिंग हाउस, 1970, डॉ. आदित्य प्रसाद सिन्हा, वही, 17।
43. जोसेफ वैनट्राय, 'प्रीहिस्ट्री एंड अर्ली हिस्ट्री ऑफ छोटानागपुर', *कल्चरल छोटानागपुर : यूनिटी इन डायवर्सिटी*, संजय बोसु मल्लिक (सम्पा.), विलियम केरी स्टडी एंड रिसर्च सेंटर, नई दिल्ली, उप्पल पब्लिशिंग हाउस, 1991 : 36-37।
44. पॉल स्ट्रीमर, वही।
45. भारत, ऑस्ट्रेलिया और अमेरिका के संयुक्त शोध जर्नल पनास (PANAS) में यह लेख प्रकाशित हुआ था। इस समूह के प्रमुख शोधकर्ता डॉ. प्रियदर्शिनी चौधरी ने बताया कि सिंहभूम का क्षेत्र ही पहली बार समुद्र से बाहर आनेवाला धरती का भाग है। https://navbharat tims.indiatime.com, accessed 30 january 2022
46. वी. बाल, 'नोट ऑन सम स्टोन इम्पलीमेंट्स फाउंड इन द डिस्ट्रिक्ट ऑफ सिंहभूम बाय कैप्टन बिचिंग' *प्रोसिडिंग्स ऑफ एशियाटिक सोसायटी ऑफ बंगाल* (अब से प्रो. ए.एस.बी.) जुलाई 1866 : 177।
47. जोसेफ वैनट्राय, वही : 24।
48. शुभाशिष दास, *मेघालिथ्स ऑफ इंडिया*, http://www.meghalithindia.in/; accessed 05 March 2021
49. जोसेफ वैनट्राय, वही : 32।
50. डॉ. ए.के. सेन, इंडीजेनेटी, लैंडस्केप एंड हिस्ट्री आदिवासी सेल्फ-फैशनिंग इन इंडिया, वही।
51. ई.टी. डाल्टन, वही : 184।
52. एफ.बी. ब्रेडले बर्ट, *छोटानागपुर ए लिटल नोन प्रोविंस ऑफ द एम्पायर*, स्मिथ, एल्डर एंड क., लन्दन, 1910 : 10।
53. ले. टिकेल, वही : 695।
54. एस.सी. राय, वही : 68।
55. ए.डी. टकी, *फाइनल रिपोर्ट ऑन द रिसेटलमेंट ऑफ द कोल्हान गवर्नमेंट इस्टेट इन द डिस्ट्रिक्ट सिंहभूम 1913-1918*, सेक्रेटरियट गवर्नमेंट प्रिंटिंग पटना 1920 : 17।
56. एन.एन. सिंहदेव, *सिंहभूम, सरायकेला एंड खरसावाँ थ्रु द एजेस* ,अलिंयस प्रेस, कलकत्ता 1937 : 25-26।
57. एफ.बी. ब्रेडले बर्ट, वही : 86।
58. एस.सी. राय, वही : 67-68।

59. ए.डी. टकी, वही : 12-13।
60. फादर जॉन डिन्नी एस. जे., द *स्पिरिट वर्ल्ड ऑफ हो ट्राइब,* कैथोलिक प्रेस, राँची, तिथि अंकित नहीं, 96-97।
61. मैथ्यु अरीपरमपिल, 'माइग्रेशन ऑफ होस टु सिंहभूम', *सिंहभूम सम हिस्टोरिकल ग्लिनिंग्स,* अशोक कुमार सेन (सम्पा.), इतिहास विभाग, टाटा कॉलेज, चाईबासा, 1986 : 16।
62. ए.के. सेन," रिडिफांइड ऑर्कियोलॉजी एंड रिकंशट्रक्शन ऑफ द एथनो-हिस्ट्री ऑफ द होस ऑफ प्री-कोलोनियल सिंहभूम", *जर्नल ऑफ द एशियाटिक सोसायटी ऑफ बंगाल,* खंड LIV नं. 1, 2012, 32-33।
63. डी.एन.मजूमदार, द *अफेयर्स ऑफ ए ट्राइब,* यूनिवर्सल पब्लिशर्स, 1950, 257।
64. ए.के. सेन, 'रिडिफाइन आर्कियोलॉजी एंड रिकंस्ट्रक्शन ऑफ द एथनो-हिस्ट्री ऑफ द होस ऑफ प्रि-कोलोनियल सिंहभूम', *जर्नल ऑफ* द *एशियाटिक सोसायटी,* भाग LIV, नं. 1, कलकत्ता, 2012 : 34-35।
65. ए.के. सेन, *फ्रॉम विलेज एल्डर्स टु ब्रिटिश जज कस्टम, कस्टमरी लॉ एंड ट्राइबल सोसायटी,* ओरियंट ब्लैकस्वान, 2012 : 31।
66. ए.के. सेन, द *मेकिंग ऑफ ए विलेज द डायनामिक्स ऑफ आदिवासी रूरल लाइफ इन इंडिया,* रूटलेज, लन्दन और न्यूयार्क, 2021 : 21।
67. ए.डी. टकी, वही, 20।
68. *टूर डायरी ऑफ मि. डब्ल्यू. जी. केली फॉर द मन्थ ऑफ अप्रैल, 1915,* डी.सी. ऑफिस, जनरल डिपार्टमेंट (अब से जी.डी.), रेवेन्यु ब्रांच (अब से आर.बी.), सी.एन. III सेटलमेंट, इनस्पेक्शन नोट्स ऑफ सेटलमेंट, जिला अभिलेखागार (अब से जि.अभि.),चाईबासा।
69. डॉ. ललिता सुंडी, *सिंहभूम की मानकी-मुंडा व्यवस्था : एक ऐतिहासिक अध्ययन,* अप्रकाशित शोध-प्रबन्ध, इतिहास विभाग, राँची विश्वविद्यालय, 2013 : 60।
70. बागुन बोदरा, 'चाईबासा का संक्षिप्त परिचय', *ओतोरोंग स्मारिका,* हो समाज महासभा, बिन्दराय इंस्टीच्यूट फॉर रिसर्च स्टडी एंड एक्शन (बिरसा), चाईबासा, तिथि अंकित नहीं, 22।
71. स्व. शिवदयाल सुंडी, आई.एन.एस. विक्रान्त, भारतीय नौसेना का प्रथम वायुयान पोत में इंजीनियर थे। इस विक्रान्त वायुयान पोत ने 1971-72 के भारत-पाकिस्थान युद्ध में भारत की जीत में महत्त्वपूर्ण भूमिका निभाई थी। स्व. शिवदयाल सुंडी ने भी इस युद्ध में भाग लिया था। युद्धोपरान्त तत्कालीन प्रधानमंत्री स्व. श्रीमती इन्दिरा गांधी ने उन्हें भी पदक देकर सम्मानित किया था। नौसेना से सेवानिवृत्ति के उपरान्त उन्होंने हिन्दुस्थान लिवर लिमिटेड में काम किया। तत्पश्चात वे नौकरी के सिलसिले में साउदी अरब चले गए। सम्भवत: वे हो आदिवासियों में सर्वप्रथम विदेश में नौकरी करने गए। सौभाग्य से वे मेरे पिताजी थे। वे गोतोमपी गाँव के निवासी थे। स्व. शिवदयाल सुंडी से गाँव गोतोमपी में दिनांक 14 फरवरी, 2012 के साक्षात्कार पर आधारित।
72. वी. बाल, *ट्राइबल एंड पीजेंट लाइफ इन नाइनटींथ सेंचुरी इंडिया,* मनोहर पब्लिकेशंस, 2020 : 164, प्रथम प्रकाशित तिथि 1880। यह पुस्तक पहले जंगल लाइफ इन इंडिया या द *जर्नी एंड जर्नल्स ऑफ अन इंडियन जियोलॉजिस्ट* शीर्षक से 1880 में प्रकाशित हुई थी।
73. ई.टी. डाल्टन, वही : 203-04।
74. एस.सी. राय, वही : 222।

75. ए.डी. टकी, वही : 20।
76. शिक्षक विमल किशोर बोयपाई, ग्राम—बोंडोलगुटु, पंडावीर से दिनांक 12 मई, 2020 को ग्राम बोंडोलगुटु में साक्षात्कार पर आधारित।
77. जवाहर बाँकिरा, शिक्षा सचिव, हो समाज महासभा, चाईबासा से दिनांक 5 फरवरी, 2022 को क्लब भवन हरिगुटु में साक्षात्कार पर आधारित।
78. श्रीमती मालती सुंडी, पत्नी स्व. शिवदयाल सुंडी गाँव गोतोमपी में दिनांक 14 फरवरी, 2012 को साक्षात्कार पर आधारित।
79. भवानी कुंकल, पूर्वजों का शिलालेख इतिहास कोमचोंङ दिरी, चित्रीबिला, लघु शोध-प्रबन्ध, स्नातकोत्तर प्रथम वर्ष, 2016-2017, हो विभाग, जनजातीय एवं क्षेत्रीय भाषा विभाग, कोल्हान विश्वविद्यालय, 7-31।
80. मानकी चातोम्बा, ग्राम—चितिरबिला, प्रखंड—हाट गम्हरिया से चितिरबिला गाँव में दिनांक 13 जनवरी, 2021 के साक्षात्कार पर आधारित।
81. लुकना हेम्बरोम, ग्राम—सान मृगलिंडी, प्रखंड—हाट गम्हरिया से चितिरबिला गाँव में दिनांक 13 जनवरी, 2021 को साक्षात्कार पर आधारित।
82. लागेश्वर सुंडी, दिउरी, गाँव—कबरागुटु से 20 मई, 2020 को गाँव—कबरागुटु में साक्षात्कार पर आधारित।
83. दिलदार पुरती, असिस्टेंट प्रोफेसर, हो भाषा विभाग, श्यामा प्रसाद मुखर्जी विश्वविद्यालय, राँची से दिनांक 24 जून, 2022 के साक्षात्कार पर आधारित।

6

हो गाँवों की स्थापना

आदिवासी समाज के लिए गाँव की अवधारणा क्या है? क्या यह आवासीय और खेतीवाले हिस्सों को ही दर्शाता है या आसपास के निर्जन क्षेत्रों को भी दर्शाता है। क्या इसका केवल एक भौतिक अर्थ है या उससे कुछ अधिक है। क्या इसका मतलब उस समय से है जब गाँव के विचार की कल्पना की गई थी या उसके वास्तविक जन्म का समय जैसे कि एक बच्चे का जन्म से लेकर उसके वयस्क होने तक का समय। क्या यह उपर्युक्त में से किसी एक के रूप में एक ही घटना का गठन करता है या यह इसके साथ जुड़े बाद की घटनाओं का कुल योग है। इन प्रश्नों से पता चलता है कि ग्राम का अर्थ स्थानिक-अस्थायी रूप से स्थिर नहीं बल्कि परिवर्तनशील होता है (सेन 2021 : 28)।[1] इस अध्याय में हम हो गाँवों की स्थापना के विभिन्न चरणों का अध्ययन करेंगे।

गाँव का अर्थ

भारत में गाँव के अनेक पर्यायवाची शब्द हैं। संस्कृत में इसे *ग्राम,* हिन्दी में *गाँव* या *गाम,* और अरबी में *मौजा* कहते हैं जबकि दक्षिण भारत में गाँवों को उर कहा जाता है (पावेल 1972 : 74)।[2] झारखंड के आदिवासी इसे *हातु* कहते हैं (सिंह 1978 : 17)।[3] आम बोलचाल की भाषा में, एक गाँव या उसकी अपेक्षा एक रैयतवाड़ी गाँव का अर्थ है : 'काश्तकारों का समूह...कुछ रीति-रिवाजों से बँधे हुए हैं जिनमें उनके कुछ सामान्य हित और स्वामित्व हैं...स्थानीय सरकार की आय और पड़ोसी गाँवों के मदद के बिना जीवन की जरूरतों को पूरा करते हैं' (पावेल 1972 : 74)। लेकिन एक शैक्षणिक अर्थ में, एक गाँव सीमांकित या सीमाबद्ध गाँव-स्थल दोनों को दर्शाता है और साथ ही प्रशासनिक इकाई के रूप में इसे मौजा, प्रशासनिक गाँव, राजस्व गाँव और सर्वेक्षण गाँव भी कहा जाता है। आधिकारिक तौर पर, एक गाँव का अर्थ मूल रूप से प्रशासनिक था जिसमें भौतिक

सीमा, जनसांख्यिकीय बसाव, संसाधन और व्यावसायिक प्रतिरूप को चित्रित करने की प्रक्रिया शामिल थी। (सेन वही : 29)। प्राक-औपनिवेशिक, औपनिवेशिक काल और वर्तमान में भी गाँव प्रशासन की सबसे छोटी इकाई है।

अगर हम सामाजिक अर्थ के बारे में बात करें तो कुछ भ्रम और मतभेद स्पष्ट हैं। 1913-18 की खूँटकट्टी जाँच के दौरान अंग्रेज अधिकारियों के समक्ष यह मसला आया। केन्द्रीय मुद्दा था गाँव की स्थापना किसने की जो अपने साथ एक गौण सवाल लेकर आया था कि एक आदिवासी के लिए गाँव का क्या महत्त्व होता है। बोरता हो सामाजिक रूप से उलीगुटु[5] गाँव के संस्थापक के रूप में जाने जाते हैं। उनके चार बेटे थे—रासाई, सादो, हर और बीर सिंह। जब उनके परिवार बढ़े तथा उन्हें और जमीन की जरूरत पड़ी तब रासाई के बेटे अछु ने लोवारदा[6] गाँव की स्थापना की। सादो के वंशजों ने बायका और हर और बीर सिंह के वंशजों ने अरगुंडी की नींव रखी। हालाँकि उनमें विवाद हो गया था। जब सत्यापन अधिकारी ने पूछा कि लोवारदा, बायका और अरगुंडी गाँव सिने बनाया तो विरोध करनेवालों ने जवाब दिया : "जैसा कि हम समझते हैं गाँव स्थल था। हमने सरहदों की कभी चिन्ता नहीं की।" इसका तात्पर्य यह है कि एक गाँव की अवधारणा जंगल के भीतर मूल सीमांकित स्थल को दर्शाती है जिस पर वास्तव में निर्मित गाँव के बजाय कई गाँव बनाए जा सकते हैं। अब सवाल यह उठता है कि ग्रामीण स्थल और सीमा के बीच अन्तर क्यों करते हैं। यह अन्तर इस तथ्य के कारण हुआ कि जब लोगों का एक समूह जंगल क्षेत्र में पहुँचा तो उनके अगुवा ने औपचारिक रूप से सीमांकन के लिए स्थूल जगह तय कर दी (सेन वही : 29)। जैसा कि राय ने मुंडा समुदाय के लिए वर्णन किया है पर वह हो लोगों के लिए भी सटीक बैठती है :

> एक चयनित इलाके के चारों कोनों को एक बिन्दु से दूसरे बिन्दु तक जोड़ते हुए चारों कोनों पर विशाल अलाव जलाया गया। ये रेखाएँ नए गाँव की सीमा रेखाएँ बनाती हैं। और इस प्रकार सीमांकित गाँव की सीमा के भीतर सारी भूमि खेती योग्य और साथ ही बंजर, सभी पहाड़ियाँ और जंगल और धाराएँ, जमीन के ऊपर और भूमिगत सब कुछ, गाँव-परिवार की सामान्य सम्पत्ति बन गईं।
>
> (1970 : 63)

पूजा-पद्धतियों को निभाना इस बात का प्रमाण है कि स्थल का सीमांकन या गाँव का सीमा निर्धारित करना एक महत्त्वपूर्ण सामाजिक घटना थी। यह बताता है कि स्थल या इलाके का चयन सीमा निर्धारित करने से पहले क्यों किया गया था और यह स्थल खुद एक गाँव को दर्शाता है। सम्भवत: कुछ लोगों ने गाँव के

उद्भव और सामाजिक गठन से पहले एक गाँव की अवधारणा पर ध्यान केन्द्रित किया गया था।

एक चुने हुए स्थल को प्रशासनिक गाँव का दर्जा तब मिला जब वन स्थल को साफ किया गया और रहने योग्य बनाया गया, खेती योग्य भूमि आवंटित की गई और मुंडा को सामाजिक रूप से चुना गया। बड़ा कुन्दरीजोर के गोनो मुंडा कहते हैं कि "बोयपाई किली के कांडे गुरा हाम बरकेला से यहाँ आए और गाँव को आबाद किया। वह जंगल और जमीन को साफ करनेवाले पहले व्यक्ति थे। हालाँकि एक पूर्ण गाँव की सामाजिक स्थिति अर्जित करने के लिए इसे अन्य प्रथाओं को भी पूरा करना पड़ता था। उदाहरण के लिए, 'तारेया और सुकरीपोडा पहले एक गाँव थे पर अब प्रशासनिक उद्देश्यों के लिए वे अलग हैं, लेकिन धार्मिक उद्देश्यों के लिए वे अभी भी एक हैं। उनका एक साझा देशाउली है।" इसका तात्पर्य यह है कि यद्यपि प्रशासनिक रूप से गाँव का एक स्वतंत्र अस्तित्व था पर देशाउली की अनुपस्थिति में वह सांस्कृतिक रूप से पूर्ण नहीं था। इस तरह एक पूर्ण गाँव का एक अन्य मानदंड एक स्वतंत्र दिउरी या ग्राम पुजारी की नियुक्ति थी। दिउरी ने ही गाँव बनाने की प्रक्रिया के दौरान वन देवताओं की प्रार्थना करने के महत्त्वपूर्ण सामाजिक अनुष्ठानों को पूरा किया। हो लोगों के अनुसार : "एक गाँव की स्थापना के समय एक दिउरी सबसे आवश्यक व्यक्ति होता है जो हो लोगों की मान्यता के अनुसार जंगल में रहनेवाले देवताओं की सर्वप्रथम पूजा अर्पित करता है।"[7] एक दिउरी की अनुपस्थिति एक गाँव की आश्रित स्थिति को दर्शाती है। उदाहरण के लिए, उली राजाबासा, गाड़ा राजाबासा, गालुबासा और किताहातु मूल रूप से एक ही गाँव के हैं। इस कारण इन चारों गाँव का एक ही देशाउली और दिउरी है। देशाउली मूल मुख्य गाँव में है और जाहिर तौर पर दिउरी भी वहीं निवास करते हैं। इसका तात्पर्य मूल गाँव और उसके अनुषंगी गाँवों की धार्मिक एकता से है। (सेन वही : 30)।

गाँव कैसे बना

सम्पूर्ण विश्व में स्थायी कृषि और स्थायी ग्रामीण जीवन का प्रारम्भ एक साथ घटित हुआ। सिंहभूम में एक गाँव के बसने के अलग-अलग स्तर की कहानी वास्तव में मुंडा समुदाय के अलग-अलग समूहों द्वारा पहली बार यहाँ प्रवेश करने के बाद शुरू हुई। मुख्य रूप से शिकार, चराई और झूम खेती पर निर्भरता के कारण अप्रवासी समूह पहले अस्थायी गाँवों में रहते थे। बाद में जब उन्होंने स्थायी खेती को अपनाया तब वे स्थायी गाँव बसाकर रहने लगे।

इस प्रक्रिया में सबसे पहला स्तर गाँव के निर्माण के लिए स्थल-चयन था। यह सुरक्षा, आर्थिक और पारिस्थितिक चिन्ताओं द्वारा निर्धारित किया गया था।

भारत में वास्तविक या काल्पनिक शत्रुओं की आक्रामकता से सुरक्षा गाँव के गठन का एक प्रमुख कारक था। बाहरी आक्रमण से शारीरिक सुरक्षा के लिए भय, जैसे कि ऐतिहासिक अतीत में आर्य आक्रमण ने झारखंड के आदिवासियों के बीच भय उत्पन्न किया। (पावेल वही : 65-8, 153-4)। आदिवासियों ने 'हर तरफ से आकलन करना थोड़ा मुश्किल' तथा 'उनकी आवश्यकताओं के अनुकूल और उनके दुश्मनों के पहुँच से बाहर' होने के कारण उन्होंने छोटानागपुर पठार को अपनी मातृभूमि के रूप में चुना (डाल्टन 1866 : 153)।[8] पर्यावरणीय कारकों ने भी बड़े पैमाने पर स्थल-चयन को प्रभावित किया। भोजन, चारा, पानी के साथ-साथ कृषि योग्य और रहने योग्य भूमि की उपलब्धता जो कि खाली वन क्षेत्रों में बहुतायत से उपलब्ध थी, ने महत्त्वपूर्ण कारक की भूमिका निभाई (पावेल वही : 65-71)। देश के साथ-साथ झारखंड राज्य के आदिवासियों के लिए भी, पारिस्थितिकी ने न केवल स्थल-चयन का निर्धारण किया बल्कि गाँव को एक निश्चित पहचान दिया। जंगल के साथ उनकी घनिष्ठता के कारण उनके रहन-सहन को वन-केन्द्रित बताया गया है। हो समुदाय भी सर्वप्रथम उत्तरी सिंहभूम के घने जंगलों वाले क्षेत्र में बसे (टिकेल 1840 : 696)।[9] तदुपरान्त वे अधिक सघन वनों वाले दक्षिण कोल्हान में चले गए। यहाँ उन्होंने घने जंगलों और पहाड़ी भागों की अपेक्षा आम तौर पर गाँव के स्थलों के लिए खुला और समतल भूभाग चुना (क्राभन 1898 : 6-13)।[10] हालाँकि कुछ उपजाऊ घाटी और कभी-कभी पश्चिमी भाग के ढलानों को ग्रामीणीकरण के लिए चुना गया था। हालाँकि यह क्षेत्र आमतौर पर पहाड़ी और जंगली था। सुदूर दक्षिण, जिसमें प्रसिद्ध पहाड़ी और सारंडा वन क्षेत्र शामिल हैं, उनमें कुछ गाँव बसे हुए थे (टिकेल वही : 699)।

स्थल-चयन के पश्चात चरणबद्ध तरीके से हो गाँवों का विकास हुआ। मूल/मातृ ग्राम जंगल इलाके में बुनियादी बस्ती के रूप में उभरा। लेकिन जब मूल गाँव में आबादी बहुत बढ़ गई तब नई भूमि की तलाश की जाने लगी। इसे एक उद्धरण से समझा जा सकता है :

> अगर दो खेत और तीन बेटे हैं तो तीसरे बेटे को अपने लिए विस्थापित होना होगा। अक्सर ऐसा होता है कि पिता की सम्पत्ति कम हो तो सभी भाई मिलकर बड़े भाई को सम्पत्ति सौंप देते हैं और दूसरा भाई जो कर सकता है वह करने की कोशिश करता है, लेकिन फिर भी उनका दावा बना रहता है और कभी नष्ट नहीं होता।
>
> (उद्धृत सेन 2012 : 90)[11]

हो समुदाय गाँव में आबादी बढ़ने पर मूल गाँव को केन्द्र में रखकर उसके आसपास वाले क्षेत्रों में भी धीरे-धीरे लोग बसने लगे। प्रारम्भ में उन्होंने अपने

गाँवों के अगल-बगल वाले इलाके को खेती के लिए साफ करना शुरू किया। इनमें खेती करने के लिए उन्हें दिन-भर घर से बाहर रहना पड़ता था फलतः उन्होंने इन इलाकों में झोंपड़ीनुमा घर बनाए ताकि दिन में इसमें खाना-पीना और विश्राम कर सकें। शाम को कार्य समाप्ति के उपरान्त वे अपने मूल गाँव लौट जाते थे। धीरे-धीरे इस तरह की अनेक झोंपड़ियाँ बनने लगीं। समय बीतने के बाद इन झोपड़ियों से निर्मित वह क्षेत्र भी बाद में एक गाँव बन गया। ऐसे गाँव जब आबाद हो जाते थे तब ये मूल गाँव का टोला या साई कहलाते थे (सुंडी 2012 : 60-61)[12]

अगला चरण मूल गाँव के टोला या साई का एक स्वतंत्र गाँव में परिवर्तन होना था। उदाहरण के लिए, कदल सोकोवा नामक गाँव बरकेला का टोला था लेकिन परवर्ती समय में यह एक स्वतंत्र गाँव बन गया। दुम्बी हो जो बरकेला के एक और टोला सिकुरसाई के निवासी थे उन्हें कदल सोकोवा का मुंडा बनाया गया।[13] उसी तरह, उलीराजाबासा के संस्थापक दाता सुरा हो थे। उनके तीन पुत्र थे—कारान्ती सेलइ, रीबी सीता और रेगा। रीबी सीता एक अलग जगह नदी किनारे बस गए, वो गाँव गाड़ा (नदी) राजाबासा कहलाया। रेगा ने जहाँ गाँव बसाया उसका नाम किताहातु पड़ा क्योंकि वहाँ किता (खजूर) के बहुत पेड़ थे। परम्परा के अनुसार बड़े बेटे कारान्ती मूल गाँव उलीराजाबासा में ही रह गए। इसमें सबसे महत्त्वपूर्ण बात यह थी कि अलग होने के बावजूद भी उनका भौतिक सम्बन्ध जारी रहा क्योंकि इन परिवारों के पास इन सभी गाँवों में जमीन और घर दोनों थे। इसके साथ ही एक सांस्कृतिक कड़ी बनी रही क्योंकि मूल गाँव में उनके साझा देशाउली और दिउरी थे (सेन 2021 : 33)।

इस क्षेत्र में जमीन पर अधिकार करने का भी एक अलग इतिहास है। डब्ल्यू. जी.केली 1915 में कोल्हान में भूमि सर्वेक्षण के दौरान हो समुदाय की भूमि पर अधिकार के बारे में लिखते हैं : "प्रारम्भिक काल में जब असीमित जमीन थी, उस पर किसी जिला, राज्य एवं देश का नियंत्रण नहीं था, कोई भी जहाँ चाहे जमीन ले सकता था। उसमें खेत और घर बना सकता था। यदि कोई परिवार मूल गाँव छोड़कर कहीं और गाँव बसा लेता था पर इसके बावजूद मूल गाँव के जमीन-जायदाद पर उसका दावा बरकरार रहता था।"[14] हो लोगों का विश्वास था कि पूर्वजों या उनके द्वारा बनाए गए जमीन पर कभी न खत्म होनेवाला अधिकार है। कहीं और बसने के बावजूद वे मूल गाँव की जमीन को नहीं बेचते थे बल्कि उसे मुंडा को सुपुर्द कर देते थे। यदि वो या उसका बेटा गाँव वापस लौटते तब वे अपनी जमीन वापस हासिल कर सकते थे।[15] एस.जे. मानूक 1896 में हो लोगों के भूमि पर सामुदायिक अधिकार के बारे में विस्तार से वर्णन करते हैं : "हो लोग अपनी जमीन को कभी भी अपनी इच्छानुसार नहीं बेच सकते थे क्योंकि भूमि का स्वामित्व समुदाय में ही

निहित होता था। किसी भी व्यक्ति को स्थायी रूप से जमीन की सामुदायिक स्वामित्व से अलग करने का अधिकार नहीं था। इस जमीन पर उनका तथा उनके बाद बेटों तत्पश्चात उनके बेटों का वंशगत अधिकार था। इस तरह से ये भावी पीढ़ी के लिए भी एक धरोहर थी। जब किसी व्यक्ति का कोई पुत्र नहीं होता था तब उस भूमि पर उसकी पत्नी (जीविकोपार्जन के लिए, जब तक वह जीवित है) का अधिकार होता था। तत्पश्चात उसके अपने भाई और कुल के अन्य रिश्तेदारों का जमीन पर हक होता था। यदि परिवार निर्वंश हो जाए उस स्थिति में भूमि पर मुंडा की अगुवाई में समुदाय का हक होता था। इस तरह जमीन कभी भी गाँव या समुदाय से बाहर नहीं जाती थी।"[16] ओ'मेली लिखते हैं कि कोल्हान में खाली जमीन पर भी किसी बाहरी व्यक्ति का हक नहीं होता था। इस प्रकार हो लोगों का अपने जमीन के साथ घनिष्ठ सम्बन्ध था क्योंकि भूमि उनके अस्तित्व को जीवन और अर्थ प्रदान करती थी, साथ ही ये उनके पूर्वजों की निशानी एवं भावी पीढ़ी के लिए एक धरोहर भी थी (ओ'मेली 1999 : 8)[17]

गाँव के संस्थापक

गाँव के वास्तविक निर्माण की शुरुआत जंगल क्षेत्र में पहले व्यक्ति या संस्थापक के आगमन के साथ हो जाती थी। हो भाषा में उन्हें *हाम हो* (पूर्वज) कहा जाता था। मुंडा और हो लोगों में पितृ परिवार या प्रारम्भिक व्यक्ति ने महत्त्वपूर्ण भूमिका निभाई थी क्योंकि उन्होंने सर्वप्रथम गाँव के लिए जगह का चयन और सीमांकन किया था (राय 1970 : 63)।[18] 1913-18 के गाँव के दस्तावेज बताते हैं कि हाम हो की स्मृति अक्सर मान्यता प्राप्त गाँव की परम्परा या सामाजिक तथ्य थी। इसलिए सेरेंगसिया गाँव के सभी खूँटकट्टीदार और दूसरे किली के लोगों ने भी एक स्वर में माना कि होनहागा किली के *मान्दुर हो* इस गाँव के प्रतिष्ठित संस्थापक थे। इससे सिद्ध होता है कि किसी गाँव में ग्राम संस्थापक एक सांस्कृतिक नायक था और उसकी ऐतिहासिक भूमिका की स्मृति समय की मार से बची रही (सेन वही)। हालाँकि अधिकतर गाँव के ग्रामीण अपने सम्बन्धित गाँव के संस्थापक के बारे में जानते थे जो वर्तमान में भी जारी है। लोक-कहानी के माध्यम से पीढ़ी-दर-पीढ़ी यह हस्तान्तरित होती रही है।[19] हालाँकि यह स्मृति कई गाँवों में धूमिल हो गई थी। यह माना जा सकता है कि चूँकि गाँव के निर्माता संस्थापक मिशन में अक्सर अकेले नहीं होते थे इस कारण लोग नेतृत्व और अनुसरण करनेवालों के बीच अन्तर नहीं कर पाते थे।

जब गाँव के संस्थापक और उनके लोग वन-स्थल पर पहुँचे तब उनका पहला काम आनुष्ठानिक सत्यापन के बाद एक उपयुक्त स्थान की पहचान करना था। इस

धार्मिक परीक्षण ने आदिवासी मानस में पवित्र या कर्मकांड तत्त्वों में विश्वास को स्थायी रूप से प्रत्यारोपित किया। हो विद्वान डी.एन. सिंकु लिखते हैं :

> हो समुदाय में गाँव बसाने की प्रक्रिया विभिन्न विधियों द्वारा सम्पन्न की जाती थी। एक विधि के अनुसार जब हो लोग सिंहभूम में आए तब यह पूरा इलाका घने जंगलों से आच्छादित था। तब उन्होंने गाँव बसाने के लिए किसी एक उपयुक्त स्थल, जहाँ सबसे हरे-भरे पेड़-पौधे तथा आसपास पानी की सुविधा उपलब्ध थी वैसे स्थल का चयन किया। उस जगह की साफ-सफाई करने के पश्चात तीन मिट्टी के बर्तनों में पानी भरकर रखा, साथ ही एक मुर्गी का बच्चा भी वहाँ पर बाँध दिया। इन सबको रात-भर के लिए छोड़ दिया। सुबह वहाँ जाकर मुआयना किया जाता है यदि घड़े के पानी का जल-स्तर घट जाता था तब वे लोग समझ जाते थे कि यहाँ बसने से पानी का अभाव होगा। अगर घड़े के पानी का जल-स्तर स्थिर रहा या ज्यादा हो गया तो लोग समझ जाते थे कि पानी की कमी यहाँ नहीं होगी। यह देखकर वे इस जगह को बसने के लिए उपयुक्त समझते थे। इसके बाद मुर्गी के बच्चे को देखा जाता था। यदि वह खो गया, भाग गया या उसे किसी जंगली जानवर ने खा लिया तो इस परिस्थिति में इस स्थल को असुरक्षित माना जाता था। लेकिन यदि मुर्गी का बच्चा सही-सलामत मिल गया तब यह बसने के लिए उपयुक्त समझा जाता था। हो लोगों का ऐसा विश्वास है कि पृथ्वी में *मारंग बोंगा* का निवास है जो लोगों की सुरक्षा करता है, उन्हीं की वजह से लोग जीते और मरते हैं। जल-स्तर स्थिर रहने या बढ़ जाने का अर्थ है मारंग बोंगा ने उन्हें वहाँ रहने की इजाजत दे दी है। मुर्गी का बच्चा जिन्दा रह गया इसका भी अर्थ यही है कि मारंग बोंगा ने इशारे से कह दिया है कि तुम यहाँ बस सकते हो हम तुम्हारी सुरक्षा करेंगे।
>
> (सिंकु 1986 : 41)[20]

एक अन्य विधि भी प्रचलित थी। इस विधि के अनुसार, सर्वप्रथम घर बनाने कि लिए चयनित स्थल के पेड़-पौधों को काटकर साफ-सफाई की जाती थी। इसके उपरान्त, उस क्षेत्र के चारों कोनों में अरवा चावल को साल के पत्तों में लपेटकर रख दिया जाता था। एक मुर्गी का बच्चा भी साथ में बाँध दिया जाता था। इनको रात-भर छोड़ने के पश्चात दूसरे दिन सुबह जाकर वहाँ देखा जाता था। यदि मुर्गी का बच्चा सुरक्षित रहता था तब वह स्थल बसने के लिए उपयुक्त माना जाता था। तत्पश्चात साल के पत्तों में लिपटे अरवा चावल का निरीक्षण किया जाता था। यदि किसी कोने का चावल गायब हो गया है या कम हो गया है तब वह कोना अशुभ समझा जाता था। अगर किसी कोने का चावल सलामत है या दानों की संख्या बढ़ गई है तब उस कोने को शुभ मानकर उस दिशा में घरों के निर्माण की प्रक्रिया प्रारम्भ की जाती थी।[21] इन विधियों से आज भी कोल्हान में नये गाँवों का निर्माण किया जाता है।

स्थल-चयन के बाद, अगुवा द्वारा मारंग बोंगा और सिंगबोंगा से अपने प्रयास की सफलता के लिए प्रार्थना की जाती। चूँकि उस काल में मूल कार्य धार्मिक और लौकिक थे अत: दोनों प्रकार के कार्यों का दायित्व उसे निभाना पड़ता था। गाँव के धार्मिक मुखिया के रूप में वह *दिउरी* कहलाया। उसे समुदाय की रक्षा और अच्छी फसल के लिए ग्राम देवताओं को प्रसन्न करने हेतु देशाउली में सार्वजनिक रूप से बलि चढ़ानी पड़ती थी। दूसरी ओर सांसारिक मामलों के मुखिया के रूप में वह *मुंडा* कहलाया। परवर्ती काल में जब कार्यों का बोझ बढ़ने लगा तब धार्मिक और लौकिक कार्य अलग हो गए। धार्मिक कार्यों को करने की जिम्मेदारी सिर्फ दिउरी की हो गई। गाँव का अगला सबसे प्रभावशाली व्यक्ति गाँव के लौकिक कार्यों के लिए उत्तरदायी हो गया और वह मुंडा कहलाया। झारखंड के आदिवासियों में संस्थापक किली को भूमि-चयन में विशेषाधिकार प्राप्त है। प्रारम्भ में अगुवा ने अपने साथ आनेवाले व्यक्ति को भूमि आवंटित की। वो उनके अपने परिवार के सदस्य हो सकते हैं जिन्हें सामाजिक रूप से *मारांग हागा* (वरिष्ठ भाई-बन्धु) और अपने ही किली के दूसरे परिवार को *हुड़िंग हागा* (कनिष्ठ) कहा जाता था। उन दोनों को आमतौर पर *मारांग किली* कहा जाता था। दूसरी किली के सदस्यों को *हुड़िंग किली* कहा जाता था जो अक्सर उनके *पोरजा* या सेवक *(चितरा)* के रूप में जाने जाते थे। ये प्रारम्भ से ही अगुवा के साथ रहे होंगे या बाद में आमंत्रित किए गए होंगे। उन्होंने अपने हातु या गाँव को केन्द्र मानकर जमीन का चयन और आवंटन किया। उनके गाँव खूँटकट्टी हातु कहलाए (राय वही : 63)।

मारंग किली/हागा होने के कारण स्वाभाविक तौर पर उन्होंने अधिक समतल और कृषि-योग्य भूमि का चुनाव किया। पहले बसे होने के कारण यह गाँव का सबसे पुराना हिस्सा बन गया। मालिदु गाँव चार टोला में विभाजित था—मुंडा टोला, सन्तड़ासाई, सुरासाई और रसिकासाई। मुंडा टोला जिसके संस्थापक पेरे/पेडे हाम थे वो सबसे पुराना था और पारिस्थितिक रूप से सबसे उपयुक्त था। मारांग किली हमेशा सबसे ज्यादा और उपजाऊ भूमि अपने अधिकार में रखता था। इससे सामाजिक-आर्थिक विषमता की नींव पड़ी लेकिन एकजुटता बनाए रखने के लिए समाज ने एकरूपता की तकनीक विकसित की। इस योजना के तहत अन्य लोगों की सेवाओं को मान्यता दी गई। इन गैर-खूँटकट्टीदारों को बसने के लिए भूमि का एक हिस्सा सौंपा गया और उसे टोला नाम दिया गया। जिस अगुवा ने सर्वप्रथम उस टोले को बसाया उसके नाम पर टोले का नाम पड़ा। इसलिए मालिदु गाँव के टोले में, सुरासाई का नाम उनके बेटे सुरा के नाम पर पड़ा था, रसिकासाई, रसिका के नाम पर और सन्तड़ासाई, उस गाँव में बसे सन्तालों के कारण। दूसरी तकनीक किलियों के अनुसार गाँव की जगह को साझा करना था। *डुमारजोवा* गाँव में सिंकु और लागुरी सबसे पुराने किली थे। वे *रेबेडजोवा* और *डुमारजोवा* खास को क्रमश: साझा करते थे (सेन वही : 35-35)। कोल्हान गाँवों में इस तरह के अनेक गाँव हैं।

गाँव का नामकरण

गाँव की सीमा निर्धारित करने के बाद अगुवा का सबसे पहला कार्य गाँव का नामकरण करना होता था। एक गाँव का नामकरण कैसे और क्यों हुआ यह आदिवासी मानसिकता और विश्वदृष्टि को दर्शाता है। पहला, यह मूल संस्थापक द्वारा अपनी सहायता के लिए प्राकृतिक तत्त्वों को एक प्रकार से ऋण भुगतान करने का तरीका था। दूसरा, इसने उनके पवित्र और अपवित्र दोनों तरह के झुकाव को व्यक्त किया। तीसरा, गाँव का नाम अक्सर खूँटकट्टीदार के नाम पर होता था जिससे मूल संस्थापक का नाम पता चलता है। अन्त में, गाँव बनाने के दौरान हुए क्षणिक अनुभव को आत्मसात करने के लिए हो समुदाय का यह एक सरल प्रयास था। यह नाम अक्सर उस गाँव को बसानेवाले प्रथम व्यक्ति को उस स्थान में पहली बार पहुँचने के उपरान्त घटनेवाली कुछ असाधारण घटनाएँ या वैयक्तिक या सामूहिक अनुभवों पर आधारित होती थी। हो लोगों ने गाँव के नामकरण द्वारा वहाँ बसने के समय घटित हुए किसी तात्कालिक अनुभव को एक नाम देकर अनन्त स्वरूप प्रदान करने की चेष्टा की।

एक अगुवा के नेतृत्व में एक गाँव के बसने से घुमन्तू हो लोगों ने ग्रामीण जीवन में प्रवेश कर ऐतिहासिक परिवर्तन के संकेत दिए। इसलिए मूल संस्थापक का अपने स्वदेशी समाज में विशिष्ट स्थान है। इस कारण आदर स्वरूप या कृतज्ञता स्वरूप मूल संस्थापक के नाम पर गाँव का नाम रखने का प्रचलन है ताकि उनका नाम अमर हो जाए। सिंहभूम में ऐसे अनेक गाँव हैं, उदाहरण के लिए, दुम्बीसाई गाँव का नाम उसके संस्थापक दुलु हो के नाम पर पड़ा।[22] सिकुर हो के नाम पर सिकुरसाई और *गुरा हो* के नाम पर गुईरा नामकरण हुआ।[23] उसी तरह सुंडी किली के भुता हाम के नाम पर भुता गाँव का नाम हुआ।[24] सरकारी दस्तावेजों से इतर उस गाँव के सामूहिक स्मृति में एक अलग कहानी दर्ज है। गाँववालों का मानना है कि सर्वप्रथम यहाँ दो भाई और एक बहन आए थे। बहन का नाम रुनकी माई और एक भाई का नाम मड़ाकी हो था। एक अन्य भाई के नाम का उल्लेख नहीं मिलता है। जब वे यहाँ पहुँचे तब तक वे भटक-भटककर थक चुके थे। वे तीनों आराम करने लगे। इसी क्रम में एक भाई साथ में लाए भैंस के सींग को मुँह से फूँकने लगे। इससे भू-भू की आवाज आने लगी। उन्होंने इस घटना को मूर्त स्वरूप देने के लिए इस स्थल का नाम भूता रखा। वे तीनों यहाँ झोंपड़ी बनाकर रहने लगे।[25] इस कहानी का दूसरा महत्त्वपूर्ण तथ्य यह है कि गाँव बसाने के क्रम में पहली बार किसी महिला का वर्णन वह भी नाम के साथ जिक्र मिलता है।

इसके अलावा, अक्सर अगुवा को गाँव बसाने के दौरान घटित होनेवाले अनुभव भी गाँव के नामकरण का कारण बनते हैं। असुरा गाँव के नामकरण के बारे में कहा जाता है कि एक बार कुछ लोगों का समूह गाँव-निर्माण के लिए उपयुक्त स्थल

की खोज में भटक रहे थे। जब वे उस जगह पहुँचे तब शाम होने लगी और सूरज डूबने लगा। हो भाषा में सूरज डूबने को *सिंगी असुरेयना* कहते हैं। उन्होंने वहीं रात गुजारी और चूँकि उस स्थल पर सिंगी असुरेयना की घटना का अनुभव किया, वहाँ का नाम असुरा रखा और एक गाँव की स्थापना की।[26] कुईड़ा गाँव के बारे किंवदन्ती है कि अगुवा को वहाँ पहुँचने पर सबसे पहले एक बाज नजर आया। बाज को हो में *कुईड़* कहते हैं जिस कारण से उस गाँव का नाम *कुईड़ा* पड़ा। एक अन्य उदाहरण गम्हरिया गाँव का है। जब मूल संस्थापक वहाँ पहले-पहल पहुँचे तब बारिश के बाद मौसम ठंडा हो गया था। हो में बारिश को गामा और ठंडा को *रेया* कहते हैं इस कारण वह जगह गम्हरिया कहलाया।[27]

प्राकृतिक दृश्य भी हो गाँवों के नामकरण का मुख्य आधार थे। उदाहरण के लिए *कोकोरकोटा* गाँव, ग्रामीणों के अनुसार, कोकोरकोटा को स्थानीय लोग काकारु कटा भी कहते हैं। काकारु को हिन्दी में कुम्हड़ा कहा जाता है। यहाँ के घने जंगलों के बीच में अनेक विशालकाय चट्टान हैं जिसमें एक चट्टान प्राकृतिक कारणों से दो भागों में विभक्त है। यह देखने में ऐसा लगता है जैसे एक विशालकाय कुम्हड़ा को बीचोबीच काटकर दो भागों में बाँट दिया गया हो। परवर्ती काल में यही काकारु कटा कोकोरकोटा नाम में परिवर्तित हो गया।[28]

कोकोरकोटा स्थित विशालकाय चट्टान

बिंगतोपांग गाँव के नामकरण में भी प्राकृतिक दृश्य महत्त्वपूर्ण भूमिका निभाते हैं। हो भाषा में साँप को बिंग कहा जाता है और तोपांग का अर्थ है टुकड़ों में काटना यानी साँप को टुकड़ों में काटना। गाँव में एक ऐसा पत्थर है जो बीच-बीच में टुकड़ों में कटा है जिसे देखने से प्रतीत होता है कि किसी दैवीय शक्ति ने पत्थर के साँप को काट दिया हो। बिंगतोपांग गाँव की कहानी एक हो मिथक कहानी से जुड़ी हुई है। कहानी इस प्रकार है—दैवी शक्तियों के काल में दो पहाड़ों सिंघासोर और आंगाबीरा के बीच लड़ाई हो गई थी। बिंगतोपांग गाँव से 8 किलोमीटर की दूरी पर पूर्व दिशा में चोया गाँव के आगे सिंघासोर पहाड़ है तथा पश्चिम में लगिया, सीका, बरकेला, पंचो, करकट्टा गाँव की तरफ आंगाबीरा पहाड़ है। इन दो पहाड़ों के देवताओं के बीच भीषण युद्ध हो गया था। इस युद्ध में सिंघासोर देवता की हार हो गई थी। जब आंगाबीरा के देवता वापस लौट रहे थे तब सिंघासोर देवता ने साँप रूप धारण कर उस पर आक्रमण कर दिया। आंगाबीरा के देवता ने साँप रूपी सिंघासोर देवता को 5 टुकड़ों में काट देता है। तत्पश्चात वह साँप पाषाण में परिवर्तित हो जाता है।

बिंगतोपांग

झींकपानी के नजदीक एक स्थल है जिसका नाम दामादिरी है। हो भाषा में दामा का अर्थ नगाड़ा और दिरी का पत्थर या चट्टान है। यहाँ अनेक विशालकाय चट्टान अवस्थित हैं जिस कारण इसका नाम दामादिरी पड़ा। स्थानीय ग्रामीणों का कहना है कि पुराने समय में यहाँ पाषाण के बर्तन पाए जाते थे पर अब सब चोरी हो चुके हैं।[30]

झारखंड के अन्य आदिवासी क्षेत्रों की तरह सिंहभूम में भी पेड़, पौधे, फल और साग भी गाँव के नामकरण का केन्द्र बने। चाईबासा के बगल में *मटकमहातु* गाँव है। हो में महुवा को मटकम कहा जाता है। इस जगह पर महुवा के पेड़ बहुतायत में थे इस कारण इसका मटकमहातु नाम पड़ा। यहाँ यह भी ध्यान देने योग्य बात है कि सिंहभूम के अनेक क्षेत्रों में महुवा के पेड़ भरे पड़े हैं इस कारण मटकमहातु नाम से अनेक गाँव हैं। उसी प्रकार एक अन्य गाँव का नाम है *डाऊडांगुवा,* उस गाँव में डाऊ के फल का एक विशाल पेड़ था। वह पेड़ मनुष्य, जानवर, पशु-पक्षी सबको फल और छाया प्रदान करता था। उसी के नाम पर गाँव का नामकरण किया गया।[31]

दामादिरी

उसी प्रकार लुपुंगगुटु गाँव में लुपुंग पेड़ों की भरमार थी।[32] कीताहातु में कीता यानी खजूर पेड़ तथा *पासुबेड़ा* में पासु पेड़ भरे पड़े थे।[34] उसी प्रकार *जोजोहातु* यानी इमली के पेड़ों से भरा गाँव तथा *उलीहातु, उलीगुटु* यानी आम के पेड़ों से भरा गाँव

या जंगल, इस नाम से सिंहभूम में अनेक गाँव हैं। माटागुटु का अर्थ माटा एक प्रकार का खट्टा साग है जो हो लोगों में बहुत लोकप्रिय है तथा गुटु एक छोटी पहाड़ी या पठार है। अर्थात जिस पहाड़ी में माटा साग बहुतायत में पाया जाता है। इस कारण उस जगह का नाम माटागुटु पड़ा।[35]

कभी-कभी ऐतिहासिक घटना भी किसी गाँव के नामकरण का कारण बनी। जगन्नाथपुर के समीप एक गाँव की स्थापना लगभग 1600 ई. में हुई। इस गाँव में अनेक जाति के लोग निवास करते थे। एक बार किसी कारणवश हो लोग सामूहिक रूप से गाँव छोड़कर चले गए। हो लोगों को कोल कहा जाता था। हो लोगों के सामूहिक रूप से गाँव छोड़कर जाने की घटना को 'कोल छोंड़ा' कहा गया। परवर्ती काल में यही अपभ्रंश होकर *कोचड़ा* हो गया।[36]

सामाजिक संगठन

हो समुदाय सामूहिक अस्तित्व में विश्वास करते हैं। वे तीन प्रकार की सम्बद्धता द्वारा एक साथ जुड़े हुए थे। प्रत्येक हो पहले एक परिवार का सदस्य होता था और इस तरह उसके अपने अधिकार और कर्तव्य होते थे। परिवार सामाजिक जीवन का आधार होता था। हो अवधारणा के अनुसार भूमि पूरे परिवार की सम्पत्ति होती थी न कि किसी व्यक्ति की। हो समाज एक पितृसत्तामक समाज था जिसमें पुत्र ही परिवार का उत्तराधिकारी होता था। *मुंडा-मानकी* और दिउरी पद भी पुरुष ही धारण करते थे। व्यक्तिगत स्वामित्व की अनुपस्थिति के साथ-साथ आदिंग (पवित्र रसोई) में पूर्वजों की पूजा करने से सामाजिक-धार्मिक अन्त:सम्बन्ध बढ़ा और हो व्यक्ति का अपने परिवार के साथ घनिष्ठता भी मजबूत हुई। जब किसी की मृत्यु हो जाती है तब सासन यानी पारिवारिक कब्रगाह ही उसका अन्तिम निवास स्थान बन जाता है। परिवार के ऊपर एक महत्त्वपूर्ण समूह था जिसे *हागा* या एक ही गोत्र के भाई-बन्धु के नाम से जाना जाता था। जन्म, विवाह और अन्त्येष्टि समारोह के दौरान अन्य सदस्यों को हरसम्भव मदद देना हागा के लिए अनिवार्य था।[37]

इसके बाद, एक हो व्यक्ति एक विस्तारित परिवार का सदस्य था जिसमें एक ही गाँव में रहनेवाले रिश्तेदार भी शामिल थे। झारखंड के अन्य आदिवासी समुदाय यथा मुंडा, सन्ताल और उराँव लोगों की तरह अलग-अलग बहिर्विहाही किलियों या गोत्रों में विभक्त थे। एक ही किली के महिला और पुरुष के बीच शादी वर्जित था क्योंकि वे मानते थे कि एक ही पूर्वज की सन्तान होने के कारण वे भाई-बहन हैं। अगर कोई ये गलती करता था तब वह गम्भीरतम अपराध माना जाता था और उसे मृत्यु की सजा भी दी जाती थी। कौटुम्बिक व्यभिचार के लिए भी यही सजा

थी। उन्हें दर्दनाक मौत की सजा देने के लिए पहाड़ी से धकेल दिया जाता था या फिर शरीर में पुआल लपेटकर आग लगा दी जाती थी।

हो किलियों में विभाजन की प्रक्रिया समुदाय से जुड़ी यादगार घटना, धार्मिक विश्वास या अन्धविश्वास से जुड़ी परिस्थितियों के कारण होती थी। समय बीतने के साथ पीढ़ी कई गुणा बढ़ गई। प्रत्येक किली की संख्या जब बहुत बढ़ गई तब वे अलग-अलग किलियों में उप-विभाजित हो गए। यह विभाजन सामाजिक आवश्यकताओं को पूरा करने के लिए की गई। एक किली के लोगों को दूसरे ही किली से शादी करने की बाध्यता के कारण लम्बी दूरी की यात्रा से बचने के लिए यह विभाजन किया गया। हो समाज में संगठन का आधार होने के कारण किलियों को परिवार से अधिक महत्त्वपूर्ण माना जाता था। धर्म और सामाजिक सम्बन्धों के मामले में एक हो अपने किली के प्रति बेहद वफादार होता था। किली के सदस्यों को प्रथागत आचार संहिता के अनुरूप ही व्यवहार करना अनिवार्य था। इसके उल्लंघन पर वे किली द्वारा सुरक्षा के अधिकार को खो सकते थे। इस तरह किली मुख्य रूप से एक सामाजिक इकाई थी और इसका अधिकार इसके बुजुर्गों में निहित था। किली पंच लोगों के द्वारा चुने जाते थे और स्वयं के किली के प्रति उत्तरदायी होते थे।

सबसे अन्त में हो समुदाय के सामाजिक संगठन में *हातु* या गाँव होता है। प्रारम्भ में एक गाँव में एक या दो किली के लोग निवास करते थे पर परवर्ती काल में अनेक किली मिलकर रहने लगे। यदि किसी गाँव में एक किली की बहुलता है तो उस गाँव के सामाजिक और धार्मिक मामलों में वो निर्णायक भूमिका में होते हैं लेकिन अगर अनेक किलियाँ हैं तो अक्सर विवाद हो जाता था। हातु लोगों के सामाजिक बन्धन को मजबूत करने में महत्त्वपूर्ण भूमिका निभाती थी। गाँव के किसी भी घर के जन्म, विवाह और मृत्यु में सभी मिल-जुलकर कार्य करते हैं। मुंडा हातु का मुखिया होता था। गाँव में सभी प्रकार के कार्यों की जिम्मेदारी मुंडा की थी। इस प्रकार परिवार/किली/हातु हो आदिवासी जीवन के तीन महत्त्वपूर्ण भाग थे।[38]

धार्मिक अवस्था

हो समुदाय जीववादी और प्रकृतिपूजक थे। वे अपने विभिन्न देवी-देवताओं की पूजा करते थे। वे थे—सिंगबोंगा, देशाउली, जायरा बुड़ी, मारांग बोंगा, पांगुवा बुड़ी, पाउंवी बोंगा, नागे एरा बिन्दी एरा, मारंग बुरु, बुरु बोंगा, बाड़ाम बोंगा, चान्दु हामोल, बायबेड़ा जपु बुड़ी, गोट चुर्दु, धानचुर्दु, ए-बोंगा, मा-ली बोंगा, जुगनी बोंगा, गाड़ा चुर्दु, ओव-हापरोम, ऐरे बोंगा और आ-दटा बोंगा।[39]

सिंगबोंगा हो लोगों के सर्वोच्च देवता हैं। उनका मानना है कि सिंगबोंगा ने ही उनकी उत्पत्ति की है। वह सर्वव्यापी और निराकार है तथा आकाश में उनका निवास

स्थान है। हो लोग उनकी स्तुति करते हुए कहते हैं कि "आप ने ही हमें पैदा किया है" *(उपनकेन-जपनकेनम)*, "आपने हमें जीवन दिया है" *(जोनोमकेन-जडकेनम)*, "आपने हमें बड़ा किया है" *(हराकेनम-मारांगकेनम)*, "आपने हमें वृद्धि दी है" *(पूँजीकेन-पोवाकेनम)*, "आपने अपनी प्रजा को रहने के लिए एक दुनिया प्रदान की है" *(गुयुकेन-छपराकेनम)*, यद्यपि सिंगबोंगा अदृश्य हैं लेकिन अपने सन्तानों को देख सकते हैं *(पोरजा होनको पाइकी होनको)*, इसलिए हो लोग उनसे विनती करते हैं कि सिंगबोंगा उन्हें देखें और उनकी प्रार्थना सुने *(नेललेम-अतेनलेम)*, उनकी रक्षा करें *(होरोलेम-जांगीलेम)*। प्रार्थनाओं में अक्सर उन्हें राजा के नाम से सम्बोधित किया जाता है। उनकी पूजा के लिए हमेशा सफेद मुर्गे की बलि चढ़ाई जाती है।[40]

देशाउली ग्राम देवता हैं जो गाँव में स्थित पवित्र साल पेड़ों के झुरमुट में निवास करते हैं। इसे *जाहिरा* या सरना भी कहा जाता है। यहाँ देशाउली अपनी पत्नी *जायरा बुढ़ी* के साथ निवास करते हैं। सरना स्थल की पवित्रता का विशेष ध्यान रखा जाता है। हो समुदाय के सबसे बड़े पर्व *मागे पर्व* और *बा पर्व* में गाँव के दिउरी (पुजारी) के द्वारा देशाउली की पूजा की जाती है। वे ग्राम देवता से उस गाँव में निवास करनेवाले समस्त मनुष्यों, पशु-पक्षियों के अच्छे स्वास्थ्य, अच्छी बारिश और अच्छे फसल के लिए प्रार्थना करते हैं। वे अकाल और किसी भी प्रकार के महामारी के न आने के लिए विनती करते हैं।[41]

हो समुदाय के अगले सबसे बड़े देवता मारांग बोंगा है। गाँव बनाने के लिए जब पहली बार जमीन की खुदाई की गई तब इस देवता को पाया गया। इनकी पूजा साल में एक बार की जाती है। यह खलिहान के भी देवता हैं। जंगल जाते समय और पशुओं की रक्षा के लिए ये पूजे जाते हैं। खासकर किसी भी प्रकार की बीमारी घर में होने पर उसे ठीक करने के लिए तथा कोई अन्य बीमारी न होने के लिए उनकी पूजा की जाती है। पांगुवा बुड़ी मारांग बोंगा की पत्नी है।[42] नागे एरा बिन्दी एरा पानी की देवियाँ हैं। माना जाता है कि गाँव में जहाँ भी नदी, तालाब या पानी के स्रोत हैं वहाँ वे निवास करती हैं। पानी को अपवित्र करनेवाले इनसान को वे दोनों देवियाँ खुजली की बीमारी कर देती हैं। उनको शान्त करने के लिए हल्दी अर्पण किया जाता है। कभी-कभी एक अंडा घड़े के प्रतीक स्वरूप चढ़ाया जाता है। काली मुर्गी भी उन्हें अर्पित की जाती है।[43]

मारंग बुरु और बुरु बोंगा जंगल में निवास करनेवाले देवता हैं। उनमें बीमारियों को दूर करने की शक्ति है। बड़म बोंगा पशुओं को महामारी से बचाते हैं। चान्दु ओमोल यानी चाँद खुजली और गर्मी दूर भगाती है। बायबेड़ा जपु बुड़ी भी अनेक बीमारियों से छुटकारा दिलाती है। गोट चुर्दु ग्वालघर में निवास करता है तथा पशुओं को बीमारी से बचाता है। धान चुर्दु को जिस घर के लोग पालते हैं उस घर में कभी धान की कमी नहीं होती है क्योंकि वह दूसरों के खेत-खलिहान से धान चुरा

कर अपने मालिक का घर भरता है पर इसके एवज में उस घर में पुत्र पैदा नहीं होता है। ए-बोंगा जंगल जानेवालों को बाघ के हमले से बचाता है। मा-ली बोंगा के कारण लकवा और जुगनी बोंगा से जानवरों की बीमारी होती है। गाड़ा चुर्दु जो नदी और जलधाराओं में रहते हैं के कारण हिस्टीरिया बीमारी होती है और पूजा न करने पर आदमी की मृत्यु भी हो सकती है। ओव-हापरोम या हाम होको दुम होको घर के पूर्वज होते हैं। इनकी आत्माओं को घर के पवित्र आदिंग या रसोई घर में स्थापित किया जाता है। हर पूजा और पर्व-त्योहारों में इनकी भी पूजा की जाती है तथा उन्हें चावल-दाल और डियांग (हड़िया) का भोग लगाया जाता है। ऐरे बोंगा किसी भी सफर या शादी को तोड़ सकता है। सगाई या शादी के लिए जाते समय रास्ते में अगर बिल्ली रास्ता काट दे, सियार रास्ता काट दे, कुत्ते भौंकने लगें, जानवर आपस में लड़ने लगें, कोई पेड़ की मजबूत डाली बिना हवा चले टूट कर गिर जाए ये सब अपशगुन कहलाते हैं। ऐरे बोंगा की पूजा कर इन अपशगुनों को दूर किया जा सकता है। नहीं करने पर कभी-कभी दुल्हा या दुल्हन की मृत्यु भी हो जाती है। आ-दटा या बई-दटा एक बुरी आत्मा है। ये जिस इनसान पर सवार हो जाती है उसे विभिन्न तरीकों से परेशान करती है। वह बेहोश हो जाता है, बीमार हो जाता है, गरीब हो जाता है या मर भी सकता है। पूजा-पाठ और बलि के द्वारा इसे शान्त किया जाता है।[44]

सन्दर्भ

1. ऐ.के. सेन, *द मेकिंग ऑफ ए विलेज,* रुटलेज, लन्दन एंड न्यूयार्क, 2021 : 29।
2. बेडेन पावेल, *द इंडियन विलेज कम्युनिटी,* कोसमो पब्लिकेशंस, दिल्ली, 1972 : 74।
3. सी.पी. सिंह, *द होस ऑफ सिंहभूम,* क्लासिकल पब्लिकेशंस, नई दिल्ली, 1978 : 17।
4. रैयत या काश्तकार के साथ किया गया बन्दोबस्त।
5. हो भाषा में उली का अर्थ आम और गुटु का छोटी सी पहाड़ी यानी आम के पेड़ों से भरी पहाड़ी।
6. हो भाषा में लोवा दः, लोवा का अर्थ अंजीर का फल और द : माने पानी यानी जिस स्थान पर पानी में अंजीर गिरे हुए थे।
7. हो भाषा में अरा गुंडी, अरा का अर्थ लाल और गुंडी का अर्थ मिट्टी मतलब जहाँ की मिट्टी लाल है।
8. ई.टी. डाल्टन, 'द कोल ऑफ छोटानागपुर', *जर्नल ऑफ द एशियाटिक सोसायटी ऑफ बंगाल,* सप्लीमेंटरी नम्बर, खंड XXXV, भाग II, 153-198।
9. ले.एस.आर. टिकेल, 'मेमोयर ऑन हो देशुम (इमप्रॉपरली कॉल्ड कोल्हान)', *जर्नल ऑफ द एशियाटिक सोसायटी ऑफ बंगाल,* खंड XI, भाग II, 1840 : 696।
10. जे.ऐ. क्राभन, *फाइनल रिपोर्ट ऑन द सेटलमेंट ऑफ द कोल्हान गवर्नमेंट इस्टेट इन डिस्ट्रिक्ट सिंहभूम,* बंगाल सेक्रेटरियट प्रेस, कलकत्ता, 1898 : 699।

11. ऐ.के. सेन, *फ्रॉम विलेज एल्डर्स टु ब्रिटिश जज : कस्टम, कस्टमरी लॉ एंड ट्राइबल सोसायटी,* ओरियंट ब्लैकस्वान, हैदराबाद, 2012 : 33।
12. ललिता सुंडी, 'सिंहभूम की मानकी-मुंडा व्यवस्था : एक ऐतिहासिक अध्ययन', अप्रकाशित पी-एच.डी. शोध-प्रबन्ध, इतिहास विभाग, राँची विश्वविद्यालय, राँची।
13. विलेज नोट, कोल्हान सेटलमेंट, के41 सीरियल नम्बर 2553 ए ऑफ 1916-17, जिला अभिलेखागार, चाईबासा।
14. टूर डायरी ऑफ मि. डब्ल्यू.जी. केली फॉर द मन्थ ऑफ अप्रैल, 1915, डिप्टी कमिश्नर ऑफिस (अब से डी.सी. ऑफ.), जनरल डिर्पाटमेंट (अब से जी.डी.), रेवेन्यु ब्रांच (अब से आर.बी.), कलेक्शन नम्बर (अब से सी.एन.) III सेटलमेंट, इनस्पेक्शन नोट्स ऑफ कोल्हान सेटलमेंट, जिला अभिलेखागार (अब से जि. अभि.), चाईबासा।
15. वही।
16. एस.जे. मानूक, 3 दिसम्बर, 1895, गवर्नमेंट ऑफ बंगाल (अब से जी.ओ.बी.), रेवेन्यु प्रोसिडिंग्स (अब से आर.पी.), नोस 113-14, जनवरी, 1896, पश्चिम बंगाल राज्य अभिलेखागार (अब से प.बं.रा.अभि.), कोलकाता।
17. एल.एस.एस. ओ'मेली, *बंगाल डिस्ट्रिक्ट गजेटियर, सन्ताल परगना,* (द्वितीय संस्करण), लोगोस प्रेस, नई दिल्ली, 1999 : 81।
18. एस.सी. राय, *मुंडाज एंड देयर कंट्री,* एशिया पब्लिशिंग हाउस, कलकत्ता, 1970 : 63।
19. मैं अपने महिला कॉलेज, चाईबासा के इतिहास विभाग के स्नातक अन्तिम वर्ष (सेमेस्टर 6) की छात्राओं को उनके पाठ्यक्रम में उल्लेखित शोधकार्य के लिए उन्हें अपने गाँव का इतिहास लिखने कि लिए कहती हूँ। 1913-18 के गाँव के दस्तावेज और छात्राओं द्वारा लिखित लघु शोध-पत्र में उल्लेखित नामों में साम्यता है।
20. डी.एन. सिंकु, 'मागे पर्व', ऐ.के. सेन (सम्पा.) *सिंहभूम सम हिस्टोरिकल ग्लिनिंग्स,* टाटा कॉलेज, चाईबासा, 1986 : 41।
21. दास राम बारदा, धार्मिक सचिव, आदिवासी हो समाज महासभा, चाईबासा से दिनांक 9 फरवरी, 2010 को चाईबासा में साक्षात्कार पर आधारित।
22. विलेज नोट, कोल्हान सेटलमेंट, के 41 सीरियल नम्बर 2553 ए ऑफ 1916-17, जिला अभिलेखागार, चाईबासा।
23. किरण सुंडी, *गुईरा गाँव का इतिहास,* बी.ए. तृतीय वर्ष (सेमेस्टर VI), 2020 में प्रस्तुत लघु शोध-प्रबन्ध, इतिहास विभाग, महिला कॉलेज, कोल्हान विश्वविद्यालय, चाईबासा।
24. विलेज नोट, वही।
25. जयश्री सुम्बरुई, *भूता गाँव का इतिहास,* बी.ए. तृतीय वर्ष (सेमेस्टर VI), 2020 में प्रस्तुत लघु शोध-प्रबन्ध, इतिहास विभाग, महिला कॉलेज, कोल्हान विश्वविद्यालय, चाईबासा।
26. मानकी रजनीकान्त बिरूली, मौजा—असुरा, इलाका—गुमड़ा पीड़ से 6 अक्टूबर, 2011 को मौजा असुरा में साक्षात्कार पर आधारित।
27. ऐ.के. सेन, *द मेकिंग ऑफ ए विलेज द डायनामिक्स ऑफ आदिवासी रूरल लाइफ इन इंडिया,* रुटलेज, लन्दन एंड न्यूयार्क, 2021 : 39।
28. मनोहर हेम्बरोम, ग्रामीण—कोकोरकोटा गाँव से दिनांक 4 जून, 2020 को कोकोरकोटा गाँव में साक्षात्कार पर आधारित, वे टाटा कॉलेज, चाईबासा से हेड क्लर्क के पद से सेवानिवृत्त हुए हैं।

29. सरिता बिरुली, *माटागुटु गाँव का इतिहास,* बी.ए. तृतीय वर्ष (सेमेस्टर VI), 2021 में प्रस्तुत लघु शोध-प्रबन्ध, इतिहास विभाग, महिला कॉलेज, कोल्हान विश्वविद्यालय, चाईबासा।
30. वही।
31. निशा हेस्सा, *डाऊडांगुवा गाँव का इतिहास,* बी.ए. तृतीय वर्ष (सेमेस्टर VI), 2021 में प्रस्तुत लघु शोध-प्रबन्ध, इतिहास विभाग, महिला कॉलेज, कोल्हान विश्वविद्यालय, चाईबासा।
32. सरिता देवगम, *लुपुंगगुटु गाँव का इतिहास,* बी.ए. तृतीय वर्ष (सेमेस्टर VI), 2022 में प्रस्तुत लघु शोध-प्रबन्ध, *इतिहास विभाग, महिला कॉलेज,* कोल्हान विश्वविद्यालय, चाईबासा।
33. सुखमति सिंकु, *कीताहातु गाँव का इतिहास,* बी.ए. तृतीय वर्ष (सेमेस्टर VI), 2022 में प्रस्तुत लघु शोध-प्रबन्ध, इतिहास विभाग, महिला कॉलेज, कोल्हान विश्वविद्यालय, चाईबासा।
34. ननिका पुरती, *पासुबेड़ा गाँव का इतिहास,* बी.ए. तृतीय वर्ष (सेमेस्टर VI), 2022 में प्रस्तुत लघु शोध-प्रबन्ध, इतिहास विभाग, महिला कॉलेज, कोल्हान विश्वविद्यालय, चाईबासा।
35. सरिता बिरुली, *माटागुटु गाँव का इतिहास,* वही।
36. सुचिता कुमारी, *कोचड़ा गाँव का इतिहास,* बी.ए. तृतीय वर्ष (सेमेस्टर VI), 2022 में प्रस्तुत लघु शोध-प्रबन्ध, इतिहास विभाग, महिला कॉलेज, कोल्हान विश्वविद्यालय, चाईबासा।
37. मुरली साहु, *कोल्हान अंडर द ब्रिटिश रूल,* द न्यू डायमंड प्रेस, कलकत्ता, 1985 : 170।
38. वही : 171-172।
39. एल.एस.एस. ओ'मेली, *बंगाल डिस्ट्रिक्ट गजेटियर सिंहभूम सरायकेला एंड खरसावाँ,* ज्ञान पब्लिशिंग हाउस, नई दिल्ली, 2018 : 84।
40. जॉन डिन्नी एस.जे. द *स्पिरिट वर्ल्ड ऑफ द हो ट्राबल्स,* जेवियर पब्लिकेशंस, राँची, 2008 : 9।
41. मुरली साहु, द *कोल्हान अंडर द ब्रिटिश रूल,* द न्यू डायमंड प्रेस, कलकत्ता, 1985: 197।
42. डिन्नी, वही : 22-25।
43. ओ'मेली, वही : 84।
44. वही : 85।

7

स्वशासी ग्राम समुदाय का गठन : मुंडा-मानकी व्यवस्था का उद्‌भव

अपनी मातृभूमि और गाँव के साथ एक समुदाय की पहचान एक प्रक्रिया में निहित है। एक यात्रा करनेवाले गतिशील समूह का अपनी पहचान में परिवर्तन की कोशिश इस प्रक्रिया का अंग है। उस गतिशील समूह ने घर और गाँव बसाने के लिए स्थलाकृति या परिदृश्य की पहचान की। अब उन्हें इसके भीतर एक सामाजिक संगठन को विकसित करने की आवश्यकता थी जो एक सामूहिक पहचान के विचार को बनाए रखें, इसलिए आदिवासी समुदाय सामाजिक संगठन या शासन-प्रणाली को विकसित करने के लिए एक स्पष्ट प्रवृत्ति दिखाते हैं। विश्व-भर में स्वदेशी समुदायों के इतिहास इस कहानी से सम्बन्धित हैं कि कैसे उन्होंने शासन की अपनी प्रणाली विकसित की। इसकी एक प्रमुख विशेषता आदिवासी प्रमुखों द्वारा शासन थी। उदाहरण के लिए, अफ्रीका के नुएर[1] समुदाय में, उनके प्रमुख अधिक 'पवित्र व्यक्ति' थे जिन्होंने समुदाय के भीतर आनुष्ठानिक कार्य किए। भारत में हम गोंड और भील राज्य के विकास के बारे में जानते हैं जिन्होंने अपनी राज्य-व्यवस्था के गठन का मार्ग प्रशस्त किया था। उसी तरह उत्तर-पूर्व भारत में नागा राजनीति की प्रमुख विशेषता आदिवासी प्रमुख द्वारा शासन है। इस तरह भारत में विभिन्न जातीय समूहों द्वारा व्यापक रूप से ग्रामीण शासन-प्रथाओं की सामाजिक व्यवस्था प्रचलित थी (सेन 2018 : 113)।[2] इसी तरह झारखंड में प्राक-राज्य गणतांत्रिक प्रणाली ने राजनीति को विकसित किया। इसने यहाँ के आदिवासी समुदायों को अपनी पहचान के संस्थागत आधार को रेखांकित करने के लिए प्रेरित किया। प्राक-औपनिवेशिक काल में, झारखंड के आदिवासी समुदायों की स्वायत्त सामाजिक शासन की संस्था 'मुंडा-मानकी' व्यवस्था के रूप में जाना जाता है। इस अध्याय में हम प्रारम्भ में भारत की ग्रामीण स्वशासन व्यवस्था के बारे में जानेंगे, तत्पश्चात झारखंड के आदिवासियों की पारम्परिक स्वशासन व्यवस्था विशेषकर हो लोगों की मुंडा-मानकी व्यवस्था के बारे में जानेंगे।

प्राचीन काल में भारत की ग्रामीण स्वशासन व्यवस्था

हमारे भारत देश में प्राचीन काल से ही गाँव प्रशासन का केन्द्र रहे हैं। वैदिक काल में जब शहरों की स्थापना हो रही एवं साथ ही राज्यों का भी उदय हो रहा था तब भी गाँवों की महत्ता ज्यादा थी। वैदिक मंत्रों में भी गाँवों की समृद्धि के लिए प्रार्थना की गई है। वैदिक काल में राजनीतिक व्यवस्था की सर्वाधिक छोटी इकाई 'परिवार' थी जिसे *कुल* कहा जाता था। कुल के नेता को कुलप कहते थे। अनेक परिवारों को मिलाकर एक ग्राम का निर्माण होता था। ग्राम का प्रधान *ग्रामणी* कहलाता था। यह पद अत्यन्त ही महत्त्व का था क्योंकि ग्रामणी ही ग्राम का एकमात्र प्रशासनिक अधिकारी होता था। अनेक ग्रामों को मिलाकर एक *विश* का निर्माण होता था। विश के सर्वोच्च अधिकारी को *विशपति* कहा जाता था। उसी प्रकार अनेक विशों को मिलाकर *जन* का निर्माण होता था। जन के सर्वोच्च अधिकारी को गोप कहा जाता था। गोप प्राय: राजा ही हुआ करता था (मित्तल 2008 : 52-53)।[3]

कौटिल्य के अर्थशास्त्र में भी प्रशासन में ग्रामणी के कार्यों को महत्ता प्रदान की गई है। ईसवी सन् के प्रारम्भिक शताब्दियों में देश के विभिन्न प्रान्तों से प्राप्त शिलालेखों में भी उनका उल्लेख किया गया गया है। उत्तर भारत में उसे *ग्रामिका* या *ग्रामेयका* भी कहा जाता था एवं पूर्वी दक्कन क्षेत्र में वह मुनुन्दा कहलाता था। लगभग 600-1200 ईस्वी में महाराष्ट्र में उसे *ग्रामकुल* या *पट्टाकिला,* कर्नाटक में *गाभुंडा* तथा उत्तर प्रदेश में *महात्तका* या *महातंका* कहा जाता था (अल्तेकर 1977 : 225-26)।[4]

गाँव के प्रमुख का सर्वप्रथम कार्य गाँव का रक्षा करना था। वह अपने गाँव की नागरिक सेना का अध्यक्ष होता था। उनका अन्य महत्त्वपूर्ण कार्य अपने राज्य के लिए राजस्व का संग्रह करना था। वह अपने गाँव के महत्त्वपूर्ण दस्तावेजों का संरक्षक होता था तथा गाँव परिषद की सहायता से भू-राजस्व संग्रह करता था। वह अपने गाँव के परिषद का भी अध्यक्ष होता था। इस कारण गाँव के जीवन एवं प्रशासन को भी संचालित करता था। अपने इन कार्यों के बदले पारिश्रामिक के तौर पर उसे कर-मुक्त जमीन प्राप्त थी। इसके अलावा गाँववालों द्वारा राजा को जो भी सामान तोहफे में दिए जाते थे उनमें से कुछ तोहफे गाँव के प्रमुख को भी प्राप्त होते थे (वही : 226-227)।

गुप्त काल में हम पाते हैं कि भारत के कुछ भागों में गाँव की परिषद एक नियमित संस्था का रूप ले चुकी थी। मध्य भारत में इन्हें पंचमंडली एवं बिहार में इन्हें ग्राम जनपद कहा जाता था। नालन्दा से विभिन्न ग्राम जनपदों के अनेक मुहर प्राप्त हुए हैं। इन सबसे पता चलता है कि बिहार में ग्राम परिषद एक वैधानिक संस्था के रूप में विकसित हो चुकी थी जो अपने गाँव से सम्बन्धित प्रशासन के

लिए नियमित बैठकें करती थी तथा बाहरी लोगों के साथ सम्पर्क या पत्र-व्यवहार के लिए अपने मोहरों का उपयोग करती थी (वही : 228-229)।

इसके अलावा महात्मा बुद्ध के समय गंगा की घाटी में अनेक गणराज्यों के अस्तित्व का प्रमाण मिलता है। गणराज्यों का विधान तथा शासन-प्रणाली राजतंत्रात्मक राज्यों से पूर्णतया भिन्न थी। गणराज्यों के प्रशासनिक व्यवस्था के सम्बन्ध में विद्वानों के विभिन्न मत हैं। मोंटेस्क्यू के अनुसार *गणराज्य व्यवस्था उसे कहा जाता है जि*समें प्रशासनिक शक्ति या तो सभी व्यक्तियों या उनमें से कुछ व्यक्तियों में निहित हो (मुखर्जी : 1969 : 100)।[5] ए.एस. अल्तेकर का मानना है कि गणराज्य का अर्थ है उस प्रकार की शासन व्यवस्था जिसमें *प्रशासनिक शक्ति किसी एक में न होकर गण या कुछ व्यक्तियों के समूह में निहित हो।*[6] इस प्रकार गणराज्य का अर्थ गण या कुछ व्यक्तियों का समूह होता था जो अपने गणराज्य के प्रशासनिक कार्यों का संचालन करते थे। जैसा कि पूर्व में जिक्र किया गया है कोल आदिवासी पहले गंगा की घाटी में निवास करते थे। सम्भवत: वे इन गणराज्यों के जनतांत्रिक शासन-प्रणाली से अवश्य परिचित थे। हालाँकि जब कोल आदिवासी वहाँ निवास करते थे तब उनके मध्य प्रचलित ग्रामीण स्वशासन व्यवस्था का कोई लिखित प्रमाण नहीं मिलता है। लेकिन ये साक्ष्य प्राप्त होते हैं कि वे गंगा की घाटी से विभिन्न स्थानों में भटकने के बाद अन्त में कबीले के अपने नेता जिसका नाम रिसा मुंडा था, के नेतृत्व में छोटानागपुर में प्रवेश किए थे। इससे हम जान सकते हैं कि उनके छोटानागपुर में प्रवेश करने के पूर्व ही उनके मध्य मुंडा और मानकी पद अस्तित्व में आ चुका था। अत: जब वे छोटानागपुर आए तब सम्भवत: उन्होंने इसी जनतांत्रिक व्यवस्था के अनुरूप ही अपने ग्रामीण स्वशासन व्यवस्था का विकास किया। प्रमाण के रूप में साक्ष्य मिलता है कि छोटानागपुर में फणिमुकुट राय द्वारा नागवंशी राज्य की स्थापना के पूर्व ही मुंडा और मानकी व्यवस्था विद्यमान थी क्योंकि उनके पिता मदरा मुंडा एक मानकी थे। फणिमुकुट राय अपने पिता के दत्तक पुत्र थे।[7] बाद में समय के साथ-साथ स्थानीय परिस्थिति और सुविधानुसार इस ग्रामीण व्यवस्था में कुछ परिवर्तन किए गए। जिस प्रकार गणराज्य में कुछ लोगों के समूह द्वारा वहाँ का प्रशासन संचालित किया जाता था उसी प्रकार छोटानागपुर में कोल आदिवासियों में भी गाँव पंचायत द्वारा गाँव के प्रशासन और पीड़ पंचायत द्वारा पीड़ के प्रशासन को संचालित किया जाता था।[8] लेकिन गणराज्य और पीड़ में मुख्य अन्तर यह था कि पीड़ गणराज्यों के समान बहुत बड़े और शक्तिशाली नहीं होते थे और न ही उनके पास हाथी, घोड़े और तलवार इत्यादि से सुसज्जित सेना थी। इस तरह हम कह सकते हैं कि भारत की प्राचीन ग्रामीण स्वशासन व्यवस्था ने छोटानागपुर में मुंडा/मानकी व्यवस्था के निर्माण की राह तैयार की।

झारखंड में मुंडा-मानकी व्यवस्था का उद्भव

मुंडा-मानकी व्यवस्था का प्रारम्भ स्थायी गाँवों के निर्माण के साथ ही हो गया था। झारखंड के प्रमुख जातीय समूहों के बीच ग्राम प्रशासन की ज्यादातर दो स्तरीय प्रणाली विकसित हुई। एक गाँव पर शासन करनेवाला और दूसरा गाँव से बृहत्तर प्रशासनिक इकाई जिसे पीड़ कहा गया (राय 2004 : 62)।[9] हातु या गाँव बुनियादी सामाजिक इकाई थे और *पीड़/पड़हा/पट्टी* एक उच्चतर संगठन थे जिसके अन्तर्गत अनेक गाँव आते थे। हरेक पीड़ में गाँवों की संख्या अलग-अलग होती थी। मुंडा, सन्ताल, उराँव, हो तथा उनके अन्य नृजातीय भाई देश के विभिन्न भागों में प्रव्रजन के पश्चात झारखंड के घाटियों और जंगलों में बस गए। उस समय पूरा प्रदेश जंगलों से भरा हुआ था। यहाँ बसनेवाले प्रत्येक परिवार ने इस जंगल का साफ कर अपना हातु बसाया। गाँव की सीमाएँ सबके द्वारा मान्य और अनतिक्रम्य थीं। *सीमाना बोंगाको* (सीमा देवताएँ) उनकी रक्षा करते थे। हर गाँव का अपना *सरना* (पूजा स्थल) होता था जहाँ *हातु बोंगाको* (ग्राम देवताएँ) निवास करते थे। गाँव के संस्थापक के मर जाने के बाद अक्सर उनके बेटे अलग हो जाते थे और उसी गाँव में अपना घर बनाते थे। तब से यह गाँव *खूँटकट्टी हातु* यानी मूल संस्थापक के वंशजों के गाँव के रूप में जाना जाने लगा। संस्थापक का सबसे बड़ा बेटा सांसारिक और धार्मिक दोनों मामलों में गाँव का मुखिया बना। धार्मिक मुखिया के रूप में वह पाहन के नाम से जाना गया। उसे समुदाय की रक्षा और अच्छी फसल के लिए ग्राम देवताओं को प्रसन्न करने हेतु सरना में सार्वजनिक रूप से बलियाँ देनी होती थीं। सांसारिक मामलों के मुखिया के रूप में वह ग्राम पंचायत (पाँच व्यक्तियों का परिषद) की अध्यक्षता करता था। ये पंचायत विभिन्न प्रकार के विवादों का निपटारा करते थे। इसके अलावा मुखिया के रूप में वह स्थापित रिवाजों का उल्लंघन करने पर दंड देता था और बाहरी लोगों के साथ व्यवहार करने में समुदाय का प्रतिनिधित्व करता था। एक तरह से उनका पद 'बराबरों में पहला' था। कालान्तर में सांसारिक और धार्मिक कार्य अलग हो गए और गाँव में दूसरा सबसे प्रमुख व्यक्ति सांसारिक कार्यों के लिए जिम्मेदार बनाया गया जिसे मुंडा कहा गया। पाहन और मुंडा को मूल संस्थान के अन्य वंशजों को प्राप्त अधिकारों से अधिक कोई अधिकार नहीं होते थे। खूँटकट्टीदार सामूहिक रूप से जमीन के मालिक होते थे। गाँव का कोई अकेला व्यक्ति समुदाय से गाँव की जमीन को स्थायी तौर पर अलग नहीं कर सकता था। समुदाय अपने दखल की जमीन का न्यासी होता था। समुदाय में सिर्फ समुदाय के जीवित सदस्य ही नहीं बल्कि पूर्वज और भावी पीढ़ियाँ भी शामिल मानी जाती थीं (अरीपरम्पिल 2000 : 30)।[10]

मुंडाओं ने गाँव संगठन से बृहत्तर एक और संगठन बनाया जिसे *पड़हा* या *पट्टी* कहा गया। इसके मुखिया को मानकी कहा गया। मानकी का चुनाव मुंडाओं द्वारा होता था। एक-दूसरे की मदद के लिए, विशेषकर युद्ध के समय, बहुत सारे गाँव जो एक ही किली (गोत्र) के थे मानकी के नेतृत्व में एकजुट होते थे। मानकी का भी स्थान बराबरों में पहला हुआ करता था। पड़हा में लगभग 12-20 गाँव आते थे और यह एक अन्तर ग्राम परिषद के रूप में काम करता था। पड़हा की वैधानिक सत्ता पड़हा पंचायत में निहित होती थी। यह हातु पंचायत के निर्णयों के खिलाफ की गई अपीलों पर निर्णय लेनेवाला अदालत होता था। झारखंड में रहनेवाले सभी आदिवासी समूह थोड़े-बहुत हेर-फेर के साथ इस व्यवस्था का अनुसरण करते हैं। सन्ताल अपने ग्राम प्रधान को *माझी* कहते हैं और उनका ग्राम परिषद *मोरे होड़* कहा जाता है। उराँव, सन्ताल और हो लोगों के बीच ग्राम संघ क्रमश: पड़हा, परगना और पीड़ के नाम से जाने जाते हैं। सन्ताल इस संघ के प्रधान को *परगनैत,* हो लोग *मानकी* और उराँव राजा कहते हैं। इस प्रकार झारखंड के आदिवासियों द्वारा गठित सामाजिक-राजनीतिक व्यवस्था मूलत: समतावादी और जनतांत्रिक है। यह संसाधनों पर सामुदायिक मालिकी के साथ श्रम एवं उत्पादन के सामूहिक संगठन पर आधारित है (अरीपरम्पिल, वही : 31)

सिंहभूम में मुंडा-मानकी व्यवस्था का उद्‌भव

इस संस्था की उत्पत्ति और विकास कैसे हुआ, इसका कोई व्यवस्थित स्वदेशी विवरण हमारे पास नहीं है। इस कारण हमें औपनिवेशिक नृवंशविज्ञानियों और प्रशासकों यथा ए. रफसेज, एस.आर. टिकेल और थोमस विल्किंसन के विवरणों पर निर्भर रहना पड़ता है। वे मुख्यत: सैन्य अधिकारी थे। कोल्हान पर आक्रमण के दौरान वे इस प्रणाली के सम्पर्क में आए तथा उन्होंने हो सामाजिक नेताओं के साथ बातचीत कर जानकारी इकट्टा की (टिकेल 1840 : 699)। इसी तरह छोटानागपुर पठार क्षेत्र में कथबर्ट का ग्राम प्रशासन का ज्ञान उनके वार्षिक दौरों के दौरान समुदाय के नेताओं के साथ बातचीत का परिणाम थी। लेकिन हमारे पास अधिक विश्वसनीय स्थानीय स्रोत हैं जो अपनी सामाजिक संस्था के बारे में आदिवासी ग्रामीणों के विचारों और भावनाओं को दर्ज करते हैं। ये विवरण हमें पूर्व औपनिवेशिक विचारधाराओं और सामाजिक शासन के कार्यों की एक अनुमानित समझ बनाने में मदद करते हैं (सेन, वही)।

जैसा कि पूर्व में जिक्र किया गया है—हो आदिवासी सिंहभूम में आने से पूर्व छोटानागपुर में अपने सहोदर भाई मुंडा लोगों के साथ निवास करते थे। इस कारण वे उनके मुंडा-मानकी और पड़हा प्रणाली से परिचित थे। अत: जब हो

लोग सिंहभूम में आए उन्होंने इस शासन-प्रणाली का ही अनुसरण किया और बाद में उसे यहाँ की परिस्थिति के अनुसार कुछ परिवर्तन कर अपने सुविधानुसार ढाल लिया। छोटानागपुर के मुंडा लोगों की तरह यहाँ भी गाँव का प्रधान मुंडा कहलाया परन्तु पड़हा को यहाँ पीड़ के रूप में नाम बदलकर स्थापित किया गया। इस पीड़ का प्रधान भी मानकी ही कहलाया (सुंडी 2012 : 64)[11]

मुंडा और दिउरी

हम इस पारम्परिक स्वशासन प्रणाली को विस्तार से समझते हैं। गाँव की स्थापना के क्रम में जिस किली (गोत्र या वंश)[12] के परिवार ने सर्वप्रथम जंगलों को साफ कर गाँव बसाया वह उस गाँव का खूँटकट्टीदार कहलाया (सिंह 1978:20)।[13] हालाँकि सिंहभूम के हो आदिवासियों में खूँटकट्टीदार के बजाय *मारंग किली* (मारंग का अर्थ बड़ा होता है तथा किली का अर्थ है गोत्र यानी मारंग किली का तात्पर्य है बड़ा गोत्र) एवं *हुड़िग किली* (हुड़िग का अर्थ छोटा होता है तथा हुड़िग किली का तात्पर्य है छोटा गोत्र, इसे प्रजा (पोरजा या गरीब) किली भी कहा जाता था) का प्रचलन था। मारंग किली का तात्पर्य है संस्थापक परिवार का किली यानी जिस किली ने सर्वप्रथम गाँव बसाया जबकि हुड़िग किली का अर्थ है गाँव में बाद के क्रम में बसनेवाले किली (टकी 1920 : 20)।[14] ज्यादातर हो गाँव दो किली या फिर अनेक किलियों से मिलकर निर्मित होता था (मजूमदार 1950 : 12)।[15] गाँव को जिस किली के *हाम हो* ने बसाया उसे ही अपने गाँव के सांसारिक और धार्मिक कार्यों को करने का उत्तरदायित्व मिलता था। वह व्यक्ति सांसारिक कार्यों के लिए मुंडा तथा धार्मिक कार्यों के लिए *दिउरी* (पुजारी) कहलाता था। दुबिल गाँव की स्थापना के सम्बन्ध में किंवदन्ती है कि एक बुजुर्ग व्यक्ति जिसका नाम कांडे था। उसने गाँव की स्थापना के लिए एक पवित्र जगह की खोज की तथा उस स्थल के देवी-देवताओं की पूजा की। तीन या चार साल की कड़ी मेहनत के बाद गाँववालों ने जमीन को खेती-लायक बनाया। इस तरह कांडे द्वारा गाँव के देवताओं की पूजा के बाद गाँव का विकास होने लगा एवं कांडे अपने गाँव का नया मुंडा और दिउरी नियुक्त हुआ (योर्क 1976 : अध्याय 1)।[16] कालान्तर में जब दोनों कार्यों का भार बढ़ने लगा तब दिउरी को अलग से नियुक्त किया जाने लगा। इसे एक उदाहरण से समझा जा सकता है—पुंडु हाम ने बुनुमदा गाँव की स्थापना की थी। इस काम में उसके भाइयों रूइ और कुलु ने सहयोग किया था। इसलिए पुंडु गाँव का नया मुंडा और रूइ दिउरी बना। कभी-कभी गाँव को दो किली के लोगों ने मिलकर बसाया, उस स्थिति में एक किली का व्यक्ति मुंडा और दूसरे किली का व्यक्ति

दिउरी नियुक्त होता था। बड़ा गुंटिया नामक गाँव में पूर्व में कांडाइबुरू किली के पास मुंडा और दिउरी पद था पर बाद में यह पुरती किली के पास चला गया। (सेन वही : 115)। जाहिर तौर पर यह विभाजन समरूपता के सामाजिक आदर्श के रूप हैं और साथ ही यह उनके मिथक में अन्तर्निहित है कि वे सब पहले जोड़े की सन्तान हैं।[17]

दिउरी को अपने गाँव के धार्मिक कार्यों को निभाने की जिम्मेदारी थी। प्राचीन जंगलों को काटकर जब हो लोग खेत और गाँव बनाकर रहते थे इस दौरान उन्होंने जमीन, आसमान और पानी के देवी-देवताओं की अपनी रक्षा के लिए पूजा-अर्चना की और उनका धन्यवाद दिया। उन्होंने देवताओं और आत्माओं की पूजा कर उन्हें बलि अर्पित की ताकि वे महामारी और बीमारियों से बचें तथा अच्छी बारिश और फसल हो। उनके प्रमुख देवी-देवताओं में सिंगबोंगा, मारांग बोंगा, हातु बोंगाको, ओवा बोंगा इत्यादि थे (डिन्नी 2008 : 1-24)।[18] मागे पर्व हो लोगों का सबसे बड़ा त्योहार है। मागे पर्व को मनाने कि लिए तिथि निर्धारण से लेकर आठ दिवसीय पूजा के सारे रस्म-रिवाजों को करने की जिम्मेदारी दिउरी की होती थी। इसमें दिउरी ग्राम देवता या *देशाउली* को तीन प्रकार की मुर्गियों की बलि देकर गाँव की सीमा में रहनेवाले सभी जीवित प्राणियों की रक्षा के लिए आह्वान करते थे।[19] दिउरी को उनकी सेवाओं के एवज में गाँववाले कुछ खेती-लायक भूमि दान में देते थे।

कालान्तर में पीड़ के लौकिक कार्यों के सम्पादन के लिए *मानकी* पद का भी सृजन किया गया। मानकी भी संस्थापक परिवार से ही चुना जाता था। गाँव बसाने के दौरान प्रारम्भिक भूमि आवंटन में गाँव की जमीन का बेहतर और बड़ा हिस्सा मारंग किली यानी संस्थापक परिवार के कब्जे में आता था जबकि हुड़िग किली के लोगों को उनसे कम भूमि प्राप्त होती थी।[20] परवर्ती समय में मुंडा और दिउरी का पद वंशानुगत हो गया।

यह स्वदेशी सरकार दो महत्त्वपूर्ण विचारधाराओं पर आधारित थी। पहला, शासन का आधार निरंकुश नहीं था। 1820 ई. में रफसेज इसका उल्लेख करते हुए लिखते हैं : "प्रत्येक गाँव में एक या अपेक्षाकृत अधिक वंशानुगत प्रधान हैं जिन्हें मुंडा या मानकी कहा जाता है, जिनकी आज्ञा अन्य लोग डर की वजह से न होकर उनके पद के चिरभोग अधिकार तथा लगाव की वजह से मानते हैं। उनके ऊपर कोई और सत्ता स्पष्ट रूप से नहीं है। इनका प्रभाव अन्य क्षेत्रों जैसा ही प्रचलित है और कुछ ग्राम प्रधान दर्जनों अन्य लोगों के कार्यों को बिना किसी मान्यता या स्थापित प्राधिकार के विनियमित करते हैं।"[21] शायद इसका कारण उपर्युक्त कमी से कहीं अधिक गहरा और सांस्कृतिक था। इसका आधार बुनियादी समतावादी विचारधारा है जिसे उन्होंने एक सामाजिक मानदंड माना। दूसरा, यह समुदाय के

सामाजिक इच्छा की प्रधानता पर स्थापित किया गया था जिसका प्रतिनिधित्व मुंडा ग्रामीण समुदाय के नेता के रूप में करते थे (सेन : वही)।

डाकुवा

हो आदिवासी जब एक यायावर समूह से एक स्थायी कृषक के रूप में परिवर्तित हुए तब उन्होंने अपने कृषि-कार्य तथा दैनिक आवश्यकताओं की पूर्ति के लिए कुछ व्यावसायिक जातियों, यथा कुम्हार, लोहार, तान्ती, गोप, घाँसी इत्यादि को गाँव में बसने की इजाजत दी। हो लोग इनको अपनी सेवा के लिए बसाए थे तथा गाँव में इनका क्रम सबसे निचला होता था। ये कभी-कभी हो लोगों के दुभाषिये और एकाउंटेंट के तौर पर भी कार्य करते थे।[22] ये मुंडा-मानकी के कार्यों में मदद करते थे एवं उनका पद *डाकुवा* कहलाता था। डाकुवा शब्द हिन्दी के डाक शब्द का ही अपभ्रंश है जिसका अर्थ जोर से चिल्लाना या ऐलान करना होता था (टकी वही : 14)। इस तरह एक स्थापित हो गाँव में प्रभावशाली संस्थापक परिवार के अलावा दूसरी अन्य व्यावसायिक जातियाँ भी हमेशा पाई जाती थी। तान्ती कपड़ा बुनने का कार्य करते थे, कुम्हार मिट्टी के बर्तन बनाते थे तथा लोहार हल का नाल, कुल्हाड़ी, तीर इत्यादि बनाते थे। गोप हो लोगों के पालतू जानवरों को चराने का काम करते थे (वही : 23)। कभी-कभी हो लोग पालतू जानवरों को उनको ही सुपुर्द कर देते थे एवं तब तक उनकी देखभाल करते रहते थे जब तक की हो लोगों को उनकी जरूरत न पड़े।[23] घासी बाँस के सूप, टोकरी, चाला (हड़िया को तैयार करने के लिए बाँस से निर्मित विशेष प्रकार की टोकरी) आदि बनाते थे। ये सब अर्द्ध-आदिवासी के समान थे जो अपनी मातृभाषा उड़िया के अलावा हो भाषा भी बोलते थे। वे हो गाँवों से थोड़ी दूरी पर रहते थे (टकी वही : 14)। जीवन-यापन के लिए उन्हें थोड़ी सी जमीन भी दी जाती थी। अपने इन कार्यों के एवज में वे हो लोगों से धान प्राप्त करते थे (प्रसाद 1961 : 105)।[24]

मानकी और पीड़

हो आदिवासियों ने परवर्ती काल में इस गाँव के संगठन के ऊपर एक नया संगठन बनाया जिसे पीड़ कहा गया। जिन उद्‌देश्यों के लिए वे एक गाँव के रूप में संगठित हुए उन्हीं उद्‌देश्यों से वे क्रमिक तौर पर एक बड़ा संघ बनाने के लिए प्रेरित हुए। समय व्यतीत होने के साथ हो लोगों ने खुद को और ज्यादा ताकतवर बनाने की आवश्यकता महसूस की ताकि वे अपने भाई-बन्धुओं को अन्य गाँवों के आक्रमण से रक्षा कर सकें जो चारों ओर तेजी से विकसित हो रहे थे। इसने एक बृहत्तर

संगठन के निर्माण को बल दिया जो पीड़ व्यवस्था कहलाया। इस पीड़ में कुछ गाँवों के समूह एकजुट होते थे जिसमें साधारणतया बारह गाँव होते थे (राय वही : 62)। लेकिन असनतलिया नामक छोटे पीड़ में जहाँ तीन गाँव भी पाए जाते थे वहीं सत् बन्तारिया नामक एक बड़े पीड़ में चौंतीस गाँव[26] तक भी होते थे। इन पीड़ों में स्थित गाँवों के मुंडाओं के मध्य से जो सबसे ज्यादा ताकतवर और प्रभावशाली व्यक्ति होता था उसे पीड़ के प्रमुख के रूप में चयन किया गया एवं उसका पद मानकी कहलाया। लेकिन परवर्ती काल में यह पद रिश्तेदारी के प्रतीक के रूप में तब्दील हो गई क्योंकि मुंडाओं के रिश्तेदार ही मानकी चुने जाने लगें। बाकी बचे गाँव के मुंडाओं ने चयनित मानकी को सहयोग देने का वचन दिया। मानकी का मुख्य कार्य सैन्य-सेवा था (सुंडी वही : 66)।

सिंहभूम के पोड़ाहाट क्षेत्र में मानकी पद के उद्‌भव के सम्बन्ध में वहाँ के मुंडा आदिवासी[27] का मानना है कि जब वे चुटियानागपुर तथा पोड़ाहाट के राजाओं के सम्पर्क में आए तब उन्हें एक प्रतिनिधि की आवश्यकता हुई जो उनकी तरफ से राजा के सम्मुख उपस्थित हो। उन्हें राजा के निर्देशानुसार न्यायिक, सामाजिक, राजस्व एवं प्रशासनिक मामलों में निर्देशित करे। सम्भवत: तब गाँव का सबसे योग्य व्यक्ति राजा के दरबार में गाँव के प्रतिनिधि के रूप में चुना गया और राजा के यहाँ नियुक्त हुआ। अत: कुछ ऐसे ही प्रतिनिधियों को ही बाद में गाँववालों ने मानकी पर भी चुना। इसके अतिरिक्त पोड़ाहाट क्षेत्र में जो सेना के प्रमुख के रूप में कार्य करते थे वैसे योग्य व्यक्तियों को भी मानकी के पद पर नियुक्त किया जाता था।[28] इसके अलावा वहाँ खूँटकट्टी परिवार से भी मानकी चुने जाते थे (रायचौधुरी 1958 : 373)।[29] कोल्हान इलाके में अंग्रेजों के अधिकार करने से पूर्व मानकी उन्हीं इलाकों में पाए जाते थे जहाँ सीमावर्ती राजाओं का नियंत्रण था। उनका मुख्य कार्य अपने अधीनस्थ गाँवों से कर-संग्रह कर राजा को देना होता था। इस तरह वो राजा और प्रजा के बीच एक मध्यस्थ का काम करता था। मानकी भी मुंडा की ही तरह बराबरों में पहला था। वो एक शासक या नेता की तरह नहीं था। मानकी पद के एवज में उसे गाँव की सम्पत्ति पर मालिकाना हक नहीं प्राप्त था। अन्य प्राचीन संस्थाओं की तरह मानकी का पद भी वंशानुगत हो गया (टकी वही : 13)।

इस तरह हो गाँव विभिन्न किलियों और जातियों से निर्मित होता था जिसमें संस्थापक परिवार का सर्वोच्च स्थान था। इस प्रकार हो गाँवों की सामाजिक बनावट संस्थापक परिवार के सदस्यों को गाँव के संसाधनों पर काबिज होने का विशेषाधिकार देती थी। इसके साथ-साथ उन्होंने गाँव में अपने ऊँचे ओहदे को *मुंडा-दिउरी-मानकी* पद के रूप में एक संस्थागत स्वरूप प्रधान किया।[30] इस तरह संस्थापक परिवार गाँव के सामाजिक, राजनीतिक, धार्मिक और आर्थिक मामलों में अपना प्रभुत्व बनाए रखते थे।

प्रशासनिक कार्य

प्राक-औपनिवेशिक काल में मुंडा-मानकियों के कार्यों के सम्बन्ध में उपलब्ध औपनिवेशिक कालीन स्रोतों और हो समुदाय में प्रचलित प्रथागत कानूनों से हमें कई महत्त्वपूर्ण जानकारियाँ प्राप्त होती हैं। वे गाँव/पीड़ संगठन के प्रमुख के रूप में अनेक प्रशासनिक कार्यों को सम्पादित करते थे। वे गाँव की सामुदायिक सम्पत्ति को नियंत्रित करते थे जिसमें खेती-लायक अप्रयुक्त भूमि तथा परती भूमि के साथ-साथ जंगल और जलस्रोत भी शामिल थे। ये सामुदायिक सम्पत्ति सम्पूर्ण गाँव की होती थी लेकिन ग्राम प्रधान के देखरेख में वे इसका उपयोग करते थे। मुंडा खेती-लायक अप्रयुक्त भूमि तथा परती भूमि को गाँववालों की सहमति से किसी व्यक्ति के सौंप सकता था। सामुदायिक सम्पत्ति की अवधारणा इतनी विशिष्ट थी कि यदि कोई ग्रामीण स्थायी तौर पर गाँव छोड़ देता था तब उसकी जमीन उस गाँव की सामुदायिक सम्पत्ति के रूप में शामिल हो जाती थी। वास्तव में गाँव की भूमि को केवल समुदाय के कार्यकारी सदस्यों के रूप में पुरुषों के बीच विभाजित किया जाता है और समुदाय ही अन्तिम स्वामी होता है। उसी तरह जंगल और जलस्रोत भी पूरे गाँववालों के उपभोग के लिए होते थे। उन पर मालिकाना हक जताने या स्वार्थपूर्ण उपभोग की इजाजत किसी को नहीं थी। इनका उल्लंघन आम तौर पर एक सामाजिक अपराध माना जाता था।[31] यदि दो गाँवों के मध्य सीमा, जंगल या नदी, तालाब के उपयोग को लेकर विवाद उठ खड़े होते थे उस स्थिति में दोनों गाँव के वयस्क सदस्य अपने-अपने मुंडाओं के निर्देशों का अनुसरण करने के लिए बाध्य थे। गाँव के मामलों में मुंडा का मुख्य कर्तव्य यह देखना था कि कोई व्यक्ति समुदाय के सामूहिक हितों को कायम रखनेवाले नियमों को तोड़ तो नहीं रहा है। इस प्रकार मुंडा की भूमिका गाँव के सामूहिक नियम को बरकरार रखने के लिए अत्यन्त महत्त्वपूर्ण थी (मैकफर्सन 1908 : 15)।

मुंडा अपने गाँव के आन्तरिक प्रशासन के लिए उत्तरदायी था। उसे इस कार्य में *हातु पंच* या बुजुर्गों की एक परिषद सहायता करती थी। इस हातु पंच को हो भाषा में *मोए* हो कहा जाता था। हालाँकि मोए का अर्थ पाँच अंक एवं हो का अर्थ व्यक्ति होता है अर्थात पाँच व्यक्तियों की एक परिषद लेकिन ये सिर्फ एक प्रतीकात्मक शब्द है। मोए हो के अन्तर्गत पाँच से ज्यादा भी बुजुर्ग व्यक्ति शामिल हो सकते थे। ये बुजुर्ग गाँव के हर मामले के जानकार और अनुभवी होने की वजह से सबकी सहमति से चुने जाते थे।[32] इस तरह हो लोगों ने प्राक-साक्षर होते हुए भी समझदारी और दूरदर्शिता का परिचय देते हुए न्यायालय के समान एक संस्था का गठन किया जो गाँववालों के हर तरह के विवादों को विचार-विमर्श के माध्यम

से सुलझाने का प्रयास करता था। परम्परागत प्रथा या रूढ़ि ही मान्य कानून थे। पारिवारिक विवाद के मामलों में हातु पंच का मुख्य उद्देश्य दोनों के बीच समझौता कराकर विवाद को खत्म करना होता था न कि किसी एक के पक्ष में निर्णय देना। पंचायत की बैठकें प्राय: गाँव में विशाल इमली के पेड़ों तले सासनदीरी में होती थी। इन विशालकाय पत्थरों का उपयोग ग्रामीण बैठने के लिए करते थे। इन पेड़ों तले गाँववालों को सर्वमान्य, त्वरित और सस्ता न्याय प्राप्त होता था। इस प्रकार की बैठकों को *हातु दुनुब* कहा जाता था।[33]

इस काल में मुंडा-मानकियों को दीवानी और फौजदारी दोनों तरह के मामलों का निष्पादन करना होता था। इनमें कोई विवाद नहीं था। इन प्रथाओं की संहिताओं (नियमों) का उल्लंघन करनेवाले अपराधी को कठोर दंड दिया जाता था। इन रूढ़ियों में सर्वाधिक कट्टर नियम शादी के लिए प्रयुक्त होता था। हो लोगों में अपने किली की लड़की से विवाह वर्जित है। उनका मानना है कि एक ही पूर्वज की सन्तान होने के कारण वे भाई-बहन हैं। यदि कोई इस नियम को तोड़ता है तो इसे एक अक्षम्य अपराध माना जाता था। इसी प्रकार पारिवारिक व्यभिचार को भी एक निन्दनीय अपराध माना जाता था। इसके लिए कट्टर सजा की व्यवस्था थी। ऐसे अपराधों की सजा देने के लिए मुंडा तथा गाँववाले मिलकर उस अपराधी को *बोड़* (धान के पुवाल से बनी रस्सी) से *बान्दी* (धान को संरक्षित कर रखने के लिए पुवाल से बनाई गई गोलाकार आकृति) की तरह बाँध देते थे। तत्पश्चात अपराधी को या तो पहाड़ की ऊँचाई से फेंक दिया जाता था या फिर जलाकर मार डाला जाता था। बाद में इस तरह के सजा की कट्टरता कुछ कम हुई और अपराधी को गाँव से बहिष्कृत कर देने की सजा दी जाने लगी। अन्य प्रकार के अपराधों के लिए अपराधी से जुर्माना वसूला जाता था (सुंडी वही : 67)।

मानकी अपने मानकी का सर्वोच्च पदाधिकारी था लेकिन दूसरे गाँव के आन्तरिक मामलों में उसका स्थान द्वितीयक था क्योंकि मुंडा ही अपने गाँव के प्रशासन के लिए उत्तरदायी थे। खेती के विस्तार में भी उसकी कोई भूमिका नहीं होती थी क्योंकि पारम्परिक तौर पर हो लोग बिना किसी की अनुमति के अगल-बगल वाली परती जमीन या जंगल जो उनकी गाँव की सीमा में स्थित है को साफ कर खेत बना सकते थे। मानकी अपने पीड़ के मुंडाओं और रैयतों का प्रतिनिधि होने के साथ-साथ उनका अभिभावक भी था इस कारण उनके हितों की रक्षा करना मानकी का कर्तव्य था।[34] यदि दो गाँवों के मध्य विवाद उत्पन्न हो गया हो या बेहद महत्त्वपूर्ण मसला हो या फिर आदिवासी हितों का मामला हो तब पीड़ के पंचगण या बुजुर्ग मानकी की अध्यक्षता में इन सभी मामलों पर विचार-विमर्श कर फैसला देते थे। इसमें उस पीड़ के अन्तर्गत आनेवाले ग्रामों के मुंडा भी शामिल होते थे। मानकी की बैठकें *मानकी दुनुब* या *पीड़ दुनुब* कहलाती थी इस तरह पीड़ एक अन्तर ग्राम

संगठन के रूप में कार्य करती थी। यह हातु दुनुब के फैसलों के खिलाफ अपील करने की संस्था थी।[35]

मुंडा-मानकियों की आर्थिक स्थिति

जल, जंगल और जमीन पर अपने इन विशेषाधिकारों के कारण मुंडा-मानकी साधारणतया गाँव तथा पीड़ के सम्पन्न व्यक्ति होते थे। 1840 ई. में ले. टिकेल उनके बारे विस्तार से लिखते हैं कि "उनके पास तीन या चार जोड़ी हल होते थे तथा वे आरामदायक जीवन व्यतीत करते थे। मुंडा और मानकियों के घर मजबूत एवं बड़े होते थे। उनके घरों की बनावट इस प्रकार होती थी कि वे चौकोर के आकार में बन्द हों। दीवाल मोटा होता था तथा वे एक घेरा जैसा बनाते हुए एक-दूसरे से अच्छी तरह जुड़े हुए थे। ये दीवाल मिट्टी से बना होता था जिसे गोबर या चाक तथा पानी से लिपा जाता था। मुख्य भवन साधारणत: *पींडीगी* (बरामदा) से सुसज्जित होता था। इसे नक्काशी किए हुए लकड़ी के खम्भों से सहारा दिया जाता था एवं इस भवन के छत को पुआल से अच्छी तरह सजाया जाता था। भवन तीन उपखंड़ों में विभाजित होता था-एक सोने का कमरा, एक भोजन के लिए कमरा तथा एक सामान्य गोदाम के लिए। इस घर के विपरीत दिशा में लगभग तीस कदम पीछे एक अन्य कच्चा मकान बनाया जाता था जो नौकर, यात्रियों या अतिथियों के लिए होता था। इसके बगल के कोने में गाय-घर, अनाज गोदाम तथा बहुधा एक सूअर का बाड़ा बनाया जाता था। इस चौकोर इलाके के मध्य खाली स्थान में कबूतरों के लिए लकड़ी से निर्मित खम्भे पर एक घर बना होता था जो लकड़ी के ऊपरी भाग में लट्ठों से निर्मित होता था" (टिकेल वही : 783)। मुंडा-मानकी सम्पन्न होने के साथ-साथ समाज में भी सर्वोच्च स्थान रखते थे इसलिए अपनी सर्वोच्च स्थिति को बरकरार रखने के लिए वे अन्य मुंडा-मानकी के परिवार में ही प्राय: वैवाहिक सम्बन्ध स्थापित करते थे।[36] हालाँकि यह अनुमान कतई गलत नहीं होगा कि सघन जंगलों और पहाड़ों पर जहाँ खेती-कार्य दुष्कर था और अजीविका के अन्य साधन भी नहीं रहे होंगे वहाँ के मुंडा-मानकी की आर्थिक स्थिति दयनीय रही होगी।

ग्रामीण स्वशासी व्यवस्था में महिलाएँ

छोटानागपुर के सभी आदिवासी समुदायों की ही तरह हो समुदाय भी पितृसत्तात्मक और पितृवंशीय था। इस सामाजिक व्यवस्था के अन्तर्गत सम्पत्ति का विभाजन सिर्फ पुत्रों के बीच ही किया जाता था। पुत्रियों को पैतृक सम्पत्ति पर कोई अधिकार नहीं

होता था। प्रारम्भ से हो समुदाय के जीवन-यापन का मुख्य आधार कृषि रहा है अत: भूमि के प्रति इनका विशेष लगाव होना स्वाभाविक है। हो लोगों में परम्परागत रूप से यह प्रावधान किया गया था कि भूमि का हस्तान्तरण या विभाजन परिवार के ही एक वंश के सदस्यों तक ही सीमित रहे। हो लोगों में एक प्रचलित कहावत है, 'कोवा होन दो हीते बाबा ओंडो कुई होन दो पेटे बाबा', इसका अर्थ है बेटा उस धान के जैसा है जिसे संरक्षित कर पुन: नया धान रोपा जा सकता है अर्थात वंश-वृद्धि की जा सकती है। लेकिन बेटियाँ वैसी धान की फसल हैं जिसमें सिर्फ छिलका है बीज नहीं है। इनसे फसल पुन: पैदा नहीं की जा सकती। साथ ही वे हवा के झोंके से इधर-उधर उठकर चली जाती हैं। अर्थात स्त्रियों का अपने कुल से बाहर विवाह होने की प्रथा के कारण भूमि कहीं दूसरे वंश में न चली जाए, इसे ध्यान में रखकर ही परम्परागत रूप से यहाँ स्त्रियों को भूमि के उत्तराधिकार क्षेत्र से बाहर रखा गया।[37] इसका एक व्यावहारिक पहलू यह है कि अगर महिलाओं को भूमि दे दी जाए तब विवाह के बाद वे जमीन ले नहीं जा सकतीं और न ही ससुराल से आकर खेती कर सकती हैं। इसी कारण हो समुदाय में महिलाओं को मुंडा या मानकी भी नहीं बनाया जाता है कि कहीं विवाह के बाद उनका पद वंश से बाहर न चला जाए। इसके साथ ही यह भी माना जाता था कि स्त्री होने के कारण वे इस श्रम-साध्य कार्य को नहीं कर सकती थी।[38]

हो समुदाय में राज्य गठन का अभाव

हो लोगों ने अपनी सामाजिक-राजनीतिक एकता और अखंडता को बनाए रखने के लिए गाँव/पीड़ नामक प्रशासनिक संगठन का गठन किया और उनके प्रशासन के लिए मुंडा/मानकी पद का सृजन किया। इस कारण एक स्वाभाविक प्रश्न उठता है कि उन्होंने पीड़ से भी बृहत्तर राज्य जैसे संगठन का निर्माण क्यों नहीं किया और न ही राजा के पद का सृजन किया। सम्भवत: यहाँ की विशिष्ट परिस्थितियाँ उत्तरदायी कारक थीं जिनके कारण हो समुदाय राज्य-निर्माण की अवस्था तक नहीं पहुँच सके। यद्यपि हो लोग राजतंत्र से अपरिचित नहीं थे (सेन 2011 : 106)। सिंहभूम में पोड़ाहाट राजा, उस वंश के ही सरायकेला और खरसावाँ के राजा तथा उड़ीसा के समीपवर्ती सीमाओं में मयूरभंज और क्योंझर के राजाओं का शासन था। पोड़ाहाट, सरायकेला और खरसावाँ के राजा यहाँ की राजनीति में महत्त्वपूर्ण स्थान रखते थे। लेकिन हो लोगों ने कभी भी राजा के प्रभुत्व को स्वीकार नहीं किया। इन राजाओं के साथ उनका रिश्ता मित्रवत था न कि अधीनस्थ प्रजा का। ज्ञातव्य है कि इस काल में सिंहभूम के हो बहुल इलाके विभिन्न छोटे-बड़े पीड़ों में विभक्त थे जो अपने-अपने मानकियों द्वारा प्रशासित थे। अंग्रेज मानवजाति वेत्ता बेडेन पावेल ने पीड़ों का वर्णन

करते हुए लिखा है कि "सिंहभूम के हो बहुल इलाके पीड़ों के शिथिल संघ से निर्मित हैं जिसमें केन्द्रीय सरकार की अवधारणा नहीं है" (पावेल 1972 : 153)।[39]

अब हम उन कारणों की चर्चा करते हैं जिसके कारण हो समुदाय ने राजा और राज्य का गठन नहीं किया। राज्य के सप्तांग सिद्धान्त[40] के अनुसार किसी राज्य के सात अनिवार्य अंग होते हैं। वे हैं—राजा, अमात्य यानी मंत्री, जनपद, दुर्ग यानी किला, कोश यानी धन, दंड या सेना और मित्र। राजा अपने राज्य के प्रशासनिक और धार्मिक मामलों का सर्वोच्च अधिकारी था। समस्त धार्मिक कार्य राजा की अनुमति के बाद ही सम्पन्न होते थे। लेकिन सिंहभूम के हो बहुल पीड़ों की स्थिति भिन्न थी। सम्भवत: निम्नलिखित कारणों से वे राज्य जैसी संस्था का विकास नहीं कर पाए—

पहला, प्रारम्भिक काल में जब मुंडा-मानकी पद का सृजन हुआ उस समय भू-राजस्व या कर की अवधारणा का विकास नहीं हुआ था। रैयत या ग्रामीण मुंडा-मानकियों को कर नहीं देते थे। इस कारण वे अपने खजाने को कर के द्वारा नहीं भर सके। अत: धन के अभाव में राज्य का निर्माण नहीं हो सका। दूसरा, इस प्रदेश में हो आदिवासियों की नागरिक सेना या ग्रामीणों की सेना के रूप में संगठित होना भी नहीं पाया जाता था क्योंकि आदिवासी के लोकाचार या प्रकृति में हाथी, घोड़े, तलवार, भाला आदि के बदले में साधारणत: अस्त्र-शस्त्र के रूप में तीर-धनुष तथा कुल्हाड़ी इत्यादि रखने की परम्परा थी। जंगलों की विषम परिस्थितियाँ और जंगली जानवरों से बचाव तथा आक्रमण के लिए वे इन हथियारों का हमेशा से उपयोग करते थे। इस तरह वे इन अस्त्रों से अपनी रक्षा करने के लिए स्वयं समर्थ थे। उन्हें अपने लिए अलग से किसी सेना की आवश्यकता नहीं थी। तीसरा, प्रत्येक हो गाँव एक स्वायत्तशासी संगठन था। हर गाँव के प्रशासनिक कार्य के लिए मुंडा और धार्मिक कार्य के लिए दिउरी होते थे। धार्मिक मामलों में मुंडा-मानकी की भूमिका और शक्ति नगण्य होती थी। इस मुंडा-मानकी-दिउरी अन्त:सम्बन्ध के कारण ये ग्राम प्रधान धार्मिक शक्तियों से युक्त एकमात्र राजनीतिक ताकत के रूप में नहीं उभर पाए (सेन वही : 107)।

इस प्रकार हम पाते हैं कि आर्थिक स्रोतों का अभाव, सशस्त्र सेना की अनुपलब्धता एवं सरल धार्मिक स्थिति के कारण छोटानागपुर के अन्य क्षेत्रों के राजाओं और जमींदारों की तरह इनका विकास नहीं हो पाया। ये मुंडा-मानकी एक सामाजिक नेता भर थे।

राजतंत्र का मुंडा-मानकी प्रणाली पर प्रभाव

जैसा कि पूर्व में जिक्र किया गया है सिंहभूम के दक्षिण-पश्चिम क्षेत्र में पोड़ाहाट राजा का नियंत्रण था जबकि उत्तर और उत्तर-पूर्वी क्षेत्र में क्रमश: खरसावाँ तथा

सरायकेला राज्य का प्रभुत्व था। इसी प्रकार इसके दक्षिण-पूर्वी इलाके में मयूरभंज और दक्षिण क्षेत्र में क्योंझर राजा का प्रभाव था। सिंहभूम के मध्य क्षेत्र में हो बहुल गाँव थे जिन पर इन राजाओं का कोई नियंत्रण नहीं था। पोड़ाहाट, सरायकेला और खरसावाँ के राजा अपने-अपने राज्य में मुंडा-मानकियों के माध्यम से विभिन्न प्रकार के कर वसूलते थे। ले. टिकेल (असिस्टेंट पोलिटिकल एजेंट, सिंहभूम) ने गवर्नर जनरल के एजेंट को प्रेषित 1 फरवरी, 1842 ई. के अपने पत्र में लिखा है कि "इन सीमावर्ती इलाकों में मुखिया या मानकी होते थे जो सलामी देने के कारण जमींदारों द्वारा चुने जाते थे तथा वे अपेक्षित कर की राशि अदा करते थे" (टकी वही : 108)। इससे स्पष्ट होता है कि इन राजाओं ने पारम्परिक स्वशासन प्रणाली को मान्यता प्रदान करते हुए मानकियों को राजकीय तौर पर भी नियुक्त किया था। पोड़ाहाट क्षेत्र के राजस्व-प्रणाली के बारे में मैकफर्सन कहते हैं कि कर का निर्धारण खेती की मात्रा पर न होकर गाँव के आकार पर तय की जाती थी। पोड़ाहाट में व्यक्तिगत जोत पर नहीं वरन् भूमि के क्षेत्रफल (इलाका) के अनुसार लगान तय किया जाता था। प्रत्येक इलाके में एक गाँव स्थापित किया गया था जो समुदाय की सम्पत्ति मानी गई। राजा का अधिकार खेती करनेवाले क्षेत्र पर लगान प्राप्त करने तक सीमित था। ग्राम समुदाय जो मूल पितृसत्तात्मक परिवार के सदस्य थे वे अपने द्वारा अधिगृहीत क्षेत्र में से कुछ भाग को अन्य को खेती करने के लिए दे देते थे। इस छोटे गणतंत्र के प्रबन्धन में गाँव के सामूहिक मालिकों को समान अधिकार था। ये जोतें पंचायत द्वारा इस सिद्धान्त पर विकसित की गईं कि प्रत्येक व्यक्ति को अपने हिस्से की भूमि में हर वर्ग की फसलों के उत्पादन के लिए उपयुवत भूमि प्राप्त हो। समुदाय के सभी सदस्य राजा को देय राजस्व की राशि और विभिन्न प्रकार के सामुदायिक जिम्मेदारियों को निभाने के लिए अपने हिस्से या फिर समानता के अनुपात में उत्तरदायी होते हैं। इसलिए राजा अपने इलाके में व्यक्तिगत काश्तकारों के साथ नहीं वरन् उन समुदायों के साथ जो वहाँ की मिट्टी के मालिक थे। मानकी राजा के सम्मुख समुदाय का प्रतिनिधित्व करता है। ग्रामीण विभिन्न प्रकार के कर मानकी के माध्यम से राजा को देते थे। इस तरह पोड़ाहाट परगना में गाँव एक इकाई थे न कि कृषक (मैकफर्सन वही : 28)। इस प्रकार वे एक निर्धारित राजस्व नहीं अदा करते थे बल्कि मुंडा अपनी प्रजाओं से वसूल कर मानकी के माध्यम से राजाओं को सहयोग एवं उपहार स्वरूप दिया जाता था। हमें इसकी जानकारी बीसवीं शताब्दी में पोड़ाहाट क्षेत्र के भूमि बन्दोबस्ती के दौरान मिलती है जब पोड़ाहाट के मुंडारी गाँवों के खूँटकट्टी अधिकारों के सम्बन्ध में ग्राम प्रधानों से साक्षात्कार लिया गया। डुरका पीड़ के रुसु मानकी ने अपने साक्षात्कार में कहा कि "पहले हमारे मुंडारी पीड़ों में कोई कर नहीं देता था। वह तो टिकेल साहेब थे जिन्होंने सबसे पहले

कर देने का आदेश दिया था। इसके पहले डुरका पीड़ में लगान वसूलने के लिए एक स्वासी और एक सरदार पोड़ाहाट राजा की ओर से गाँवों में गामा (बारिश) महीने में लगभग सितम्बर में आते थे तथा मुंडा और प्रजा के प्रत्येक घर से छह गौदा (हाथ-भर के) नमक प्राप्त करते थे—वे दोनों एक-एक गौदा अपने लिए और चार गौदा राजा के लिए प्राप्त करते थे। मुंडा राजा के लिए इसका संग्रह करता था। पूस या माघ (जनवरी) में पुन: छह पतिस (पाव) नमक, छह पतिस उरद आदि महसूल (शुल्क) के रूप में लेते थे। यही वस्तु के रूप में राज्य को भुगतान किया जाता था। वस्तुत: उस समय कोई कर नहीं देता था। मुंडा प्रजाओं से लेकर इसे पोड़ाहाट पहुँचाता था।"[41]

प्रत्येक मुंडा अपने गाँव से बराबर मात्रा में राजस्व संग्रह करता था जो रुपये में न होकर वस्तु के रूप में होती थी। प्रत्येक गाँव या क्षेत्र के लिए वस्तु निर्धारित थी जैसे—'पोड़ाहाट के उत्तरी इलाके के गाँवों से झाड़ू और चटाई, डुरका पीड़ के गाँवों से गोमा माह में (अगस्त माह में) नमक एवं रेशम के कीड़े, महाकार माह में (सितम्बर में) उरद दाल और दशहरा माह में चावल, इसके साथ ही दशहरा सलामी के रूप में एक बकरा मुंडा को देना पड़ता था।[42] सिंह राजवंश की वंशावली वंशप्रभा लेखन में उल्लेख है कि शिव नारायण सिंह जो सिंह वंश के तेईसवें राजा थे, वे ग्रामीणों से विभिन्न प्रकार के कर प्राप्त करते थे। एन.एन. सिंहदेव इसका वर्णन प्रस्तुत करते हुए लिखते हैं कि "वे प्रत्येक गाँव से दो पुड़ा महुवा के फूल, एक पुड़ा सरसों के बीज, दस मटिया तिल का तेल, दस पचिआस बीरी, कुलथी, खेदी (दाल की विभिन्न किस्में) एव्र गुदलु, गोड़ा धान का चालीसवाँ भाग, एक पातम चना प्राप्त करते थे। वे प्रत्येक तान्ती से एक कपड़ा और गौड़ (दूधवाला) से एक मटिया घी के रूप में प्राप्त करते थे" (सिंहदेव 1954 : 34)।[43]

पोड़ाहाट राजा के अधीन पीड़ थे—चक्रधरपुर, पोड़ाहाट पीड़, गुदड़ी, बारिंग, कुन्दरुगुटु, लागुड़ा, डुरका, सोंगरा, गोयलकेरा, जिलरुँवा, केरा, चैनपुर, बन्दगाँव, आनन्दपुर[44] बढ़ पीड़, सत बन्तारिया, कोटगढ़, जामदा, नाटुवा, चढ़ई, गुमढ़ा, बरकेला, अयोध्या, गोपीनाथपुर, गोविन्दपुर, कैनुवा, कुलडीहा, रेंगड़ा, सारंडा और चैनपुर पीड़।[45] सरायकेला कुँवर के अधीन दुगनी, बाँकसाई, इचा, कांड्रा, गम्हरिया, सदान्त, कुचांग, कराईकेला,[46] राजाबासा, कोचिंडा, पुरलोंग, अबरुर या सिदिऊ और लोटा पीड़[47] थे। खरसावाँ के ठाकुर के पास असनतलिया पीड़, सदान्त और कोल्हान थे।[48]

हालाँकि यह कर प्रणाली केवल पोड़ाहाट, सरायकेला और खरसावाँ के प्रभुत्व वाले क्षेत्रों तक ही सीमित थी। कोल्हान के हो क्षेत्रों पर इन राजाओं का विशेष प्रभाव नहीं था। यहाँ के हो आदिवासी पोड़ाहाट राजा को नियमित कर न देकर कभी-कभी उपहारों का आदान-प्रदान करते थे। कोल्हान के हो लोगों का यह भी

मानना था कि राजा के पास इतनी शक्ति नहीं है कि वो हो लोगों को भू-राजस्व देने के लिए बाध्य करें। अत: अब यह बाध्यकारी न होकर हो लोगों की इच्छा पर निर्भर था कि वे राजा को कर प्रदान करें।[49]

सिंहभूम में विभिन्न जातियों के ग्राम प्रधान

सिंहभूम के कोल्हान और पोड़ाहाट दोनों क्षेत्र में ग्रामीण स्वशासन व्यवस्था विद्यमान थी। यहाँ हो लोगों के अलावा मुंडा, सन्ताली, गोप, कुम्हार, भुइयाँ के साथ अन्य जातियाँ भी निवास करती थीं। इसके साथ ही उड़िया तथा नागपुरिया भाषा बोलनेवाले लोग भी यहाँ रहते थे। सिंहभूम में इस पारम्परिक स्वशासन व्यवस्था की एक विशेषता यह थी कि यहाँ क्षेत्र-विशेष में जिस जाति की बहुलता थी अधिकांशत: उसी जाति के ग्राम प्रधान होते थे। लेकिन दोनों क्षेत्रों के बीच मुख्य अन्तर यह था कि कोल्हान इलाके में जिस जाति की प्रधानता होती थी उसी जाति का ग्राम प्रधान होता था तथा वह मुंडा ही कहलाता था जबकि पोड़ाहाट इलाके में स्थित गाँवों में जाति के आधार ग्राम प्रधान का नाम बदल जाता था। उदाहरण के लिए, अगर यहाँ के ग्रामों में मुंडा या हो लोगों का बाहुल्य हो तो ग्राम प्रधान मुंडा या हो समुदाय का ही होता था तथा वो *मुंडा* कहलाता था। यदि किसी गाँव में ग्वाला या कुम्हार जाति की प्रधानता हो तो गाँव के मुखिया वे ही होते थे पर उनका पद *प्रधान* के नाम से जाना जाता था। उसी प्रकार कुर्मी बहुल गाँवों में वे *महतो,* सन्ताल गाँव में *माँझी,* भुइयाँ लोगों में *नायक* कहलाते थे। अगर किसी गाँव में नगपुरिया जाति की प्रधानता थी अर्थात राउतियास, भोगता या गोसाईन जाति के लोग रहते थे तब वहाँ का ग्राम प्रधान नगपुरिया ही होता था तथा वे *गंझू* कहलाते थे।[50] चूँकि सिंहभूम एक हो समुदाय बहुल क्षेत्र था इस कारण हो ग्राम मुंडाओं की संख्या सर्वाधिक थी।

अपवाद स्वरूप पाया गया है कि सिंहभूम के दक्षिणी क्षेत्र में स्थित जयन्तगढ़ (बढ़ पीड़) और जगन्नाथपुर (बन्तारिया पीड़) में पोड़ाहाट राजा का शासन था। सम्भवत: उन्होंने यहाँ के कुछ गाँवों को अपने विश्वासपात्र आदमियों जो कि राजपूत थे, को सौंप दिया था। वे अपने सम्बन्धित गाँवों के मुंडा थे तथा अपने क्षेत्र से कर-संग्रह कर राजा को प्रदान करते थे। दक्षिणी सिंहभूम में इस तरह के चार गाँव थे—डाकुवा जंगल, मुचीगाँव, वासुदेवपुर (तीनों बन्तारिया पीड़) एवं जयन्तगढ़ (बढ़ पीड़)। मुचीगाँव और जयन्तगढ़ के मुंडा एक ही थे।[51]

प्राक औपनिवेशिक काल में मुंडा-मानकी व्यवस्था की उल्लेखनीय बात यह है कि इन राजाओं का गाँवों के आन्तरिक मामलों में कोई हस्तक्षेप नहीं रहता था चाहे वह मुंडा-मानकियों पर नियंत्रण हो या रैयतों का अपनी भूमि एवं वन इत्यादि पर अधिकार। वे अपने गाँव और पीड़ के सर्वेसर्वा होते थे। अपने क्षेत्र के लोगों

के हितों की रक्षा करना उनका मुख्य कर्तव्य था। इस ग्रामीण स्वशासी प्रणाली की सबसे खास बात यह थी कि यह व्यवस्था समुदाय की इच्छा पर आधारित थी। जैसा कि पूर्व में भी जिक्र किया गया है झारखंड में अन्य आदिवासी समूहों में भी पारम्परिक स्वशासन व्यवस्था विद्यमान थी लेकिन हो और सन्तालों को छोड़कर बाकी समुदायों में ये लुप्त हो चुके हैं। जैसा कि फादर हॉफमेन ने भी अपनी पुस्तक *इनसाइक्लोपीडिया मुंडारिका* खंड VI की पृष्ठ संख्या 1768 में लिखते हैं : "कोल लोगों की देशज ग्रामीण व्यवस्था जो यहाँ एक ग्राम प्रधान के अधीन गाँवों के एक संघ (पीड़) पर आधारित है, छोटानागपुर के अन्य क्षेत्रों में क्रमश: समाप्त हो रही है लेकिन इस क्षेत्र (कोल्हान) में अब भी विद्यमान है।"[52]

सन्दर्भ

1. नुएर आदिवासी अफ्रीका में दक्षिणी सूडान और इथियोपिया में रहते हैं। वे लोग चरवाहे हैं तथा अपनी आजीविका के लिए मवेशियों को पालते हैं।
2. ए.के. सेन, *इंडीजेनेटी, लैंडस्केप एंड हिस्ट्री आदिवासी सेल्फ-फैशनिंग इन इंडिया,* रुटलेज, न्यूर्याक, लन्दन, 2018 : 113।
3. ऐ.के. मित्तल, *इतिहास,* साहित्य भवन पब्लिकेशंस, आगरा, 2008 : 52-53।
4. ए.एस. अल्तेकर, *स्टेट एंड गवर्नमेंट इन एनशियंट इंडिया,* मोतीलाल बनारसीदास, दिल्ली, वाराणसी, पटना (पुनर्मुद्रित), 1977 : 225-226।
5. शोभा मुखर्जी, *द रिपब्लिकन ट्रेंड्स इन एनशियंट इंडिया,* मुंशीराम मनोहरलाल, नई दिल्ली, 1969 : 3।
6. ए.एस. अल्तेकर, वही : 100।
7. एस.सी. राय, द *मुंडाज एंड देयर कंट्री,* क्राउन पब्लिकेशंस, राँची, 2004 : 69-75, तीसरा संस्करण, (प्रथम संस्करण 1968)।
8. वही, 63।
9. वही, 62।
10. मैथ्यु अरीपरम्पिल, *अबुव : राज, स्वराज के लिए झारखंडियों का संघर्ष,* ट्राइबल रिसर्च एंड ट्रेनिंग सेंटर, चाईबासा, 2000:30।
11. ललिता सुंडी, 'सिंहभूम की मानकी-मुंडा व्यवस्था : एक ऐतिहासिक अध्ययन', अप्रकाशित पी-एच.डी. शोध-प्रबन्ध, इतिहास विभाग, राँची विश्वविद्यालय, राँची, 2012 : 64।
12. टूर डायरी ऑफ मि. डब्ल्यू.जी. केली फॉर द मन्थ ऑफ अप्रैल, 1915, डी.सी. ऑफिस, जनरल डिपार्टमेंट (अब से जी.डी.), रेवेन्यु ब्रांच (अब से आर.बी.), कलेक्शन नम्बर (अब से सी.एन.) III सेटलमेंट, इंस्पेक्शन नोट्स ऑफ कोल्हान सेटलमेंट, जिला अभिलेखागार (अब से जि.अभि.), चाईबासा।
13. सी.पी. सिंह, द *हो ट्राइब ऑफ सिंहभूम,* क्लासिकल पब्लिकेशंस, न्यू दिल्ली, 1978 : 20।
14. ए.डी. टकी, *फाइनल रिपोर्ट ऑन द रिसेटलमेंट ऑफ द कोल्हान गवर्नमेंट इस्टेट इन द डिस्ट्रिक्ट ऑफ सिंहभूम, 1913-1918,* सुपरिंटेंडेंट गवर्नमेंट प्रिंटिंग, बिहार एंड उड़ीसा, पटना, 1920 : 20।

15. डी.एन. मजूमदार, *द अफेयर्स ऑफ ए ट्राइब : ए स्टडी इन ट्राइबल डायनैमिक्स,* यूनिवर्सल पब्लिकेशंस, लखनऊ, 1950 : 12।
16. माइकल योर्क, 'डिसिजंस एंड एनैलॉजि : पॉलिटिकल स्ट्रक्चर एंड डिस्कर्स अमंग द हो ट्राइबल्स ऑफ इंडिया', स्कूल ऑफ ओरियंटल एंड अफ्रीकन स्टडीज, यूनिवर्सिटी ऑफ लन्दन, 1976 में पी-एच.डी. उपाधि हेतु प्रस्तुत शोध-प्रबन्ध, अध्याय 1।
17. हो समुदाय छोटानागपुर के अन्य समुदायों यथा मुंडा, उराँव, सन्ताल की ही तरह विभिन्न किलियों में विभक्त हैं। हो एक समुदाय के रूप में अन्तर्विवाह करते हैं अर्थात अपने ही आदिवासी समाज में विवाह करते हैं लेकिन किली के सन्दर्भ में वे बहिर्विवाह करते हैं। इसका अर्थ यह है कि अपने ही किली की लड़की से विवाह वर्जित है। उनकी मान्यता है कि एक किली के लोग एक ही पूर्वज की सन्तान हैं इस कारण वे भाई-बहन हैं। एल. बरो., राइट एंड कस्टम ऑफ द होस, ए रिपोर्ट, डी.सी. ऑफिस, जनरल डिपार्टमेंट रेवेन्यु ब्रांच (अब से जे.डी.आर.बी.), सी.एन. III, फाइल नम्बर (अब से एफ.एन.) 30 ऑफ 1910-11, जि.अभि. चाईबासा।
18. जॉन डिन्नी एस.जे. *द स्पिरिट वर्ल्ड ऑफ द हो ट्राइब्लस,* जेवियर पब्लिकेशंस, राँची, 2008 : 1-24।
19. चन्द्रमोहन देवगम, दिउरी-मटकमहातु से दिनांक 12 मार्च, 2020 को ग्राम—मटकमहातु में साक्षात्कार पर आधारित।
20. ए.के. सेन, 'द प्रोसेस ऑफ सोशियल स्ट्रैटिफिकेशन इन द सोसायटी ऑफ कोल्हान', ए.के. सेन (सम्पा.) *रिप्रेजेंटिंग ट्राइब द होज ऑफ सिंहभूम अंडर कोलोनियल रूल,* कॉन्सेप्ट पब्लिशिंग कम्पनी, नई दिल्ली, 2011 : 110।
21. रफसेज का मेटकॉफ को पत्र, 9 मई, 1820, अनुच्छेद-18, साउथ वेस्ट फ्रंटियर पोलिटिकल डिस्पैच रजिस्टर (अब से एस.डब्ल्यू.एफ.पी.डी.आर.), 20 अप्रैल, 1820 से जून 1821, खंड 27, अभिलेख भवन (अब से अभि.भ.),पटना।
22. वही।
23. ले. टिकेल, 'मेमोयर ऑफ द हो दिशुम (इम्प्रोपरली कॉल्ड कोल्हान)', *जर्नल ऑफ एशियाटिक सोसायटी ऑफ बंगाल* (अब से जे. ए.एस.बी.), खंड XI, भाग 2, 1840 : 805।
24. नर्मदेश्वर प्रसाद, *लैंड एंड पीपॅल ऑफ ट्राइबल बिहार,* बिहार ट्राइबल्स रिसर्च इंस्टीच्यूट, राँची, 1961 :105।
25. असनतलिया पीड़ में तीन गाँव है 1. चाचा 2. बिंज 3. जनुमबेड़ा, ई.ए. गेट, *ड्राफ्ट इंस्ट्रक्शन फॉर द विपेज नोट बुक फॉर द कोल्हान,* 31 जनवरी, 1905, उपायुक्त कार्यालय, पश्चिमी सिंहभूम, कोल्हान शाखा।
26. सत् बन्तारिया पीड़ के अधीन 34 गाँव हैं। मानकी अनिल कुमार सिंकु, गाँव—कंसलापोस, पीड़-सत् बन्तारिया, अंचल-जगन्नाथपुर से दिनांक 16 अक्टूबर, 2011 को मौजा कंसलापोस में साक्षात्कार पर आधारित।
27. मुंडा और हो आदिवासी खुद को एक ही वंश का मानते हैं। पोड़ाहाट क्षेत्र में जहाँ दोनों एक साथ निवास करते हैं वहाँ दोनों के मध्य भिन्नता दर्शाने के लिए मुंडा खुद को मुंडारी भाषा में 'बुरु (जंगल) होरो या हो' कहते हैं तथा यहाँ रहनेवाले हो लोगों को 'लड़ाका हो' कहा जाता है। टी.एस. मैकफर्सन, *फाइनल रिपोर्ट आन द ऑपरेशन फॉर द प्रिपोरेशन ऑफ राइट्स इन परगना पोड़ाहाट, डिस्ट्रिक्ट सिंहभूम 1905-1907,* द बंगाल सेक्रेटरियट बुक डिपो, 1908 : 40।

28. वही : 108।
29. पी.सी. रायचौधुरी, *बिहार डिस्ट्रिक्ट गजेटियर सिंहभूम,* सुपरिंटेंडेंट सेक्रेटरियट प्रेस, पटना, 1958 : 373।
30. बढ़ पीड़ वर्तमान मझगाँव अंचल के खैरपाल गाँव के मुंडा गणेश कुमार सिंकु से दिनांक 16 अक्टूबर, 2011 को मौजा खैरपाल में साक्षात्कार पर आधारित। खैरपाल गाँव के मुंडा मानकी रसिका सिंकु, मुंडा गणेश कुमार सिंकु तथा दिउरी देवेन्द्र सिंकु हैं व तीनों एक ही वंश के हैं।
31. मानकी रजनीकान्त बिरुली, मौजा—असुरा, इलाका—गुमड़ा पीड़ से दिनांक 6 अक्टूबर, 2011 को ग्राम असुरा में साक्षात्कार पर आधारित।
32. मानकी अर्जुन सिंह बानरा, मौजा—बड़ा चीरु, इलाका—चीरु पीड़ से दिनांक 31 अक्टूबर, 2011 को मानकी-मुंडा विश्रामागार में साक्षात्कार पर आधारित।
33. मुंडा प्रताप सिंह, मौजा—डाकुवा जंगल, इलाका—सत बन्तारिया पीड़ से दिनांक 16 अक्टूबर, 2011 को मौजा कंसलापोस में साक्षात्कार पर आधारित।
34. सी.पी.सिंह, वही : 21।
35. मानकी शिवचरण पाड़ेया, मौजा—सिकुरसाई, इलाका—चढ़ई पीड़ से दिनांक 11 फरवरी, 2011 को मौजा सिकुरसाई में साक्षात्कार पर आधारित।
36. डी.एम. पन्ना, *नोट ऑन द होस,* (उद्धरित) ए.डी. टकी, फाइनल रिपोर्ट, वही : 124।
37. एल.बी. बरो, 'इनहेरिटेंस एंड पार्टीशन ऑफ प्रोपटी अमंग द एबआरिजिनल रेसेस', (उद्धरित) एल.एस.एस. *ओ'मेली, सेंसस ऑफ इंडिया,* खंड II, *बंगाल, बिहार एंड उड़ीसा एंड सिक्किम,* भाग I, रिपोर्ट, बंगाल सेक्रेटरियट बुक डिपो, कलकत्ता, 1913, अपेंडिक्स 1।
38. ई. डब्ल्यू. कोलिन, ऑफिसियटिंग सेक्रेटरी टु बोर्ड ऑफ रेवेन्यु, लोअर प्रोविंस का सेक्रेटरी टु गवर्नमेंट ऑफ बंगाल को पत्र, रेवेन्यु डिपार्टमेंट (अब से आर.डी.), 1898, गवर्नमेंट ऑफ बंगाल (अब से जी.ओ.बी.), रेवेन्यु प्रोसिडिंग्स (अब से आर.बी.), नं. 20-21, एफ.एन. 16-5/6, 10 अक्टूबर, 1898, पश्चिम बंगाल राज्य अभिलेखागार (अब से पं. बं.रा. अभि.), कोलकाता।
39. बेडेन पावेल, *द इंडियन विलेज कम्युनिटी,* कोसमो पब्लिकेशंस, दिल्ली, 1972 : 153।
40. कौटिल्य को भारतीय राजनीतिक विचारों का जनक माना जाता है। 325 ईसा पूर्व कौटिल्य ने विश्व प्रसिद्ध पुस्तक *अर्थशास्त्र* लिखी। वे चन्द्रगुप्त मौर्य के मंत्री थे। उन्होंने सबसे पहले राज्य के लिए एक सुनियोजित राज्य व्यवस्था का विचार दिया था। वे इस सिद्धान्त में राज्य के सात अंगों का वर्णन करते हैं। सप्तांग दो शब्दों के मेल से बना है सप्त यानी सात और अंग यानी हिस्से। कौटिल्य ने राज्य के सभी अंगों की तुलना शरीर के अंगों से की है। जिस तरह मानव अंग शरीर को उपयोगी और काम के योग्य बनाता है। इसी तरह वे राज्य के सात अंगों के महत्त्व का वर्णन करते है जो किसी राज्य के प्रशासन को चलाने के लिए अनिवार्य तत्त्व हैं।
41. बारबरा बेरारडो, 'रेबल्स एंड डिवोटीस ऑफ झारखंड : सोशियल रिलिजियस एंड पोलिटिकल ट्रांस्फॉरमेशंस अमंग द आदिवासीज ऑफ नॉरदर्न इंडिया', लन्दन स्कूल ऑफ इकॉनोमिक्स एंड पॉलिटिकल साइंस, यूनिवर्सिटी ऑफ लन्दन, 2003 में पी-एच.डी. उपाधि हेतु प्रस्तुत शोध-प्रबन्ध।
42. मैकफर्सन, वही : 159।

43. एन.एन. सिंहदेव, *सिंहभूम, सरायकेला एंड खरसावाँ थ्रू द एजेस,* अलियंस प्रेस, कलकत्ता, 1954 : 34।
44. पोड़ाहाट पीड़ नोट्स प्रिपेर्यड ड्युरिंग द सेटलमेंट ऑफ द पोड़ाहाट एंड सबोरडिनेट इस्टेट ईयर 1900-03।
45. समरी ऑफ इवेंट्स फ्रॉम 1805-1836 एंड ओरिजिन ऑफ टेकिंग ओवर बाय गवर्नमेंट ऑफ फॉर कोल पीड़स ऑफ आवला, लालगढ़, बन्तारिया एंड थई फ्रॉम मयूरभंज, डिप्टी कमिश्नर कलेक्शन नं. XII, फाइल नं. 7 ऑफ 1930, ओल्ड कोरेस्पोडेंस भाग 1, 1833-54, जुडिसियल डिपार्टमेंट, बिहार राज्य अभिलेखागार। इन बाकी बचे पीड़ों को 1837 ई. में कोल्हान गवर्नमेंट इस्टेट में मिला लिया गया था।
46. डब्ल्यू.डब्ल्यू. हंटर, ए स्टेटिस्टिकल एकाउंट ऑफ बंगाल, खंड XVII, ट्रबनर एंड कम्पनी, लन्दन, 1877 : 92।
47. द ऑफिसियटिंग कमिश्नर ऑफ मानभूम एंड सिंहभूम टु द सेक्रेटरी टु द गवर्नमेंट ऑफ बंगाल, 29 दिसम्बर, 1857, स्पेयर कापीज ऑफ पोड़ाहाट पेपर्स, बिहार राज्य अभिलेखागार। ये पाँच पीड़ हो बहुल थे जिन्हें कोल्हान गवर्नमेंट इस्टेट में मिला लिया गया था।
48. सी.के. पति, *हिस्ट्री ऑफ सरायकेला एंड खरसावाँ इस्टेट 1620-1956,* क्लासिकल पब्लिशिंग कम्पनी, नई दिल्ली, 2002 : 93।
49. रफसेज का मेटकॉफ को पत्र, 9 मई, 1820, अनुच्छेद-18, वही।
50. मैकफर्सन, वही : 15।
51. मुंडा प्रताप सिंह, मौजा—डाकुवा जंगल, पीड़-बन्तारिया से दिनांक 16 अक्टूबर, 2011 को जगन्नाथपुर में साक्षात्कार पर आधारित।
52. जॉन एंड आर्थर वान एमलेन हॉफमेन, इनसाइक्लोपीडिया मुंडारिका, खंड 6, सुपरिंटेंडेंट गवर्नमेंट प्रिंटिंग, पटना, बिहार एंड उड़ीसा, 1930-50 : 1768।

8

सरायकेला

सरायकेला

भौगोलिक संरचना

सरायकेला राज्य 22°20' और 22°54' उत्तरी अक्षांशों और 85°50' और 86°11' पूर्वी देशान्तर के मध्य स्थित है। इसका क्षेत्रफल 449 वर्ग मील है। इसके उत्तर में मानभूम, पश्चिम में खरसावाँ और पोड़ाहाट राज्य का कुछ क्षेत्र, दक्षिण में मयूरभंज राज्य और पूर्व में धालभूम राज्य अवस्थित है। सरायकेला के सात प्रान्तीय सम्भाग थे जिन्हें पीड़ कहा जाता था। ये थे—बाँकसाही, दुगनी, गम्हरिया, ईचा, कांड्रा, कुचांग

और सदान्त पीड़। सरायकेला राजा राज्य की सीमा से बाहर करायकेला की जागीर पर अधिकार रखते थे। इसका क्षेत्रफल 52 वर्ग मील है। करायकेला के दक्षिण में पोड़ाहाट, उत्तर में तमाड़, पूर्व में केरा, पश्चिम में पोड़ाहाट के कुछ क्षेत्र अवस्थित हैं।[1]

सरायकेला राज्य के उत्तर में ऊँची पहाड़ियों की श्रृंखला है जो इसे मानभूम से अलग करती है। उनकी अनेक चोटियाँ समुद्रतल से 1200 फीट ऊँची हैं। इस श्रृंखला में अनेक दर्रे हैं। पूर्व में स्वर्णरिखा नदी बहती है जो लगभग 12 मील की सीमा बनाती है। राज्य के बाकी बचे क्षेत्रों में असमतल जमीन है। इसमें खड़कई नदी, उसकी सहायक संजय नदी तथा अनेक छोटी-छोटी सहायक नदियाँ बहती हैं। यहाँ अनेक गाँव बसे हुए हैं।[2]

नदियाँ

स्वर्णरिखा, खड़कई और संजय नदी सरायकेला की तीन प्रमुख नदियाँ हैं। स्वर्णरिखा नदी राज्य की उत्तर-पूर्व की सीमा बनाती है। गम्हरिया से कुछ दूरी पर खड़कई नदी इसमें मिल जाती है। खड़कई नदी सर्वप्रथम इस राज्य के दक्षिण-पश्चिम सीमा में प्रवेश करती है तत्पश्चात उत्तर दिशा में बहती हुई सरायकेला और कोल्हान के मध्य सीमा बनाती है। यह थोलको के नजदीक उत्तर-पश्चिम दिशा में घूम जाती है फिर राज्य के मध्य भाग में बहने लगती है। गम्हरिया से 5 मील की दूरी पर लेंगटासाई नामक स्थान पर संजय नदी आकर इसमें मिल जाती है। उन दोनों की संयुक्त धाराएँ मिलकर पश्चिम में कुछ दूरी तक बहती हैं फिर उत्तर की ओर मुड़ कर बहने लगती हैं। अब ये नदी सरायकेला और धालभूम के मध्य सीमा बनाते हुए बहने लगती है और अन्ततः स्वर्णरिखा में मिल जाती है। संजय नदी राज्य में पश्चिम से प्रवेश करती है इसमें सोना नदी उत्तर-पश्चिम से बहती हुई दुगनी के समीप मिल जाती है। ये सब मुख्यतः बरसाती नदियाँ हैं। बरसात के मौसम को छोड़कर बाकी समय पानी कम रहता है।[3]

निवासी

सरायकेला में विभिन्न जाति और धर्मों के लोग निवास करते थे। सरक यहाँ के सर्वप्रथम बाशिन्दे थे। वे ताँबे के उत्खनन कार्य में लिप्त थे। ताँबे के उत्खनन के कारण बड़े-बड़े खदान बन गए थे। परवर्ती काल में इनमें पानी भर जाने के कारण वे बड़े तालाब में परिवर्तित हो गए। वे तालाब वर्तमान में भी मौजूद हैं तथा सरक तालाब के नाम से जाने जाते हैं।[4] उनके पश्चात भुइयाँ, हो और मुंडा लोगों का स्थान आता है। मुंडा लोगों में मुंडा और भूमिज दोनों शामिल हैं। भूमिज भी पहले मुंडा ही

लिखते थे। उनका मानना है कि जब वे तमाड़ से प्रव्रजन कर इधर आए तब वे मुंडा ही कहलाते थे। सम्भवत: चुआड़ विद्रोह 1771-1809 ई. के बाद भूमिज सरदार लिखने लगे। जिन भूमिज लोगों ने सरदार वाहिनी में शामिल होकर विद्रोह में भाग लिया था उन्होंने सरदार उपाधि धारण कर लिया। इस तरह से उपाधि उनका उपनाम बन गया।[5]

अंग्रेजों के आगमन के पूर्व सरायकेला में मुख्यत: दो धर्म प्रचलित थे। चूँकि बहुसंख्यक आबादी आदिवासियों की थी इसलिए आदिवासी धर्म जिसे सरना धर्म भी कहा जाता है, प्रचलन में था। अगला हिन्दू धर्म था। गैर-आदिवासियों के बीच हिन्दू धर्म प्रचलित था। यहाँ अनेक भाषा बोलनेवाले लोग निवास करते थे। उड़िया सरायकेला की मुख्य भाषा थी। इसके अलावा हो, मुंडा, सन्ताली, हिन्दी, बंगाली इत्यादि भाषा बोली जाती थी।[6]

सरायकेला राज्य की स्थापना

समय के साथ पोड़ाहाट राज अपने वंशजों के मध्य विभाजित होता गया। सर्वप्रथम आनन्दपुर अलग अस्तित्व में आया। सिंह वंश के बयालीसवें राजा छत्रपति सिंह की जब मृत्यु हुई तब उसकी पत्नी गर्भवती थी। रानी ने एक पुत्र को जन्म दिया। उसका नाम अर्जुन सिंह रखा गया। वे बहरे थे। उड़िया भाषा में बहरा को काला कहा जाता है। इसलिए वे काला अर्जुन के नाम से प्रसिद्ध हुए। वे भुइयाँ लोगों की देखरेख में बड़े हुए। जब वे बालिग हुए तब वे सिंह वंश के तैंतालिसवें राजा (43) बने। उसने पोड़ाहाट के पश्चिम में स्थित क्षेत्रों को विजित किया। काला अर्जुन ने अपने द्वितीय पुत्र माधव प्रताप सिंह को इस नए विजित क्षेत्र की जागीर प्रदान की थी। काला अर्जुन आनन्दपुर में रहने लगे। उसके उत्तराधिकारी आनन्दपुर के ठाकुर कहलाने लगे।[7]

उसके बाद सरायकेला राज की स्थापना हुई। सिंह वंश के चौवालीसवें राजा (44) जगन्नाथ सिंह तृतीय के द्वितीय पुत्र कुँवर बिक्रम सिंह ने 1620 ई. में सरायकेला राज की नींव रखी। बिक्रम सिंह के पिताजी के बारे में विद्वानों के अनेक मत हैं। एक मत यह है कि बिक्रम सिंह पुरुषोत्तम सिंह के पुत्र थे। पुरुषोत्तम सिंह ने पोड़ाहाट के पूर्वी दिशा में अपने राज्य का विस्तार किया। यह क्षेत्र सरायकेला कहलाया। पुरुषोत्तम सिंह ने अपने छोटे पुत्र बिक्रम सिंह को सरायकेला की जागीर सौंपी।[8] दूसरा मत है कि जगन्नाथ सिंह तृतीय के दो पुत्र थे—टिकैत पुरुषोत्तम सिंह और कुँवर बिक्रम सिंह। ज्येष्ठाधिकार[9] नियम के तहत पुरुषोत्तम सिंह अपने पिताजी का उत्तराधिकारी घोषित हुआ और पोड़ाहाट का राजा बना। कुछ समय उपरान्त पुरुषोत्तम सिंह की मृत्यु हो गई। उनकी पत्नी गर्भवती थी। प्रजा ने बिक्रम सिंह से गद्‌दी सँभालने का अनुरोध किया। पर उसने इस अनुरोध को स्वीकार नहीं किया। रानी ने एक पुत्र को जन्म दिया जो अर्जुन सिंह तृतीय के नाम से जाना गया। पुत्र

के जन्म के बाद रानी की मृत्यु हो गई। इससे बिक्रम सिंह पर अर्जुन सिंह और राजपाट दोनों की जिम्मेदारी आ गई। बिक्रम सिंह ने अर्जुन सिंह की बहुत अच्छी परवरिश की और उसके प्रतिनिधि के रूप में राजपाट सँभाल लिया। जब अर्जुन सिंह बालिग हुए तब बिक्रम सिंह ने उसे राजगद्दी सौंप दी। अर्जुन सिंह ने कृतज्ञता स्वरूप अपने चाचा को एक जागीर प्रदान की जिसे सिंहभूम पीड़ के नाम से जाना जाता था। यह जागीर 50 वर्गमील में फैली हुई थी जिसमें 12 गाँव थे। इसके उत्तर में खड़कई नदी और दक्षिण में संजय नदी है।[10] सरायकेला राजपरिवार भी इसी मत का पक्षधर है। बिक्रम सिंह अपने राजपरिवार में बूढ़ा बिक्रम सिंह के नाम से प्रसिद्ध थे। उन्होंने सर्वप्रथम खड़कई नदी के किनारे स्थित एक गाँव सालीगुटु को चुना। इस गाँव को बसानेवाला सलाई मुंडा नामक आदिवासी व्यक्ति था। इस समय यह क्षेत्र घने जंगलों से भरा हुआ था। उसने वहाँ एक ऊँची जमीन का चुनाव किया और एक गढ़ का निर्माण नेहे-बोरी-कुदार में किया जो वर्तमान में कुदरसाही कहलाता है। चूँकि ये जगह खड़कई नदी के बगल में अवस्थित था इसलिए नदी की धारा बदलने और बाढ़ आने पर उनके गढ़ की मिट्टी की चहारदीवारी गिर गई।[11] फलत: अब वे रहने के लिए और बेहतर जगह की तलाश करने लगे।

लोक कहानी के अनुसार अभी जहाँ राजा का महल है पहले वहाँ एक कोल हो आदिवासी बुढ़िया रहती थी। वह बुढ़िया शक्तिशाली तंत्र विद्या की ज्ञाता थी। उस समय यह इलाका घने जंगलों से आच्छादित था जिसमें हिंसक जानवर और विषैले साँपों की भरमार थी। वह बुढ़िया झोंपड़ी बनाकर रहती थी। साथ में मुर्गा, बकरी, भेड़ इत्यादि भी रहते थे। बुढ़िया की तांत्रिक शक्ति के कारण कोई भी जंगली जानवर उस सीमा को पार कर शिकार नहीं कर सकता था। जब राजा का कुदरसाही वाला घर बाढ़ में बह गया तब उसने अपने सेवकों को नए उपयुक्त जगह की तलाश करने के लिए भेजा। सेवकों को तलाश के क्रम में बुढ़िया के बारे पता चला। वे आकर राजा को बताये कि वहाँ की वीर मिट्टी है और वह जगह रहने के लिए बहुत उपयुक्त है। राजा ने उस बुढ़िया को घर छोड़ने के लिए कहा पर वह राजी नहीं हुई। अब राजा ने जबर्दस्ती उसे वहाँ से हटा दिया। इससे बुढ़िया शोक सन्तप्त होकर पागल हो गई। वहाँ से रोते-रोते वो जहाँ-जहाँ गई कालान्तर में जो भी वहाँ निवास किया उस घर में से कोई-न-कोई एक जरूर पागल हो जाता है। लोग कहते हैं कि बुढ़िया के अभिशाप की वजह से ऐसा हो रहा है।[12]

सरायकेला का नामकरण

यह ज्ञातव्य है कि जिन लोगों ने गाँव बसाया उन्होंने अपनी भाषा और संस्कृति के आधार पर अपने निवास स्थान का नामकरण किया। परवर्ती काल में अन्य भाषा-

संस्कृति के लोग जब उस स्थान पर निवास करने लगते हैं तब भाषा और संस्कृति में परिवर्तन परिलक्षित होने लगता है साथ ही स्थान के नामकरण में भी कुछ-कुछ परिवर्तन दिखलाई पड़ता है। इस सन्दर्भ में सरायकेला के नामकरण पर विचार किया जा सकता है। सरायकेला के नामकरण के विषय में स्थानीय जनश्रुति एवं लिखित तथ्य प्राप्त होते हैं। सर्वप्रथम यहाँ सरक, भुइयाँ, हो, और मुंडा निवास करते थे।

उस काल में इस स्थान का नाम सालीगुटु था। साली एवं गुटु ये दो शब्दों के मिश्रण से यह शब्द बना है। साली एक प्रकार का वृक्ष है (यह एक औषधीय वृक्ष है जिससे आदिवासी अनेक प्रकार की दवाइयाँ बनाते हैं) और गुटु का हो और मुंडा में अर्थ होता है डुँगरी या छोटी पठारी। अत: सालीगुटु का अर्थ है साली पेड़ों से आच्छादित एक उच्च स्थान।[13]

परवर्ती काल में यहाँ उड़िया भाषी लोग निवास करने लगे। उन लोगों के अनुसार सोलह कला से सरायकेला का नामकरण हुआ है। उनका तर्क यह है कि सरायकेला सोलह कला से परिपूर्ण था इसलिए इस जगह का नाम सरायकेला पड़ा।[14] किन्तु लोगों के मौखिक तर्क को आधार मानकर उसकी वास्तविकता को विचार करने पर सत्य से बहुत दूर प्रतीत होता है।

एक अन्य लोक कहानी के अनुसार वर्तमान सरायकेला के 10-12 किलोमीटर उत्तर-पूर्व में सिंहपुर नामक एक गाँव है। पहले इस गाँव का नाम सिनडीह था। वहाँ पर नारंगी[15] नामक एक राजा शासन करते थे। राजा नारंगी ने सिनडीह को भुइयाँ जाति के सोलह भाइयों को दान कर दिए थे। ये सोलह भाई सोलह कली या कला नाम से विख्यात थे। यही सोलह कली या कला से कालक्रम में सरायकेला हो गया।

एक जनश्रुति के अनुसार सालीगुटु के उत्तर दिशा में एक गाँव था। अभी जहाँ सरायकेला कोर्ट है वहाँ दन्तु मुंडा और गुटु मुंडा के बड़े-बड़े खेत हुआ करते थे। ये भूमिज थे। उस समय भूमिज मुंडा ही लिखते थे। राजा के घोड़े पालक रात को घोड़ों को चरने के लिए छोड़ देते थे। वो घोड़े इन दोनों भाइयों के खेत चर जाते थे। दन्तु मुंडा एक दिन परेशान होकर एक घोड़े पर तीर चला देता है। तीर लगा घोड़ा वापस अपने अस्तबल में लौट गया। राजा के घोड़े को तीर मारना कोई साधारण बात नहीं थी। राजा ने अपने सेवकों को पता लगाने का आदेश दिया। घोड़े के गिरे हुए खून के निशान को देखकर पता लगाने का प्रयास किया गया। पाया गया कि दन्तु मुंडा के खेत से खून के निशान मिलने प्रारम्भ हुए हैं। राजा को इस बात की खबर दी गई। राजा ने दन्तु मुंडा को दरबार में आने का आदेश दिया। दन्तु मुंडा और गुटु मुंडा दोनों भाई दरबार में गए। राजा ने उनसे पूछा कि तुमने तीर मारा है। दन्तु मुंडा ने कहा कि हुजूर मैं रात में अपने खेतों की रखवाली करता हूँ। हर दिन कोई जानवर मेरे खेत के फसल को खा जा रहा था। अँधेरे में पता नहीं चलता है कि कौन जानवर मेरा खेत चर रहा है। मैंने आवाज की दिशा में तीर चला दिया

जो आपके घोड़े को लग गया। मैंने जान-बूझकर उसे तीर नहीं मारा है। फिर भी राजा ने उसे एक रुपया जुर्माना लगाया। इस पर दन्तु मुंडा ने राजा से कहा कि जब मेरा कोई दोष नहीं है फिर मैं क्यों जुर्माना दूँ। गुटु मुंडा पास में ही खड़ा था। दन्तु मुंडा ने उससे कहा, "दोला सालींकड़ा नेरे का ताइञ:" (चलो साला यहाँ नहीं रहेंगे)। चूँकि राजा मुंडा भाषा नहीं समझता था इसलिए वे समझ नहीं पाए। ऐसा कहकर दोनों अन्यत्र चले गए। हो और मुंडाओं के मध्य यह सालींकोड़ा शब्द बहुत लोकप्रिय था और इसी सालींकोड़ा के नाम पर कालक्रम में सरायकेला नाम पड़ा। ऐसा लोक विश्वास है। दन्तु मुंडा और गुटु मुंडा का जाहेरथान (ग्राम देवता का पूजा-स्थल) सरायकेला कोर्ट से पूर्व की तरफ स्थित था। अभी भी वहाँ निशानी के रूप में दो पेड़ मौजूद हैं।

सरायकेला और उसके आसपास की जगह खनिज-सम्पदा से परिपूर्ण था। इस कारण ऐतिहासिक काल से यह स्थान व्यापारी वर्ग को अपनी ओर आकर्षित करता रहा है। इस कारण सरायकेला के नामकरण और व्यापार का एक ऐतिहासिक सम्बन्ध रहा है। यहाँ ताँबे के खनिज और व्यापार के महत्त्व को रेखांकित करते हुए मेजर टिकेल, डाल्टन सहित अन्य विद्वान मत व्यक्त करते हैं कि इस स्थान में आदिवासियों के आने से पूर्व सरक नामक जैन धर्मावलम्बी अनेक स्थानों में निवास करते थे। इन लोगों ने ताँबा डुंगरी, ताँबा झुरी, तमाड़ जैसे स्थानों का नामकरण किया था। विभिन्न जगहों में ताँबे के उत्खनन के कारण बड़े-बड़े खाई या गर्त हो गए थे। परवर्ती काल में ये सब तालाब या पोखरी में परिवर्तित हो गए। धनवान और शक्तिशाली होने के कारण उन्हें सरक राजा कहा जाता था। सम्भवत: सरक लोगों द्वारा खोदे गए बड़े-बड़े तालाबों के कारण इस जगह का नाम सरायकेला पड़ा। सरक-कोड़ा सेड़के-कोड़ा से अपभ्रंश होकर कालान्तर में यह सरायकेला हो गया ऐसा सम्भव हो सकता है।[16]

सरायकेला राज्य का विस्तार

बिक्रम सिंह एक पराक्रमी और महत्त्वाकांक्षी राजा था। उसने अपने पराक्रम से शीघ्र ही अपने राज्य के सीमावर्ती इलाकों पर आक्रमण कर उन्हें विजित कर लिया। उसने सरायकेला के उत्तर में स्थित संजय नदी को पार कर पाटकुम पर हमला कर वहाँ के राजा को हरा दिया। उसने पाटकुम राजा से कांड्रा, दुगुनी और बाँकसाही पीड़ छीन लिये। कांड्रा पीड़ को उसने अपने पास रख लिया। उस समय कांड्रा पीड़ में तीन गाँव थे—कांड्रा, रघुनाथपुर और बुरुडीह। बिक्रम सिंह का अगला अभियान बाराभूम पर आक्रमण करना था। उसने वहाँ आक्रमण कर गम्हरिया और सतर खानी पीड़ को जीत लिया। गम्हरिया पीड़ को भी उसने अपने अधिकार में रखा।[17]

बिक्रम सिंह का अगला आक्रमण तमाड़ के राजा के विरुद्ध था। तमाड़ एक बृहद राज्य था। इसमें कुल 2200 मौजा या गाँव थे। इसकी दक्षिणी सीमा वर्तमान पश्चिमी सिंहभूम के बन्दगाँव प्रखंड से लेकर खरसावाँ तक विस्तृत था। उसने तमाड़ राजा से खरसावाँ जीत लिया जिसमें खरसावाँ[18] और असनतलिया पीड़ सम्मिलित थे। इस प्रकार बिक्रम सिंह ने अपने आसपास के क्षेत्रों को विजित कर अपने साम्राज्य का विस्तार किया।

बिक्रम सिंह की दो पत्नियाँ थीं जिससे उन्हें पाँच पुत्र हुए। पहली पत्नी से नरसिंह, पदमलाभ या पदमसिंह और किशन सिंह तथा दूसरी पत्नी से बिष्णु सिंह और बीराबर सिंह हुए। ज्येष्ठाधिकार नियम के तहत नरसिंह अपने पिताजी के उत्तराधिकारी बने और सरायकेला (दो पीड़ के साथ) की गद्दी सँभाली। बिक्रम सिंह ने पदमसिंह को खरसावाँ, किशन सिंह को असनतलिया, बिष्णु सिंह को दुगुनी और बीराबर सिंह को बाँकसाही जीवन-यापन के लिए दिए। स्थानीय तौर पर ये सब *पंचपीड़* के नाम से प्रसिद्ध थे। सिंह वंश में राजा के द्वितीय भाई को *कुअनर* कहा जाता है हालाँकि इसे हमेशा कुँवर लिखा जाता है और तृतीय भाई को *ठाकुर* कहा जाता है। खरसावाँ ने ठाकुर की उपाधि धारण की। परवर्ती काल में असनतलिया पीड़ के अन्तिम धारक घासी सिंह बिना किसी वारिस के मर गए। उनकी विधवा पत्नी ने असनतलिया पीड़ को तोहफे के रूप में खरसावाँ को दे दिया। वारिस नहीं होने के कारण इसे खरसावाँ में शामिल कर लिया गया। बाद में उनकी विधवा सती हो गई।[19] ये अनुदान किसी भी प्रकार से सरायकेला के धारक के अधीन नहीं थे और वे न तो राजस्व के भुगतान तथा न ही सेवा के लिए उत्तरदायी थे। इस प्रकार सरायकेला में द्वितीय सिंह वंश की नींव रखी गई और बिक्रम सिंह उपर्युक्त पीड़ों के संस्थापक बने।[20]

नरसिंह के बाद उनके पुत्र शत्रुघ्न ने गद्दी सँभाली। शत्रुघ्न ने पन्द्रह साल तक शासन किया। उनके पश्चात पुत्र अभिराम सिंह ने 75 साल फिर उनके पुत्र बिक्रम सिंह द्वितीय ने 5 साल गद्दी सँभाली। इन सबों ने अपने राज्य के विस्तार में बहुत योगदान दिया। कुचांग/कुचुंग पीड़ को भी उन्होंने अपने राज्य में मिलाया जो वर्तमान सरायकेला का आधा भाग है। कुचांग पीड़ खड़कई नदी के दक्षिण में स्थित है। यह पहले मयूरभंज राजा के अधीन था। उस समय राजा दामोदर भंज (1761-96) का शासन-काल था। वह एक कमजोर शासक था। वह बारीपदा में निवास करते थे जो कुचांग पीड़ से बहुत दूरी पर अवस्थित था। उन्होंने जगन्नाथ दास भुइयाँ को कुचांग का जमींदार नियुक्त किया था। उसकी राजधानी दंडु पाट थी। जगन्नाथ दास भुइयाँ दामोदर भंज के नियंत्रण से बाहर हो गया था और अपनी मर्जी से वहाँ शासन करने लगा। अभिराम सिंह जो सरायकेला वंश के चौथे राजा थे वे दामोदर भंज के ससुर थे। उन्होंने अपने दामाद की सहमति से 1780 ई. में जगन्नाथ दास भुइयाँ को गिरफ्तार कर लिया और माँ पाउड़ी देवी के सामने उसकी नरबलि दे दी।[21]

ऐतिहासिक सच यह है कि दामोदर भंज ने अभिराम सिंह की बेटी जमुना से शादी करने के एवज में जौतुक (दहेज) माँगा था। दहेज में माँगों की एक सूची सौंपी थी। इस सूची में एक माँग यह भी थी कि देश जन्ताल के दिन जगन्नाथ भुइयाँ के सिर को थाली में दामोदर भंज के सामने पेश करेंगे। जगन्नाथ भुइयाँ दामोदर भंज के अधीनस्थ जमींदार होते हुए भी उसकी अवहेलना करता था। उसने दामोदर भंज के पुत्र की भी हत्या कर दी थी। इस कारण वह जगन्नाथ से बदला लेना चाहता था। इस माँग के अलावा 'पीहानी गुजराती' (तरबारी/तराड़ी), कन्हैया (अभिराम सिंह का प्रिय घोड़ा), सहिश/सवार दासु, कमला नानी (प्रसिद्ध रसोइया जो बहुत स्वादिष्ट खाना पकाती थी) आदि भी देने के लिए कहा था। मयूरभंज एक बहुत बड़ा राज्य था। उसने इन शर्तों को पूरा करने के एवज में सरायकेला को कुचांग पीड़ देना स्वीकार किया। दोनों पक्षों ने इन सब शर्तों पर सहमति जताई।[22]

भगवान की लीला के सामने किसी की नहीं चलती है। इन घातक माँगों के परिणामस्वरूप गद्दी खाली रह गई। दामोदर भंज का कोई वारिस नहीं हुआ। उनकी मृत्यु के उपरान्त दो रानियाँ—सुमित्रा (1796-1810 ई.) और जमुना जो अभिराम सिंह की पुत्री थीं (1810-1813 ई.) ने मयूरभंज पर शासन किया। जमुना ने अपने वंश की दूसरी शाखा जो क्योंझर राजपरिवार थी, से एक पुत्र गोद लिया और मयूरभंज के शासन को आगे बढ़ाया।[23]

अभिराम सिंह के लिए जगन्नाथ भुइयाँ को बन्दी बनाना कोई आसान काम नहीं था। इसके लिए उसने जगन्नाथ के ज्योतिष कमल लोचन जो कमालपुर के निवासी थे, को अपनी ओर मिलाया। कमल लोचन को काम सौंपा गया कि दंडु पाट किले के अन्दर जगन्नाथ को गिरफ्तार करने का सबसे उचित समय कब है। उसने पता लगाकर बताया कि जब वे अपने किले के अन्दर स्थित तालाब के किनारे कसरत करते हैं उस वक्त वे अकेले और निहत्थे होते हैं। उस समय उन्हें आसानी से गिरफ्तार किया जा सकता है। इस सूचना के इनाम स्वरूप कमल लोचन को दो गाँव दिए गए जिसमें अमडीहा भी एक था। अभिराम सिंह ने भले ही जगन्नाथ को बन्दी बना लिया था पर वह उसकी शिष्टता से बहुत प्रभावित था। समय के साथ दोनों वीर योद्धा प्रगाढ़ मित्र बन गए थे। जब दामोदर भंज ने अभिराम सिंह को धमकी दी कि यदि वे उनकी माँगों को पूरा नहीं करेंगे तब वे उनकी बेटी से शादी तोड़ देंगे और पंचकोट काशीपुर की राजकुमारी से शादी कर लेंगे। अभिराम सिंह की माँ के अनुसार ऐसे में जगन्नाथ ने अपनी मर्जी से अपना सिर माँ पाउड़ी देवी के चरणों में भेंट करने की इच्छा जताई। इसके लिए उसने एक शर्त रखा कि उसके अपने तलवार जिसका नाम *तिलक चन्दन* था, से ही उसके सिर को धड़ से अलग किया जाए। जगन्नाथ ने सरायकेला की मान-मर्यादा को बचाने और जमुना की शादी न टूटे इसलिए अपना बलि देना स्वीकार कर लिया। जगन्नाथ की पत्नी से

इस तलवार को प्राप्त करना एक कठिन कार्य था क्योंकि वह भी स्वयं एक कुशल योद्धा थीं। जगन्नाथ की पत्नी से इस तलवार को नरहरि दीवान ने प्राप्त किया था।

जब अभिराम सिंह देश जन्ताल पूजा के लिए राजधानी से दूर पाउड़ी मेल नामक जगह पर गए हुए थे तब इस कार्य को अंजाम देने का प्रयास किया गया। इस पूजा का प्रारम्भ अभिराम सिंह ने ही किया था। वे घंटों पूजा में लीन रहते थे। दुगनी पीड़ के सामन्त ने जगन्नाथ का सिर धड़ से अलग करने का कार्य किया। जगन्नाथ ने मृत्यु-पूर्व अपनी अन्तिम इच्छा जताई थी कि जो भी उसका वध करेगा उसे एक ही बार में सिर धड़ से अलग करना होगा। अगर वो ऐसा नहीं कर पाएगा तो उसे लकवा हो जाएगा। सामन्त ऐसा नहीं कर सका और तुरन्त ही वह जमीन पर गिर पड़ा तथा उसे लकवा का दौरा पड़ गया। उसकी मृत्यु कालापानी के सदृश्य खड़कई नदी के पार *तुंगी घाट* नामक पहाड़ी पर हो गई। अभिराम सिंह इस घटना से सदमे में आ गए क्योंकि वे जगन्नाथ को मुक्त कर दिए थे। उनकी अनुपस्थिति में यह अपराध किया गया था। उसने अपने हथियार रख दिए और जीवन के बाकी दिन शोक सन्तप्त अवस्था में गुजारे।[24]

सरायकेला राजपरिवार में दशहरा के समय *खंड़ा धुवा* नामक एक रस्म किया जाता है। उसमें राजा माँ पाउड़ी देवी के दिउरी (पुजारी जो भुइयाँ ही होते हैं) के साथ अपने कुल के सभी हथियारों जिनसे उन्हें युद्धों में विजय प्राप्त हुई है, को लेकर खड़कई नदी में स्थित माँझना घाट जाते हैं। वहाँ उन हथियारों को गाजे-बाजे के साथ नदी में धोकर राजमहल में ले जाकर वापस रख दिया जाता है। इन हथियारों में जगन्नाथ की तलवार *तिलक चन्दन* भी है जिससे उसके सर को कलम कर दिया गया था।

अभिराम सिंह ने जगन्नाथ भुइयाँ के दो भाइयों सुराभद्र को *मुकुट मोनी* और बीरभद्र को *रणविजय* की उपाधि से सम्मानित किया। जगन्नाथ की एक अन्तिम स्वीकारोक्ति यह थी कि उसकी दत्तक पुत्री जिसका नाम *हीरा* था वह एक भुइयाँ लड़की नहीं थी बल्कि *नारा सुन्दरी* थी। वह अभिराम सिंह की बहादुरी से प्रभावित थी।

सम्भवत: इन सब दुखद घटनाओं के कारण नदी की धारा बदल गई थी और बाढ़ ने कई बार उपद्रव मचाया था। इसलिए उसने अपने पहले गढ़ कुदरसाही को छोड़ दिया। संजय नदी के किनारे नारायणपुर के समीप स्थित इटा कुदार में द्वितीय गढ़ का निर्माण किया। उसने अपने तृतीय गढ़ की स्थापना सरायकेला में की जहाँ वर्तमान में राजमहल है। इस राजमहल के परिसर के अन्दर असली माँ पाउड़ी का मन्दिर है। अभिराम सिंह ने लगभग एक सदी का तीन-चौथाई (लगभग 75 साल) तक शासन किया।

सरायकेला राजपरिवार के चौथे राजा अभिराम सिंह का शासन-काल स्वर्णिम काल माना जाता है। उसने माँ पाउड़ी देवी की मूर्ति को पोड़ाहाट से वापस लाने में

सफलता प्राप्त की थी। अपनी राजगद्दी के पीछे गरुड़ नारायण को पुन: स्थापित किया। छोटानागपुर के राजा को अपने राज्य से भगा दिया गया था। अभिराम सिंह ने उसे गद्दी पर फिर से विराजमान किया। अपने दोस्त या बड़े भाई को बाराभूम का राज्य वापस दिलाया और उसे सतरखानी पीड़ तोहफे में दिया। उसने वजन के माप के लिए *सिंघुवा पोयला* प्रारम्भ किया जो अभी भी प्रचलन में है।[25]

जैसा कि पूर्व में उल्लेख किया गया है सरायकेला राजवंश के संस्थापक बिक्रम सिंह ने अपने द्वितीय पुत्र पदमलाभ सिंह को खरसावाँ पीड़ प्रदान किया था। इस तरह वे सगे भाई हुए पर एक समय ऐसा भी आया जब क्षेत्रीय महत्त्वाकांक्षा और वर्चस्व के लिए दोनों एक-दूसरे की जान लेने पर उतारू हो गए थे। पदमलाभ सिंह के पुत्र लोकनाथ सिंह ने अभिराम सिंह के पिता शत्रुघ्न की हत्या की साजिश रची थी। शत्रुघ्न सिंह अपने वंश के तीसरे राजा थे। वे एक शान्तिप्रिय राजा थे। इसके लिए क्योंझर निवासी शक्तिशाली व्यक्ति खेन्द्रा को भाड़े पर हत्या करने के लिए लाया गया था जिसमें वह सफल भी हुआ। फलस्वरूप अभिराम सिंह ने खेन्द्रा की हत्या कर दी थी लेकिन लोकनाथ की जान बख्श दी। अभिराम सिंह अपने माथे पर *वंश हत्या* का पाप नहीं लेना चाहते थे इसलिए उन्होंने लोकनाथ को खरसावाँ में शासन चलाने की अनुमति दी।

जब शत्रुघ्न सिंह की पत्नी यानी अभिराम सिंह की माँ को अपने पति की हत्या की खबर मिली तब खतरे को भाँपकर अपने दोनों बच्चों को लेकर महल से भाग गई। अभिराम सिंह के एक बड़े भाई थे जिसका नाम हादु सिंह था। वे जन्मजात अपंग थे, सम्भवत: उन्हें पोलियो हो गया था। रानी ने पहले नरहरि दीवान के घर में कुछ समय के लिए शरण ली फिर उसके बाद रात होने पर अँधेरे का फायदा उठाकर खड़कई नदी पार कर शत्रुसाल नामक गाँव पहुँची। तब तक वह बुरी तरह थक चुकी थी। वह दोनों बच्चों को उठा पाने में असमर्थ थी इसलिए उसने बड़े बेटे हादु सिंह को विश्वासपात्र कारनुना पति के परिवार के पास सौंप दी और अभिराम सिंह को लेकर रायरंगपुर (मयूरभंज) चली आई। (सम्भवत: रायरंगपुर उनका मायका रहा होगा)। हादु सिंह शत्रुसाल में ही पलने-बढ़ने लगे। समय के साथ दोनों बच्चे बालिग हो गए। अभिराम सिंह ने सरायकेला को पुन: विजित कर लिया। उसने अपने बड़े भाई हादु सिंह को राजगद्दी पर बैठने का प्रस्ताव दिया पर उसने अपंग होने की वजह से अस्वीकार कर दिया। इसके बाद हादु सिंह महल में ही रहे। परवर्ती समय में वे शान्तिपूर्ण मृत्यु को प्राप्त किए। अभिराम सिंह एक प्रतापी राजा के रूप में उभरे।

एक दूसरी कहानी यह है कि अभिराम सिंह की माँ गर्भवती थी और उसने उसे रायरंगपुर में जन्म दिया। रायरंगपुर पहुँचने से पहले उसने सड़क किनारे मीठा *बोड़ा* का (वड़ा, एक खाद्य पदार्थ) का सोद (प्रसव-पूर्व की इच्छा) का भोग चढ़ाया।

चूँकि बोड़ा दूब घास का बना हुआ था इसलिए उसे *दुबुला बेड़ा* नाम दिया। रानी ने इस चढ़ावे के साथ यह प्रण किया कि वह अपने पति की हत्या का प्रतिशोध लेने में सफल रहे। जब अभिराम सिंह जवान हुए तब एक लोहार ने उसे एक तलवार दिया और उससे कहा कि सरगी (सागवान) के पेड़ को पानी की तरह एक वार में काट दे। उस लोहार ने अभिराम सिंह से वादा किया कि यदि वह सागवान पेड़ को एक ही धक्के में गिरा देगा तब वह उसे तलवार भेंट करेगा। अभिराम ने ऐसा ही किया और उसे तलवार प्राप्त हुई। उसने सभी युद्धों में इस तलवार से विजय प्राप्त की।[26]

माँ पाउड़ी और सरायकेला

माँ पाउड़ी देवी और सिंह वंश का इतिहास एक-दूसरे से घनिष्ठ रूप से जुड़ा हुआ है। ऐसा माना जाता है कि जब बिक्रम सिंह ने कुदरसाही में अपना पहला गढ़ बनाया उस समय वे माँ पाउड़ी देवी को चुराकर ले आए। इस समय माँ पाउड़ी को पाषाण रूप में स्थापित किया गया था। इस स्थल को पाउड़ी मेल कहा जाता है। यहाँ प्रत्येक बारह साल में *देश जन्ताल* पूजा आयोजित किया जाता है।[27]

एक मान्यता यह है कि सत्रहवीं शताब्दी के उत्तरार्ध और अठारहवीं शताब्दी के पूवार्ध में पोड़ाहाट राजाओं की उपेक्षा के कारण माँ पाउड़ी देवी की पूजा-अर्चना और समारोह में कुछ खामियाँ रह गई थीं। राजाओं ने *महिमा आलेख धर्म* जो बौद्ध धर्म के सदृश्य था, को प्रश्रय देना प्रारम्भ किया था।[28] इस धर्म का प्रारम्भ उड़ीसा में हुआ था। स्वामी महिमा गोसाईं इस धर्म के प्रवर्तक थे। उन्होंने 1862 ई. में इसकी शुरुआत की थी।

पाउड़ी मेल

यह बौद्ध धर्म की ही तरह हिन्दू धर्म में व्याप्त कुरीतियों के खिलाफ था। वे हिन्दू धर्म की मूर्ति-पूजा, पशु बलि और नर बलि के कट्टर विरोधी थे। वे *अलख निरंजन* का उद्‌घोष किया करते थे। महिमा आलेख धर्म का उड़ीसा के साथ-साथ दूसरे राज्यों में भी खूब प्रचार-प्रसार हुआ।[29] यह धर्म *शून्यता* के सिद्धान्त पर आधारित था। नागार्जुन शून्यवाद के प्रवर्तक थे। शून्यवाद या शून्यता बौद्धों की महायान शाखा का माध्यमिक नामक विभाग का मत या सिद्धान्त है जिसमें संसार को शून्य और उसके सब पदार्थों को सत्ताहीन माना है। इसके अनुसार ज्ञेय और ज्ञान दोनों ही कल्पित हैं।[30] पोड़ाहाट राजाओं के महिमा आलेख धर्म अपनाने से माँ पाउड़ी देवी की पूजा में व्यवधान उत्पन्न हो गया। इससे मूर्ति-पूजा, पशु बलि और नर बलि रोक दी गई। माँ पाउड़ी की महिमा का ह्रास होने लगा इसलिए वह खुद ही पोड़ाहाट छोड़कर सरायकेला चली आईं।[31]

एक कहानी यह है कि अभिराम सिंह अपने घोड़े पर सवार होकर पोड़ाहाट गए और अपने पराक्रम के बल पर माँ पाउड़ी की मूर्ति को सरायकेला वापस ले आए। उसे वहाँ किसी भी प्रकार के कड़े प्रतिरोध का सामना नहीं करना पड़ा। अभिराम सिंह ने धुलिया जन्ताल के दिन सरायकेला महल परिसर में माँ पाउड़ी की मूर्ति की स्थापना की।

एक अन्य घटना यह है कि असली माँ पाउड़ी देवी को किसी भी तरह वापस पाना चाहते थे। जगन्नाथ सिंह चतुर्थ (48वें राजा) का कोई पुत्र नहीं था इसलिए उसने अभिराम सिंह के पुत्र को गोद लिया था। उस पुत्र को सरायकेला के सभी गुप्त स्थलों की जानकारी थी। जगन्नाथ सिंह ने उसे माँ पाउड़ी की मूर्ति चुराने के लिए कहा और निर्देश दिया कि आवश्यकता पड़ने पर अपने पिताजी की हत्या करने से भी मत चूकना। लेकिन ऐसा करते हुए वह रँगे हाथों पकड़ा गया। उदार पिता ने उसके इस कृत्य को माफ कर दिया और उसे वापस भेज दिया। परवर्ती समय में दुर्भाग्य से दत्तक पुत्र अपने पिता से पूर्व स्वर्ग सिधार गया इस कारण वे गद्‌दी पर नहीं बैठ सके। इसके बाद जगन्नाथ सिंह चतुर्थ के दूर के भतीजे घनश्याम सिंह (49वें) राजा बने।[32]

माँ पाउड़ी देवी के सरायकेला आगमन की और भी कथा प्रचलित है। जब पोड़ाहाट के राजा माँ पाउड़ी उपासना में ध्यान नहीं देने लगे तब माँ खुद ही गायब हो गई। कुछ समय बाद उनकी मूर्ति किसी को खड़कई नदी में मिली और वह उसे खिलौना समझ कर बेचने के लिए लाया। ये भी माना जाता है कि माँ पाउड़ी देवी एक बुढ़िया के भेष में टोकरी में मूर्ति रखकर बेच रही थी। उसे एक गाय चरानेवाले की बेटी मिली और राजा के दीवान जिसका नाम नरहरि था, के पास ले गई। दीवान ने उस मूर्ति को खरीद लिया। मगर उसी दिन दीवान को और सरायकेला राजा को भी सपना आया कि मैं सरायकेला पहुँच चुकी हूँ और दीवान मेरी पूजा का खर्च

वहन नहीं कर सकता है इसलिए आप राजमहल में मेरी स्थापना कीजिए, मन्दिर बनवाइए, मेरी पूजा-पाठ की व्यवस्था कीजिए। तबसे माँ पाउड़ी को सरायकेला महल परिसर में स्थापित किया गया। यह एक ऐतिहासिक सच है कि जब से माँ पाउड़ी की स्थापना की गई है तब से सरायकेला के मान-सम्मान और समृद्धि में उत्तरोत्तर वृद्धि होती गई।[33]

भारत देश में भक्ति दर्शन के बिना देवी-देवता की पूजा दुर्लभ है। माँ पाउड़ी भी उनमें से एक हैं। पाट पाउड़ी की पूजा और दर्शन सिर्फ सरायकेला राजपरिवार के सदस्य तथा दिउरी (पुजारी) जो भुइयाँ जाति के ही होते हैं तक सीमित है। वे दावा करते हैं कि माँ पाउड़ी उन्हें दर्शन देती हैं। उनके अनुसार माँ के चारों ओर एक रहस्यमय प्रभामंडल व्याप्त है। माँ पाउड़ी सिर्फ सिंह वंश की ही ईष्ट देवी नहीं बल्कि पोड़ाहाट-सरायकेला-खरसावाँ की जनता की भी ईष्ट देवी हैं। पूरे सिंह राज्य में यहाँ-वहाँ पाउड़ी-स्थान बिखरे पड़े हैं।

माँ पाउड़ी की पूजा विभिन्न तरीकों से की जाती थी। माँ की एक पूजा साल में एक बार की जाती थी। इसे *सोहला पूजा* कहा जाता था। यह नुआ खाई या *नबन्ना*[34] *त्योहार* के साथ प्रारम्भ होता था और लगातार सोलह दिनों तक किया जाता था। दशहरा पूजा से पहले माँ के लिए *बतरू-अबाट* नामक एक समारोह आयोजित किया जाता था जिसमें राजा डेंकी छूते थे। एक अन्य पूजा प्रत्येक बाहर साल में की जाती थी। इसे *देश जन्ताल* या देसान्दी कहते थे। इसका आयोजन पाउड़ी मेल में किया जाता था। देश जन्ताल में राज्य के सभी जाति एवं वर्गों के लोग पूरे उत्साह से भाग लेते थे। एक तरह से देश जन्ताल पूजा राज्य की एकता का प्रतीक था।

सरायकेला महल परिसर के मन्दिर में स्थापित माँ पाउड़ी *पाट पाउड़ी* कहलाती थी। उसे पोड़ाहाट-सरायकेला-खरसावाँ में फैले 24 पाउड़ियों में सबसे प्रमुख माना जाता था। इन पाउड़ी स्थानों में पोड़ाहाट के निकट बाँसकटा, उड़ीसा सीमा में जयन्तगढ़, आनन्दपुर के समीप समीज में (अन्धारी पाउड़ी), ईचा, खरसावाँ, रीड़िंग, झुमकेश्वरी, बुरसापाट, अहारबाँध कड़इकेला के पास, जोरडीहा, गम्हरिया, कांड्रा, इटा कुदार, जटियापाट इत्यादि प्रमुख थे। माँ पाउड़ी के अनेक सेवक और सेविकाएँ थीं। सबके अलग-अलग नाम थे। उनके प्रियों में कुत्ता (दहा), बिल्ली (संखी बिरादी), दो तोते (पाट,भेली सुआ) और एक सफेद घोड़ा था। जब देवी की पूजा की जाती थी तब उनके हथियारों का आह्वान किया जाता था। उनकी पूजा में अनेक गूढ़ अनुष्ठान किए जाते थे। माँ को शक्ति का स्वरूप माना जाता था। राजमहल में *घोड़ा साल* या अस्तबल में माँ पाउड़ी के नाम से एक सफेद घोड़ा रखा जाता था। किसी को भी उसकी सवारी करने की अनुमति नहीं थी। लेकिन घोड़े की देखभाल करनेवाले *सवार* तथा दूसरे लोग सवेरे घोड़े

को पसीने से तर-बतर और मुँह से झाग निकलते हुए पाते थे जैसे कि रात को किसी ने उसकी सवारी की हो। सभी को विश्वास था कि माँ पाउड़ी रात्रि में घोड़े पर सवार होकर सरायकेला से बाहर कुछ दूरी पर स्थित झुमकेश्वरी नामक पाउड़ी स्थल जाती थी।[35]

भूमि-व्यवस्था

सिंह राजाओं में उत्तराधिकार की स्पष्ट पारम्परिक नियमावली थी। राजा का ज्येष्ठ पुत्र ही गद्दी पर बैठता था तथा वह *टिकायत* की पदवी धारण करता था। मँझला पुत्र पटायत और कनिष्ठ पुत्र कुमार कहलाते थे। इस राजपरिवार में परम्परा थी कि राजा पटायत और कुमार को जीवन-यापन के लिए भूमि अनुदान में प्रदान करते थे। सरायकेला राज्य में विभिन्न प्रकार के भूमि अनुदान प्रचलित थे जिसमें पीड़पट्टीदार, खड़पोश, छाकरान या नोकरान, ब्राह्मेत्तर, देवोत्तर और माफी थे इसके अलावा ग्राम प्रशासन के लिए प्रधान, टिकेदार या मुंडा होते थे जो अपने गाँव के प्रशासन के लिए जिम्मेदार होते थे। इसमें हम इन सभी भूमि-व्यवस्थाओं का अध्ययन करेंगे।[36] सबसे अन्त में हम सरायकेला राज्य की विवरणिका अर्थात गजेटियर को जानेंगे।

सरायकेला राज्य के अन्तर्गत सात प्रान्तीय सम्भाग थे जिन्हें पीड़ कहा जाता था। इनमें से तीन बाँकसाही, दुगनी और ईचा भूमि धारक के अधिकार में थे। इन्हें पीड़पट्टीदार कहा जाता था। ईचा के अधीन 25,872 एकड़ भूमि, दुगनी के 28,383 एकड़ और बाँकसाही के अधीन 10,941 एकड़ जगीन थी। अन्य चार सम्भाग जिसमें गम्हरिया, कांड्रा, कुचांग और सदान्त पीड़ थे इन सबके अधीन 17,879 एकड़ भूमि थी।[37]

पीड़पट्टीदार

सबसे महत्त्वपूर्ण भूमि धारक पीड़पट्टीदार होते थे। इसका अर्थ पीड़ के मालिक या स्वामी होता था। यह मुख्यत: राजपरिवार के कनिष्ठ सदस्यों को उनके जीवन-यापन के लिए प्रदान किया जाता था। ये कर-मुक्त अनुदान होते थे। पीड़पट्टीदार को विशाल जागीर प्राप्त होती थी तथा उनके अधीन अनेक गाँव होते थे। राजा के अधीन होते थे तथा उनके लिए अनेक आवश्यक सेवा-शर्तें जुड़ी हुई थीं। उन्हें युद्ध के समय राजा को सहयोग करना और युद्ध में भाग लेना आवश्यक था। पीड़पट्टीदार से उनकी जागीर कभी नहीं छिनी जा सकती थी। लेकिन अगर उसका कोई वारिस न हो तो वह जागीर वापस राजा के अधिकार में जा सकती थी। राजा

किसी पीड़पट्टीदार के क्षेत्र में भ्रमण के लिए जाते थे तब राजा की आवभगत करना उनका परम कर्तव्य था। शादी-ब्याह और त्योहारों में राजा को धन से भी सहयोग करना अनिवार्य था।[38]

खड़पोश अनुदान

खड़पोश अनुदान भी पीड़पट्टीदार के समान ही भूमि धारक होते थे। इसमें भी राजा अपने राजपरिवार के सदस्यों को जीवन-यापन के लिए ये अनुदान प्रदान करते थे। ये अनुदान भी कर-मुक्त होते थे लेकिन उन्हें अपने खर्चे पर राजा के लिए सैनिक रखने पड़ते थे, खास कर हो समुदाय और भुइयाँ लोगों से निपटने के लिए क्योंकि वे बार-बार विद्रोह कर देते थे। उनके लिए अनेक अनिवार्य सेवा-शर्ते थीं। युद्ध के समय राजा को सैनिक सहायता देना और युद्ध में शामिल होना आवश्यक था। खड़पोशदार बहुत छोटे जागीर के स्वामी होते थे। उनके अधीन मात्र एक से छह गाँव ही होते थे। जब राजा किसी खड़पोशदार के क्षेत्र में भ्रमण या शिकार के लिए जाते थे तब उनके सामने उपस्थित होना और आदर-सत्कार करना खड़पोशदार की जिम्मेदारी थी। त्योहारों और विवाह में राजा को धन से सहायता करना भी उनका फर्ज था।[39]

छाकरान अनुदान

यह एक सेवा अनुदान था। इसे प्राप्त करनेवाले को राजा को अनेक सेवाएँ प्रदान करनी होती थीं। इसके एवज में उन्हें जमीन या गाँव दी जाती थी। अगर वो सेवा-शर्तों को पूरा नहीं कर पाता था तब उनसे यह अनुदान छीन ली जाती थी। उनका मुख्य कार्य राजा को सूचना पहुँचाना और राजा के निर्देशानुसार रसद की आपूर्ति करना था।[40]

गोहनडल या जन-सैनिक अनुदान

यह अनुदान जन-सैनिकों को प्रदान किया जाता था। इनमें सरदार, गोहंडल्स और पाइक होते थे। उनके स्वामित्व में बहुत कम भूमि या गाँव होते थे। यह कर-मुक्त सेवा अनुदान होता था तथा उन्हें राजा के लिए अनेक कार्य करने पड़ते थे। ये अनुदान वंशानुगत होते थे। गोहनडल और पाइक को दिया गया अनुदान उड़ीसा में जन सेना को दिए जानेवाले अनुदान के समान है। उनका मुख्य कार्य राजा के

घर और कार्यालय की निगरानी रखना था। वे राजा के दूत और अंगरक्षक के रूप में भी कार्य करते थे। राजा को नौकरों की आपूर्त्ति करना भी इन्हीं का काम था। इस तरह के भू-धारक ईचा, दुगनी और बाँकसाही में थे जो अपने पीड़पट्टीदारों के साथ-साथ राजा को भी यह सेवा प्रदान करते थे। युद्ध के समय राजा को सैनिक सहायता देना उनका परम कर्तव्य था।[41]

नाकरान अनुदान

नाकरान भी एक प्रकार का अनुदान था। इसे *पान-पीक* के नाम से भी जाना जाता था। जैसा कि नाम से पता चलता है इसका मुख्य कार्य पीकदान पकड़े रहना था। जब राजा पान चबाते थे और उन्हें थूकने की जरूरत होती थी तब वे पीकदान को राजा के सामने कर देते थे। इस प्रकार के अनुदान की संख्या कम थी। सरायकेला के राजा, पीड़पट्टीदार और खड़पोशदार ही पान-पीक सेवक रखते थे।

धार्मिक अनुदान

ब्राह्मेत्तर और देवोत्तर—ये दो प्रकार के धार्मिक अनुदान थे। इस प्रकार के अनुदान की संख्या बहुत अधिक थी। सरायकेला राजा, पीड़पट्टीदार और खड़पोशदार अपने क्षेत्र में ब्राह्मणों को ये अनुदान देते थे ताकि वे मन्दिरों में तीन बार राजा के लिए पूजा-पाठ करें और उनकी लम्बी आयु, अच्छे स्वास्थ्य और विजय की प्रार्थना करें। यह अनुदान राजा की सहमति के बिना हस्तान्तरित नहीं किया जा सकता था।

देवोत्तर अनुदान भगवान की मूर्ति के नाम दी जाती थी। इसके लिए एक ब्राह्मण या गोसाईं की नियुक्ति मूर्ति के सेवाती या संरक्षक के रूप में की जाती थी। उनका प्रमुख कार्य भगवान की सम्पत्ति की देख-रेख करना था। यह कर-मुक्त अनुदान तथा वंशानुगत था।[42]

माफी अनुदान

ये एक विशेष अनुदान था जो किसी भी प्रकार के कर और सेवा-शर्तों से मुक्त था। राजा या खड़पोशदार किसी व्यक्ति की स्वामिभक्ति या सेवा से बहुत प्रसन्न हो जाते थे जो उन्हें यह अनुदान प्रदान करते थे। हालाँकि इस प्रकार के अनुदानों की संख्या नगण्य थी।[43]

ग्राम प्रधान

गाँव के प्रमुख को मुंडा, प्रधान या टीकादार कहा जाता था। वह अपने गाँव से कर वसूल कर जमींदार के पास जमा करता था इसका पद वंशानुगत होता था। यदि कोई मुंडा अपने जिम्मेदारियों को अच्छे से नहीं निभा रहा है तब उसका पुत्र यदि लायक हो तो उसे मुंडा बनाया जा सकता था। अगर वारिस नहीं है तब परिवार के ही किसी पुरुष सदस्य को मुंडा बनाया जा सकता था। अगर परिवार में कोई नहीं है तब गाँव के ही किसी काबिल पुरुष को मुंडा बनाया जाता था। मुंडा को अपने गाँव में सभी प्रकार के निर्णय लेने का अधिकार था।[44]

सरायकेला परिवार वंशावली
(1620 ई.)

1. बुढ़ा बिक्रम सिंह—संस्थापक

2. नरसिंह | पदमलाभ (खरसावाँ) | किशन (असनतलिया) | विष्णु (दुगनी) | बीराबर (बाँकसाही)

3. शत्रुघ्न (शासनकाल : लगभग 15 साल)

4. अभिराम सिंह (शासनकाल : लगभग 75 साल, 1818 ई.)

5. बिक्रम सिंह द्वितीय (शासनकाल : लगभग 5 साल) | दामोदर सिंह (ईचा) | फतेह (कोई वारिस नहीं) | हताम्बर (कोई वारिस नहीं)

दुगनी परिवार वंशावली
(1670 ई.)

1. विष्णु सिंह (संस्थापक : बुढ़ा बिक्रम सिंह के चौथे पुत्र)

बुढ़ा बिक्रम सिंह ने अपने द्वितीय पत्नी से हुए पुत्र विष्णु सिंह जो उनके चौथे पुत्र थे, को दुगनी का खरपोश अनुदान प्रदान किया था। उसे सामन्त की उपाधि दी गई थी। दूसरी पीढ़ी से लेकर छठवीं पीढ़ी तक का नाम उपलब्ध नहीं है।[45] ये सभी

पूर्व औपनिवेशिक काल में राज-काज सँभाले थे। इसके अधीन 66 गाँव थे। इसका क्षेत्रफल 28,383 एकड़ था।[46]

बाँकसाही परिवार वंशावली
(1670 ई.)

1. बीराबर सिंह (संस्थापक : बुढ़ा बिक्रम सिंह के पाँचवें पुत्र**)**

बुढ़ा बिक्रम सिंह ने अपने द्वितीय पत्नी से हुए पुत्र विष्णु सिंह जो उनके पाँचवें पुत्र थे, को दुगनी का खरपोश अनुदान प्रदान किया था। उसे भी सामन्त की उपाधि दी गई थी। इसके अधीन 20 गाँव थे। इसका क्षेत्रफल 10,941 एकड़ था। दूसरी पीढ़ी से लेकर सातवीं पीढ़ी तक का नाम उपलब्ध नहीं है। ये सभी पूर्व औपनिवेशिक काल की पीढ़ी थे।[47]

ईचा परिवार वंशावली
(1803 ई.)

1. दामोदर सिंह (संस्थापक : अभिराम सिंह के द्वितीय पुत्र)

|

2. जदुनाथ

सरायकेला के चौथे राजा अभिराम सिंह ने अपने द्वितीय पुत्र दामोदर सिंह को ईचा पीड़ खड़पोश अनुदान के रूप में प्रदान किया था। प्रथम पुत्र बिक्रम सिंह द्वितीय सरायकेला के राजा बने। दामोदर सिंह को *पीड़ पट्टीदार* की उपाधि दी गई थी। ईचा पीड़ मयूरभंज राजा के अधीन कुचांग जमींदारी के अन्तर्गत था। जैसा कि पूर्व में जिक्र किया गया है अभिराम सिंह ने कुचांग के जमींदार जगन्नाथ दास भुइयाँ को हराकर उसे सरायकेला में मिला लिया था। इस प्रकार जहाँ खरसावाँ, असनतलिया, दुगनी और बाँकसाही पीड़ के संस्थापक को अपने पिताजी बिक्रम सिंह से अनुदान में प्राप्त हुए वहीं बिक्रम सिंह के परपोते अभिराम सिंह ने उसे अपने पराक्रम से सरायकेला में शामिल किया। ईचा को दुगनी और बाँकसाही से अधिक अधिकार प्राप्त थे खासकर राजस्व मामलों में। राजस्व संग्रह, बन्दोबस्ती और दीवानी मामलों

में वह निर्णय लेने के लिए स्वतंत्र था। इस पीड़ में 45 गाँव और क्षेत्रफल 25,872 एकड़ था। परवर्ती काल में भी ईचा पीड़ का मयूरभंज राजा और पुरी के गजपति राजा के साथ घनिष्ठ सम्बन्ध रहा।

ईचा राजबाड़ी

सन्दर्भ

1. खान साहेब शेख अब्दुल हाकिम, *सर्वे एंड सेटलमेंट ऑपरेशन इन द सरायकेला स्टेट डिस्ट्रिक्ट सिंहभूम 1925-1928,* सुपरिंटेंडेंट गवर्नमेंट प्रिंटिंग, पटना, 1953
2. एल.एस.एस. ओ'मेली, *बंगाल डिस्ट्रिक्ट गजेटियर्स सिंहभूम सरायकेला एंड खरसावाँ,* ज्ञान, पब्लिशिंग हाउस, नई दिल्ली, 2018 : 227-228, प्रथम प्रकाशित 1910
3. सी.के. पति, *हिस्ट्री ऑफ सरायकेला एंड खरसावाँ स्टेट्स (1620-1956),* क्लासिकल पब्लिशिंग हाउस, नई दिल्ली, 2002 : 4
4. वही।
5. अतुल सरदार, असिस्टेंट प्रोफेसर, विभागाध्यक्ष, उड़िया विभाग, मॉडल महिला कॉलेज, खरसावाँ, से उनके निवास स्थान गाँव पंडरा में दिनांक 22 जुलाई, 2020 को साक्षात्कार पर आधारित। उन्होंने कोल्हान विश्वविद्यालय के उड़िया विभाग से फरवरी, 2020 में पी-एच.डी. उपाधि प्राप्त की है। उनका विषय है "Contribution of Saraikela-Kharsawan to Odiya literature and culture"। चूँकि उनका शोध-प्रबन्ध उड़िया भाषा में है जो मुझे पढ़ने नहीं आती है इसलिए उन्होंने पढ़कर सुना दिया। साक्षात्कार में उनसे जो भी जानकारी मिली है वे वास्तव में उनके शोध-प्रबन्ध में लिखित है।

6. पति, वही : 5
7. ओ'मेली, वही : 222
8. वही।
9. ज्येष्ठाधिकार कानून या रिवाजों के तहत ज्येष्ठ अर्थात बड़े और जायज पुत्र को वो अधिकार होता है जिसके तहत उसका अपने छोटे भाई-बहनों या बड़े नाजायज भाईयों की तुलना में अपने पिता की सम्पत्ति और राज पर पहला अधिकार होता है। यह अधिकार उसके ज्येष्ठ पुत्र को भी विरासत में प्राप्त होता था।
10. टिकैत एन.एन. सिंहदेव, सिंहभूम, *सरायकेला एंड खरसावाँ थ्रू द एजेस,* अलियंस प्रेस, कलकत्ता, 1937 : 39
11. राजा प्रताप आदित्य सिंहदेव से सरायकेला राजमहल में दिनांक 28 जून, 2020 को साक्षात्कार पर आधारित।
12. वही।
13. वही।
14. पिनाकी रंजन, "स्वर्णिम इतिहास का आईना सरायकेला-खरसावाँ" मान्दर स्मारिका, झारखंड सरकार, जिला प्रशासन के सौजन्य से, छऊ महोत्सव 2015-16, आयोजक, कला संस्कृति, खेलकूद एवं युवा विभाग तथा अंचल प्रशासन, खरसावाँ, 42
15. पूर्व में राजा नारंगी का विस्तारपूर्वक उल्लेख किया गया है।
16. अतुल सरदार, वही।
17. पति, वही : 11
18. कुमार महेन्द्रनाथ साहदेव, तमाड़ राजपरिवार के वंशज से उनके राजमहल में दिनांक 6 अगस्त, 2021 को साक्षात्कार पर आधारित।
19. बी. सिंहदेव, *द लोस्ट स्टेट ऑफ पोड़ाहाट—सिंहभूम,* पब्लिकेशंस अंकित नहीं, कलकत्ता, 1930 : 29
20. डब्ल्यू.डब्ल्यू. हंटर, *इम्पेरियल गजेटियर्स ऑफ इंडिया,* भाग II, यूनिवर्सिटी ऑफ ऑक्सफोर्ड लन्दन, 1908 : 474
21. जगभानु सिंहदेव, *800 ईयर्स ऑफ सिंह डायनेस्टी,* अप्रकाशित पुस्तक, 2004 : 13
22. वही : 14
23. एल.इ.बी. कोबडेन-रामसे, *बंगाल डिस्ट्रिक्ट गजेटियर्स फ्यूडाटोरी स्टेट्स ऑफ उड़िसा,* ज्ञान पब्लिशिंग हाउस, 2018, प्रथम प्रकाशित तिथि 1910, 240
24. जगभानु सिंहदेव, वही : 14-15
25. वही : 15
26. वही : 15-16
27. अतुल सरदार, वही।
28. जगभानु सिंहदेव, वही : 16।
29. https://m.youtube.com,Mahima Alekha Mahima Dharma
https://m.youtube.com, Alekh Niranjan : The Philosophy of Mahima Dharma, site visited on 28 July, 2022.
30. https://hi.m.wikipedia.org.wiki, site visited on 28 July, 2022.
31. राजा प्रताप आदित्य सिंहदेव, वही।
32. जगभानु सिंहदेव, वही : 17-18

33. राजा प्रताप आदित्य सिंहदेव, वही।
34. जब नई फसल पक के तैयार हो जाती है तब एक त्योहार मनाया जाता है इसमें सबसे पहले भगवान को भोग लगाया जाता है। उसके बाद ही लोग ग्रहण करते हैं। उड़िया में इस त्योहार को नुआ खाई कही जाता है।
35. जगभानु सिंहदेव, वही : 18
36. खान साहेब, वही : 9-12
37. ओ'मेली, वही : 237
38. वही।
39. खान साहेब, वही : 9-10
40. ओ'मेली, वही : 238
41. खान साहेब, वही : 10
42. सी.डब्ल्यू.ई. कोन्नोली, *फाइनल रिपोर्ट ऑन द सर्वे एंड सेटलमेंट ऑपरेशन इन सरायकेला एंड खरसावाँ स्टेट्स, डिस्ट्रिक्ट सिंहभूम, 1904-1907,* द बंगाल सेक्रेटरियट बुक डिपो, कलकत्ता, 1908 : 10
43. वही।
44. ओ'मेली, वही : 239
45. सातवीं पीढ़ी से लेकर बारहवीं पीढ़ी तक का नाम उपलब्ध है पर वे औपनिवेशिक काल से सम्बन्धित हैं।
46. ओ'मेली, वही, 237
47. आठवीं पीढ़ी से लेकर तेरहवीं पीढ़ी तक का नाम उपलब्ध है पर वे औपनिवेशिक काल से सम्बन्धित हैं।
48. जगभानु सिंहदेव, वही : 36-37। ईचा परिवार के चौथी पीढ़ी के पीड़ पट्टीदार गंगा राम सिंह थे। उनके एक भाई थे जिनका नाम बिरंची था। बिरंची की बेटी का मयूरभंज राजपरिवार में हुआ था। ईचा परिवार का पुरी के राजा से भी घनिष्ठ सम्बन्ध था। छठवें पीड़ पट्टीदार विद्या विनोद सिंह के तृतीय भाई जेनामनी राम चन्द्र सिंह को पुरी गजपति मुकुन्द देव चतुर्थ ने गोद लिया था क्योंकि उनके कोई पुत्र नहीं थे। 1927 की रथयात्रा में राम चन्द्र सिंह ने *छेंरा पोंरा* की रस्म निभाई थी। इस रस्म में गजपति राजा रथ के मंच को सोने की झाड़ू से साफ करते हैं इसके पश्चात ही रथयात्रा प्रारम्भ होती है। इसे जगन्नाथ मन्दिर के दैनिक इतिवृत्त *मदला पंजी* में भी दर्ज किया गया है। 1928 में गजपति मुकुन्द देव चतुर्थ की मृत्यु हो गई। रानी ने अपने भाई के बेटे राम चन्द्र देव को अगला राजा बनाया।

9

छऊ नृत्य की उत्पत्ति

छऊ नृत्य की उत्पत्ति की दो अवधारणाएँ प्रचलित हैं। पहली अवधारणा है कि इसकी उत्पत्ति सरायकेला में हुई थी तथा दूसरी इसकी उत्पत्ति पोड़ाहाट में हुई थी। प्राचीन समय में आदिवासी लोक नृत्य छोड़कर दो ही तरह का नृत्य करते थे एक शिकार और दूसरा युद्ध। परवर्ती काल में इसी से छऊ नृत्य का विकास हुआ।

जैसा कि पूर्व में जिक्र किया गया है दन्तु मुंडा और गुटु मुंडा का सरायकेला राजा के साथ विवाद हो गया था इस कारण वे दरबार से चले आए। उन्होंने अपने पुराने गाँव को छोड़ दिया। अब वे सरायकेला पहुँचने से पहले उत्तर दिशा में कुछ दूरी पर अवस्थित एक जगह में रहने लगे। उस समय वह इलाका घने जंगलों से भरा हुआ था। जंगली जानवरों ने उनके बच्चों या घर के दो-तीन आदमियों को मार दिया था। उनकी याद में बिड्दिरी[1] या घटना पत्थर गाड़ दिया गया है। तीन बिड्दिरी अब भी मौजूद है। दन्तु मुंडा जहाँ रहने लगे वो जगह दान्तुड़ी और गुटु मुंडा जहाँ बसे वो गुटु साई कहलाया। उन्होंने जंगल साफ कर खेत बनाए। वे खुशी-खुशी अपना जीवन-यापन करने लगे।

दन्तु मुंडा के दो पुत्र थे—नरसिंह मुंडा और वासुदेव मुंडा। वासुदेव मुंडा लम्बे-चौड़े और हट्टे-कट्टे व्यक्ति थे। खेती के मौसम में वे खेती करते थे। साधारण समय में वे गाय-बैलों को चराने के लिए ले जाते थे। गाय-बैलों के गले में घंटी बाँध दी जाती थी ताकि घने जंगलों में उनका पता चल सके। वासुदेव मुंडा अपने भैंसों के गले में लकड़ी का घंटा बाँध दिए थे। वो सवेरे ही भैंसों को चराने के लिए ले जाते थे क्योंकि भैंस दिन को नहीं चरते हैं। दिन के समय वे आराम करते हैं। गाँव से कुछ दूरी पर जहाँ वे भैंसों को चराने के लिए ले जाते थे वहाँ दो सेरेंग[2] या चट्टान हैं। एक बड़ी है और एक छोटी है। वासुदेव मुंडा इस चट्टान पर बैठकर आराम से बाँसुरी बजाते थे और भैंस अपने चरती रहती थीं। सरायकेला राजा के पुत्र हर दिन प्रात: भ्रमण पर निकलते थे तब उन्हें जंगल के अन्दर से बाँसुरी की मधुर आवाज सुनाई देती थी। एक दिन राजा ने अपने सेवकों से कहा कि बाँसुरी

कौन बजाता है इसका पता लगाओ। सेवको ने योजना बनाई कि मुँह अँधेरे ही वहाँ छिपकर रहेंगे और पता करेंगे कि ये किसका काम है। उन्होंने देखा कि एक आदमी बाँस का छाता लेकर आ रहा है। उसके कमर में बाँसुरी बँधी है। उसने भैंसों को चरने के लिए छोड़ दिया और खुद चट्टान पर बैठकर बाँसुरी बजाने लगा। राजा के सेवकगण दूर से ये सब देख रहे थे। धीरे-धीरे वे नजदीक आए और वासुदेव मुंडा से पूछे कि ये कौन सा संगीत है। उसने बताया कि ये एक नाच का गीत है। आदिवासी उस समय लोकनृत्य को छोड़कर केवल दो प्रकार के नृत्य करते थे—एक शिकार और दूसरा युद्ध। सेवकों ने उससे अनुरोध किया कि वे उन्हें भी धुन, ताल और नृत्य सिखाएँ। वासुदेव मुंडा सीधे-साधे व्यक्ति थे। उन्होंने हाँ कर दी। सेवकों ने उनसे कहा कि राजा के घर चलिए और वहाँ हमें नृत्य और संगीत सिखाइए। लेकिन उसने वहाँ जाने से मना कर दिया क्योंकि पूर्व में राजा ने उसके पिताजी को भगा दिया था। उसने सेवकों से कहा कि अगर सीखना है तो यहीं पर सिखाएँगे। राजा ने सीखने के लिए घासी लोगों को भेजा। वे बाँसुरी बजाना नहीं जानते थे।

सेरेंग[3] जिसमें वासुदेव सिंह ने नृत्य सिखाया

वे केवल शहनाई बजाते थे। वासुदेव ने बाँसुरी में जो धुन बजाया उसे उन्होंने शहनाई में अनुसरण किया। घासी लोग ढोल भी लाए थे। वासुदेव ने ढोल में ताल बजाकर बताया। जब घासी लोग शहनाई और ढोल बजाए तब वह नाचने लगे। इस तरह घासी लोग नृत्य भी सीखे। अब वे गीत-संगीत और नृत्य सीखकर राजा के पास गए और उसे राजा के सम्मुख प्रस्तुत किए। इस तरह राजा के गढ़ में इस

नृत्य का प्रवेश हुआ। राजमहल में इस नृत्य का अभ्यास प्रारम्भ हुआ। परवर्ती काल में इसमें नए-नऐ ताल और नृत्य की भाव-भंगिमाओं का समावेश होता गया और यह नृत्य विकसित होने लगा।[4]

एक दूसरी मान्यता यह है कि छऊ नृत्य का उद्‌भव पोड़ाहाट राज्य के सैनिक शिविरों में हुआ था। सिंह वंश के छत्तीसवें राजा रणजीत सिंह के शासन-काल में प्रजा ने उग्र विद्रोह कर दिया था। राजपरिवार के अनेक लोगों की हत्या कर दी गई थी। रणजीत सिंह पोड़ाहाट छोड़कर जोधपुर होते हुए दिल्ली भाग गए। वे अकबर के दरबार में गए। वे घुड़सवारी में दक्ष थे और उनकी घुड़सवारी की प्रशिक्षण-कला से प्रसन्न होकर बादशाह अकबर ने उन्हें अपनी छावनी में आश्रय दिया। कुछ ही दिनों में वे वहाँ राजा मानसिंह के प्रिय बन गए। कालान्तर में जब राजा मानसिंह बादशाह अकबर की आज्ञा से बंगाल विजय के लिए कूच किए तब उनके साथ रणजीत सिंह भी आए। उड़ीसा में खोरदा के राजा रामचन्द्र के साथ सन्धि हो जाने पर राजा रामचन्द्र की अनुमति से 1590 ई. के लगभग पुन: पोड़ाहाट की गद्‌दी पर अधिकार कर लिया। कहते हैं उस काल में राजा मानसिंह की छावनी कुछ समय के लिए सिंहभूम क्षेत्र में रुकी थी और उनके सहचरों ने यहाँ के आदिवासियों के विविध लोक-नृत्यों को देखा। वे उनकी तरफ आकृष्ट हुए। सेना के नायक ने रणजीत सिंह के विचारों से सहमत होकर छावनी में थकान मिटाने एवं मनोविनोद के लिए एक नृत्य समारोह का आयोजन किया। फौजी वातावरण में सैनिकों को नर्तक बनने में संकोच होता किन्तु मनोरंजन की चाह भी गहरी थी। तीर और तलवार चलानेवाले सेनानायक सुन्दरियों के भेष में नयनों के तीर कैसे चलाते। इस संकोच को मिटाने के लिए निश्चय किया गया कि प्रत्येक अभिनेता अपने व्यक्तित्व को छिपाने के निमित्त चेहरे पर आवरण का व्यवहार करेंगे। इसके लिए शूर-विरोचित मिट्टी की रूप-आकृतियाँ बनवाई गईं। इससे आकृष्ट होकर छावनी के सामन्त सरदार अभिनेताओं ने रणजीत सिंह के निर्देशन में तलवार द्वारा द्वंद्व युद्ध के रूप में खंडा-नृत्य का प्रदर्शन किया। छावनी से चले जाने पर रणजीत सिंह ने इस खंडा-नृत्य को पोड़ाहाट में राजकीय वार्षिक समारोह के रूप में प्रतिष्ठित किया। साथ ही उसके विभिन्न दृश्यों का उन्नयन और विकास भी किया। सत्रहवीं शताब्दी में पोड़ाहाट के राजा पुरुषोत्तम सिंह ने अपने पुत्र कुँवर विक्रम सिंह को सरायकेला के इलाके खरपोस में दिए। विक्रम सिंह और उनके पुत्र नरहरि सिंह ने सरायकेला राज्य की नींव रखी। वंश परम्परा के अनुकूल सरायकेला राजवंश में भी खंडा-नृत्य की प्रथा प्रचलित हुई। कालान्तर में सरायकेला के राजाओं ने यात्राघट से इसका सम्बन्ध जोड़कर इसे एक धार्मिक नृत्य का स्थान प्रदान किया गया। सरायकेला में राजाओं का प्रोत्साहन प्राप्त कर खंडा-नृत्य का उत्तरोत्तर विकसित होता गया। बाद में यह छऊ नृत्य के नाम से प्रसिद्ध हो गया।[5]

छऊ अर्द्ध-शास्त्रीय भारतीय नृत्य है जिसमें युद्ध-कौशल, जनजातीय और लोक मूल एक समेकित नृत्य रूप है जो शास्त्रीय हिन्दू नृत्य और प्राचीन क्षेत्रीय जनजातियों की परम्परा से उभरा है। यह नृत्य शैववाद, शक्तिवाद और वैष्णववाद में पाए गए धार्मिक विषयों को प्रदर्शित करता है। रामायण और महाभारत भी इसके लोकप्रिय विषय होते हैं। मुखौटे का प्रयोग चरित्रों की पहचान करने के लिए किया जाता है। इस नृत्य में मूल रूप से पुरुषों के द्वारा ही अभिनय किया जाता है।

सन्दर्भ

1. आदिवासियों की शव दफनाने की दो प्रचलित विधि है। यदि किसी व्यक्ति की असमय या साधारण मृत्यु होती है तब उसके शव को कब्र में दफनाकर उसके उपर एक बड़ा समतल चौकोर पत्थर रख दिया जाता है। इसे ससनदिरी कहा जाता है। जब किसी की अकाल मृत्यु होती है तब उसके शव को परिवार के कब्र में न दफनाकर गाँव में कुछ दूरी पर दफना दिया जाता है और कब्र के ऊपर एक बड़ा लम्बवत पत्थर गाड़ दिया जाता है जिसे बिड़िदरी कहा जाता है।
2. जमीन से कुछ ही ऊँची पथरीली जमीन को हो, मुंडा और भूमिज सेरेंग कहते हैं।
3. यह चट्टान सरायकेला के उत्तर में स्थित वासुदेवपुर नामक गाँव में खेतों के बीच अभी भी अवस्थित है। वासुदेव मुंडा ने ही इस गाँव को बसाया था।
4. अतुल सरदार, वही।
5. गौरीशंकर वर्मा, *छउ-नृत्य-सरायकेला का आंचलिक नृत्य,* गौरींशकर वर्मा, यूनाइटेड प्रेस, पटना, स्रोत : संगीत नाटक अकादमी, ई-बुक, तिथि अंकित नहीं, 18-20।

10

खरसावाँ

खरसावाँ

भौगोलिक संरचना

खरसावाँ राज्य 22°41' और 22°53' उत्तरी अक्षांश तथा 85°38' और 85°55' पूर्वी देशान्तर के मध्य अवस्थित है। इसका क्षेत्रफल 153 वर्ग मील है। इस राज्य को मुख्यत: दो भागों में बाँटा जा सकता था, पहला—दक्षिण में कोल्हान पीड़ और दूसरा—सदान्त पीड़, यह राज्य का तीन-चौथाई इलाका था। इस क्षेत्र में खरसावाँ के राजा का प्रत्यक्ष नियंत्रण था। यह राज्य उत्तर में राँची और मानभूम, पूर्व में

सरायकेला, दक्षिण में कोल्हान गवर्नमेंट स्टेट तथा पश्चिम में पोड़ाहाट राज्य थे। इसके उत्तर में अनेक ऊँची पर्वत शृंखलाएँ हैं। इनमें सबसे ऊँची चोटी बान्दी में अवस्थित है जिसकी ऊँचाई समुद्रतल से 2,431 फीट है। इस राज्य के दक्षिण में स्थित कोल्हान पीड़ पथरीली और ऊबड़-खाबड़ थी। इसमें अधिक गाँव नहीं थे तथा यह अधिकतर जंगलों से आच्छादित था। राज्य के बाकी का क्षेत्र उपजाऊ निम्न भूमि था। यहाँ राज्य की अधिकांश खेती-लायक भूमि अवस्थित थी। कुल मिला कर पूरे राज्य की भूमि ऊँची-नीची थी। अनेक छोटे-बड़े पहाड़ यत्र-तत्र बिखरे पड़े थे। खरसावाँ से कुछ मील दक्षिण में एक छोटी पहाड़ी शृंखला थी जिसकी ऊँचाई 1,612 फीट थी।[1]

नदियाँ

खरसावाँ राज्य के दक्षिण में संजय नदी बहती है जो इसे कोल्हान से अलग करती है। इसकी दो सहायक नदियाँ हैं बिंजय और सांकुवा, ये तीनों नदियाँ मिलकर पहले उत्तर-पश्चिम तत्पश्चात दक्षिण-पूर्व दिशा में बहती हैं। राज्य की एक अन्य महत्त्वपूर्ण नदी सोना नदी है। खरसावाँ शहर इसी नदी के तट पर अवस्थित है। सोना नदी की सहायक सुरु नदी है। ये सब बरसाती नदियाँ हैं। बारिश के मौसम को छोड़कर बाकी समय इनमें पानी कम रहता है।[2]

निवासी

राज्य में आदिवासी और गैर-आदिवासी दोनों निवास करते थे। आदिवासियों में हो, सन्ताल और भूमिज प्रमुख थे। गैर-आदिवासी में ब्राह्मण, क्षत्रिय, खंडायत, लोहार, कुर्मी, तान्ती, धोबा, ग्वाला, डोम, तेली, कुम्हार, घासी इत्यादि थे।[3]

खरसावाँ राज्य की स्थापना

बिक्रम सिंह (सरायकेला के संस्थापक) ने अपने द्वितीय पुत्र पदमलाभ सिंह या पदम सिंह को खरसावाँ पीड़ खड़पोश अनुदान के रूप में प्रदान किया था। जैसा कि पूर्व में जिक्र किया गया है खरसावाँ पहले तमाड़ राजा के अधीन था पर बिक्रम सिंह ने उसे विजित कर अपने राज्य में मिला लिया था।[4] पदमलाभ सिंह अपने साथ भगवान श्रीकृष्ण की मूर्ति लेकर आए थे। वो मूर्ति अभी भी राजपरिवार के पास है और उनकी पूजा की जाती है।[5]

भगवान श्रीकृष्ण की मूर्ति

पदमलाभ सिंह ने सोना नदी के किनारे बसने का निर्णय लिया। वे सबसे पहले मिट्टी का घर बनाकर रहने लगे। उस समय खरसावाँ में तीन समुदाय निवास करते थे—भुइयाँ, सरक और आदिवासी। इन तीनों ने मिलकर मिट्टी का टीका लगाकर पदमलाभ सिंह को अपना राजा मान लिया। यह परम्परा आज भी चली आ रही है। उसने सबसे पहले कुम्हारों फिर ब्राह्मणों को बसाया। उन्हें जयन्तगढ़ से लाया गया था।[6] सिंह वंश में तृतीय पुत्र को ठाकुर की उपाधि दी जाती थी इसलिए पदमलाभ सिंह को ठाकुर की उपाधि दी गई थी।[7]

खरसावाँ का नामकरण

खरसावाँ के नामकरण सम्बन्धी अनेक कथाएँ प्रचलित हैं। एक मान्यता यह है कि खरसावाँ जहाँ अवस्थित है उसके उत्तर दिशा से लगकर पश्चिम से पूर्व दिशा होते हुए सोना नदी बहती है। सोना नदी के बहते हुए पानी से अनवरत खर-खर

की ध्वनि निकलती है। अर्थ तेज धार होता है। इस नदी के किनारे एक प्रकार की बड़ी घास पाई जाती है जिसे सवाँ (सवई) घास कहा जाता है। खर-खर की आवाज और सवाँ घास के कारण इस जगह का नाम खरसावाँ रखा गया।[8] पर यह तर्क युक्ति संगत प्रतीत नहीं होता है। यदि साल-भर सभी मौसमों में इस नदी को देखें तो कहीं से भी खर-खर की ध्वनि नहीं निकलती है। सोना एक छोटी नदी है। एवं विभिन्न जंगल, पहाड़ों से निकलनेवाले झरने या छोटे-छोटे जलस्त्रोत इसके सहायक हैं। बारिश के मौसम में इसमें पानी भर जाता है और इसमें बाढ़ भी आ जाती है जो चार-पाँच घंटे बाद उतर भी जाती है। आमतौर पर नदी में पानी इतना कम रहता है कि लोग चलकर नदी पार करते हैं। इस कारण इसमें कभी नाव नहीं चलती है।[9] एक अन्य मत यह है कि खरसावाँ दो शब्दों के मेल से बना है। खर (सोना नदी की तेज धार) और स्वान या सोना। सोना नदी के बालू-कणों में कच्चे सोने के कण पाए जाते हैं इस कारण इस जगह का नाम खरसावाँ पड़ा।[10]

एक जनश्रुति के अनुसार एक उड़िया पांडुलिपि जिसका नाम *मादुलिया* था, में खरसावाँ के नामकरण का उल्लेख मिलता है। इस पांडुलिपि के अनुसार वहाँ खेरसे मुंडा नामक एक प्रभावशाली आदिवासी व्यक्ति रहता था (खरसावाँ में अभी जहाँ सप्ताहिक हाट लगता है)।[11] वह 80 गाँवों का जमींदार था। वह समरदा पीड़ में निवास करता था। वह अपने आधिपत्य का विस्तार करता रहता था। एक पड़ोसी राजा नारंगी (इनका जिक्र पोड़ाहाट और सरायकेला के सन्दर्भ में भी आया है।) ने उसके साथ युद्ध छेड़ दिया। यह युद्ध कई वर्षों तक चला। लेकिन खेरसे मुंडा को वह हरा नहीं पा रहा था। नारंगी ने माँ पाउड़ी की पूजा कर उसका आशीर्वाद प्राप्त किया। एक दिन अचानक खेरसे मुंडा के किले में आग लग गई और वह भी उसमें जलकर मर गया। अब राजा नारंगी ने इस जगह पर अधिकार कर लिया और इस जगह का नाम समरदा पीड़ से बदलकर खरसावाँ रख दिया।[12]

एक लोकप्रय लोक कहानी है कि सोना नदी के उत्तर दिशा में मादरुसाई नामक एक आदिवासी गाँव है। पुराने समय में यहाँ खेरसे मुंडा नामक एक हो आदिवासी व्यक्ति रहता था। एक दिन वह सोना नदी में नहाने के लिए गया पर वह गायब हो गया। सात दिन तक उसका कोई पता नहीं चला। जब सात दिन बाद वह वापस आया तब वह दैवीय शक्तियों से लैस था। वह जो कहता था वह हो जाता था। यदि कोई बीमार है तो वो उसे छूकर ठीक कर देता था। इस तरह से वो दूसरों की भलाई का काम करने लगा। धीरे-धीरे वो एक प्रभावशाली और शक्तिशाली व्यक्ति के रूप में उभरने लगा। उसकी प्रसिद्धि राजा के कानों तक भी पहुँची। राजा भयभीत हो गया कि कहीं खेरसे अपनी शक्ति के बल पर

उसे अपदस्थ करके खुद राजा न बन जाए। इसलिए राजा ने उसे षड्यंत्र कर मारने की योजना बनाई। खरसावाँ राजमहल का सिंहद्वार अभी जहाँ अवस्थित है वहाँ पहले खाली स्थान था। वहाँ गड्ढा करके उसके ऊपर घास-पात फैलाकर ढँककर रख दिया गया था। राजा के सेवकों ने खेरसे मुंडा को खबर दी कि उसे राजा ने बुलवाया है। राजा की आज्ञा को मानते हुए वह राजमहल आया और छल से उसे इस गड्ढे में गिराकर जिन्दा दफन कर दिया गया। इस जगह पर खेरसे अनन्त काल के लिए चिरनिद्रा में सो गया इसलिए इस जगह का नाम खेरसे-सुवाँ-खेरसोवाँ-खरसावाँ हो गया।[13]

पाँच पीड़ या पंचपीड़ में खरसावाँ भी एक था, ये थे सरायकेला, खरसावाँ, असनतलिया, दुगनी और बाँकसाही। परवर्ती काल में असनतलिया पीड़ के अन्तिम वारिस घासी सिंह बिना किसी वारिस के मर गए। उनकी पत्नी ने असनतलिया पीड़ को खरसावाँ को तोहफे में दे दिया और वह सती होकर अपनी जान दे दी। इस प्रकार असनतलिया खरसावाँ का एक भाग बन गया।[14]

सोना नदी की उत्पत्ति कुचाई के पहाड़ों से हुई है। लगभग 1800 ई. में भगवान जगन्नाथ की मूर्ति इस नदी में बहती हुए आई जिसे एक पंडित परिवार ने पाया। जब राजा को इस बात की खबर हुई तब उसने मूर्ति को अपने महल में स्थापित करवाया। खरसावाँ में ये माना जाता है कि वहाँ की रथयात्रा का सम्बन्ध कुचाई के साथ है न कि पुरी के साथ। पुरी के भगवान जगन्नाथ की मूर्ति प्रत्येक 10 साल में बदल जाती है पर खरसावाँ की मूर्ति कभी नहीं बदली जाती है। हर साल उसमें मिट्टी का लेप लगाकर चित्रकारी कर दी जाती है।[15]

खरसावाँ परिवार वंशावली
(1650 ई.)

1. पदमलाभ सिंह (संस्थापक : बिक्रम सिंह के द्वितीय पुत्र)
   |
2. लोकनाथ
   |
3. दर्शन पूरण
   |
4. बाला मोहन
   |
5. बाला चैतन्य[16]

भूमि-व्यवस्था

पोड़ाहाट और सरायकेला की तरह खरसावाँ की भी भूमि-व्यवस्था विभिन्न स्तरों में विभक्त थी। वहाँ खड़पोश और छाकरान—ये दो प्रकार के अनुदान प्रचलित थे। इसके साथ ही गोहनडल और ब्राह्मेत्तर अनुदान, खूँटकट्टी तथा ग्राम प्रधानों के अधिकार के बारे में भी जानेंगे।

खड़पोश अनुदान

खरसावाँ के राजा ने अपने परिवार के कनिष्ठ सदस्यों को रायडीह और रामगढ़ जीवन-यापन के लिए खड़पोश अनुदान के रूप में प्रदान किया था। राज्य की कुल जमीन 51,250 एकड़ थी जिसमें से रायडीह के अधीन 6,779 एकड़ और रामगढ़ के अधीन 6,185 एकड़ जागीर थी। अन्य छोटे खड़पोशदारों के पास 38,286 एकड़ जमीन थी। ये कर-मुक्त अनुदान होते थे तथा उनके साथ अनेक आवश्यक सेवा-शर्तें जुड़ी हुई थीं।[17]

छाकरान अनुदान

छाकरान अनुदान भी कर-मुक्त अनुदान होता था। यह एक सेवा अनुदान था तथा इसे प्राप्त करनेवालों को राजा को अनेक सेवाएँ प्रदान करनी होती थीं। इनकी संख्या काफी अधिक थी। खरसावाँ में गोहनडल अनुदान भी प्रचलित था जिसे जन-सेना के वारिसों को दिया जाता था। साथ ही ब्राह्मेत्तर अनुदान भी प्रचलित था।[18]

खूँटकट्टी अधिकार

खूँटकट्टी अधिकार खरसावाँ के कोल्हान पीड़ों में पाए जाते थे जहाँ की बहुसंख्यक अबादी हो लोगों की थी। सरायकेला में यह व्यवस्था नहीं थी। जैसा कि पहले भी जिक्र किया गया है खूँटकट्टी का शाब्दिक अर्थ है जिन्होंने सबसे पहले जंगलों को काटकर जमीन और खेत बनाए। यानी खरसावाँ राज्य की स्थापना से पूर्व वे यहाँ के बाशिन्दे थे। वे यहाँ के जल, जंगल और जमीन के खुद मालिक थे तथा उन्हें किसी भी कार्य के लिए राजा की सहमति लेने की जरूरत नहीं थी। वे किसी भी परती जमीन या खाली जमीन को खेती-लायक जमीन में परिवर्तित कर सकते थे। वे जंगल से अपने घरेलू इस्तेमाल के लिए लकड़ी काट सकते

थे चाहे वह जलावन के लिए, घर के निर्माण के लिए या फिर कृषि के औजार बनाने के लिए हो। अपने पेड़ों में बिना किसी शुल्क के लाह और तसर की खेती कर सकते थे।[19]

ग्राम प्रधान

सरायकेला की तरह खरसावाँ में भी ग्राम प्रधान होते थे जिन्हें प्रधान, ठिकादार या मुंडा कहा जाता था। इनका पद वंशानुगत होता था। इनका मुख्य कार्य अपने गाँववालों से कर वसूल कर राजा के पास जमा करना होता था। कर मुख्यत: वस्तुओं के रूप में होता था न कि पैसों के रूप में। ये कर साल में दो बार, माघ और कार्तिक मास में जमा किया जाता था।[20]

सन्दर्भ

1. एल.एस.एस. ओ'मेली, *बंगाल डिस्ट्रिक्ट गजेटियरर्स सिंहभूम सरायकेला एंड खरसावाँ,* ज्ञान पब्लिशिंग हाउस, नई दिल्ली, 2018 : 249, प्रथम प्रकाशित 1910।
2. सी.के. पति, *हिस्ट्री ऑफ सरायकेला एंड खरसावाँ स्टेट्स (1620-1956),* क्लासिकल पब्लिशिंग हाउस, नई दिल्ली, 2002 : 4।
3. आई.बी. मुखर्जी, *फाइनल रिपोर्ट ऑन द रिविजनल सेटलमेंट ऑफ द खरसावाँ फ्युडाटरी स्टेट, छोटानागपुर, 1925-27,* सुपरिंटेंडेंट गवर्नमेंट प्रिंटिंग, पटना, 1953 : 12।
4. राजा प्रदीप चन्द्र सिंहदेव से खरसावाँ राजमहल में दिनांक 5 जुलाई, 2020 के साक्षात्कार पर आधारित।
5. राजमाता विजया देवी से खरसावाँ राजमहल में दिनांक 5 जुलाई, 2020 के साक्षात्कार पर आधारित।
6. गोपाल नारायण सिंहदेव से खरसावाँ राजमहल में दिनांक 5 जुलाई, 2020 के साक्षात्कार पर आधारित। राजा प्रदीप चन्द्र सिंहदेव से जब साक्षात्कार के सिलसिले में मुलाकात हुई थी तब उनकी तबियत बहुत अच्छी नहीं थी। उनकी उम्र भी काफी हो गई थी। लगभग महीने-भर बाद उनकी मृत्यु हो गई। संयोग से उनसे मिलनेवाले घर से बाहर के लोगों में मैं अन्तिम थी। उनकी मृत्यु के उपरान्त भुइयाँ और आदिवासी मुंडाओं (Village Headmen) ने मिट्टी का टीका लगाकर राजा प्रदीप चन्द्र सिंहदेव के पुत्र गोपाल नारायण सिंहदेव—अपना राजा मान लिया।
7. सभी खड़पोश अनुदान प्राप्त सिंह परिवार के सदस्यों को प्रजा राजा ही सम्बोधित करती थी।
8. गोपाल नारायण सिंहदेव, वही।
9. अतुल सरदार, असिस्टेंट प्रोफेसर, विभागाध्यक्ष, उड़िया विभाग, मॉडल महिला कालेज खरसावाँ से उनके गाँव पंडरा में दिनांक 22 जुलाई, 2021 के साक्षात्कार पर आधारित। उनका पी-एच.डी. शोध का विषय था Contribution of Seraikela-Khersawan

to Odia Literature and Culture। उन्हें कोल्हान यूनिवर्सिटी से फरवरी, 2020 में पी-एच.डी. उपाधि प्रदान की गई।

10. जगभानु सिंहदेव, *800 ईयर्स ऑफ सिंह डायनेस्टी,* अप्रकाशित पुस्तक, सरायकेला, 2004 : 34।
11. खेरसे मुंडा के बलिदान के निशानी के रूप में खरसावाँ के मुख्य चौक में उनका विशालकाय पत्थर की शिला (बिड्दिरी) स्थापित की गई है और इस चौक का नाम खेरसे मुंडा चौक रखा गया है।
12. सी.बी. प्रसाद, *फाइनल रिपोर्ट ऑन द सर्वे एंड सेटलमेंट आपरेशंस इन द डिस्ट्रिक्ट ऑफ सिंहभूम, 1963-65,* सेक्रेटरियट प्रेस, पटना, 1970 : 95।
13. अतुल सरदार, वही।
14. बी. सिंहदेव, द *लॉस्ट स्टेट ऑफ पोड़ाहाट—सिंहभूम,* प्रकाशक अंकित नहीं, कलकत्ता, 1930 : 29।
15. गोपाल नारायण सिंहदेव, वही।
16. जगभानु सिंहदेव, वही : 34।
17. सी.डब्ल्यु.ई. कोन्नोली, *फाइनल रिपोर्ट ऑन द सर्वे एंड सेटलमेंट ऑपरेशन इन सरायकेला एंड खरसावाँ स्टेट्स, डिस्ट्रिक्ट सिंहभूम, 1904-1907,* द बंगाल सेक्रेटरियट बुक डिपो, कलकत्ता, 1908 : 10।
18. ओ'मेली, वही : 254।
19. कोन्नोली, वही : 11-12।
20. वही : 12।

निष्कर्ष

सिंहभूम का प्राचीन काल से पूर्व-औपनिवेशिक काल तक का इतिहास बहुत व्यापक है। इस शोध में हम पाते हैं कि इस काल में सिंहभूम में पोड़ाहाट, सरायकेला और खरसावाँ राज्य शामिल थे। इनमें सिंह वंश के राजाओं का शासन था। भुइयाँ, सरक और हो यहाँ के प्रमुख निवासी थे। सिंह वंश, भुइयाँ और हो लोगों के रिश्ते बेहद उतार-चढ़ाव वाले रहे। उनके अन्त:सम्बन्ध ही सिंहभूम की राजनीति के कारक रहे। इस काल में कोल्हान नामक स्थान का उद्भव नहीं हुआ था। हो समुदाय के समस्त गाँव पोड़ाहाट, सरायकेला और खरसावाँ राज्य तथा उड़ीसा के मयूरभंज राज्य के अन्तर्गत थे पर इससे उनकी पहचान स्पष्ट नहीं हो पा रही थी। इसलिए उनके निवास स्थल के रूप में कोल्हान शब्द का उल्लेख किया गया है।

सिंहभूम का इतिहास धरती के निर्माण के साथ प्रारम्भ होता है। भारत, ऑस्ट्रेलिया और अमेरिका के शोधकर्ताओं का एक संयुक्त लेख अन्तरराष्ट्रीय जर्नल पनास में जब प्रकाशित हुआ तब इसने धरती को देखने का पूरा नजरिया ही बदल दिया। उन्होंने अपने परीक्षण के द्वारा यह साबित कर दिया कि जलप्रलय के बाद करीब 3.2 अरब साल पहले समुद्र से धरती का जो इलाका सबसे पहले बाहर निकला था वह सिंहभूम का हो सकता है। इससे हम मान सकते हैं कि हो सकता है जीवन की शुरुआत भी यहीं से हुई हो। सिंहभूम के वर्तमान कुमारडुंगी प्रखंड के अन्धारी गाँव के पास के जंगल से किसी विशालकाय जटिल जीव का जीवाश्म मिला है। उसी प्रकार चाईबासा के पूर्वी भाग से लाखों वर्ष पुराने पेड़ का जीवाश्म और जगन्नाथपुर के पास से छोटे-छोटे पत्तों के जीवाश्म प्राप्त हुए हैं। लेकिन अब तक वैज्ञानिक परीक्षण नहीं होने के कारण एक निश्चित तिथि पर पहुँचना कठिन है। आश्चर्यजनक तौर से हो लोक कथा में प्रचलित धरती बनने की कथा और इस वैज्ञानिक शोध के परिणाम में काफी साम्यता है।

पुरातत्त्वविद सिंहभूम को पुरातत्त्व का खजाना कहते हैं। यहाँ से प्रागैतिहासिक एवं आद्य इतिहास के सैकड़ों औजार प्राप्त हुए हैं जो यह सिद्ध करते हैं कि इस

काल में यहाँ मानव विचरण करते थे। प्रागैतिहासिक काल के तीनों स्तर—निम्न पुरापाषाणकाल, मध्य पुरापाषाणकाल और उत्तर पुरापाषाणकालीन संस्कृति के हस्तकुठार, क्लीवर, चॉपर-चॉपिंग, खुरचनी इत्यादि प्राप्त हुए हैं। मध्य पाषाणकाल का केन्द्र चक्रधरपुर के समीप स्थित बोड़दा पुल है। यहाँ के संजय और उसकी सहायक नदियों के तट से बहुत बड़ी मात्रा में फलक, खुरचन, चाकू, पाइंट, वेदक, तक्षणी आदि मिले हैं। सिंहभूम में सबसे अधिक नवपाषाणकाल के उपकरण और औजार प्राप्त हुए हैं। लगभग सम्पूर्ण सिंहभूम में यह संस्कृति फैली हुई थी। लोटा पहाड़, संजय नदी तट, नादुप, माटीगड़ा, खड़कई नदी तट इत्यादि में नवपाषाणकालीन केन्द्र मिले हैं।

झारखंड में महापाषाण संस्कृति के अध्ययन का आरम्भ वी. बाल द्वारा 1870 में सिंहभूम के पोखरिया गाँव के समीप बिडदिरी/स्मारक पत्थर (Menhir) के खोज से शुरू होती है। वास्तव में सासनदीरी और बिडदिरी झारखंड की एक जीवन्त परम्परा है। इस कारण हमें सम्पूर्ण झारखंड के गाँवों में सासनदीरी और बिडदिरी प्राप्त होते हैं। आदिवासी शव को इसी प्रथा के द्वारा दफनाते हैं।

शैल चित्र सबसे पुरानी कलात्मक अभिव्यक्तियों में से एक है। सिंहभूम के कुमारडुंगी प्रखंड के कोकोरकोटा नामक गाँव से ये प्राप्त हुए हैं। यहाँ के घने जंगलों में एक विशालकाय गुफा है। इस गुफा की छत पर शैल चित्र अंकित किया गया है। इसमें आदमी, शिकार, चिड़ियाँ, ज्यामितीय आकृति आदि नहीं हैं लेकिन फूलों और गिरगिट जैसी आकृति बनाई गई है। यह शैल चित्र प्रागैतिहासिक काल के बाद का है। इस गुफा से माइक्रोलिथ यानी पत्थर के सूक्ष्म औजार भी मिले हैं।

इसके पश्चात सिंहभूम के चौथी शताब्दी से बारहवीं शताब्दी तक के काल में हम पाते हैं कि मौर्य काल में सम्भवत: यह क्षेत्र भी मौर्यों के अधीन रहा होगा। अशोक के शिलालेख संख्या 13 में इस क्षेत्र का उल्लेख आटव या आटवी प्रदेश के नाम से जाना जाता था। गुप्त काल में छोटानागपुर के साथ-साथ सिंहभूम प्रदेश भी समुद्रगुप्त के साम्राज्य का हिस्सा था। उनके प्रयाग प्रशस्ति में उल्लेख है कि उन्होंने आटविक राज्यों को जीता था।

सिंहभूम के दक्षिणी सीमा में स्थित बामनघाटी क्षेत्र से रोमन सम्राट कांस्टेनटाइन तथा गोरडियन के सोने के सिक्के मिले हैं। यह क्षेत्र उत्तर भारत से पूरब जाने के एक प्राचीन व्यापारिक मार्ग का हिस्सा था। इसके अलावा बामनघाटी से पुरी-कुशान सिक्के और गुलका नामक स्थान से इंडोसिथियन सिक्के भी मिले हैं जो इस बात का द्योतक है कि यह एक व्यस्त विदेशी व्यापारिक मार्ग का हिस्सा था जो रोम तक जाता था। सम्भवत: 7वीं शताब्दी के प्रारम्भ में गौड़ के राजा शशांक के साम्राज्य में यह इलाका भी शामिल था क्योंकि उनका एक मोहर रोहतासगढ़ से भी प्राप्त हुआ है जो यह प्रमाणित करता है कि उनका मगध और छोटानागपुर पर भी अधिकार था।

बेनीसागर सिंहभूम का एक प्रसिद्ध ऐतिहासिक स्थल है। पुरातत्त्व विभाग ने इसकी तिथि 5वीं-6वीं से 12वीं शताब्दी निर्धारित की है। यहाँ से गणेश, हनुमान, दुर्गा, तारा, सूर्यदेव, अग्नि, कुबेर, काली, गंगा, महावीर स्वामी, ध्यानी बुद्ध, लकुलिश, शिवलिंग, विष्णु काली, वीणाधारी, शिव, परशुराम, पार्वती की मूर्तियाँ मिली हैं। दो प्राचीन शिलालेख पत्थर के हैं, जिनमें प्राकृत और ब्राह्मी लिपि में लेख लिखा है। एक किले के अवशेष भी प्राप्त हुए हैं। यहाँ अवस्थित झील के बीचोबीच एक मन्दिर के भी अवशेष मिले हैं।

वंशप्रभा लेखन सिंह वंश के इतिहास को जानने का सबसे अच्छा स्रोत है। यह उनकी पारिवारिक इतिकृति है। वंशप्रभा तीन भागों में विभक्त है। पहले भाग में अ-ऐतिहासिक कथाओं के रूप में सिंह वंश के उद्‌भव का उल्लेख है। दूसरा भाग 1205 से 1670 ई. के आसपास शक्तिशाली छत्रपति सिंह की मृत्यु तक की अवधि में सिंहभूम के सभी महत्त्वपूर्ण घटनाओं का उल्लेख है। तीसरे और अन्तिम भाग में 17वीं शताब्दी के अन्त के बाद पोड़ाहाट के राजाओं का संक्षिप्त गणना का वर्णन है। वास्तव में वंशप्रभा लेखन सिर्फ वंशावली या राजाओं के शासन-काल में घटित होनेवाले घटनाओं का विवरण मात्र नहीं है बल्कि यह एक वैचारिक दस्तावेज है जो सिंह राजाओं का पूर्वी भारत के राजपूत शासकों के समूह का हिस्सा बनने की ख्वाहिश को दर्शाता है। इसके साथ ही वे मुगल दरबार के साथ अपने सम्बन्ध को भी स्थापित करना चाहते थे। वंशप्रभा में इस क्षेत्र के अन्य निवासी भुइयाँ और कोल (हो) लोगों के साथ पोड़ाहाट के राजाओं के उतार-चढ़ाव वाले सम्बन्धों का भी विवरण प्राप्त होता है।

वंशप्रभा लेखन के अनुसार सिंह पहली बार संवत 750 अर्थात 693 ई. में आए। जब सिंह इस क्षेत्र में आए तब पहली बार जिन लोगों के सम्पर्क में आए वो भुइयाँ और सरक थे। सिंह वंश की उत्पत्ति की अनेक किंवदन्तियाँ प्रचलित हैं। एक किंवदन्ती के अनुसार एक भुइयाँ ने पेड़ काटते हुए उसके खोखर से एक बालक को प्राप्त किया था। यही बालक आगे चलकर भुइयाँ जाति का प्रमुख बना। उसने माँ पाउड़ी की पूजा की जो भुइयाँ लोगों की आराध्य देवी है। यह देवी क्योंझर जिले के भुइयाँ लोगों की आराध्य देवी ठकुरानी माई से काफी साम्यता रखती है। इस परिवार ने सिंह की उपाधि धारण की तथा वे खुद को क्षत्रियों के शुद्ध रक्त का होने का दावा करते हैं।

यद्यपि हो आदिवासियों की लोक कथा में अलग जनश्रुति प्रचलित है। जनश्रुति यह है कि दिघी मुंडा किली (हो भाषा में गोत्र को किली कहा जाता है) वाले दो हो व्यक्ति जंगल में पेड़ काटने गए थे। जैसे ही उन्होंने पेड़ काटने के लिए कुल्हाड़ी चलाया उन्हें पेड़ से कुछ आवाज सुनाई पड़ी। वो इस बात से अनजान थे कि उस पेड़ की खोह में एक नवजात बालक है। आवाज सुनकर वे पेड़ के निचले हिस्से

में कुल्हाड़ी चलाए। इससे नवजात बालक जोर-जोर से रोने लग गया। उसके आँखों में थोड़ा चोट भी लग गया था जिससे वह अन्धा (सम्भवत: आंशिक रूप से) भी हो गया था। यही बालक बड़ा होकर सिंह राजा बना। चूँकि वह अन्धा था इसलिए लोकनी काँड़ा, काँड़ा राजा (हो भाषा में अन्धा को काँड़ा कहा जाता है।) कोड़े राजा कहा जाता था। चूँकि दिघी मुंडा किली के लोगों ने पहली बार सिंह राजा को ढूँढ़ा था इसलिए वे अपनी हर पूजा के पहले दिघी मुंडा का नाम लिया करते थे।

सिंह राजाओं की उत्पत्ति के सम्बन्ध में एक अन्य परम्परा यह है कि इस परिवार के संस्थापक मारवाड़ के एक राठौर या कदमवंशी राजपूत हैं। वे पुरी भगवान जगन्नाथ के दर्शन करने जा रहे थे। जब वे यहाँ के भुइयाँ लोगों के इलाके से गुजर रहे थे तब एक अनजान अनियंत्रित घोड़ा यहाँ घुस गया था और उत्पात मचा रहा था। उसने अपने पराक्रम से इस घोड़े को नियंत्रित कर लिया फलत: भुइयाँ लोगों ने उसे अपना राजा चुन लिया। कुछ समय के पश्चात पूर्वी सिंहभूम के भुइयाँ और कोल्हान के मध्य भाग के हो लोगों के बीच विवाद उत्पन्न हो गया। राजपरिवार ने हो लोगों का साथ दिया और भुइयाँ लोगों को अपने अधीन कर लिया। कालान्तर में उसने हो और भुइयाँ दोनों पर अपने आधिपत्य का दावा किया।

एक अन्य अवधारणा यह है कि हो लोग भुइयाँ लोगों का दमन कर रहे थे इसलिए उन्होंने अकबर के सेनापति मानसिंह के उड़ीसा आक्रमण के लिए जाते समय मदद माँगी। तीन राजपूत भाइयों ने एक शर्त पर मदद करने का आश्वासन दिया कि यदि वे हो लोगों पर जीत हासिल करते हैं तो भुइयाँ उन्हें अपना राजा स्वीकार करें। भुइयाँ लोगों ने उन्हें अपना राजा बनने के लिए सहमति प्रदान की। तीन भाइयों में से एक सिंहभूम आया और भुइयाँ लोगों को युद्ध-कला का अभ्यास करवाया। उसने इस क्षेत्र को अपने अधिकार में लिया और इसे सिंहभूम नाम दिया। विजय प्राप्त करने के उपरान्त उसने पोड़ाहाट में एक महल का निर्माण करवाया और उसे अपनी राजधानी बनाया। ऐसा कहा जाता है कि उन्होंने इस जगह का नाम भुइयाँ लोगों को खुश करने के लिए दिया था जिनकी प्रमुख आराध्य देवी पाउड़ी देवी हैं। यह ध्यान देने योग्य है कि प्रारम्भिक ब्रिटिश अभिलेख में इस जगह को *पुरीहाटी* या *पोरीहाटी* लिखा गया है।

इस वंश के दूसरी शाखा के प्रथम राजा दर्पनारायण सिंह ने 1205 ई. में इसकी नींव रखी थी। तृतीय राजा काशीनाथ सिंह ने पोड़ाहाट को अपनी राजधानी और माँ पाउड़ी की स्थापना बाँसकटा में की थी। वंशप्रभा में 52 पीढ़ियों के शासकों का उल्लेख प्राप्त होता है। समस्त राजाओं में सबसे शक्तिशाली राजा छत्रपति सिंह थे। उनकी सबसे बड़ी उपलब्धि पीड़ या छावनी प्रणाली की शुरुआत करनी थी। सिंह राजाओं ने बहुत वीरता से एक बड़े भू-भाग पर अपने साम्राज्य का विस्तार किया।

सिंह राजाओं का अपने क्षेत्र में निवास कर रहे भुइयाँ और हो लोगों के साथ सम्बन्ध कटु हो गए थे विशेषकर हो लोगों के साथ। उन्हें नियंत्रण में रखने के लिए 1762 ई. में राजा जगन्नाथ सिंह चतुर्थ के निमंत्रण पर छोटानागपुर के राजा दृपनाथ साही 20,000 सैनिकों के साथ हो लोगों पर आक्रमण करने के लिए आए। लेकिन इस हमले में बहुत संख्या में दृपनाथ साही और जगन्नाथ सिंह के सैनिक मारे गए। यह हो लोगों की पहली लड़ाई और जीत है जिसे वे याद रखते हैं। आठ साल बाद 1770 ई. में छोटानागपुर के राजा जगन्नाथ साही ने लगभग उतने ही सैनिकों के साथ हो लोगों पर पुन: आक्रमण किया। लेकिन इसका भी परिणाम पहले युद्ध के जैसा ही हुआ। तीसरा आक्रमण 1800 ई. में मयूरभंज राज्य के गोंड प्रमुख ने किया था जिसे बामनघाटी का महापातर कहा जाता है। हो लोगों ने अपनी बहादुरी से इसमें भी जीत हासिल की। इस तरह हो लोग अपनी स्वतंत्रता बनाए रखने में कामयाब रहे। अपनी इसी लड़ाकू प्रवृत्ति के कारण वे इतिहास में लड़ाका कोल के नाम से प्रसिद्ध हुए।

हो लोक कथा में रितुई गोंडाई और राजा जगन्नाथ सिंह तृतीय के बीच संघर्ष भी इस वैमनस्यता को दर्शाता है। जगन्नाथ सिंह तृतीय रितुई गोंडाई की खूबसूरत बहन कीतामई से शादी करना चाहता था पर रितुई गोंडाई को यह मंजूर नहीं था। उसने राजा से शर्त लगाई की यदि उसके पास ज्यादा पशुधन है तो वो जीत जाएगा पर राजा शर्त हार जाता है। अपने अपमान से क्रुद्ध होकर राजा रितुई गोंडाई को धोखे से मरवा देता है।

पोड़ाहाट

परवर्ती काल में पोड़ाहाट का सिंह राजवंश अनेक शाखाओं में विभक्त हो गया। उनके वंशज बिक्रम सिंह ने 1620 ई. में सरायकेला और पदमलाभ सिंह ने 1690 ई. में खरसावाँ राज्य की स्थापना की। इसमें पोड़ाहाट, आनन्दपुर और केरा शाखा की प्राक—ब्रिटिश कालीन वंशावली का विवरण प्रस्तुत किया गया है।

सारंडा के जंगलों के बीच मनोहरपुर प्रखंड मुख्यालय से करीब 35 किलोमीटर दूर में छोटानागरा अवस्थित है। छोटानागरा के राजाओं के बारे में अनेक किंवदन्तियाँ प्रचलित है। एक किंवदन्ती के अनुसार सत्रहवीं शताब्दी में एक तुग नामक राजा राज करता था। उनकी क्योंझर के राजा गोपीनाथ भंज से अच्छी दोस्ती थी। बताया जाता है कि इस समय मन्दिर परिसर में छह नगाड़े हुआ करते थे। इन्हीं नगाड़ों के कारण इस मन्दिर और क्षेत्र का नाम छोटानागरा पड़ा। एक अन्य किंवदन्ती यह है कि छोटानागरा में क्योंझर के राजा का शासन था। जहाँ अभी नगाड़ा रखा गया है वहाँ पहले राजा का गढ़ था। गढ़ के ऊपरी इलाके में ध्वंसापीठा नामक एक

पहाड़ है। ध्वंसापीठा पहाड़ में लौह अयस्क पाया जाता है। इसी पहाड़ के कच्चे लोहे से कुल छह नगाड़े बनाए गए थे। उड़िया भाषा में छह को छो: कहा जाता है। इन्हीं छह नगाड़े को उड़िया में छो: टा नगाड़ा कहा गया। ब्रिटिश काल में चूँकि ड़ अक्षर के लिए R का प्रयोग किया जाता था इस कारण इसे Chota Nagra लिखा गया। आजादी के बाद हिन्दी में इसे छोटानागरा लिखा जाने लगा। जब नगाड़े बन के तैयार हो गए तब वहाँ से गुजर रहे मामा-भांजा की नरबलि देकर उनके चमड़े से नगाड़ों के ऊपरी हिस्सों को लपेटा गया। चूँकि उस समय यह क्षेत्र क्योंझर राजा के अधीन था जब भी वहाँ कोई विपत्ति आती थी जैसे कि युद्ध, महामारी, अकाल, बाढ़ इत्यादि तब वहाँ के प्रजा के ऐलान के लिए नगाड़ा बजाया जाता था। उस नगाड़े की आवाज यहाँ तक भी पहुँचती थी। उसे सुनकर यहाँ भी नगाड़ा बजा कर जनता को सावधान किया जाता था। कहा तो ये भी जाता है कि क्योंझर राजा के नगाड़ों की आवाज सुनकर यहाँ के नगाड़े अपने-आप बज उठते थे।

पोड़ाहाट एक छोटा राज्य था तथापि देश के बड़े साम्राज्यों की ही तरह इसके प्रशासन को भी तीन भागों में बाँटा जा सकता है—केन्द्रीय प्रशासन, प्रान्तीय प्रशासन और ग्रामीण प्रशासन। पोड़ाहाट के राजा केन्द्रीय प्रशासन में सर्वोच्च स्थान रखते थे। उनकी राजधानी पोड़ाहाट थी। वे अपने राज्य के मुख्य सेनापति होते थे और युद्ध में सेना का नेतृत्व स्वयं करते थे। राजा न्याय-व्यवस्था के भी प्रमुख होते थे। राजा अपने राज्य के अनके महत्त्वपूर्ण क्षेत्रों के प्रशासन के लिए अपने परिवार के सदस्यों के मध्य इलाके बाँट देते थे। इनमें खड़पोश अनुदान और छकरान अनुदान प्रमुख थे। इन दोनों अनुदानों के एवज में अनेक अनिवार्य सेवा-शर्तें थीं जिसे मानना अनुदान धारक के लिए बाध्यकारी था। कर-मुक्त भूमि अनुदान के रूप में देवोत्तर, ब्रह्मोत्तर, महातरान अनुदान दिया गया था। इन सबके अलावा बख्शीश के रूप में कर-मुक्त भूमि अनुदान प्रदान की गई थी। राज्य के अन्य भूधारक के रूप में मानकी, मुंडा, खूँटकट्टीदार और रैयत थे।

हो समुदाय की विश्लेषणात्मक जाँच-पड़ताल के लिए हमारे पास भाषा, डीएनए अनुसन्धान और पुरातात्त्विक खोजों के परिणाम हैं इसके साथ ही लोककथा और लोकगीत के रूप में मौखिक परम्परा है। इन सबके सूक्ष्म अवलोकन से हमें हो आदिवासियों के इस काल के इतिहास के पुनर्लेखन में सहायता मिली है। हो मिथक से ऐतिहासिक तथ्यों का संग्रह कर उनके विश्व और विभिन्न समुदायों की उत्पत्ति की अवधारणा को स्पष्ट कर किया गया है। हो भाषा ऑस्ट्रो-एशियाटिक भाषायी परिवार से सम्बन्धित है। चूँकि पारम्परिक और लिंग विशिष्ट आनुवंशिक विश्लेषणों पर आधारित आनुवंशिक अध्ययनों से विरोधाभाषी परिणाम प्राप्त हुए हैं इसलिए भारत की एक ऑस्ट्रो-एशियाटिक मुंडा आबादी की एचएलए (HLA) विविधता की भारत और दक्षिण-पूर्व एशिया की अन्य आबादी के साथ सम्बन्धों

की जाँच की गई। इसमें पाया गया कि वे दक्षिण-पूर्व एशियाई आबादी की तुलना में कम विविधता प्रदर्शित करते हैं। कई आनुवंशिक विश्लेषणों से संकेत मिलता है कि मुंडा भारतीय उपमहाद्वीप की आबादी से बहुत अधिक निकटता से सम्बन्धित है। यद्यपि भारत में ऑस्ट्रो-एशियाटिक भाषा बोलनेवाले पुरुषों के आप्रवासन के प्रमाण मिलते हैं पर हम एक बहुत ही अस्पष्ट तारीख और स्थान से अधिक निर्दिष्ट नहीं कर सकते हैं। इस आनुवंशिक विश्लेषणों से यही निष्कर्ष निकलता है कि मुंडा न तो द्रविड़ों और न ही इंडो-यूरापियनों के साथ घनिष्ठ सम्बन्ध साझा करते हैं।

विभिन्न विद्वानों ने मुंडा, हो, सन्ताल, भूमिज, असुर आदि आदिवासियों को *कोलारियन* समूह का माना है। उनके अनुसार ये सिन्धु घाटी के मूल निवासी थे। उनके पलायन का कारण आर्यों का आक्रमण था। इस कारण वे निरन्तर उत्तर-पश्चिम और उत्तर-पूर्व की ओर बढ़ते चले गए। सिन्धु घाटी से निष्कासित होने के बाद कोलारियन आदिवासी (मुंडा) लोग अरावली पर्वतमाला होते हुए खैरागढ़, मिर्जापुर, छत्तीसगढ़, आजमगढ़ आदि क्षेत्रों में संक्षिप्त कालावधि तक निवास करने के बाद उत्तर-पूर्व की दिशा में बढ़ते चले गए थे। कुछ समय तक वे कैमूर पर्वत और विन्ध्याचल पर्वत में भी निवास किए। मुंडा आदिवासी समूह सोन, गंडक आदि नदियों की घाटी होते हुए वैशाली, मिथिला आदि क्षेत्रों में जाकर बस गए थे। उत्तर-पूर्व में बसनेवाली मोनख्मेर और खासी लोगों की भाषा मुंडारी से बहुत साम्यता रखती है। इसके आधार पर विद्वानों का मत है कि मुंडा उत्तर-पूर्व क्षेत्र तक जाकर बस गए थे। मुंडा एवं कोलारियन समूह के अन्य आदिवासियों ने जिन गढ़ों का निर्माण किया अथवा उस पर कब्जा था, उनमें प्रमुख थे—कलगंजर (कालिंजर-बाँदा), गढ़चित या गढ़चितरी (चित्रकूट-उत्तर प्रदेश), गढ़नगरवार (कारकोटारेंज-जयपुर राज्य का एक भाग), गढ़डहरवार (खेड़ा जिला—नगर से दक्षिण-पश्चिम), गढ़पाली (पटना), गढ़पिपर (चम्पारण), बिन्जगढ़ (आगरा—गम्भीर नदी के किनारे), लखनौर गढ़ (रुहेलखंड-गोरखपुर), रुईदास या रोहतासगढ़ (कैमूर-सासाराम), हरदीनगर (मधेपुरा), सबहेगढ़ (मुजफ्फरपुर), नन्दनगढ़, राजगढ़ (राजगृह), मन्दार पहाड़ (बाँका) आदि। उनके गढ़ों के अवशेष उत्तर बिहार के मुजफ्फरपुर, दरभंगा आदि जगहों में भी पाए गए हैं। इस प्रकार हजारों वर्ष तक एक स्थान से दूसरे सुरक्षित क्षेत्र में प्रव्रजित होते हुए मुंडा के साथ हो लोग भी अपना आवास क्षेत्र बदलते रहे होंगे। सम्भवत: उनकी अन्तिम यात्रा कैमूर क्षेत्र से होते हुए सोन और कोयल नदी की घाटी होते हुए राँची-पलामू-हजारीबाग की सीमा पर अवस्थित बुड़मू घाटी से होकर उमेडंडा होते हुए चुटियानागपुर (छोटानागपुर) में प्रवेश के साथ सम्पन्न हुई थी।

हो समुदाय के सिंहभूम में पलायन के अनेक मत प्रचलित हैं पर यह सर्वमान्य अवधारणा है कि वे लगभग 10वीं शताब्दी से परवर्ती कालों तक विभिन्न समूहों

में सिंहभूम में आते रहे। सिंहभूम में उनके प्रवेश-मार्ग के बारे में विद्वानों के अनेक मत हैं। एस.सी. राय का मानना है कि हो लोग कोयल नदी के किनारे-किनारे होते हुए इस जिले के पश्चिमी भाग से सिंहभूम में आए। वहीं टकी का मत है कि हो लोग उत्तर और उत्तर-पश्चिम दिशा से सिंहभूम में आए। फादर जॉन डिन्नी जो हो भाषा एवं संस्कृति के विशेषज्ञ हैं, के अनुसार हो लोग छोटानागपुर से प्रव्रजन कर सर्वप्रथम सिंहभूम के उत्तरी भाग में (बन्दगाँव घाटी) में बसे तत्पश्चात यहाँ से धीरे-धीरे सम्पूर्ण सिंहभूम में फैल गए।

अगर हम हो आदिवासियों का इतिहास पुरातत्त्व के पारम्परिक उपकरणों और भौतिक अवशेषों के आधार पर लिखने का प्रयास करें तो हम असफल हो जाएँगे। हो समुदाय के लिए *देशाउली* या ग्राम देवता, पाउड़ी देवी या भुइयाँ लोगों की आराध्य देवी, गाँव के नाम, *कुर्सीनामा* या वंशावली और *सासनदीरी* (कब्र का पत्थर) को पुरातात्त्विक उपकरणों के रूप में उपयोग कर उनके इतिहास का निर्माण किया जा सकता है।

जब हो समाज में कोई ऐतिहासिक घटना घटती है तब उसकी निशानी के रूप में भी बिड्दिरी गाड़ने की परम्परा है। इस सन्दर्भ में वर्तमान हाट गम्हरिया के नोगड़ा गाँव के टोला चित्रीबिली में घने जंगलों के बीच अवस्थित एक बिड्दिरी है जो कोमचोंङ दिरी के नाम से प्रसिद्ध है। कहा जाता है कि यहाँ *कोमचोंङ हड़म* नाम से हो लोगों के अगुवा या प्रमुख रहते थे। वे लोग उसे राजा कहते थे। वह शारीरिक रूप से कूबड़ थे जिसे हो भाषा में कोमचोंग कहा जाता है। लोगों का मानना है कि यहाँ पर कोमचोंङ हड़म ने पूजा करवाया था और पूजा में काम के अनुसार आठ हो किलियों का बँटवारा किया था तत्पश्चात उनके इलाकों को भी बाँट दिया था। ये किली थे—1. बोबोंगा, 2. लागुरी, 3. सिंकु, 4. सिंहकुंटिया, 5. चातोम्बा, 6. गुईया, 7. चातार, 8. जेराई। कोमचोंङ हड़म ने सिंकु किली अपनाया। इस समय को हो लोगों में *किली काड़* (काल) कहा जाता है। इसके पश्चात कोमचोंङ हड़म ने किली के अनुसार इलाकों का बँटवारा किया। सिंकु किली को चित्रिबिली और जोजोकोबिर, लागुरी-गागराई को कुदामसदा, बिरुवा को लगड़ा और सोगो (सागरकटा), पुरती को करलाजुड़ी, गागराई को बालजुई, बोबोंगा को बड़ा नन्दा तथा हेम्बरोम को मुरुमबुर:अ इलाका दिया गया था।

हो आदिवासियों के पूजा-पद्धतियों के सूक्ष्म अवलोकन से भी हम उनके सिंहभूम में आगमन के मार्ग का पता लगा सकते हैं। हो लोग सिंहबोंगा और देशाउली के अलावा मारांग बोंगा की पूजा करते हैं। मारांग बोंगा की पूजा प्रत्येक साल में या तीन साल, पाँच साल आदि बेजोड़ साल में की जाती है। अगर इसकी पूजा न की जाए तो वह घर वालों को बीमार कर देता है। प्रत्येक किली का अपना मारांग बोंगा या इष्ट देवता होता है। इस पूजा में उस वंश के प्रथम पूर्वज जिस गाँव में बसे और

क्रमश: वहाँ से जिन-जिन गाँवों में प्रवास करते हुए आए उन गाँवों का नाम लेकर पूजा किया जाता है। पूजा सम्पन्न होने के उपरान्त अँधेरा होने के पूर्व पुरुष सदस्य पूजन-सामग्री को लेकर गाँव की सीमा में जाते हैं और अधिकांशत: उत्तर-पश्चिम या पश्चिम दिशा में रास्ते पर छोड़ देते हैं ताकि उनके अशुभ तत्त्व गाँव से बाहर चले जाएँ। ये दिशाएँ उनके आगमन के मार्ग का सूचक हैं। इससे साबित होता है कि हो आदिवासी अधिकांशत: उत्तर-पश्चिम या पश्चिम दिशा से सिंहभूम में आए हैं।

सम्पूर्ण विश्व में स्थायी कृषि और स्थायी ग्रामीण जीवन का प्रारम्भ एक साथ घटित हुआ। सिंहभूम में मुख्य रूप से शिकार, चराई और झूम खेती पर निर्भरता के कारण हो समुदाय पहले अस्थायी गाँवों में रहते थे। बाद में जब उन्होंने स्थायी खेती को अपनाया तब वे स्थायी गाँव बसाकर रहने लगे। इस प्रक्रिया में सबसे पहला स्तर गाँव के निर्माण के लिए स्थल-चयन था। यह सुरक्षा, आर्थिक और पारिस्थितिक चिन्ताओं द्वारा निर्धारित किया गया था। भारत में वास्तविक या काल्पनिक शत्रुओं की आक्रामकता से सुरक्षा गाँव के गठन का एक प्रमुख कारक था। बाहरी आक्रमण से शारीरिक सुरक्षा के साथ-साथ पर्यावरणीय कारकों से भी बड़े पैमाने पर स्थल-चयन को प्रभावित किया। भोजन, चारा, पानी के साथ-साथ कृषि-योग्य और रहने योग्य भूमि की उपलब्धता जो कि खाली वन क्षेत्रों में बहुतायत से उपलब्ध थी, ने महत्त्वपूर्ण कारक की भूमिका निभाई। जंगल के साथ उनकी घनिष्ठता के कारण उनके रहन-सहन को वन-केन्द्रित बताया गया है। हो समुदाय भी सर्वप्रथम उत्तरी सिंहभूम के घने जंगलोंवाले क्षेत्र में बसे, तदुपरान्त वे अधिक सघन वनों वाले दक्षिण कोल्हान में चले गए। यहाँ उन्होंने घने जंगलों और पहाड़ी भागों की अपेक्षा आम तौर पर गाँव के स्थलों के लिए खुला और समतल भू-भाग चुना। सुदूर दक्षिण, जिसमें प्रसिद्ध पहाड़ी और सारंडा वन क्षेत्र शामिल हैं, उनमें भी उन्होंने गाँव बसाए।

गाँव के वास्तविक निर्माण की शुरुआत जंगल क्षेत्र में पहले व्यक्ति या संस्थापक के आगमन के साथ हो जाती थी। हो भाषा में उन्हें *हाम हो* (पूर्वज) कहा जाता था। मुंडा और हो लोगों में पितृ परिवार या प्रारम्भिक व्यक्ति ने महत्त्वपूर्ण भूमिका निभाई थी क्योंकि उन्होंने सर्वप्रथम गाँव के लिए जगह का चयन और सीमांकन किया था। जब गाँव के संस्थापक और उनके लोग वन स्थल पर पहुँचे तब उनका पहला काम आनुष्ठानिक सत्यापन के बाद एक उपयुक्त स्थान की पहचान करना था। इस धार्मिक परीक्षण ने आदिवासी मानस में पवित्र या कर्मकांड तत्त्वों में विश्वास को स्थायी रूप से प्रत्यारोपित किया।

स्थल-चयन के बाद, अगुवा द्वारा मारांग बोंगा और सिंगबोंगा से अपने प्रयास की सफलता के लिए प्रार्थना की गई। चूँकि उस काल में मूल कार्य धार्मिक और लौकिक थे अत: दोनों प्रकार के कार्यों का दायित्व उसे निभाना पड़ता था। गाँव के

धार्मिक मुखिया के रूप में वह *दिउरी* कहलाया। उसे समुदाय की रक्षा और अच्छी फसल के लिए ग्राम देवताओं को प्रसन्न करने हेतु देशाउली में सार्वजनिक रूप से बलि चढ़ानी पड़ती थी। दूसरी ओर सांसारिक मामलों के मुखिया के रूप में वह मुंडा कहलाया। परवर्ती काल में जब कार्यों का बोझ बढ़ने लगा तब धार्मिक और लौकिक कार्य अलग हो गए। धार्मिक कार्यों को करने की जिम्मेदारी सिर्फ दिउरी की हो गई। गाँव का अगला सबसे प्रभावशाली व्यक्ति गाँव के लौकिक कार्यों के लिए उत्तरदायी हो गया और वह मुंडा कहलाया। झारखंड के आदिवासियों में संस्थापक किली को भूमि चयन में विशेषाधिकार प्राप्त है। प्रारम्भ में अगुवा ने अपने साथ आनेवाले व्यक्ति को भूमि आवंटित की। वो उनके अपने परिवार के सदस्य हो सकते हैं जिन्हें सामाजिक रूप से *मारांग हागा* (वरिष्ठ भाई-बन्धु) और अपने ही किली के दूसरे परिवार को *हुड्रिंग हागा* (कनिष्ठ) कहा जाता था। उन दोनों को आम तौर पर *मारांग किली* कहा जाता था। दूसरी किली के सदस्यों को हुड्रिंग किली कहा जाता था जो अक्सर उनके *पोरजा* या सेवक *(चितरा)* के रूप में जाने जाते थे। ये प्रारम्भ से ही अगुवा के साथ रहे होंगे या बाद में आमंत्रित किए गए होंगे। उन्होंने अपने हातु या गाँव को केन्द्र कर जमीन का चयन और आवंटन किया। उनके गाँव *खूँटकट्टी हातु* कहलाए

गाँव की सीमा निर्धारित करने के बाद अगुवा का सबसे पहला कार्य गाँव का नामकरण करना होता था। एक गाँव का नामकरण कैसे और क्यों हुआ यह आदिवासी मानसिकता और विश्वदृष्टि को दर्शाता है। पहला, यह मूल संस्थापक द्वारा अपनी सहायता के लिए प्राकृतिक तत्त्वों को एक प्रकार से ऋण भुगतान करने का तरीका था। दूसरा, इसने उनके पवित्र और अपवित्र दोनों तरह के झुकाव को व्यक्त किया। तीसरा, गाँव का नाम अक्सर खूँटकट्टीदार के नाम पर होता था जिससे मूल संस्थापक का नाम पता चलता है। अन्त में, गाँव बनाने के दौरान हुए क्षणिक अनुभव को आत्मसात करने के लिए हो समुदाय का यह एक सरल प्रयास था। यह नाम अक्सर उस गाँव को बसानेवाले प्रथम व्यक्ति को उस स्थान में पहली बार पहुँचने के उपरान्त घटनेवाली कुछ असाधारण घटनाएँ या वैयक्तिक या सामूहिक अनुभवों पर आधारित होती थी। हो लोगों ने गाँव के नामकरण द्वारा वहाँ बसने के समय घटित हुए किसी तात्कालिक अनुभव को एक नाम देकर अनन्त स्वरूप प्रदान करने की चेष्टा की।

एक अगुवा के नेतृत्व में एक गाँव के बसने से घुमन्तू हो लोगों ने ग्रामीण जीवन में प्रवेश कर ऐतिहासिक परिवर्तन के संकेत दिए। इसलिए मूल संस्थापक का अपने स्वदेशी समाज में विशिष्ट स्थान है। इस कारण आदर स्वरूप या कृतज्ञता-स्वरूप मूल संस्थापक के नाम पर गाँव का नाम रखने का प्रचलन है ताकि उनका नाम अमर हो जाए। सिंहभूम में ऐसे अनेक गाँव हैं, उदाहरण के लिए, दुम्बीसाई

गाँव का नाम उसके संस्थापक *दुलु हो* के नाम पर पड़ा। *सिकुर हो* के नाम पर सिकुरसाई और *गुरा हो* के नाम पर गुईरा नामकरण हुआ।

इसके अलावा, अक्सर अगुवा को गाँव बसाने के दौरान घटित होनेवाले अनुभव भी गाँव का नामकरण का कारण बनते हैं। असुरा गाँव के नामकरण के बारे में कहा जाता है कि एक बार कुछ लोगों का समूह गाँव-निर्माण के लिए उपयुक्त स्थल की खोज में भटक रहे थे। जब वे उस जगह पहुँचे तब शाम होने लगी और सूरज डूबने लगा। हो भाषा में सूरज डूबने को *सिंगी असुरेयना* कहते हैं। उन्होंने वहीं रात गुजारी और चूँकि उस स्थल पर सिंगी असुरेयना की घटना का अनुभव किया, वहाँ का नाम असुरा रखा और एक गाँव की स्थापना की।

प्राकृतिक दृश्य भी हो गाँवों के नामकरण का मुख्य आधार थे। उदाहरण के लिए *कोकोरकोटा गाँव,* ग्रामीणों के अनुसार, कोकोरकोटा को स्थानीय लोग काकारु कटा भी कहते हैं। काकारु को हिन्दी में कुम्हड़ा कहा जाता है। यहाँ के घने जंगलों के बीच में अनेक विशालकाय चट्टान हैं जिसमें एक चट्टान प्राकृतिक कारणों से दो भागों में विभक्त है। यह देखने में ऐसा लगता है जैसे एक विशालकाय कुम्हड़ा को बीचोबीच काटकर दो भागों में बाँट दिया गया हो। परवर्ती काल में यही काकारु कटा कोकोरकोटा नाम में परिवर्तित हो गया।

झारखंड के अन्य आदिवासी क्षेत्रों की तरह सिंहभूम में भी पेड़, पौधे, फल और साग भी गाँव के नामकरण का केन्द्र बने। चाईबासा के बगल में *मटकमहातु* गाँव है। हो में महुवा को मटकम कहा जाता है। इस जगह पर महुवा के पेड़ बहुतायत में थे इस कारण इसका मटकमहातु नाम पड़ा।

कभी-कभी ऐतिहासिक घटना भी किसी गाँव के नामकरण का कारण बनी। जगन्नाथपुर के समीप एक गाँव की स्थापना लगभग 1600 ई. में हुई। इस गाँव में अनेक जाति के लोग निवास करते थे। एक बार किसी कारणवश हो लोग सामूहिक रूप से गाँव छोड़कर चले गए। हो लोगों को कोल कहा जाता था। हो लोगों के सामूहिक रूप से गाँव छोड़कर जाने की घटना को 'कोल छोंड़ा' कहा गया। परवर्ती काल में यही अपभ्रंश होकर *कोचड़ा* हो गया।

हो समुदाय सामूहिक अस्तित्व में विश्वास करते हैं। वे तीन प्रकार की सम्बद्धता द्वारा एक साथ जुड़े हुए थे। प्रत्येक हो पहले एक परिवार का सदस्य होता था और इस तरह उसके अपने अधिकार और कर्तव्य होते थे। परिवार सामाजिक जीवन का आधार होती थी। परिवार के ऊपर एक महत्त्वपूर्ण समूह था जिसे *हागा* या एक ही गोत्र के भाई-बन्धु के नाम से जाना जाता था। जन्म, विवाह और अन्त्येष्टि समारोह के दौरान अन्य सदस्यों को हरसम्भव मदद देना हागा के लिए अनिवार्य था। झारखंड के अन्य आदिवासी समुदाय यथा मुंडा, सन्ताल और उराँव लोगों की तरह अलग-अलग बहिर्विहाही किलियों या गोत्रों में विभक्त थे। हो समाज में

संगठन का आधार होने के कारण किलियों को परिवार से अधिक महत्त्वपूर्ण माना जाता था। धर्म और सामाजिक सम्बन्धों के मामले में एक हो अपने किली के प्रति बेहद वफादार होता था। किली के सदस्यों को प्रथागत आचार संहिता के अनुरूप ही व्यवहार करना अनिवार्य था। इसके उल्लंघन पर वे किली द्वारा सुरक्षा के अधिकार को खो सकते थे। इस तरह किली मुख्य रूप से एक सामाजिक इकाई थी और इसका अधिकार इसके बुजुर्गों में निहित था। किली पंच लोगों के द्वारा चुने जाते थे और स्वयं के किली के प्रति उत्तरदायी होते थे। सबसे अन्त में हो समुदाय के सामाजिक संगठन में हातु या गाँव होता है। प्रारम्भ में एक गाँव में एक या दो किली के लोग निवास करते थे पर परवर्ती काल में अनेक किली मिलकर रहने लगे। हातु लोगों के सामाजिक बन्धन को मजबूत करने में महत्त्वपूर्ण भूमिका निभाती थी। गाँव के किसी भी घर के जन्म, विवाह और मृत्यु में सभी मिल-जुलकर कार्य करते हैं। मुंडा हातु का मुखिया होता था। गाँव में सभी प्रकार के कार्यों की जिम्मेदारी मुंडा की थी। इस प्रकार परिवार, किली, हातु हो आदिवासी जीवन के तीन महत्त्वपूर्ण भाग थे।

हो समुदाय जीववादी और प्रकृति पूजक थे। वे अपने विभिन्न देवी-देवताओं की पूजा करते थे। वे थे—सिंगबोंगा, देशाउली, जायरा बुड़ी, मारांग बोंगा, पांगुवा बुड़ी, पाउँवी बोंगा, नागे एरा बिन्दी एरा, मारंग बुरु, बुरु बोंगा, बाड़ाम बोंगा, चान्दु हामोल, बायबेड़ा जपु बुड़ी, गोट चुर्दु, धानचुर्दु, ए-बोंगा, मा-ली बोंगा, जुगनी बोंगा, गाड़ा चुर्दु, ओव-हापरोम, ऐरे बोंगा और आ-दटा बोंगा।

सिंहभूम में मुंडा-मानकी व्यवस्था का प्रारम्भ स्थायी गाँवों के निर्माण के साथ ही हो गया था। झारखंड के प्रमुख जातीय समूहों के बीच ग्राम प्रशासन की ज्यादातर दो स्तरीय प्रणाली विकसित हुई। एक गाँव पर शासन करनेवाला और दूसरा गाँव से बृहत्तर प्रशासनिक इकाई जिसे पीड़ कहा गया। *हातु* या गाँव बुनियादी सामाजिक इकाई थे और *पीड़/पड़हा/पट्टी* एक उच्चतर संगठन थे जिसके अन्तर्गत अनेक गाँव आते थे। हरेक पीड़ में गाँवों की संख्या अलग-अलग होती थी।

गाँव की स्थापना के क्रम में जिसे किली (गोत्र या वंश) के परिवार ने सर्वप्रथम जंगलों को साफ कर गाँव बसाया वह उस गाँव का खूँटकट्टीदार कहलाए। हालाँकि सिंहभूम के हो आदिवासियों में खूँटकट्टीदार के बजाय *मारंग किली* (मारंग का अर्थ बड़ा होता है तथा किली का अर्थ है गोत्र यानी मारंग किली का तात्पर्य है बड़ा गोत्र) एवं *हुड़िग किली* (हुड़िग का अर्थ छोटा होता है तथा हुड़िग किली का तात्पर्य है छोटा गोत्र, इसे प्रजा (पोरजा या गरीब) किली भी कहा जाता था) का प्रचलन था। मारंग किली का तात्पर्य है संस्थापक परिवार का किली यानी जिस किली ने सर्वप्रथम गाँव बसाया जबकि हुड़िग किली का अर्थ है गाँव में बाद के क्रम में बसनेवाले किली। गाँव को जिस किली के *हाम हो* ने बसाया उसे ही

अपने गाँव के सांसारिक और धार्मिक कार्यों को करने का उत्तरदायित्व मिलता था। वह व्यक्ति सांसारिक कार्यों के लिए मुंडा तथा धार्मिक कार्यों के लिए *दिउरी* (पुजारी) कहलाता था।

हो आदिवासी जब एक यायावर समूह से एक स्थायी कृषक के रूप में परिवर्तित हुए तब उन्होंने अपने कृषि-कार्य तथा दैनिक आवश्यकताओं की पूर्ति के लिए कुछ व्यावसायिक जातियों यथा कुम्हार, लोहार, तान्ती, गोप, घासी इत्यादि को गाँव में बसने की इजाजत दी। हो लोग इनको अपनी सेवा के लिए बसाए थे तथा गाँव में इनका क्रम सबसे निचला होता था। ये कभी-कभी हो लोगों के दुभाषिये और एकाउंटेंट के तौर पर भी कार्य करते थे। ये मुंडा-मानकी के कार्यों में मदद करते थे एवं उनका पद डाकुवा कहलाता था।

हो आदिवासियों ने परवर्ती काल में इस गाँव के संगठन के ऊपर एक नया संगठन बनाया जिसे पीड़ कहा गया। सुरक्षा के उद्देश्यों ने एक बृहत्तर संगठन के निर्माण को बल दिया जो पीड़ व्यवस्था कहलाया। इस पीड़ में कुछ गाँवों के समूह एकजुट होते थे जिसमें साधारणतया बारह गाँव होते थे लेकिन असनतलिया नामक छोटे पीड़ में जहाँ तीन गाँव भी पाए जाते थे वहीं सत् बन्तारिया नामक एक बड़े पीड़ में चौंतीस गाँव तक भी होते थे। इन पीड़ों में स्थित गाँवों के मुंडाओं के मध्य से जो सबसे ज्यादा ताकतवर और प्रभावशाली व्यक्ति होता था उसे पीड़ के प्रमुख के रूप में चयन किया गया एवं उसका पद मानकी कहलाया। मानकी का मुख्य कार्य सैन्य-सेवा था।

सिंहभूम के पोड़ाहाट क्षेत्र में मानकी पद के उद्‌भव के सम्बन्ध में वहाँ के मुंडा आदिवासी का मानना है कि जब वे चुटियानागपुर तथा पोड़ाहाट के राजाओं के सम्पर्क में आए तब उन्हें एक प्रतिनिधि की आवश्यकता हुई जो उनकी तरफ से राजा के सम्मुख उपस्थित हो। उन्हें राजा के निर्देशानुसार न्यायिक, सामाजिक, राजस्व एवं प्रशासनिक मामलों में निर्देशित करे। सम्भवत: तब गाँव का सबसे योग्य व्यक्ति राजा के दरबार में गाँव के प्रतिनिधि के रूप में चुना गया और राजा के यहाँ नियुक्त हुआ। अत: कुछ ऐसे ही प्रतिनिधियों को ही बाद में गाँववालों ने मानकी पद पर भी चुना। इसके अतिरिक्त पोड़ाहाट क्षेत्र में जो सेना के प्रमुख के रूप में कार्य करते थे वैसे योग्य व्यक्तियों को भी मानकी के पद पर नियुक्त किया जाता था। इसके अलावा वहाँ खूँटकट्टी परिवार से भी मानकी चुने जाते थे। कोल्हान इलाके में अंग्रेजों के अधिकार करने से पूर्व मानकी उन्हीं इलाकों में पाए जाते थे जहाँ सीमावर्ती राजाओं का नियंत्रण था। उनका मुख्य कार्य अपने अधीनस्थ गाँवों से कर-संग्रह कर राजा को देना होता था।

इस तरह वो राजा और प्रजा के बीच एक मध्य इस तरह हो गाँव विभिन्न किलियों और जातियों से निर्मित होता था जिसमें संस्थापक परिवार का सर्वोच्च स्थान था। इस प्रकार हो गाँवों की सामाजिक बनावट संस्थापक परिवार के सदस्यों

को गाँव के संसाधनों पर काबिज होने का विशेषाधिकार देती थी। इसके साथ-साथ उन्होंने गाँव में अपने ऊँचे ओहदे को *मुंडा-दिउरी-मानकी* पद के रूप में एक संस्थागत स्वरूप प्रदान किया।

सिंह वंश के चौवालीसवें राजा (44) जगन्नाथ सिंह तृतीय के द्वितीय पुत्र कुँवर बिक्रम सिंह ने 1620 ई. में सरायकेला राज की नींव रखी। सरायकेलां के नामकरण के विषय में स्थानीय जनश्रुति एवं लिखित तथ्य प्राप्त होते हैं। सर्वप्रथम यहाँ सरक, भुइयाँ, हो, और मुंडा निवास करते थे। प्राचीन काल में इस स्थान का नाम सालीगुटु था। साली एवं गुटु ये दो शब्दों के मिश्रण से यह शब्द बना है। साली एक प्रकार का वृक्ष है और गुटु का हो और मुंडा में अर्थ होता है डुंगरी या छोटी पठारी। अत: सालीगुटु का अर्थ है साली पेड़ों से आच्छादित एक उच्च स्थान।

परवर्ती काल में यहाँ उड़िया भाषी लोग निवास करने लगे। उन लोगों के अनुसार सोलह कला से सरायकेला का नामकरण हुआ है। उनका तर्क यह है कि सरायकेला सोलह कला से परिपूर्ण था इसलिए इस जगह का नाम सरायकेला पड़ा। एक अन्य लोक कहानी के अनुसार वर्तमान सरायकेला के 10-12 किलोमीटर उत्तर-पूर्व में सिंहपुर नामक एक गाँव है। पहले इस गाँव का नाम सिनडीह था। वहाँ पर नारंगी नामक एक राजा शासन करते थे। राजा नारंगी ने सिनडीह को भुइयाँ जाति के सोलह भाइयों को दान कर दिए थे। ये सोलह भाई सोलह कली या कला नाम से विख्यात थे। यही सोलह कली या कला से कालक्रम में सरायकेला हो गया।

एक जनश्रुति के अनुसार सालीगुटु के उत्तर दिशा में एक गाँव था। अभी जहाँ सरायकेला कोर्ट है वहाँ दन्तु मुंडा और गुटु मुंडा के बड़े-बड़े खेत हुआ करते थे। ये भूमिज थे। उस समय भूमिज मुंडा ही लिखते थे। राजा के घोड़े-पालक रात को घोड़ों को चरने के लिए छोड़ देते थे। वह घोड़े इन दोनों भाइयों के खेत चर जाते थे। दन्तु मुंडा एक दिन परेशान होकर एक घोड़े पर तीर चला देता है। तीर लगा घोड़ा वापस अपने अस्तबल में लौट गया। राजा ने दन्तु मुंडा को दरबार में आने का आदेश दिया। दन्तु मुंडा और गुटु मुंडा दोनों भाई दरबार में गए। राजा ने उसे एक रुपया जुर्माना लगाया। इस पर दन्तु मुंडा ने राजा से कहा कि जब मेरा कोई दोष नहीं है फिर मैं क्यों जुर्माना दूँ। गुटु मुंडा पास में ही खड़ा था। दन्तु मुंडा ने उससे कहा "दोला सालींकड़ा नेरे का ताइञ:" (चलो साला यहाँ नहीं रहेंगे)। चूँकि राजा मुंडा भाषा नहीं समझता था इसलिए वे समझ नहीं पाए। ऐसा कहकर दोनों अन्यत्र चले गए। हो और मुंडाओं के मध्य यह सालींकोड़ा शब्द बहुत लोकप्रिय था और इसी सालींकोड़ा के नाम पर कालक्रम में सरायकेला नाम पड़ा। ऐसा लोक-विश्वास है। दन्तु मुंडा और गुटु मुंडा का जाहेरथान (ग्राम देवता का पूजा-स्थल) सरायकेला कोर्ट से पूर्व की तरफ स्थित था। अभी भी वहाँ निशानी के रूप में दो पेड़ मौजूद हैं।

सरायकेला और उसके आसपास की जगह खनिज-सम्पदा से परिपूर्ण था। आदिवासियों के आने से पूर्व सरक नामक जैन धर्मावलम्बी अनेक स्थानों में निवास करते थे। वे ताँबे के उत्खनन और व्यापार में लिप्त थे। इन लोगों ने ताँबा डुंगरी, ताँबा झुरी, तमाड़ जैसे स्थानों का नामकरण किया था। विभिन्न जगहों में ताँबे के उत्खनन के कारण बड़े-बड़े खाई या गर्त हो गए थे। परवर्ती काल में ये सब तालाब या पोखरी में परिवर्तित हो गए। सम्भवत: सरक लोगों द्वारा खोदे गए बड़े-बड़े तालाबों के कारण इस जगह का नाम सरायकेला पड़ा। सरक-कोड़ा सेड़ेके-कोड़ा से अपभ्रंश होकर कालान्तर में यह सरायकेला हो गया ऐसा सम्भव हो सकता है।

बिक्रम सिंह एक पराक्रमी और महत्त्वाकांक्षी राजा था। उसने पाटकुम राजा से कांड्रा, दुगनी और बाँकसाही पीड़ छीन लिये। कांड्रा पीड़ को उसने अपने पास रख लिया। उस समय कांड्रा पीड़ में तीन गाँव थे—कांड्रा, रघुनाथपुर और बुरुडीह। उसने बाराभूम पर आक्रमण कर गम्हरिया और सतर खानी पीड़ को जीत लिया। गम्हरिया पीड़ को भी उसने अपने अधिकार में रखा। बिक्रम सिंह ने तमाड़ राजा से खरसावाँ जीत लिया जिसमें खरसावाँ और असनतलिया पीड़ सम्मिलित थे। इस प्रकार बिक्रम सिंह ने अपने आसपास के क्षेत्रों को विजित कर अपने साम्राज्य का विस्तार किया।

बिक्रम सिंह की दो पत्नियाँ थीं जिससे उन्हें पाँच पुत्र हुए। पहली पत्नी से नरसिंह, पदमलाभ या पदमसिंह और किशन सिंह तथा दूसरी पत्नी से बिष्णु सिंह और बीराबर सिंह हुए। ज्येष्ठाधिकार नियम के तहत नरसिंह अपने पिताजी के उत्तराधिकारी बने और सरायकेला (दो पीड़ के साथ) की गद्दी सँभाली। बिक्रम सिंह ने पदमसिंह को खरसावाँ, किशन सिंह को असनतलिया, बिष्णु सिंह को दुगनी और बीराबर सिंह को बाँकसाही जीवन-यापन के लिए दिए। स्थानीय तौर पर ये सब *पंचपीड़* के नाम से प्रसिद्ध थे। सिंह वंश में राजा के द्वितीय भाई को *कुअनर* कहा जाता है हालाँकि इसे हमेशा कुँवर लिखा जाता है और तृतीय भाई को ठाकुर कहा जाता है। खरसावाँ ने ठाकुर की उपाधि धारण की। परवर्ती काल में असनतलिया पीड़ के अन्तिम धारक घासी सिंह बिना कोई वारिस के मर गए। उनकी विधवा पत्नी ने असनतलिया पीड़ को तोहफे के रूप में खरसावाँ को दे दिया। नहीं होने के कारण इसे खरसावाँ में शामिल कर लिया गया। बाद में उनकी विधवा सती हो गई।

सरायकेला राजपरिवार के चौथे राजा अभिराम सिंह का शासन-काल स्वर्णिम काल माना जाता है। उसने कुचांग पर अधिकार कर लिया। वह माँ पाउड़ी देवी की मूर्ति को पोड़ाहाट से वापस लाने में सफल रहे। अपनी राज गद्दी के पीछे *गरुड़ नारायण* को पुन: स्थापित किया। छोटानागपुर के राजा को अपने राज्य से भगा दिया गया था। अभिराम सिंह ने उसे गद्दी पर फिर से विराजमान किया। अपने

दोस्त या बड़े भाई को बाराभूम का राज्य वापस दिलाया और उसे सतरखानी पीड़ तोहफे में दिया। उसने वजन के माप के लिए *सिंघुवा पोयला* प्रारम्भ किया जो अभी भी प्रचलन में है।सिंह राजाओं में उत्तराधिकार की स्पष्ट पारम्परिक नियमावली थी। राजा का ज्येष्ठ पुत्र ही गद्दी पर बैठता था तथा वह टिकायत की पदवी धारण करता था। मँझला पुत्र *पटायत* और कनिष्ठ पुत्र *कुमार* कहलाते थे। इस राजपरिवार में परम्परा थी कि राजा पटायत और कुमार को जीवन-यापन के लिए भूमि अनुदान में प्रदान करते थे। सरायकेला राज्य में विभिन्न प्रकार के भूमि अनुदान प्रचलित थे जिसमें पीड़पट्टीदार, खड़पोश, छाकरान या नोकरान, ब्राह्मेत्तर, देवोत्तर और माफी थे इसके अलावा ग्राम प्रशासन के लिए प्रधान, टिकेदार या मुंडा होते थे जो अपने गाँव के प्रशासन के लिए जिम्मेदार होते थे। इसमें सरायकेला, दुगनी, बाँकसाही और ईचा राजपरिवार की प्राक-ब्रिटिश काल तक की वंशावली प्रस्तुत की गई है।

छऊ नृत्य की उत्पत्ति की दो अवधारणाएँ प्रचलित हैं। पहली अवधारणा है कि इसकी उत्पत्ति सरायकेला में हुई थी तथा दूसरी इसकी उत्पत्ति पोड़ाहाट में हुई थी। प्राचीन समय में आदिवासी लोक नृत्य छोड़कर दो ही तरह का नृत्य करते थे एक शिकार और दूसरा युद्ध। परवर्ती काल में इसी से छऊ नृत्य का विकास हुआ। जैसा कि पूर्व में जिक्र किया गया है दन्तु मुंडा और गुटु मुंडा का सरायकेला राजा के साथ विवाद हो गया था इस कारण वे दरबार से चले आए। उन्होंने अपने पुराने गाँव को छोड़ दिया तथा एक नए स्थान में रहने लगे। उस समय वह इलाका घने जंगलों से भरा हुआ था। दन्तु मुंडा के दो पुत्र थे—नरसिंह मुंडा और वासुदेव मुंडा। वासुदेव मुंडा गाँव से कुछ दूरी पर भैंसों को चराने के लिए ले जाते थे वहाँ दो सेरेंग या चट्टान है। इस चट्टान में बैठकर आराम से बाँसुरी बजाते थे और भैंस अपने चरती रहती थी। सरायकेला राजा के पुत्र को जंगल के अन्दर से बाँसुरी की मधुर आवाज सुनाई देती थी। एक दिन राजा ने अपने सेवकों को पता लगाने को कहा। सेवकों ने उससे अनुरोध किया कि वे उन्हें भी धुन, ताल और नृत्य सिखाएँ। वासुदेव मुंडा ने हाँ कर दी। उसने राजा के घर जाने से मना कर दिया और वहीं पर सिखाने लगे। अब वे गीत-संगीत और नृत्य सीखकर राजा के पास गए और उसे राजा के सम्मुख प्रस्तुत किए। इस तरह राजा के गढ़ में इस नृत्य का प्रवेश हुआ। राजमहल में इस नृत्य का अभ्यास प्रारम्भ हुआ। परवर्ती काल में इसमें नए-नए ताल और नृत्य की भाव-भंगिमाओं का समावेश होता गया और यह नृत्य विकसित होने लगा।

एक दूसरी मान्यता यह है कि छऊ नृत्य का उद्‌भव पोड़ाहाट राज्य के सैनिक शिविरों में हुआ था। सिंह वंश के छत्तीसवें राजा रणजीत सिंह के शासन-काल में प्रजा ने उग्र विद्रोह कर दिया था। रणजीत सिंह पोड़ाहाट छोड़कर जोधपुर

होते हुए दिल्ली भाग गए। वे अकबर के दरबार में गए। कुछ ही दिनों में वे वहाँ राजा मानसिंह के प्रिय बन गए। कालान्तर में जब राजा मानसिंह बादशाह अकबर की आज्ञा से बंगाल विजय के लिए कूच किए तब उनके साथ रणजीत सिंह भी आए। उड़ीसा में खोरदा के राजा रामचन्द्र के साथ सन्धि हो जाने पर राजा रामचन्द्र की अनुमति से 1590 ई. के लगभग पुन: पोड़ाहाट की गद्दी पर अधिकार कर लिया। कहते हैं उस काल में राजा मानसिंह की छावनी कुछ समय के लिए सिंहभूम क्षेत्र में रुकी थी छावनी में थकान मिटाने एवं मनोविनोद के लिए एक नृत्य समारोह का आयोजन किया गया। फौजी वातावरण में सैनिकों को नर्तक बनने में संकोच होता, इस संकोच को मिटाने के लिए निश्चय किया गया कि प्रत्येक अभिनेता अपने व्यक्तित्व को छिपाने के निमित्त चेहरे पर आवरण का व्यवहार करेंगे। इसके लिए शूर-वीरोचित मिट्टी की रूप-आकृतियाँ बनवाई गईं। इससे आकृष्ट होकर छावनी के सामन्त-सरदार अभिनेताओं ने रणजीत सिंह के निर्देशन में तलवार द्वारा द्वंद्व युद्ध के रूप में खंडा-नृत्य का प्रदर्शन किया। छावनी के चले जाने पर रणजीत सिंह ने इस खंडा-नृत्य को पोड़ाहाट में राजकीय वार्षिक समारोह के रूप में प्रतिष्ठित किया। सत्रहवीं शताब्दी में पोड़ाहाट के राजा पुरुषोत्तम सिंह ने अपने पुत्र कुँवर विक्रम सिंह को सरायकेला के इलाके खरपोस में दिए। वंश-परम्परा के अनुकूल सरायकेला राजवंश में भी खंडा-नृत्य की प्रथा प्रचलित हुई। कालान्तर में सरायकेला के राजाओं ने यात्राघट से इसका सम्बन्ध जोड़कर इसे एक धार्मिक नृत्य का स्थान प्रदान किया। सरायकेला में राजाओं का प्रोत्साहन प्राप्त कर खंडा-नृत्य उत्तरोत्तर विकसित होता गया। बाद में यह छऊ नृत्य के नाम से प्रसिद्ध हो गया।

बिक्रम सिंह (सरायकेला के संस्थापक) ने अपने द्वितीय पुत्र पद मलाभ सिंह या पदम सिंह को खरसावाँ पीड़ खड़पोश अनुदान के रूप में प्रदान किया था। जैसा कि पूर्व में जिक्र किया गया है खरसावाँ पहले तमाड़ राजा के अधीन था पर बिक्रम सिंह ने उसे विजित कर अपने राज्य में मिला लिया था। पदमलाभ सिंह अपने साथ भगवान श्रीकृष्ण की मूर्ति लेकर आए थे। वो मूर्ति अभी भी राजपरिवार के पास है। पदमलाभ सिंह ने सोना नदी के किनारे बसने का निर्णय लिया। वे सबसे पहले मिट्टी का घर बनाकर रहने लगे। उस समय खरसावाँ में तीन समुदाय निवास करते थे—भुइयाँ, सरक और आदिवासी। इन तीनों ने मिलकर मिट्टी का टीका लगाकर पदमलाभ सिंह को अपना राजा मान लिया। यह परम्परा आज भी चली आ रही है। सिंह वंश में तृतीय पुत्र को ठाकुर की उपाधि दी जाती थी इसलिए पदमलाभ सिंह को ठाकुर की उपाधि दी गई थी।

खरसावाँ के नामकरण सम्बन्धी अनेक कथाएँ प्रचलित हैं। एक मान्यता यह है कि खरसावाँ जहाँ अवस्थित है उसके उत्तर दिशा से लगकर पश्चिम से पूर्व दिशा

होते हुए सोना नदी बहती है। सोना नदी के बहते हुए पानी से अनवरत खर-खर की ध्वनि निकलती है। *अर्थ तेज धार होता है।* इस नदी के किनारे एक प्रकार का बड़ा घास पाया जाता है जिसे सवाँ (सवई) घास कहा जाता है। खर-खर की आवाज और सवाँ घास के कारण इस जगह का नाम खरसावाँ नाम रखा गया। एक अन्य मत यह है कि खरसावाँ दो शब्दों के मेल से बना है। खर (सोना नदी की तेज धार) और स्वान या सोना। सोना नदी के बालू कणों में कच्चे सोने के कण पाए जाते हैं इस कारण इस जगह का नाम खरसावाँ पड़ा।

एक लोकप्रिय लोक-कहानी है कि सोना नदी के उत्तर दिशा में मादरुसाई नामक एक आदिवासी गाँव है। पुराने समय में यहाँ खेरसे मुंडा नामक एक हो आदिवासी व्यक्ति रहता था। धीरे-धीरे वो एक प्रभावशाली और शक्तिशाली व्यक्ति के रूप में उभरने लगा। उसकी प्रसिद्धि राजा के कानों तक भी पहुँची। राजा भयभीत हो गया इसलिए राजा ने उसे षड्यंत्र कर मारने की योजना बनाई। खरसावाँ राजमहल का सिंहद्वार अभी जहाँ अवस्थित है वहाँ पहले खाली स्थान था। वहाँ गड्ढा करके उसके ऊपर घास-पात फैलाकर ढँक कर रख दिया गया था। राजा के सेवकों ने खेरसे मुंडा को खबर दी कि उसे राजा ने बुलवाया है। राजा की आज्ञा को मानते हुए वह राजमहल आया और छल से उसे इस गड्ढे में गिराकर जिन्दा दफन कर दिया गया। इस जगह पर खेरसे अनन्त काल के लिए चिरनिद्रा में सो गया इसलिए इस जगह का नाम खेरसे-सुवाँ-खेरसोवाँ-खरसावाँ हो गया।

पोड़ाहाट और सरायकेला की तरह खरसावाँ की भी भूमि-व्यवस्था विभिन्न स्तरों में विभक्त थी। वहाँ खड़पोश और छाकरान ये दो प्रकार के अनुदान प्रचलित थे। गोहनडल अनुदान जन-सैनिकों और ब्राह्मेत्तर अनुदान ब्राह्मणों को दिए जाते थे। खूँटकट्टी अधिकार खरसावाँ के कोल्हान पीड़ों में पाए जाते थे जहाँ की बहुसंख्यक आबादी हो लोगों की थी। सरायकेला में यह व्यवस्था नहीं थी। जैसा कि पहले भी जिक्र किया गया है खूँटकट्टी का शाब्दिक अर्थ है जिन्होंने सबसे पहले जंगलों को काटकर जमीन और खेत बनाए। यानी खरसावाँ राज्य की स्थापना से पूर्व से वे यहाँ के बाशिन्दे थे। वे यहाँ के जल, जंगल और जमीन के खुद मालिक थे तथा उन्हें किसी भी कार्य के लिए राजा की सहमति लेने की जरूरत नहीं थी। सरायकेला की तरह खरसावाँ में भी ग्राम प्रधान होते थे जिन्हें प्रधान, ठिकादार या मुंडा कहा जाता था। इनका पद वंशानुगत होता था। इनका मुख्य कार्य अपने गाँववालों से कर वसूल कर राजा के पास जमा करना होता था। कर मुख्यत: वस्तुओं के रूप में होता था न कि पैसों के रूप में। ये कर साल में दो बार, माघ और कार्तिक मास में जमा किया जाता था।

इस प्रकार हम पाते हैं कि सिंहभूम के इतिहास का आरम्भ धरती के निर्माण के साथ ही हो गया था। प्राक-औपनिवेशिक कालीन सिंहभूम का गौरवशाली इतिहास

रहा है पर हमेशा ब्रिटिश कालीन इतिहास को ही लेखकों ने अपनी लेखनी का केन्द्र बनाया है। इस समय तक यानी भारतीय इतिहास के अनुसार मध्य काल तक पोड़ाहाट, सरायकेला और खरसावाँ एक स्थापित राज्य थे। देश के अन्य साम्राज्यों की तरह इनका प्रशासन भी तीन स्तरों में विभाजित था—केन्द्रीय प्रशासन, प्रान्तीय प्रशासन और ग्रामीण प्रशासन। ग्रामीण प्रशासन में मुंडा और मानकी प्रशासन की धुरी थे। खूँटकट्टी रैयत के अपने जल, जंगल और जमीन पर पुश्तैनी अधिकार थे। उनमें राजा भी कोई हस्तक्षेप नहीं कर सकते थे। इस समय तक हो लोग सम्पूर्ण सिंहभूम में फैल गए थे पर कोल्हान क्षेत्र में उनका एकाधिकार था। वे कभी भी सिंह राजाओं के नियंत्रण में नहीं रहे और सिंह राजाओं की उन्हें अपने नियंत्रण की इच्छा ही ब्रिटिश काल में सिंहभूम के इतिहास निर्माण का कारण बनी।

शब्दावली

आदिंग	एक घर के अन्दर अवस्थित पूजनीय कमरा जहाँ भोजन पकाया जाता है। हो लोगों का मानना है कि यहाँ पूर्वज निवास करते हैं। यहाँ पकाए गए भोजन को सर्वप्रथम पूर्वजों को ही अर्पित किया जाता है तत्पश्चात घर के अन्य सदस्यों को परोसा जाता है। घर के किसी सदस्य की मृत्यु के उपरान्त उसकी आत्मा को आदिंग में ही बुलाया (केया आदेर) जाता है। इस तरह वह खानदान के पूर्वजों में शामिल हो जाता है। आदिंग की पवित्रता का अत्यन्त ध्यान रखा जाता है। घर के सदस्यों को छोड़कर किसी भी बाहरी का प्रवेश यहाँ वर्जित है।
अखड़ा	गाँव में अवस्थित एक खुला एवं समतल जगह जहाँ पर्व-त्योहारों पर नाच-गान किया जाता है।
बकई	घर के चारों ओर अवस्थित लकड़ी एवं झाड़ियों से निर्मित चहारदीवारी। इस चहारदीवारी के अन्दर घर, आँगन एवं घर के पीछे स्थित जमीन होता है। प्राय: बकई के अन्दर स्थित जमीन पर साग-सब्जियाँ लगाई जाती हैं।
बिर	जंगल
बोंगा	हो लोगो द्वारा पूजे जानेवाले देवताएँ एवं अन्य शक्तियाँ
ब्रह्मेत्तर	ब्राह्मणों को दिया जानेवाला कर मुक्त अनुदान।
डाकुवा	मुंडा और मानकी की सहायता करने के लिए गाँव के ही प्राय: गैर-हो जातियों से चयनित कर्मचारी। यह गाँव के चौकीदार एवं मुंडा-मानकी के चपरासी के रूप में कार्य करता है।
दामा-दुमंग	हो लोगों का पारम्परिक वाद्ययंत्र।
दशहरा	पाउड़ी देवी के लिए दशहरा त्योहार के समय बलि दिया जानेवाला बकरा।
देशाउली	गाँव की सीमा में स्थित पवित्र साल पेड़ों का झुरमुट जहाँ ग्राम देवता निवास करते थे। ग्राम देवता देशाउली के नाम से जाने जाते थे। प्रत्येक गाँव का अपना देशाउली होता है।

देवोत्तर	भगवान के प्रतिनिधि के रूप में ब्राह्मण को मन्दिर और उसकी सम्पत्ति की देखरेख करने का अधिकार।
दिउरी	गाँव का पुजारी
दिउराई	गाँव के दिउरी को मुंडा-मानकी द्वारा प्रदान की जानेवाली भूमि।
डियांग	हो लोगों का नशीला पेय-पदार्थ, इसे हड़िया भी कहते हैं। यह चावल और कुछ जड़ी-बूटियों के मिश्रण से निर्मित होता है।
दिकु	बाहरी व्यक्ति, प्राय: गैर हो लोगों को दिकु कहा जाता है।
डोम	साफ-सफाई करनेवाली जाति।
दोरबर	मुंडा-मानकियों द्वारा गाँव के विवादों एवं आपराधिक मामलों पर निर्णय लेने के लिए बुलाई जानेवाली बैठक। इस प्रकार की बैठक में मुंडा-मानकी वादी, प्रतिवादी एवं गाँववाले उपस्थित रहते हैं। उपस्थित गाँववालों से ही कुछ बुजुर्ग एवं गणमान्य व्यक्तियों को पंचगण (मोए हो) के रूप में चयन किया जाता है।
दुनुब	गाँव के मुंडा-मानकियों द्वारा पर्व-त्योहारों की तिथि तय करने एवं सामाजिक तथा धार्मिक मुद्दों के लिए बुलाई जानेवाली बैठकें।
गढ़	एक किलाबन्द जगह, राजा का घर।
घासी	बाँस से निर्मित टोकरी एवं अन्य वस्तुएँ बनानेवाली जाति।
गाऊ या ग्वाला	गाँव में पालतू जानवरों को चरानेवाला व्यक्ति।
गौदा	हाथ-भर के।
गोहनडल	जन-सैनिकों को मिलनेवाले कर-मुक्त अनुदान।
हाम हो	पूर्वज व्यक्ति।
हागा	पिता के वंश के ही सम्बन्धी।
हातु	गाँव।
हुडिंग हागा	गाँव के संस्थापक परिवार के बाद आनेवाली किली के लोग।
जाहिरा	पवित्र साल कुंज।
खड़पोश	राजपरिवार के कनिष्ठ सदस्यों को जीवन-यापन के लिए प्रदान की गई दान की भूमि।
खूँटकट्टी	जिसने सर्वप्रथम जंगलों को साफ कर गाँव बसाए।
किली	गोत्र
कुम्हार	मिट्टी के बर्तन बनानेवाला।
कुरसीनामा	वंश वृक्ष।
माघ	जनवरी मध्य से फरवरी मध्य का महीना
महुवा	Madhuca longifolia (Botanical Name)
मानकी	कुछ गाँवों के समूह के प्रमुख को मानकी कहा जाता है। साधारणत: इसमें 12-15 गाँव होते हैं लेकिन गाँवों की संख्या कम या ज्यादा भी होती है।

मारांग हागा	गाँव को सर्वप्रथम बसानेवाले किली के परिवार को मारांग हागा कहा जाता है।
मौजा	गाँव
मोए हो	मुंडा-मानकियों द्वारा आयोजित दोरबर बैठक में उपस्थित गाँववालों में से मामले की सुनवाई के लिए चयनित कुछ बुजुर्ग एवं गणमान्य व्यक्ति।
मुंडा	गाँव का प्रमुख।
पतिस/पाव	माप-तौल की एक इकाई।
पीड़	कुछ गाँवों के समूह पीड़ कहलाते हैं। सामान्यत: पीड़ में 12-15 गाँव होते हैं।
पुड़ा	धान को सुरक्षित रखने के लिए धान के चुआल से बनाई गई गोलाकार आकृति।
रैयत	किसान।
रसद	राजा या ब्रिटिश सरकार के अधिकारियों को खान-पान उपलब्ध कराने की व्यवस्था।
सवई	Eulaliopsis binata (Botanical Name).
सरना	साल के पेड़ों का पवित्र झुरमुट।
सासन	हो लोगों का कब्रिस्तान।
सासनदीरी	हो लोगों के कब्र पर बिछाए जानेवाले बड़े पत्थर। ये पत्थर दो प्रकार के होते हैं—क्षैतिजाकार पत्थर सासनदीरी एवं उर्ध्वाकार पत्थर बिड़दिरी कहलाते हैं।
तान्ती	कपड़ा बुननेवाला।

सन्दर्भ सूची

1. प्राथमिक स्त्रोत

(क) अभिलेखीय स्त्रोत

1. अभिलेख भवन, पटना
   साउथ वेस्ट फ्रंटियर पॉलिटिकल डिस्पैच रजिस्टर
   जिल्द 27, फ्रॉम 20 अप्रैल, 1820 टु 7 जून, 1821।
   ओल्ड कोरेसपोंडेंस, भाग 1, 1833-54, डिप्टी कमिश्नर कलेक्शन नं. XII, फाइल नं. 7 ऑफ 1930।
2. पश्चिम बंगाल राज्य अभिलेखागार
   प्रोसिडिंग्स ऑफ द रेवेन्यु डिपार्टमेंट (लैंड रेवेन्यु), गवर्नमेंट ऑफ बंगाल, 1896, 1898।
3. जिला अभिलेखागार, चाईबासा
   क्राभन सेटलमेंट विलेज पेपर्स 1895-96 (1897)।
   पोड़ाहाट पीड़ नोट्स 1900-03।
   टकी सेटलमेंट विलेज पेपर्स, 1914, 1915, 1916 (1913-18)।
   विलेज नोट 1916-17।
   टूर डायरी ऑफ मि. डब्ल्यू.जी. केली फॉर द मन्थ ऑफ अप्रैल, 1915
   डी.सी. ऑफिस, जनरल डिपार्टमेंट, रेवेन्यु ब्रांच सी.एन. III सेटलमेंट, इनस्पेक्शन नोट्स ऑफ सेटलमेंट।
   डी.सी. ऑफिस, जनरल डिपार्टमेंट रेवेन्यु ब्रांच सी.एन. III, फाइल नम्बर 30 ऑफ 1910-11

(ख) साक्षात्कार

1. राजा प्रदीप चन्द्र सिंहदेव से खरसावाँ राजमहल में दिनांक 5 जुलाई, 2020 को साक्षात्कार।

2. राजमाता विजया देवी से खरसावाँ राजमहल में दिनांक 5 जुलाई, 2020 को साक्षात्कार।
3. गोपाल नारायण सिंहदेव से खरसावाँ राजमहल में दिनांक 5 जुलाई, 2020 को साक्षात्कार।
4. अतुल सरदार, असिस्टेंट प्रोफेसर, विभागाध्यक्ष, उड़िया विभाग, मॉडल महिला कालेज खरसावाँ से उनके गाँव पंडरा में दिनांक 22 जुलाई, 2021 को साक्षात्कार।
5. राजा प्रताप आदित्य सिंहदेव से सरायकेला राजमहल में दिनांक 28 जून, 2020 को साक्षात्कार।
6. सत्येन्द्र नाथ साहदेव और कुमार महेन्द्रनाथ साहदेव, तमाड़ राजपरिवार के वंशज से उनके राजमहल में दिनांक 6 अगस्त, 2021 को साक्षात्कार।
7. रंजन सिंहदेव और नन्दन सिंहदेव, धालभूमगढ़ राजपरिवार के सदस्यों से दिनांक 22 मार्च, 2021 को उनके राजमहल में साक्षात्कार।
8. सुषमा देवी और उनके पुत्र अशोक सिंहदेव, राजा अर्जुन सिंह के वंशज से दिनांक 10 मार्च, 2021 को चक्रधरपुर स्थित आवास में साक्षात्कार।
9. विष्णुपद सिंहदेव उम्र 73 वर्ष, गाँव पोटका, पो.ऑ.—केसरघड़िया, जिला सरायकेला-खरसावाँ, दिनांक 24 जून, 2020 को साक्षात्कार।
10. दीपक कुमार सिंहदेव, केरा राजपरिवार के वंशज से उनके महल में दिनांक 12 सितम्बर, 2021 को साक्षात्कार।
11. ज्यातिन्द्र प्रताप सिंहदेव और पुत्र गोविन्द नारायण सिंहदेव, आनन्दपुर राजपरिवार से 16 जुलाई, 2021 को उनके राजमहल में साक्षात्कार।
12. जुगल सरदार, पूर्वी सिंहभूम के पारम्परिक स्वशासन ग्राम प्रधान समिति के अध्यक्ष से दिनांक 1 नवम्बर, 2020 को उनके आवास मुसाबनी में साक्षात्कार।
13. पूनम विन्द, सहायक पुरातत्त्वविद, ऑर्कियोलॉजिकल सर्वे ऑफ इंडिया, राँची सर्कल से दिनांक 29 अप्रैल, 2022 को मोबाइल पर साक्षात्कार।
14. चित्रसेन सिंकु, पूर्व सांसद से दिनांक 26 दिसम्बर, 2020 को उनके निवास स्थान जगदासाई, खैरपाल में साक्षात्कार।
15. लाल सिंह सिंकु, रितुई गोंडाई के वंशज से दिनांक 16 फरवरी, 2021 को उनके गाँव कीताहातु में साक्षात्कार।
16. गोरखनाथ बांडिंग, उम्र 66 वर्ष, गाँव तिलोपदा, टोला—जानुमबेड़ा से दिनांक 12 दिसम्बर, 2021 को साक्षात्कार।
17. जवाहरलाल बाँकिरा, शिक्षा सचिव, हो समाज महासभा, चाईबासा से उनके पैतृक आवास तिलोपदा, केरा पीड़ से दिनांक 12 दिसम्बर, 2021 को साक्षात्कार।
18. दुर्गा केराई, कैरा केराई के वंशज से दिनांक 12 दिसम्बर, 2021 को साक्षात्कार।
19. स्व. शिवदयाल सुंडी से गाँव गोतोमपी में दिनांक 14 फरवरी, 2012 को साक्षात्कार।

20. श्रीमती मालती सुंडी, पत्नी स्व. शिवदयाल सुंडी गाँव गोतोमपी में दिनांक 14 फरवरी, 2012 को साक्षात्कार।
21. प्रधान बिरूवा, स्वतंत्र खोजकर्ता, गाँव—पंड्राशाली से दिनांक 3 जुलाई, 2020 को साक्षात्कार।
22. चन्द्रमोहन देवगम, दिउरी, मटकमहातु से दिनांक 12 मार्च, 2020 को साक्षात्कार।
23. दिलदार पुरती, असिस्टेंट प्रोफेसर, हो भाषा विभाग, श्यामा प्रसाद मुखर्जी विश्वविद्यालय, राँची से दिनांक 24 जून, 2022 को साक्षात्कार।
24. लाल सिंह सिंकू, रितुई गोंडाई के वंशज से गाँव कीताहातु में दिनांक 16 फरवरी, 2021 के साक्षात्कार पर आधारित।
25. शिक्षक विमल किशोर बोयपाई, ग्राम—बोंडोलगुटु, पंडावीर से दिनांक 12 मई, 2020 को ग्राम बोंडोलगुटु में साक्षात्कार।
26. जवाहर बाँकिरा, शिक्षा सचिव, हो समाज महासभा, चाईबासा से दिनांक 5 फरवरी, 2022 को क्लब भवन हरिगुटु में साक्षात्कार।
27. मानकी चातोम्बा, ग्राम—चितिरबिला, प्रखंड—हाट गम्हरिया से चितिरबिला गाँव में दिनांक 13 जनवरी, 2021 के साक्षात्कार पर आधारित।
28. लुकना हेम्बरोम, ग्राम—सान मृगलिंडी, प्रखंड—हाट गम्हरिया से चितिरबिला गाँव में दिनांक 13 जनवरी, 2021 को साक्षात्कार।
29. लागेश्वर सुंडी, दिउरी, गाँव—कबरागुटु से 20 मई, 2020 को गाँव—कबरागुटु में साक्षात्कार।
30. दास राम बारदा, धार्मिक सचिव, आदिवासी हो समाज महासभा, चाईबासा से दिनांक 9 फरवरी, 2010 को चाईबासा में साक्षात्कार।
31. मानकी रजनीकान्त बिरूली, मौजा—असुरा, इलाका—गुमड़ा पीड़ से 6 अक्टूबर, 2011 को मौजा असुरा में साक्षात्कार।
32. मनोहर हेम्बरोम, ग्रामीण—कोकोरकोटा गाँव से दिनांक 4 जून, 2020 को कोकोरकोटा गाँव में साक्षात्कार।
33. राजु नायक, पुजारी, छोटा नागड़ा से दिनांक 26 दिसम्बर, 2021 को गाँव कंसगढ़ में साक्षात्कार।
34. साधुचरण नायक, सेवानिवृत्त शिक्षक से दिनांक 26 दिसम्बर, 2021 को गाँव कंसगढ़ में साक्षात्कार।
35. मुंडा गणेश कुमार सिंकु, मौजा—खैरपाल, इलाका—बड़ पीड़ से दिनांक 16 अक्टूबर, 2011 को मौजा खैरपाल में साक्षात्कार।
36. मानकी अर्जुन सिंह बानरा, मौजा—बड़ा चीरु, इलाका—चीरु पीड़ से दिनांक 31 अक्टूबर, 2011 को मानकी-मुंडा विश्रामागार में साक्षात्कार।
37. मुंडा प्रताप सिंह, मौजा—डाकुवा जंगल, इलाका—सत बन्तारिया पीड़ से दिनांक 16 अक्टूबर, 2011 को मौजा कंसलापोस में साक्षात्कार।

38. मानकी शिवचरण पाड़ेया, मौजा—सिकुरसाई, इलाका—चढ़ई पीड़ से दिनांक 11 फरवरी, 2011 को मौजा सिकुरसाई में साक्षात्कार।

(ग) मुद्रित राजकीय स्रोत

1. भूमि बन्दोबस्ती रिपोर्ट

कोन्नोली सी.डब्ल्यू.ई., 1908, *फाइनल रिपोर्ट आन द सर्वे एंड सेटलमेंट आपरेशंस इन द सरायकेला एंड खरसावाँ इस्टेट्स, 1904-1907,* कलकत्ता, बंगाल सेक्रेटरियट बुक डिपो।

क्राभन, जे.ए., 1898, *फाइनल रिपोर्ट ऑन द सेटलमेंट ऑफ द कोल्हान गवर्नमेंट इस्टेट इन डिस्ट्रिक्ट सिंहभूम ऑफ द ईयर 1897,* कलकत्ता, बंगाल सेक्रेटरियट प्रेस, कलकत्ता।

हाकिम, खान साहेब शेख अब्दुल, 1953, *फाइनल रिपोर्ट ऑन द सर्वे एंड सेटलमेंट गवर्नमेंट सरायकेला स्टेट, डिस्ट्रिक्ट सिंहभूम, 1925-28 पटना,* सुपरिंटेंडेंट, गवर्नमेंट प्रिंटिंग।

मैकफर्सन, टी.एस., 1908, *फाइनल रिपोर्ट आन द ऑपरेशन फॉर द प्रिपारेशन ऑफ रिकॉर्ड ऑफ राइट्स इन परगना पोड़ाहाट, डिस्ट्रिक्ट सिंहभूम 1905-1907, कलकत्ता,* बंगाल सेक्रेटरियट बुक डिपो।

मुखर्जी, आई.बी., 1953, *फाइनल रिपोर्ट ऑन द रिविजनल सेटलमेंट ऑफ द खरसावाँ फ्युडाटरी स्टेट, छोटानागपुर, 1925-27, पटना,* सुपरिटेंडेंट गवर्नमेंट प्रिंटिंग।

प्रसाद, सी.बी., 1970, *फाइनल रिपोर्ट ऑन द सर्वे एंड सेटलमेंट आपरेशंस इन द डिस्ट्रिक्ट ऑफ सिंहभूम, 1963-65,* सेक्रेटरियट प्रेस, पटना।

टेलर, जेम्स एच., 1904, *फाइनल रिपोर्ट ऑन द सर्वे एंड सेटलमेंट आपरेशंस इन द पोड़ाहाट इस्टेट डिसट्रिक्स सिंहभूम, 1900-03, कलकत्ता,* बंगाल सेक्रेटरियट प्रेस।

टकी, ए.डी., 1920, *फाइनल रिपोर्ट ऑन द रिसेटलमेंट ऑफ द कोल्हान गवर्नमेंट इस्टेट इन द डिस्ट्रिक्ट सिंहभूम 1913-1918,* सेक्रेटरियट गवर्नमेंट प्रिंटिंग पटना।

2.गजेटियर

भट्ट, एस.सी., 2002, द *इनसाइक्लोपेडिक डिस्ट्रिक्ट गजेटियर ऑफ इंडिया, ईस्टर्न जोन,* भाग 8, नई दिल्ली, ज्ञान पब्लिशिंग हाउस।

हंटर, डब्ल्यु.डब्ल्यु., 1908, द *इम्पिरियल गजेटियर ऑफ इंडिया,* खंड 23, ऑक्सफोर्ड : क्लारेनडन प्रेस।

हेमिल्टन, वाल्टर, 1828, द *ईस्ट इंडिया गजेटियर हिन्दोस्तान,* खंड 2, लन्दन, अलेन एंड कम्पनी लिडेनहाल स्ट्रीट।

कोबडेन-रामसे, एल.ई.बी., 1910, *बंगाल डिस्ट्रिक्ट गजेटियर्स फ्यूडाटोरी स्टेट्स ऑफ उड़ीसा*, ज्ञान पब्लिशिंग हाउस, 2018, प्रथम प्रकाशित तिथि।

ओ'मेली, एल.एस.एस., *बंगाल डिस्ट्रिक्ट गजेटियर्स सिंहभूम, सरायकेला एंड खरसावाँ*, ज्ञान पब्लिशिंग हाउस, नई दिल्ली, 2018, प्रथम प्रकाशित तिथि 1910।

रायचौधुरी, पी.सी., 1958, *बिहार डिस्ट्रिक्ट गजेटिर्यस सिंहभूम*, सुपरिंटेंडेंट सेक्रेटरियट प्रेस, पटना।

3. वेबसाइट एवं विकिपीडिया

https://journalsofindia.com>geography.
https://him.wikipedia.org.>wiki.
https://hi.m.wikipedia,org.>wiki.

https://m.youtube.com,Mahima Alekha Mahima Dharma.
https://hi.m.wikipedia.org.wiki.
https//www-hindu-blog.com/2009/by Abhilash Rajendran.
https://www.jstor.org.
https://www.academia.edu.

https://www.researchgate.net.
https://www.jstor.org.
http://www.pnas.org/content/113/6/1594,

http://blogs.discovermagazine.com/gnxp/2010/10/sons-of-the-conquerers-the-story-of-india/#VzBODr6M6jr.
https://navbharat tims.indiatime.com.
http://www.meghalithindia.in/;.
https://him.wikipedia.org.>wiki,.
https://hi.m.wikipedia,org.>wiki.

https://en.wikipedia, org>wiki.
https://en.wikipedia,r/wiki/ kherkai river.
https://en.wikipedia,r/wiki/ vaitarni river.
https://hi.m.wikipedia.org>wiki

4. सरकारी, अर्द्ध-सरकारी रिपोर्ट्स एवं गजट

डिप्री, कैप्टन जी.सी., 1868, रिपोर्ट, *ज्योग्राफिकल एंड स्टेटिस्टिकल ऑन दैट पार्ट ऑफ छोटानागपुर डिवीजन ह्विच हैज कम अंडर द टोपोग्रैफिकल सर्वे*, कलकत्ता।

हंटर, डब्ल्यु.डब्ल्यु., 1976, *ए स्टेटिस्टिकल एकाउंट ऑफ बंगाल खंड XVII, सिंहभूम 1877*, रिप्रिंट, नई दिल्ली, कॉन्सेप्ट पब्लिशिंग हाउस।

राजहंस, के.एस. *रिवाईज्ड वर्किंग प्लान फॉर द सारंडा डिविजन, बिहार, 1976-1977 से 1995-96।*

ओ'मेली, एल.एस.एस., 1917, *बंगाल बिहार एंड उडीसा, सिक्किम*, कैम्ब्रिज : कैम्ब्रिज यूनिवर्सिटी प्रेस।

—, 1925, *हिस्ट्री ऑफ बंगाल, बिहार एंड उड़ीसा अंडर ब्रिटिश रूल*, कलकत्ता, बंगाल सेक्रेटरियट बुक डिपो।

रीड जे., 1910, *द छोटानागपुर टेनेंसी एक्ट, बीइंग एक्ट VI, ऑफ 1908*, कलकत्ता।

—, 1912, *सर्वे एंड सेटलमेंट ऑपरेशंसइन द डिस्ट्रिक्ट ऑफ राँची (1902-1910)*, पटना, सुपरिंटेंडेंट सेक्रेटरियट प्रेस।

रायचौधुरी, पी.सी., 1958, *सिंहभूम ओल्ड रिकाडर्स*, पटना, गजेटियर्स रिविजन सेक्शन, रेवेन्यु डिपार्टमेंट।

5. अनुपूरक ग्रन्थ

(1) पुस्तक एवं लेख

अल्तेकर, ए.एस., 1977, *स्टेट एंड गवर्नमेंट इन एनशिएंट इंडिया*, दिल्ली, वाराणसी, पटना, मोतीलाल बनारसीदास।

अनुज, भुवनेश्वर, 2000, *छोटानागपुर के प्राचीन स्मारक*, नॉवल्टी आर्ट प्रेस, राँची।

आर्चर, डब्ल्यू.जी., 1984, *ट्राइबल लॉ एंड जस्टिस : ए रिपोर्ट ऑन द सन्ताल*, रिप्रिंट, नई दिल्ली 5 कॉन्सेप्ट पब्लिशिंग हाउस।

एंडरसन, सी.डब्ल्यु, 1917, 'नोट ऑन प्रिहिस्टोरिकल स्टोन इम्पलीमेंट फाउंड इन द डिस्ट्रिक्ट सिंहभूम', *जर्नल ऑफ बिहार एंड उड़ीसा रिसर्च सोसायटी*, खंड 3।

अरीपरमपिल, मैथ्यु, 1986, 'माइग्रेशन ऑफ होस टु सिंहभूम', *सिंहभूम सम हिस्टोरिकल ग्लिनिंग्स*, अशोक कुमार सेन (सम्पा.), इतिहास विभाग, टाटा कॉलेज, चाईबासा।

—, 2002, *स्ट्रगल फॉर स्वराज : ए हिस्ट्री ऑफ आदिवासी मूवमेंट्स इन झारखंड (फ्रॉम द अरलिएस्ट टाइम टु द प्रेजेंट डे)*, लुपुंगगुटु : ट्राइबल रिसर्च एंड ट्रेनिंग सेंटर।

बाल, भी., 1880, *जंगल लाइफ इन इंडिया ऑर द जर्नीस एंड जर्नल्स ऑफ अन इंडियन जीओलॉजि LV*, लन्दन, डे ला रू एंड कं.।

—, 1866, जुलाई, 'नोट ऑन सम स्टोन इम्पलीमेंट्स फाउंड इन द डिस्ट्रिक्ट ऑफ सिंहभूम बाय कैप्टन बिचिंग' *प्रोसिडिंग्स ऑफ एशियाटिक सोसायटी ऑफ बंगाल,* कलकत्ता।

—, 1869, 'आन द एनशियंट कॉपर माइनर्स ऑफ सिंहभूम', *प्रोसिडिंग्स ऑफ एशियाटिक सोसायटी ऑफ बंगाल,* कलकत्ता, न., VI, जून।

—, 1870, 'रिर्माक ऑन सेल्ट फाउंड इन सिंहभूम', *प्रोसिडिंग्स ऑफ एशियाटिक सोसायटी ऑफ बंगाल,* कलकत्ता।

बासु, के.के., 1956, जून, 'द हिस्ट्री ऑफ सिंहभूम : 1821-1836', *जर्नल ऑफ बिहार रिसर्च सोसायटी,* खंड 42, भाग 2।

—, 1956, जून, 'अर्लि एडमिनिस्ट्रेशन ऑफ कोल पीढस इन सिंहभूम एंड बामनघाटी', *जर्नल ऑफ बिहार रिसर्च सोसायटी,* खंड 42, भाग 3-4।

बेगलर, जे.डी., 1882, *आर्कियोलॉजिकल सर्वे ऑफ इंडिया, रिपोर्ट ऑफ टूर्स इन द साउथ-ईस्टर्न प्रोविंसेस इन 1874-75 एंड 1875-76,* कलकत्ता, सुपरिंटेंडेंट गवर्नमेंट प्रिंटिंग।

बनर्जी, मानगोविन्द, 2005, *छोटानागपुर (झारखंड) की ऐतिहासिक रूपरेखा (आदिकाल से लेकर 1765 ई. सन ब्रिटिश पूर्व तक),* ऐडुकेशन प्रिंट, राँची, पंचम संस्करण।

बनर्जी, आर.डी., 1930, *हिस्ट्री ऑफ उड़ीसा,* खंड 1, कलकत्ता, प्रवासी प्रेस।

भंडारकर, डी.आर., 1955, *अशोक,* यूनिवर्सिटी ऑफ कलकत्ता।

बर्ट, ब्रेडली, 1910, *छोटानागपुर : ए लिटल नोन प्रोविंस ऑफ द एम्पायर,* लन्दन, स्मिथ, एल्डर एंड कं.।

बरो, लियोनल, 1915, *हो ग्रामर (विथ वोकाबुलरी),* कैथोलिक ओरफन प्रेस।

—, 1913, 'इनहेरिटेंस एंड पार्टीशन ऑफ प्रोपटी अमंग द एबआरिजिनल रेसेस', (उद्धरित) एल.एस.एस. ओ'मेली, *सेंसस ऑफ इंडिया,* खंड II, *बंगाल, बिहार एंड उड़ीसा एंड सिक्किम,* भाग I, रिपोर्ट, अपेंडिक्स 1, कलकत्ता, बंगाल सेक्रेटरियट बुक डिपो।

—, 'राइट एंड कस्टम ऑफ द होस', ए रिपोर्ट, डी.सी. ऑफिस, जनरल डिपार्टमेंट रेवेन्यु ब्रांच, सी.एन. III, फाइल नम्बर 30 ऑफ 1910-11, जि.अभि. चाईबासा।

डाल्टन, ई.टी., 1872, *डिस्क्रिप्टिव एथनोलॉजी ऑफ बंगाल,* सुपरिंटेंडेंट गवर्नमेंट प्रिंटिंग, कलकत्ता।

—, 1866, 'नोट ऑन ए टूर इन मानभूम इन 1864-65', *जर्नल ऑफ द एशियाटिक सोसायटी ऑफ बंगाल,* खंड XXXV भाग 1, हिस्ट्री, लिटरेचर, एक्स्ट्रा, न. III।

—, 1866, 'द कोल ऑफ छोटानागपुर', *जर्नल ऑफ द एशियाटिक सोसायटी ऑफ बंगाल,* सप्लीमेंटरी नम्बर, खंड XXXV, भाग II।

धान, रेखा ओ', 1961, 'होस ऑफ सारंडा' *बुलेटिन ऑफ बिहार ट्राइबल रिसर्च इंस्टीच्यूट,* खंड 3, नं. 1, राँची।

डिन्नी, जॉन, एस.जे., 2005, *हो-इंगलिश डिक्शनरी,* जेवियर पब्लिकेशंस, चाईबासा।

—, 2008, द *स्पिरिट वर्ल्ड ऑफ हो ट्राइब,* कैथोलिक प्रेस, राँची।

दत्ता के. के., 1957, 'राजा अर्जुन सिंह ऑफ पोड़ाहाट—द पोपुलर लीडर ऑफ सिंहभूम ड्यूरिंग द मूवमेंट ऑफ 1857-59', *अनरेस्ट अगेंस्ट ब्रिटिश रूल इन बिहार 1831-1859, पटना,* सचिवालय मुद्रणालय 5।

घोष, अशोक कुमार, 1970, द *पालियोलिथिक कल्चर्स ऑफ सिंहभूम, अमेरिकन फिलॉसोफिकल सोसायटी,* जिल्द 60, नं. 1।

हबीब, इरफान, 2005, *प्रागैतिहास,* राजकमल प्रकाशन, नई दिल्ली।

हॉफमेन, जॉन और आर्थर वान एमलेन, 1930-50, *इनसाइक्लोपीडिया मुंडारिका,* भाग 6, सुपरिंटेंडेंट गवर्नमेंट प्रिंटिंग, पटना, बिहार एंड उड़ीसा।

झा, जे.सी., 1961, 'ब्रिटिश कांटैक्ट विथ सिंहभूम', *जर्नल ऑफ बिहार रिसर्च सोसायटी,* खंड LXVIII, 1-4, पटना।

—,1969, 'सिंहभूम अंडर द साउथ-वेस्ट फ्रंटियर एजेंसी 1837-54', *जर्नल ऑफ बिहार रिसर्च सोसायटी,* खंड LV, 1-4, पटना।

झा एवं श्रीमाली, 1981, *प्राचीन भारत का इतिहास,* हिन्दी माध्यम क्रियान्वयन निदेशालय, दिल्ली विश्वविद्यालय।

किश्वर, मधु, 1987, 'टाइलिंग विदाउट राइटस : हो वुमन इन सिंहभूम', *इकॉनोमिक्स एंड पॉलिटिकल वीकली,* खंड 22, नं. 3-5।

कुमार, श्याम, 2005, *झारखंड एक विस्तृत अध्ययन,* राँची : सफल प्रकाशन।

कुल्के हरमन, 1997, द *स्टेट इन इंडिया 1000-1700, कलकत्ता,* ऑक्सफोर्ड यूनिवर्सिटी प्रेस।

मजूमदार, डी.एन., 1950, द *अफेयर्स ऑफ ए ट्राइब,* यूनिवर्सल पब्लिशर्स।

मजूमदार आर.सी. एवं ए.एस. अल्तेकर (सम्पा.), 1986, द *वाकाटाका-गुप्ता एज सिरका 200-550 ए.डी.,* मोतीलाल-गुप्ता बनारसीदास, दिल्ली, वाराणसी, पटना, मद्रास।

मुखर्जी, शोभा, 1969, द *रिपब्लिकन ट्रेंडस इन एनशियंट इंडिया,* नई दिल्ली, मुंशीराम मनोहरलाल।

पन्ना, डी.एम., 1920, 'नोट ऑन द होस', (उद्धरित) ए.डी. टकी, *फाइनल रिपोर्ट ऑन द रिसेटमेंट ऑफ द कोल्हान गवर्नमेंट इस्टेट इन द डिस्ट्रिक्ट सिंहभूम, 1913-1918,* पटना, सुपरिंटेंडेंट गवर्नमेंट प्रिंटिंग।

पति, सी.के., 2002, *हिस्ट्री ऑफ सरायकेला एंड खरसावाँ स्टेट्स (1620-1956),* क्लासिकल पब्लिशिंग कम्पनी, नई दिल्ली।

पटनायक, जगन्नाथ, 1988, *फ्यूडाटोरी एस्टेट ऑफ उड़ीसा (1803-1857),* भाग 1, इलाहाबाद : वोहरा पब्लिशर्स।

पावेल, बेडेन, 1972, द *इंडियन विलेज कम्युनिटी,* दिल्ली, कोसमो पब्लिकेशंस।

प्राईस, जे.सी., 1876, *नोट्स ऑन द हिस्ट्री ऑफ मिदनापोर,* भाग 1, हंसबुक जीएमबीएच, जर्मनी, तिथि अंकित नहीं, मूल संस्करण।

पुरती, धनुर सिंह, 1975, *हो दिशुम हो होनको,* भाग 1, जेवियर हो पब्लिकेशन, संत जेवियर्स उच्च विद्यालय, लुंपुंगुटु : चाईबासा।

राय, एस.सी., 1968, *मुंडाज एंड देयर कंट्री,* क्राउन पब्लिकेशंस, 2004, 8-31, प्रथम प्रकाशन, एशिया पब्लिशिंग हाउस। डॉ. आदित्य प्रसाद सिन्हा।

—, *द ग्लिम्पसेस इन टु प्रिमिटिव लाइफ,* जर्नल ऑफ बिहार एंड उड़ीसा रिसर्च सोसायटी, खंड XV, भाग I-II, मार्च—जून, 1929।

रिजले, एच.एच., 1891, *ट्राइब एंड कास्ट ऑफ बंगाल,* भाग 1, फिरमा मुखोपध्याय, कलकत्ता, 1981, प्रथम प्रकाशित तिथि (बंगाल सेक्रेटरियट प्रेस)।

सेन, ए.के., 2008, *कलेक्टिव मेमोरी एंड रिकंशट्रक्शन ऑफ हो हिस्ट्री,* इंडियन फोकलोर रिसर्च जर्नल, चेन्नई, खंड 5, न. 8, दिसम्बर।

—, 2012, 'रिडिफांइड ऑर्कियोलॉजी एंड रिकंशट्रक्शन ऑफ द एथनो-हिस्ट्री ऑफ द होस ऑफ प्री-कोलोनियल सिंहभूम', *जर्नल ऑफ द एशियाटिक सोसायटी ऑफ बंगाल,* खंड LIV नं. 1।

—, 2011, 'द प्रोसेस ऑफ सोशियल स्ट्रैटिफिकेशन इन द सोसायटी ऑफ कोल्हान', ए.के. सेन (सम्पा.) *रिप्रेजेंटिंग ट्राइब द होज ऑफ सिंहभूम अंडर कोलोनियल रूल,* नई दिल्ली, कॉन्सेप्ट पब्लिशिंग कम्पनी।

—, 2012, *फ्रॉम विलेज एल्डर्स टु ब्रिटिश जज कस्टम, कस्टमरी लॉ एंड ट्राइबल सोसायटी,* ओरियंट ब्लैकस्वान।

—, 2015:16-37, 'रिकंशंट्रक्टिंग आदिवासी विलेज हिस्ट्री प्राब्लम्स एंड पोसिब्लिटिज', *जर्नल ऑफ आदिवासी एंड इंडीजेनस,* भाग III, नं. 2।

—, 2021, *द मेकिंग ऑफ ए विलेज द डायानामिक्स ऑफ आदिवासी रूरल लाइफ,* रूटलेज, लन्दन न्यूयार्क।

सिन्हा, डॉ. आदित्य प्रसाद, 2006, *हो भाषा और साहित्य का इतिहास,* किशोर विद्या निकेतन, वाराणसी।

सिन्हा सी.पी. और अरबिन्द सिंह राय, 2018, *प्रिहिस्ट्री एंड प्रोटो हिस्ट्री ऑफ झारखंड,* बी.आर. पब्लिशिंग कॉरपोरेशन, दिल्ली।

सिन्हा, सुरजीत, 1962 मार्च, 'स्टेट फॉरमेशन एंड राजपूत मिथ इन ट्राइबल सेंट्रल इंडिया'; *मैन इन इंडिया,* खंड 42, नं. 1।

सिन्हा, एस.सी.जे. सेन और एस. पंचाभाई, 1969, अप्रैल-जून, 'द कॉन्सेप्ट ऑफ दिकु अमंग द ट्राइब्स ऑफ छोटानागपुर', *मैन इन इंडिया,* खंड 49, नं. 2।

सिंहदेव, बी., 1930, *द लॉस्ट स्टेट ऑफ पोड़ाहाट—सिंहभूम,* प्रकाशक अंकित नहीं, कलकत्ता।

सिंहदेव, एन.एन. सिंहभूम, *सरायकेला एंड खरसावाँ थ्रू द एजेस,* अलियंस प्रेस, कलकत्ता, 1937।

सिंकु, डी.एन., 1986, 'मागे पर्व', ऐ.के. सेन (सम्पा.) *सिंहभूम सम हिस्टोरिकल ग्लिनिंग्स,* टाटा कॉलेज, चाईबासा।

स्ट्रीमर, पॉल, 2016, *द लैंड ऑफ देयर ओवन,* वाकामन, नीदरलैंड।

—, 2015 : 1-15, अगस्त, 'ए सेवेंटींथ सेंचुरी आइडियोलॉजी : द सिंहभूम क्रोनिकल ऑन राजपूत एंड ट्राइबल्स' *जर्नल ऑफ आदिवासी एंड इंडीजेनस,* भाग III, नं. 2।

टिकेल, ले., 1840, 'मेमोयर ऑफ हो देशुम (इमप्रॉपरली कॉल्ड कोल्हान)', *जर्नल ऑफ द एशियाटिक सोसायटी ऑफ बंगाल* (खंड IX), भाग 2।

वैद्य, टी.जे., एन.के. सिन्हा और आर. देहुरी, 2007, 'एंटीक्विटी ऑफ बेनीसागर इन द लाइट ऑफ न्यू एवीडेंस', पुरातत्त्व, नं. 37, *बुलेटिन ऑफ द इंडियन ऑर्कियोलॉजिकल सोसायटी,* नई दिल्ली।

वैनट्राय, जोसेफ, 1991, 'प्रीहिस्ट्री एंड अर्ली हिस्ट्री ऑफ छोटानागपुर', *कल्चरल छोटानागपुर : यूनिटी इन डायवर्सिटी,* संजय बोसु मल्लिक (सम्पा.), विलियम केरी स्टडी एंड रिसर्च सेंटर, नई दिल्ली, उप्पल पब्लिशिंग हाउस।

बी. वीरोत्तम, 1972, द *नागवंशीश एंड चेरोस,* मुंशीराम मनोहर लाल, नई दिल्ली।

—, 2006, *झारखंड : इतिहास एवं संस्कृति,* बिहार हिन्दी ग्रन्थ अकादमी, पटना।

(2) जर्नल और बुलेटिन

जर्नल ऑफ द एशियाटिक सोसायटी ऑफ बंगाल, खंड IX, भाग II, जुलाई-दिसम्बर, 1840, खंड XXXV, भाग 1, 1866, खंड XXXV, भाग II, 1866, खंड XL, भाग I, 1871, खंड 23, 1927, खंड XVII, नं. 1,1951, खंड LIV नं. 1, 2012।

जर्नल ऑफ बिहार एंड उड़ीसा रिसर्च सोसायटी, खंड XV, पार्ट I-II, मार्च-जून 1929, खंड 8, नं. 2, भाग 3, 1916, खंड III, 1917, खंड LXVII, भाग 1-4,1961, खंड LV, भाग 1-4, 1969, खंड 3,1971।

जर्नल ऑफ बिहार रिसर्च सोसायटी, खंड LXVIII, 1-4, 1961

जर्नल ऑफ बिहार रिसर्च सोसायटी, खंड LV, 1-4, 1969,

बुलेटिन ऑफ बिहार ट्राइबल रिसर्च इंस्टीच्यूट, खंड 3, नं. 1,1961

जर्नल ऑफ बिहार एंड उड़ीसा रिसर्च सोसायटी, खंड XV भाग I-II, मार्च-जून, 1929,

जर्नल ऑफ बिहार रिसर्च सोसायटी, खंड 42 भाग 2, जून 1956,

जर्नल ऑफ बिहार रिसर्च सोसायटी, खंड 42 भाग 3-4, जून 1956,

मैन इन इंडिया, खंड 49, नं. 2 (अप्रैल-जून 1969),

मैन इन इंडिया, खंड 42, नं. 1 (मार्च 1962),

प्रोसिडिंग्स ऑफ एशियाटिक सोसायटी ऑफ बंगाल, जुलाई 1866।

प्रोसिडिंग्स ऑफ एशियाटिक सोसायटी ऑफ बंगाल, कलकत्ता, न., VI, जून 1869।

बुलेटिन ऑफ द इंडियन ऑर्कियोलॉजिकल सोसायटी, नई दिल्ली, 2007।

जर्नल ऑफ द एशियाटिक सोसायटी ऑफ बंगाल (खंड IX), भाग 2, 1840।
इंडियन फोकलोर रिसर्च जर्नल, खंड 5, नं. 8, दिसम्बर, 2008, नं. 10, दिसम्बर, 2010।
इकॉनोमिक्स एंड पॉलिटिकल वीकली, खंड 22, नं. 3-5, 1987।
जर्नल ऑफ आदिवासी एंड इंडीजेनस स्टडीज, भाग III, नं. 2
अमेरिकन फिलॉसोफिकल सोसायटी, जिल्द 60, नं. 1, 1970,

6. अप्रकाशित पुस्तक

सिंहदेव, जगभानु, 2004, *800 ईयर्स ऑफ सिंह डायनेस्टी,* प्रकाशक अंकित नहीं, सरायकेला।

7. अप्रकाशित शोध-प्रबन्ध

वेरारडो, बारबरा, 'रेबल्स एंड डिवोटीस ऑफ झारखंड : सोशियल, रिलिजियस एंड पॉलिटिकल ट्रांसफॉरमेशंस अमंग द आदिवासीस ऑफ नॉरदर्न इंडिया', लन्दन स्कूल ऑफ इकॉनोमिक्स एंड पॉलिटिकल साइंस यूनिवर्सिटी ऑफ लन्दन, 2003 में पी-एच.डी. उपाधि हेतु प्रस्तुत शोध-प्रबन्ध।
योर्क, माइकल 'डिसिजनस एंड अनैलॅजि : पॉलिटिकल स्ट्रक्चर एंड डिसकर्स अमंग द हो ट्राइबल्स ऑफ इंडिया', स्कूल ऑफ ओरियांटल एंड अफ्रीकन स्टडीज, यूनिवर्सिटी ऑफ लन्दन, 1976 में पी-एच.डी. उपाधि हेतु प्रस्तुत शोध-प्रबन्ध।
सुंडी, ललिता, "सिंहभूम की मानकी-मुंडा व्यवस्था : एक ऐतिहासिक अध्ययन", इतिहास विभाग, राँची विश्वविद्यालय, 2013 में पी-एच.डी. उपाधि हेतु प्रस्तुत शोध-प्रबन्ध।
सरदार, अतुल, "Contribution of Seraikela-Khersawan to Odia Literature and Culture", उड़िया विभाग, कोल्हान यूनिवर्सिटी, 2020 में पी-एच.डी. उपाधि हेतु प्रस्तुत शोध-प्रबन्ध।

8. लघु शोध

कुंकल, भवानी, 'पूर्वजों का शिलालेख इतिहास कोमचोंङ दिरि, चित्रीबिला', लघु शोध-प्रबन्ध, स्नातकोत्तर प्रथम वर्ष, 2016-2017, हो विभाग, जनजातीय एवं क्षेत्रीय भाषा विभाग, कोल्हान विश्वविद्यालय।
सरिता बिरुली, माटागुटु *गाँव का इतिहास,* बी.ए. तृतीय वर्ष (सेमेस्टर VI), 2021, लघु शोध-प्रबन्ध, इतिहास विभाग, महिला कॉलेज, कोल्हान विश्वविद्यालय, चाईबासा।
निशा हेस्सा, *डाऊडांगुवा गाँव का इतिहास,* बी.ए. तृतीय वर्ष (सेमेस्टर VI), 2021 लघु शोध-प्रबन्ध, इतिहास विभाग, महिला कॉलेज, कोल्हान विश्वविद्यालय, चाईबासा।

सरिता देवगम, *लुप्रुंगगुटु गाँव का इतिहास,* बी.ए. तृतीय वर्ष (सेमेस्टर VI), 2022, लघु शोध-प्रबन्ध, इतिहास विभाग, महिला कॉलेज, कोल्हान विश्वविद्यालय, चाईबासा।

सुखमति सिंकु, *कीताहातु गाँव का इतिहास,* बी.ए. तृतीय वर्ष (सेमेस्टर VI), 2022, लघु शोध-प्रबन्ध, इतिहास विभाग, महिला कॉलेज, कोल्हान विश्वविद्यालय, चाईबासा।

ननिका पुरती, *पासुबेड़ा गाँव का इतिहास,* बी.ए. तृतीय वर्ष (सेमेस्टर VI), 2022, लघु शोध-प्रबन्ध, इतिहास विभाग, महिला कॉलेज, कोल्हान विश्वविद्यालय, चाईबासा।

सुचिता कुमारी, *कोचड़ा गाँव का इतिहास,* बी.ए. तृतीय वर्ष (सेमेस्टर VI), 2022, लघु शोध-प्रबन्ध, इतिहास विभाग, महिला कॉलेज, कोल्हान विश्वविद्यालय, चाईबासा।

स्मारिका

रंजन पिनाकी, "स्वर्णिम इतिहास का आईना सरायकेला-खरसावाँ" मान्दर स्मारिका, झारखंड सरकार, जिला प्रशासन के सौजन्य से, छऊ महोत्सव 2015-16, आयोजक, कला संस्कृति, खेलकूद एवं युवा विभाग तथा अंचल प्रशासन, खरसावाँ।